国家社科基金重大项目成果

近代宁波商帮文献史料整理研究丛书

民信局与信客史料考略

MINXINJU YU XINKE SHILIAO KAOLUE

郑挥 郑了 —— 编著

宁波出版社
NINGBO PUBLISHING HOUSE

国家社科基金重大项目资助
"近代宁波商帮文献史料整理研究丛书"编纂委员会

主　任　虞和平
副主任　孙善根　陶水木　王　辉
编　委　王瑞成　张天政　张如安
　　　　阮清华　沈建国　张　萍
　　　　应芳舟
主　编　孙善根　李　瑊

总　序

作为国家社科基金重大项目"近代宁波商帮史料收集与整理研究（1840—1949）"（17ZDA201）主要成果的"近代宁波商帮文献史料整理研究丛书"陆续编纂出版了，其中缘由在此略为申述，以为告白。

本丛书所称的宁波商帮泛指旧宁波府属鄞县、镇海、慈谿、奉化、象山、定海六县在外地的商人与企业家群体。同时鉴于当今宁波行政区域实际范围，相关内容也将涉及近代余姚、宁海在外地的商人及企业家群体。众所周知，宁波人历来以商著称，特别是近代以来，大批宁波商人抓住近代中国对外开放与上海崛起的历史契机，开拓创新，奋发有为，创造了辉煌的经营业绩与灿烂的商业文化，宁波商帮被公认为近代中国最大的商帮，并成功实现了集团性的近代化转型，是近代中国极为活跃的一支商业力量，特别是对近代上海发展为全国乃至远东贸易、金融与经济中心厥功至伟，成为所谓江浙财团的核心与支柱，长期称雄中国商界，进而对近代中国经济社会乃至政治都产生了广泛而深刻的影响。显然，全面深入地研究宁波商帮具有重要的学术价值与现实意义。但由于史料整理工作滞后等因素的制约，宁波商帮研究工作并没有很好地开展起来。鉴于此，2017年，我们以"近代宁波商帮史料收集与整理研究（1840—1949）"为题申报国家社科基金重大项目并成功立项。

宁波商帮称雄近代中国工商界半个多世纪，活动地域广阔，经营门类众多，足迹几乎遍及大半个中国，并涉足中国港台及海外，留下了无数的记载、遗存与印痕。就史料的载体与形式来说，从传统走向近代并在近代获得了更大发展与成功的近代宁波商帮，其史料散见于近代报刊、档案、方志与谱牒、口述资料、文集及手稿等文献，其中既有碑刻等传统文献，又有报刊、口述资料等近代乃至现代的史料形式，迄今没有进行系统的收集与整理。本课题旨在广泛收集和系统整理近代宁波商帮文献史料，特别是要注意收集其中散落在民间个人手中的各类史料，包括手稿等未刊文献。按照申报书的目标与要求，并根据近代宁波商帮史料的重要性与珍稀程度，我们拟陆续整理出版若干史料集。其中既有宁波商帮行业与人物及日记、书信、碑刻等史料性质的专题性史料，又有相关企业、同乡团体等个案史料。最后我们将整理出版多卷本的《近代宁波商帮史料索引》。同时，考虑到人物在宁波商帮研究中的重要性，我们将在史料收集的基础上整理编纂若干宁波商帮人物年谱长编，这实际上是相关人物的资料长编，具有很强的资料性，以便为进一步的研究奠定基础。

需要说明的是，"近代宁波商帮文献史料整理研究丛书"是一个开放的平台。我们将努力扩大本课题研究的队伍与力量，故丛书的编纂者以课题组成员为基础，但不限于课题组。同时我们将充分吸收各界人士的建议与意见，以申报书为基础，根据相关文献的收集情况，对丛书的编纂出版进行动态的调整与补充，以便把更好的近代宁波商帮史料文献及时整理出来，公之于众，为学术服务。

限于学识与能力，我们的整理与编纂工作特别是其中的选编与校注难免存在不当和差错，在此诚恳地期待专家学者与广大读者的批评指正。

孙善根

2019 年 2 月

序 一

欣闻宁波大学"近代宁波商帮史料收集与整理研究"课题组在宁波出版社支持下有意将郑挥先生的"民信局和信客"相关论著结集出版,这是史学界乃至文化界的一大盛事。宁波出版社的真知灼见不但能够使郑挥先生的珍贵收藏以系统性研究的方式问世,更能以此弘扬与表彰宁波在文化事业上的贡献,可谓一举两得。如今能够有这个难得的机会来写一篇简短的序,除了倍感荣幸之外,希望还能够以历史学者的角度来说明为何出版郑挥先生的收藏与研究对学术界和文化遗产保护来说是一件非常重要的工作。

在中国史学研究中,从中古史到近代史,邮政研究是一块被遗漏的领域。无论是中国学术界还是外国学术界,对中国近代的邮政研究都在起步阶段。而在这起步阶段当中,对于民信局和信客的研究更是缺乏。个中主要原因有二:第一,大部分学术研究的目光都放在政治和上层经济层面,例如重要政治人物、权力的结构和与其明显相关的主流金融体系。第二,史料的缺乏,使得针对民信局和信客的系统性研究变得异常困难。然而,民局与信局却与民间社会有着非常密切的关系,因为那些通邮系统不仅为商人所用,更是为广大的百姓服务。该复杂的私人通邮系统与民间社会牵涉的范围之广和深正凸显出了郑挥先生收藏的珍贵性。

郑挥先生的收藏特色有四:第一,时间跨度长。从道光年间到民国时期,可以充分展现出那些民营邮政服务随着时代进程的发展而转变。第二,邮政系统的丰富。从个人信客到加盟形态的跨区域民信局的经营形式,可以展现出民间邮政系统的复杂程度和灵活性。第三,资料的多元。从信封、信纸,到支票、账簿和收据等等,充分地体现出该项通邮系统所牵涉的人、事、物的复杂和绵密。第四,地方色彩的浓厚。郑挥先生的收藏集中(但不局限)在长江流域,尤其是长江中下游地区,透溢出区域人文和经济活动的诸多信息,其中钱塘江流域的活动又占着相当大的比重,从中反映出宁波和宁波人在近代经济史上跨省、跨界和跨社会阶层的举足轻重的活动中有着独特位置。

当今,中国大陆不少地方政府的文物保护意识已经相当觉醒,宁波市政府更是不遗余力,在该领域上遥遥领先,令人敬佩。2016年9月借由拜访郑挥先生之际,有幸受邀参观宁波金融史馆,对于由费志军先生和孙善根教授策划的展览厅印象非常深刻,两位先生对文化遗产保护的用心表露无遗,令后生晚辈更想尽上绵薄之力,加入这个阵容。两位老师希望能够在展览厅的展示成果上再接再厉,来出版郑挥先生的收藏与研究,这对学术界和文化界来说都是一件再好不过的事情。相信它对民信局和信客等史料的发掘将起到推波助澜的促进作用。

蔡维屏
2018年9月

蔡维屏(Weipin Tsai),英国伦敦大学皇家霍洛威学院历史系高级讲师,于1993年在台北世新大学获得学士学位,1997年、2000年在赫尔大学(University of Hull)和伦敦经济学院(LSE)分别获得硕士学位,2000年在利兹大学(University of Leeds)获得博士学位。近年曾在华东师范大学、复旦大学、清华大学讲学及参与相关学术交流活动。

序 二

经过多年的积累,本人收集的史料及研究大致包括三部分内容:民信局与信客、宁波邮史、解放区邮票。现今,承蒙多方支持,特别是得到国家社科基金重大项目——"近代宁波商帮史料收集与整理研究(1840—1949)"课题组的支持,将《民信局与信客史料考略》列入"近代宁波商帮文献史料整理研究丛书"予以出版,得以了却一桩夙愿,深感欣慰。

民信局为民间邮递机构,类似现在的快递业,历史悠久,也是明清时期宁波商人从事的一个重要行当,进入近代仍相当活跃,以至于有该业为甬人独占之说。但限于文献缺乏等原因,至今学术界还少有研究。《民信局与信客史料考略》是笔者几十年来对民信局和信客历史资料的积累与探索,全书收录几十篇相关文章以及几百帧实物图照,原件多为本人多年来收集的藏品。近代史学研究探讨以实物为主,力求证据确凿。本书无套话、无纸上谈兵,而是汇集大量实寄封、信笺、折、单证和相关文书资料,将为研究我国近代交通邮递史、民信局史、金融史与近代宁波商帮提供重要文献支持。

本书主要内容包含对民营信局创始年代的考证和研究;对民营全泰盛信局的考证;对旧时走信人(信客)史的探索;对甬申线轮船信客和钱塘江流域川船信客封笺的解读与介绍等。其中以故事形式按年代顺序排列图文的有《镇海竺师爷信笺》《宁波月湖陈有彩先生遗信辑存》《董纪棠信客传递慈城冯氏信笺集》。部分文章曾在《上海集邮》和《邮史研究》杂志发表。

河南郑州王大海(汪流)先生是我在华中建设大学和山东大学新闻专训班的同学,也是我生命中最亲密的兄长和朋友。大海兄是中原地区著名杂文家,河南省作协和杂文协会顾问，本想这篇序言请他来写，可惜其早年已病逝于郑州，临终前他在给我的信中称"你是我生命中最诚挚的朋友"，他对我的关怀，无以言表。20世纪80年代初我刚从逆境中走出来，他就专程从中原独赴江南农村来看望我们全家，近六十年来我一直将他当作长辈。大海在其杂文集里引用了王小波一段极有深意的话："我以为知识分子的形象可以这样分界，一种人一世的修为，是要做如来佛，让别人永世跳不出他的手掌心；另一种是想在一生一世之中，只要能跳出别人的手掌心就满意了。希望大家都做后一种知识分子，因为不管是谁的手掌心，都太小了。"在史学界也一样，不能迷信于名人、专家，应该多多向先人学习，要做到博核、疑古、善悟，在疑古上既要我能疑人，又要允许他人疑我。一个纯正的研究学者要"发人之所未发，言人之所未言"，最低限度亦要发出几点他人未料、独到的言论。

古今交通邮递信笺史料浩如烟海，特别是明清时期随着商品经济的发展，民间邮递活动十分活跃，它同各时期的经济发展与金融演变密切相关。但相关内容历史少有人搜罗梳理，诚如英国伦敦大学皇家霍洛威学院历史系蔡维屏博士所说：在中国史学研究中，从中古史到近代史，邮政研究是一块被遗忘的领域。本人不揣浅陋，愿做探索之旅，当然限于才疏学浅，书中不足之处太多，聊作抛砖。最后要感谢宁波出版社为本书几百帧藏品图精心排版，将大量重要的珍贵信息记载下来，使得沉淀久远的史料重见天日，呈现其宝贵的价值。

郑　挥
2018年7月

郑挥，1930年生于上海。1945年于苏北淮安新四军总部参谋处入伍，后至华中建设大学、山东大学文艺系新闻专训班学习。曾在华东大众日报社、鲁中南报社、前卫报社工作。南下后在华东"革大"二部九支部集训，经华东局组织部、上海市委组织部调至中共上海市静安区委工作，1981年调宁波工作，1990年离休。

凡　例

一、作为民间邮递机构的民信局在商业领域中历史悠久，晚清达于鼎盛，宁波商人在其中居于举足轻重的地位，但从事该业者并不以宁波商人为限，活动地域曾经遍布全国。本书分类辑录笔者长期来所收藏的与民信局、信客相关的实寄封、信笺、折、单证及其他文书资料，并加以考证、解读，以弥补文献史料的不足。

二、本书内容安排先后，大致以藏品存世或相关专题出现的时间为序。

三、对书中需要解释的人、事、物及相关概念，于括弧中进行说明。

四、藏品图片大多数为扫描件，个别为藏友所拍。因年代久远，藏品纸张发黄，字迹褪色，扫描件尽量保留藏品原来底色。

五、对藏品文本中的繁体字、异体字，一般以现行简化字处理，有些古体字、数额的大小写，则保留原字。藏品中因字迹模糊而辨别不清的字或文字残缺者用"□"表示，"X"等符号则为藏品原文所有。

六、藏品中涉及商码表示的，在解读时直接改为大写汉字，如"⌀千"改为"伍仟"。

目 录
CONTENTS

001　　总　序
003　　序　一
005　　序　二
007　　凡　例

001　　综　述
021　　第一章　信局的经始年代与特征
030　　第二章　真龙现身——清道光通裕信寓碑释读
037　　第三章　宁波早期民信局实寄封
045　　第四章　民间水路船递银信管窥
072　　第五章　镇海竺师爷信笺
140　　第六章　全盛（全泰盛）信局资料辑存
155　　第七章　湄云号大兵轮军士信笺释读
162　　第八章　宁波福润信局邮温州信笺辑存
166　　第九章　江厦钱庄信局封辑存
172　　第十章　钱庄与信局关联信笺辑存
196　　第十一章　宁波月湖陈有彩先生遗信辑存
245　　第十二章　李薇庄与大清裕苏官银钱局
256　　第十三章　董纪棠信客传递慈城冯氏信笺集
296　　第十四章　抗战时期宁波邮政与信客活动
304　　第十五章　信客徐云芳口述札记
310　　第十六章　杂件一组

综 述[1]

信局(民信局)是专门寄递坊间书信、物品的民营商业性通信机构。以粤闽为中心,专为南洋华侨汇寄银钞书信的信局,俗称"侨批"。

历代官驿不递民间书信,民间私人书信或派专人递送,或求商旅、船主、车夫、亲友捎带。民间信局兴起后,因信誉卓著、手续简便、运作灵活,加上服务周到、态度热情,很快便成为民间通信的主要形式。它在为民众通信、兑汇,促进社会经济发展等方面,发挥了积极的作用。清末有了官办邮政后,称信局为"民信局"(又称"私局""民局"或"侨批局"),以别于官局。

据民国《鄞县通志》和《中华民国十年邮政事务总论》,民信局出现时间不早于明朝永乐年间(1403—1424),"由甬人首创",并以"宁波为中枢",初仅沿海各省,渐次推向全国。道光二十三年(1843)上海开埠后,经济与交通日趋繁荣与发达,自清咸丰、同治以后苏浙各地信局逐渐移设总局于上海。到光绪初年时,全国信局业进入鼎盛期,从沿海到内地有大小信局数千家,经济发达的市镇多设有信局。

大清邮政初立时,邮政官局只设于通商口岸和交通便利的繁华处所,内地通信、汇银往来仍然依赖民局通达。大清邮政制定的《民局章程》"仍准民局照常开设,令其帮同递送,随时附入官局"。清末随着邮政业务逐次扩充,官局开始对民局采取各种限制措施欲其歇业。

民国后对民信局的限制与约束进一步加大,民国十年(1921)颁行的《邮政条例》确立了信函、明信片的邮政专营权,进一步削弱了民局的竞争能力。民国十七年(1928),全国交通会议议决"所有各处民信局应于民国十九年内一律取消",但因

---

[1] 本文参考并综合笔者以前参与的浙江省及相关市县地方志有关民信局与信客的记载而成。

全国民局行业强烈反对,加之社会舆论的同情与声援,交通部被迫暂缓实行。民国二十二年(1933)底,交通部严令所有民信局限至1934年底一律停止营业,并呈请国民政府行政院饬令各省市军政机关及地方长官"尽力协助邮局,严行取缔",民信局终遭取缔。但仍有部分原本无组织形式、无固定经营处所的残存信客活动,而江河水路船递货银信函仍继续存在,直至20世纪60年代方销声匿迹。

一、民信局经始

宁波向以商业发达著称,近代宁波商人足迹遍于全国乃至海外,民间通信事业初兴时即有"甬人首创"之说。

道光二十四年(1844)三月,鄞县知县立勒石告示碑,称甬江通裕信寓"递送瓯闽等处及苏杭绍,寄往瓯闽,带回信札,并押送各号商银包由来已久"。"各信寓帮费系属私议并未讯断",说明清道光年间在宁波有多家信局为商号服务。咸丰年间(1851—1861),宁波相继开设多家信局字号,除初设于咸丰元年(1851)的䩚顺外,另有设于二年(1852)的全盛,设于三年(1853)的正和,设于四年(1854)的协兴,设于五年(1855)的正大,设于八年(1858)的福润,以及顺记信局等字号。

同治元年(1862),机械动力的轮船开始投入中国内河商运,交通的进步促进了信局业的繁盛。在原以脚夫或民船运送书信物品分投内地各埠的信局之外,出现了以轮船寄递信件往来沿江沿海各埠的轮船信局。信局分为内地信局与轮船信局两类,前者营业区域限于一两省或一地方,后者分"北洋、长江、南洋三路而各有其专营区域",信局业自此大盛,遍设于沿海及内地水陆交通要冲地区,"其主其伙大都皆宁波人,东西南北,无不设立","而吾甬商帮实执其牛耳……其他各帮虽亦发达,然终不逮甬帮之盛,故当时有信局为宁波人独占之语"。

同治年间(1862—1874),杭州的信局字号有设于同治二年(1863)的全盛,设于四年(1865)的正大,设于五年(1866)的协兴和协源,设于八年(1869)的永利和正和,设于十年(1871)的正源。

光绪五年(1879)十月初一,在沪联号专递浙宁等处信件的八家宁波信局,由地方官府示晓信局新章:浙宁信局永利、全盛、正和、协兴、䩚顺、广大、正大和福润等八户"各由公所归帮入行,出具连环保结",并集资存公以备一家有失,七家摊赔。同行归帮、连环互保的做法,使在沪宁波信局的避险能力与竞争实力大为增强,宁波帮信局称雄沪上民信业达半个世纪之久。

光绪八年(1882),宁波共有15家信局,永利、正和、广大、福润、全盛、协兴、靛顺、正大等8家较大的在上海都有联号,另有7家较小的"外局",温州有9家总局设在宁波的信局,而杭州则有20多家信局从事广泛的业务。全省各水陆要冲相继设立分号,极盛时宁波有总分各号信局125家,杭州则有近50家。同业间公议形成信局规则,议定只有殷实之家方可开设信局,新开时须大摆筵席,广邀同业。

光绪二十二年(1896)初,总理衙门奏设邮政获允准后,各海关税务司于七月出示晓谕,要求各信局于八月十五日前赴关挂号领凭,将设局时间、地点(包括分局和代办字号)、店东姓名与籍贯、资费及寄递时限详细填报。二十三年(1897)一月杭州海关登记在册的民信局共有22家。

表1 光绪二十三年(1897)一月杭州海关民信局注册登记清单

编号	名称	编号	名称
一号	裕兴福	十二号	正和
二号	顺成茂记	十三号	正大
三号	协兴	十四号	永和裕记
四号	马正源	十五号	恒利
五号	全泰盛记	十六号	森昌
六号	林永利仁记	十七号	协泰
七号	公利	十八号	福润
八号	全盛义记	十九号	全盛
九号	乾昌	二十号	广大
十号	汪协源	二十一号	永和合记
十一号	永利	二十二号	王天顺

资料来源:浙江省档案馆59-1-86。

大清邮政开办前,承诺"凡有民局仍旧开设,不夺小民之利"。光绪二十五年(1899)十一月颁布的《民局章程》,虽然重申仍准民局照旧开设,并将奉谕重新挂号的民信局视为官局,随时酌情辅助其事,实际对民信局采取了较多管制与约束,规定沿海沿江应寄之件均须由邮局转递，不准私交火车、轮船寄送，民信局生存空间受到很大挤压，一部分民信局歇业，另一部分则采取不再赴邮政官局挂号方式应对。到宣统元年（1909），杭州计有未挂号民局16家，宁波则有2家营业逾30年的民局歇业。

宣统三年（1911）初，杭州未挂号的16家信局中已有4家闭歇，或因股东内讧而业务不振，或因用人不当而导致亏损，或因邮件遭劫而无力赔付。而福润等12家字号仍在全省设有217家总分信局：

表2　宣统三年（1911）浙江民信局开设情况表

名称	开设地										
福润	萧山	义桥	临浦	绍兴	百官	长安	石门	石门湾	嘉兴	嘉善	新篁
	新塍	王店	平湖	乍浦	新仓	硖石	海宁	沈荡	袁花	塘栖	新市
	德清	双林	善琏	乌镇	盛泽	菱湖	湖州	长兴	泗安	富阳	严州
	兰溪	女埠	金华	永康	龙游	衢州	浦江				
正和	萧山	义桥	临浦	绍兴	百官	长安	石门	石门湾	嘉兴	嘉善	新篁
	新塍	王店	新仓	硖石	海宁	沈荡	袁花	塘栖	新市	德清	双林
	善琏	乌镇	盛泽	菱湖	湖州	长兴	梅溪	泗安	富阳	严州	
正大	萧山	义桥	临浦	绍兴	诸暨	枫桥	百官	长安	石门	石门湾	嘉兴
	嘉善	新篁	新塍	王店	平湖	乍浦	新仓	硖石	海宁	沈荡	袁花
	塘栖	新市	德清	双林	善琏	乌镇	盛泽	菱湖	湖州	长兴	泗安	富阳
协兴	萧山	义桥	临浦	绍兴	百官	长安	石门	石门湾	嘉兴	嘉善	新篁
	新塍	王店	平湖	乍浦	新仓	硖石	海宁	沈荡	袁花	塘栖	新市
	德清	双林	善琏	乌镇	桐乡	盛泽	菱湖	湖州	长兴	梅溪	泗安
	富阳	严州	兰溪	女埠	金华	永康	龙游	衢州	浦江		
永利	萧山	义桥	临浦	绍兴	百官	长安	石门	石门湾	嘉兴	嘉善	新篁
	新塍	王店	平湖	乍浦	新仓	硖石	海宁	沈荡	袁花	塘栖	新市
	德清	双林	善琏	乌镇	盛泽	菱湖	湖州	长兴	梅溪	泗安	富阳
	严州	兰溪	女埠	金华	永康	龙游	衢州	浦江			
全盛	萧山	义桥	临浦	绍兴	诸暨	枫桥	百官	长安	石门	石门湾	嘉兴
	嘉善	新篁	新塍	王店	平湖	乍浦	新仓	硖石	海宁	沈荡	袁花
	澉浦	塘栖	新市	德清	双林	善琏	乌镇	桐乡	盛泽	菱湖	湖州
	长兴	梅溪	泗安	富阳	严州	兰溪	女埠	金华	永康	龙游	衢州	浦江
永和	临平	萧山	义桥	临浦	绍兴	百官	长安	石门	石门湾	嘉兴	嘉善
	新篁	新塍	王店	平湖	乍浦	新仓	硖石	海宁	沈荡	袁花	澉浦
	塘栖	新市	德清	双林	善琏	乌镇	桐乡	盛泽	菱湖	湖州	长兴
	梅溪	泗安	富阳								
合记	临平	萧山	义桥	临浦	绍兴	百官	长安	石门	石门湾	嘉兴	嘉善
	新篁	新塍	王店	平湖	乍浦	新仓	硖石	海宁	沈荡	袁花	

续表

名称	开设地
协源	临平　长安　嘉兴　嘉善　硖石　海宁　沈荡　袁花　澉浦　富阳
顺成	临平　长安　嘉兴　嘉善　硖石　海宁　沈荡　袁花　澉浦　富阳
全盛泰	余杭　徽州　屯溪
马正源	余杭　徽州　屯溪

资料来源：杭州邮务长1911年4月10日致北京邮政秘书562/680号报告附件。

民国元年（1912），宁波仍为浙江省民局事业集中之地，12家民局的经营一如往昔，但业务有大幅下降。民国三年（1914）时，宁波、温州两处有挂号民局18家，但杭州28家民局无一挂号。从民国四年至七年（1915—1918），浙江省政府每年均劝谕或严谕各民局向邮局挂号（1915年《浙江公报》1381号"省署准部咨嗣后交寄公文须邮局接转并劝谕民局向邮局挂号由"、1916年《浙江公报》45/46号"省署饬道据邮务管理局函送各县民局详细表饬向邮局挂号由"、1916年《浙江公报》1702号"省长令杭县等29县严谕各民局向邮局挂号由"、1917年《浙江公报》1815号"省长令各县严谕各民局迅向邮局挂号由"、1918年《浙江公报》2137号"省长令各道据邮务管理局请饬民局挂号由"），但谕令效果不大。到民国十年（1921）时，全省挂号民局未见增加，而未挂号民局则有340家，较上年"所增颇巨"。

民国十六年（1927），浙江省有民局30家，并有分局191家。其中有17家民局拒绝向邮局登记，登记的仅13家。民国二十年（1931）2月，浙江邮区已挂号民信局仍为13家字号，174家总分局：

表3　民国二十年（1931）浙江省官方备案民信局详情表

名称	开设地
全盛	柴桥　乍浦　嵊县　镇海　周巷　诸暨　枫桥　富阳　海宁　海盐　义桥　嘉兴　笕桥　柯桥　临平　临浦　骆驼桥　南浔　平湖　瓶窑　百官　上虞　善琏　石门　石门湾　萧山　硖石　西塘　塘栖　德清　桐乡　东关　慈溪　乌镇　余姚　惠政桥　杭州（共计三家）　宁波　绍兴　温州
协兴	长安　常山　衢州　诸暨　富阳　华埠　义桥　瑞安　嘉善　嘉兴　江山　金华　柯桥　兰溪　梅溪　南浔　平阳　濮院　沈荡　萧山　新塍　西塘　双林　塘栖　清湖镇　余姚　杭州（共计三家）　宁波　绍兴　温州

续表

名称	开设地
福润	嵊县 周巷 诸暨 枫桥 瑞安 嘉善 嘉兴 柯桥 梅溪 南浔 平湖 平阳 上虞 百官 石门湾 萧山 硖石 慈溪 乌镇 余姚 温州 杭州(共计三家) 宁波 绍兴
林永和	长兴 海宁 嘉兴 硖石 塘栖 王店 乌镇 善琏 萧山 新埭 嵊县 周巷 诸暨 柯桥 余姚 杭州(共计三家) 宁波 绍兴 临浦
正大	周巷 诸暨 枫桥 义桥 柯桥 菱湖 临浦 梅溪 萧山 泗安 余杭 余姚 杭州(共计三家) 宁波 绍兴 温州
正和	诸暨 柯桥 梅溪 萧山 硖石 杭州(共计三家) 宁波 绍兴
永义昶	石浦 慈溪 定海 宁波 温州
和泰	定海 宁波
裕兴昌	定海 宁波
永利	嘉兴 柯桥 平湖 萧山 余杭 杭州(共计三家) 宁波 绍兴 温州
仁昌正	宁波
天顺	温州 宁波
永利生	定海

资料来源:浙区邮务长安润农报告。

未挂号民信局则有32家字号,98家总分局:

表4 民国二十年(1931)浙江省官方未备案民信局详情表

名称	开设地
恒利	常山 衢州 华埠 江山 金华 兰溪 龙游 绍兴 清湖镇 武义 永康
全泰盛	常山 衢州 华埠 江山 金华 兰溪 龙游 绍兴 清湖镇
协泰	华埠 兰溪 龙游 绍兴 清湖镇 杭州 常山 金华
协源	杭州 海盐 嘉兴 石门
正元	杭州 嘉兴 硖石
成顺	湖州
协泰森	江山
永利源	沈家门
协和	乌镇
协泰兴	衢州
协兴公	龙游
林仁记	杭州

续表

名称	开设地
永和合记	嘉兴
协大	嘉兴 石门
福顺	石门 双林
永和	石门 东关
合记	石门
顺成	杭州 嘉兴 平湖 硖石 石门 双林
正和	湖州 嘉兴 石门 东关 余姚
正大	湖州 嘉兴 石门 双林 东关
林永和	湖州 平湖 新市 石门 双林
福润	湖州 古鳌头 东关 双林
永利	石门 东关 湖州
协兴	湖州 古鳌头 平湖 石门 东关
全盛	湖州 樟桥 新市 双林
永泰丰	湖州 嘉兴
永安	象山
通利局	沈家门
正源	南浔 石门 湖州
裕昌兴	沈家门
永义昶	柴桥 沈家门
史湘记（原史致福）	象山

资料来源：浙区邮务长安润农报告。

据民国二十二年（1933）2月调查，全国已向邮局挂号之民信局有791家，分号3349处，未向邮局挂号105家。随着取缔期限日近，越来越多的民局自动歇业，全国仅余南京、上海两市及江、浙、粤、闽、川、皖、冀、鲁、赣、鄂等12省市的民信局维持经营。有些民局则相互并合，艰难度日，当年11月21日，杭州正大、全盛源、老协兴、正和、福润、永和、全泰盛、恒利、协泰森、永利、顺成、协源、全盛、正源信局具呈省邮务管理局，称本市民信局名义上有14家字号，实则数家互相并合，苟延残喘而已。

民国二十三年（1934）12月，虽然民信业公所声称全国12省市向邮局挂号与未挂号者确有千余家，其中挂号三成，未挂号者占七成。但邮政总局调查结果显示，全国民信局向邮局挂号领照者共386家，本年内自动停业23家，实存363家。其中苏皖161家、上海49家、浙江40家、广东26家、福建23家、湖北16家、江西14家、河北14家、山东6家、四川4家等。若以每家平均雇用三四人计算，共有员工千余人，虽各地尚设有分号，但大都一家经理数家且又兼营他业。到年底，全国民信局全部遭遇强力取缔。

二、民信局的经营

民信局有独资经营的，也有合股经营的。有单设一局的，也有设分支机构的。资本多则十万两，少则几百两。大都集中设在市镇小街陋巷中。租屋一间，营业场所狭窄，悬挂民信局招牌，写明民信局可寄达的地点范围。按同业定例，每年正月初五日为寄信开班日，每年腊月二十三封班（近地二十四封班）。每年五月十三日关帝诞日，各信局照例停班敬神，相互宴请，"以通同业和睦之诚"。

浙江各府、县民信局，其总局有设在杭州、宁波或上海。总、分局间有按年、节由分局向总局交款的；有到年终，各按应得红利分利润的；也有分局无利可沾，向总局具领全年开支的。各民信局相互之间虽无隶属和经济上的联系，但彼此协作互助，交换互寄，按年、节结算账目，互报存欠，如数找解。温州民信局则集体运作、收费相同，每年终按成分配利润。

民信局人员的多少以及职务的专任或秉理，均视业务多寡和营业区域的大小而定（多的10余人，少的3至5人）。有管账（会计）、管银（也称管柜、出纳）、收信（营业人员）、送信（本城本镇的投递人员）、脚夫（邮运人员，有受民信局专雇的，也有不是专雇，由民信局约定按期运送信物，按信件多少及路途远近临时议定工资的）、杂役、厨役诸名目。伙友雇用入局，必须先缴押柜金300元（少则100元），遗失信物时"何人经手即归何人赔偿"。脚夫或长期雇用，或订合约给予酬金，或视信件多寡，按路程远近，按次现付工银，或按季节给付。月薪多者20余千文（管账月薪24千文，管银半之），少者数千文，亦有不给工钱而仅分红利的。据浙海关调查，光绪七年（1881）时，宁波8家大信局的职员每年工资分80吊、60吊、40吊、30吊四等，带运信件的夫役每人每年工资24吊钱。光绪十六年（1890）前后，高级雇员薪酬每天在300至600文之间，小雇员所得还要少。同业"信局规则"虽有不分大小，每年每人100余元薪水之议，但总体而言，不同时代、不同地区的薪酬水平相差极大。到民信局被取缔前，民信局营业范围仅限于内地乡镇，业务日衰，从业人员薪资水平与信局极盛时期不可同日而语。

民信局业务除普通信业外，还涉及运送业、报纸代派、银行业、商业及其他杂业。民信局收寄之信，除一般信件外，还有所谓火烧信、插羽信、幺帮信、挂号信等。火烧信以火烧其一角，表示"火急"。插羽信以鸡毛插信封角，以示"飞速"，上述资费加倍计算。幺帮信为专人派送，外用数层油纸包封，避免雨水浸入，其上并系一小木片，万一不慎落入水中，不致沉没。幺帮信信资由双方商定，有些重要的幺帮信，另加赏金，且有时赏金多倍于正资。挂号信因内有要件，另收挂号费，给收据，倘有遗失，照价赔偿。

民信局服务便利，可以上门收取，手续简便，分量轻重均可寄递，而且逐件登记，便于查考，补偿责任明确，平信也可照值赔偿，封发时间灵活，可按航班时刻截止，投递速度又往往快于邮局，又可以随带口信或代拟复函，加上人地熟悉、取费低廉等优势，很快便成为民间通信递物的主要形式。

大清邮政开办之初，官局仅设于通商口岸，因邮基未稳，先采"官局与民局相辅而行"策略，后又逐步通过总包纳费和控制邮运等方式加大对民信局的限制。光绪二十三年（1897）2月20日，仁和、钱塘知县转谕各信局主，各民局照常收信打成总包，交邮局递往通商各埠，不准私自寄带，所需邮费遵例完纳，到埠后仍由各局分送。如有寄信人自购邮票粘贴信上交民局转递邮局的，每封由邮局给付力钱5文，以酬其劳。

官局正式开办初期，挂号民局仅须向邮局缴纳每磅1角的总包资费，所得利益比自行运递时更大。光绪二十五年（1899）《民局章程》规定民局总包改"按国内平常信件之资完纳一半"，折算每磅达到6角4分。邮局交民局转寄内地邮件，所收邮资的一半给付民局。宁波全盛等民信局以加费五倍之多，联合向关道递呈要求免加，宁绍台道特向浙海关税务司照会代申。光绪二十八年（1902）重订总包资费，第一年按每磅3角收取，以后逐渐递增到每磅9角为止。新资费实行后，民局串通客邮利用外轮私运邮件而官局却无力缉查,官局不得不从是年3月1日起对民局总包免费代寄。光绪三十二年(1906)11月16日起,再对挂号民局恢复总包收费,规定在邮局营业时间内交寄按总重量每半盎司(或15克)收费1分,但营业时间以外及交旱班发运的邮件则按总重量收取全费。宣统二年(1910)8月5日起,邮政官局调整信函计重单位由15克改为20克,资费每盎司由2分改为3分。挂号民局交寄总包收费也同步调整为在营业时间内交由轮轨发运者的邮件每重20公斤收费1分半,营业时间以外及交旱班发运的邮件每重20公斤收费3分。

由于经营成本急剧加大,宁波的民局采取少数邮件交官局转寄,大多数邮件由小轮私运,借以对抗。据各民局所称,宣统三年(1911)邮件有200万件,而交官局的仅68.47万件。

表5　清代浙江民信局交官局寄递包封信件统计表

年份	全国(件)	浙江省(件)	占比
光绪三十年(1904)	8304125	490315	5.9%
光绪三十一年(1905)	8896782	571664	6.4%
光绪三十二年(1906)	7892134	528548	6.7%
光绪三十三年(1907)	6389374	435127	6.8%
光绪三十四年(1908)	8042953	737022	9.2%
宣统元年(1909)	8411600	738900	8.8%
宣统二年(1910)	7409600	807200	10.9%
宣统三年(1911)	5913100	725400	12.3%

资料来源:《中国邮政事务总论》上册,浙江数据仅宁波、温州两邮界,不包括杭州。

到民国元年(1912)时,宁波民局接收信件33.6万件,寄发信件19万件,通过官局经转的仅9.29万件,其中发出总包3800封82500件,接收包封500封10400件。而全省民局交官局转运的信件,由上年的72.54万件锐减为13.83万件。

为遏制民局私运邮件,邮政官局加大了稽查与处罚力度。民国三年(1914),全省查获邮件走私36起,次年查获走私82起。原来期望扣留邮件后可处以罚款,但实际无济于事。凡有邮件被查获后,民局当即通知寄件人另行补寄,根本不理会被扣的邮件。民国五年(1916)查获的24宗中,除3宗同意罚款外,其余21宗均不加理睬。由于浙江省的民信局信誉卓著,服务优良,受到众多商号的支持与庇护,甚至官府也私下将公文交民局寄递,加上邮局的邮件检查人员不尽心履职,邮局的查扣始终未达到预期效果。民国八年(1919),邮局缉查工作终于收到效果,当年全省查获民局走私17起,并均扣以罚金。次年全省通过官局转运信件数量才有明显增长,26家挂号民局共交运22.21万件,比上年翻了一番。

表6 民国时期浙江民信局交官局寄递包封信件统计表

年份	全国（件）	浙江省（件）	占比
民国元年（1912）	2749600	138300	5.0%
民国二年（1913）	4796100	105300	2.2%
民国三年（1914）	6041900	105300	1.7%
民国四年（1915）	6381500	96100	1.5%
民国五年（1916）	4834800	171800	3.6%
民国六年（1917）	5126993	137700	2.7%
民国七年（1918）	2559314	75000	2.9%
民国八年（1919）	2903352	116500	4.0%
民国九年（1920）	3017463	222100	7.4%
民国十年（1921）	3383550	210100	6.2%
民国十一年（1922）	3435011	192200	5.6%
民国十二年（1923）	4454510	176100	4.0%
民国十三年（1924）	3352730	128000	3.8%
民国十四年（1925）	3389720	163300	4.8%
民国十五年（1926）	3691940	180500	4.9%
民国十六年（1927）	2802780	163700	5.8%
民国十七年（1928）	3051110	178600	5.9%
民国十八年（1929）	3769300	257900	6.8%
民国十九年（1930）	4090650	280000	6.8%
民国二十年（1931）	3927700	248500	6.3%
民国二十一年（1932）	3713700	252000	6.8%
民国二十二年（1933）	3978800	252600	6.3%
民国二十三年（1934）	1835000	100900	5.5%

资料来源:《中国邮政事务总论》上册、中册。民国二年前数据仅宁波、温州两邮界,民国二年后包括杭州。

此后连续8年转交邮局的信件数量基本保持在20万件以下，民国十八年（1929）民局重新登记挂号后，当年转交邮局信件数猛增44%，并连续5年维持在25万件上下。民局经营的最后一年，全省民局交邮局转运的信件仅有10万件。

三、民信局资费

民信局的资费分为酒力、号金两类。酒力即普通寄资，号金又称保险费，原则上由发寄人缴纳，实际多由收件人付给。资费收取标准不一，大致有以件数、以距离、以重量、以距离和价值、以距离重量价值计价等几种方式。资费给付方法也有多种，对普通商民，主要有发信人先付全资、收信人到付全资，以及各付半资等方式。而对发寄数量较多的商店铺户则记账收取，按月或按季甚至按年汇总结算。民信局不使用邮票等邮资凭证，但寄信人要在信封上写明邮费是否全付、半付，或由收件人支付。

光绪初年，宁波和上海之间的信件与小包一律每件40文，较重的包件加倍，普通民众带运小额银圆每元收费3文，后沪甬间信资逐渐涨到50文。光绪十一年（1885）初法舰侵扰镇海，海上交通中断，沪甬信资涨至100文。中法战争停战后信资稍有回落，宁波往上海的信件和小包每件收制钱70文，往杭州100文，往天津200文，往北京400文。寄往上海内有钱款的信件或小包，每100元收费300文到500文。跟轮船信局相对较高的资费相比，通过内河小船转运的信件则便宜很多，宁波往绍兴收费30文，往杭州40文，远至云南、四川地方的一封信也只收400文。所有进出口岸的邮袋均在海关开拆查验，应税物品要完税，有时还有增加罚款。

温州民信局的邮资通常在到达地向收信人收取，往来上海每封信100文，批量交寄多件信则70文。往来宁波每封信70文，批量交寄则50文。信内有提货单者，往上述两地收200文，信内有银行支票、钞票或硬币时，按所邮寄数量的1.5%—3.5%收费。包裹邮资按大小收30—500文。大清邮政开办后，温州民局把邮件交给大清邮政转运，比以前赚钱更多。往宁波、上海的资费仍为70文及100文，往天津200文，往北京400文。汇寄银钞资费有所增加，寄钱往宁波每100元收制钱300—500文，往上海每100元收费600—800文。对信函较多的官府和商界,则按协议减低收费。

光绪二十二年(1896),杭州民信局数量众多,各局收费标准不等。通常往浙江省和江苏省内地方邮资收费在14文到100文之间,往湖北、安徽、江西、福建和广东收100文,往直隶、吉林、山东、湖南、香港和台湾信件每封收费200文,往贵州、云南、广西、四川、河南、山西和陕西的信件要付最高邮资400文。寄往上海为每信40文,取回执则为50文。

宣统三年(1911)初,杭州民信局仍然根据路程长短及邮件价值收取邮资,其主要寄达地资费标准如下:

表7　宣统三年(1911)杭州民信局主要寄达地资费表

寄达地点	信函(文/件)	包裹(文/库平斤)	汇款(文/元)
绍兴	16	6	3
宁波	50	12	6
上海	50	12	6
苏州	40	10	5
温州	70	100	10
汉口	100	—	—
北京	200	—	—

资料来源:1911年2月10日第562/630报告附件,每库平斤约为597克。

杭州寄往省内较近各地,约每半磅收费如下:

表8　宣统三年(1911)杭州民信局省内近地资费表

文/半磅	寄达地
12	萧山、临平、余杭
14	富阳
16	义桥、临浦、塘栖
20	长安、新市
24	诸暨、枫桥、石门、嘉兴、平湖、乍浦、王店、嘉善、乌镇、菱湖、湖州
30	梅溪、桐庐

续表

文/半磅	寄达地
32	余姚
40	泗安、临安、於潜、昌化、严州、兰溪

资料来源：1911年2月10日第562/630报告附件。

民信局资费策略比较灵活，邮政官局兴办后，为竞争客户，民信局邮费普遍低于邮局，近距离寄递邮件资费甚至只有邮局标准的一半。

四、民信局线路网

清代至民国初，浙江民信局的通信网路以宁波和杭州为分发转运中心，通达全省。省外则借助上海发达的交通优势，北到东北三省，南抵闽粤，西沿长江一线直达上游。

大清邮政开办前，浙江民信局所收邮件的运递主要有两种方式：寄往远处通达轮轨处的邮件通过轮船火车运递，不通轮轨的内地近处则自备舟楫或雇挑夫挑运。轮船信局多以干线转运，内河信局专以支线分发，二者互通互递。

光绪初，宁波是浙江省南方的分发转运中心。宁波8家较大信局的信件交由沪甬间轮船代运，各信局轮流派人押运，并分摊每一来回付给轮船的10元运费。而另外有7家较小的外局，则把信件托轮船买办带运，每往来一次付给6元。温州9家民信局的总号均在宁波，一切往来其他贸易开放口岸地方的信函都发交宁波分发转运。瓯甬间陆路距离720里，全程步行约六天，即使日夜兼程最快也需三天半。光绪四年（1878）底，招商局永宁号轮船投入沪瓯航线运营，温州至宁波行程缩短到26个小时。温州民信局原来隔天向宁波和中转地经陆路发送信件，借助汽船运送邮件后，改为汽船在港就暂停陆路运作，汽船离港三四天才重启陆路运输，既加快了信件传输，又减少了发班次数。

大清邮政开办后，官局垄断了火车轮船的邮件运输。民信局所收寄往通商大埠与沿海口岸的邮件，只能打成总包交官局邮运网路转运，民信局线路网被限定为内河民船及陆路旱运。随着官局对私运邮件缉查力度的加大及总包转运费用的提高,民信局越来越依赖自有水陆线路转运邮件,杭州逐渐成为全省民信局自有线路的分发转运中心。

宣统元年(1909),杭州16家民信局计有缆船28艘、脚夫50名。三年(1911)时杭州民信局主要邮路有五条:(一)杭州至宁波线,经绍兴、余姚等地,大部分利用水道。(二)杭州至苏州线,经塘栖、新市、乌镇等地水道。(三)杭州至上海线,经临平、长安、石门、石门湾、嘉兴、嘉善、松江等地水道。(四)杭州至衢州线,计分两路,一路经绍兴、诸暨、浦江、兰溪而去衢州,专运信件,在兰溪交换。另一路用船运至富阳、桐庐,然后经严州、兰溪而去衢州,专运包件。(五)杭州至徽州线,经余杭、临安、昌化等处陆路运输,此外还有杭州至西兴的短途旱班路线。

邮件运递方式水陆兼程,彼此衔接。水路既有自备舟船,也有雇用民船,发运信件的为固定班期,如杭州至上海雇用小船7艘运信件,7天一个来回,费用由各民信局分摊。发运包裹的班期不定,发班日期与雇船数量视包裹数量定。陆路旱班路线雇用的挑运人员计有杭州至宁波4人,至兰溪挑包裹8人,至徽州20人,经绍兴至兰溪4人,需求量大时会临时增加人手。杭州至兰溪运送包裹每人挑重120斤,单程运费2000文(其中600文由杭州民局支付,另1400文由兰溪分局支付)。

五、民信局的取缔

宣统三年(1911)7月,邮传部接管邮政后核定《地方官保护邮政办法》,第九条规定"凡邮局未经承认之民局应令关闭",但未及实施清王朝即先覆亡。

民国初期,因政局持续动荡,"中华邮政"无力管治,原本已趋式微的民信局业又呈复苏之势。随着"中华邮政"根基趋稳,民国十年(1921)颁布了《邮政条例》,定信函、明信片为国家邮政专营业务,并明确"无论何人不得为递送信函、明信片之营业"。民国十一年(1922)4月,交通部成立由交通次长领衔的"统一邮权委员会",筹措撤销客邮及取缔民信局事务。

民国十七年(1928),南北邮务统一后,全国交通会议议决各处所有民信局,应于民国十九年(1930)内一律取消。经全国各地民信局业及商会迭次申请暂缓实行,交通部同意延期到民国二十年(1931)底,但各民信局必须按《民信局暂行挂号领照办法》照章挂号。杭州、宁波等地的民信局及商会也屡次递呈请求暂缓,但多被浙江邮务管理局驳回。

民国二十年(1931)2月8日,杭州全盛源记、老协兴、福润、林永和仁记、恒利、正和公记(珠宝巷)、汪协源老局、全泰盛、顺成茂记、协泰、正和公记、永利恒记、正源、正大等14家信局向浙江邮务管理局递呈,要求暂缓实行。

民国二十一年(1932)9月20日,浙江邮务长安润农函复省民政厅,再次驳回杭州市商会呈为浙省全盛、永和等民信局"乞暂宽年限"之请。

民国二十二年(1933)11月21日,杭州正大、全盛源、老协兴、正和、福润、永和、全泰盛、恒利、协泰森、永利、顺成、协源、全盛、正源信局再次具呈省邮务管理局,仍然只得到"应毋庸议"的批复。12月30日,行政院发交通部第3753号指令:"已通令各省市协助邮局取缔民信局,至民国二十三年(1934)底为止,一律结束。"

除了政策高压,交通部及邮政总局还通过不断提高民局总包收费办法,迫使民信局因成本高且无利可图而自动歇业。民国十八年(1929)时每磅征收2角,后逐渐加至9角5分,民国二十二年(1933)又加至1元2角5分。民国二十三年(1934)4月改为每两信件征收1角,合每磅1元6角5分,很多民信局因不胜负担而无法维持。

民国二十三年(1934)6月29日,交通部呈请行政院令各省府对未挂号民信局"应即日勒令取消"。10月7日,交通部再呈行政院,请令各省市政军机关,切实协助取缔,务于原定期限内使所有民信局一律停业。

11月25日,全国信业代表一百余人在上海民信业公所召开紧急大会,决定赴京请愿。浙江各地民信局业代表18人(其中杭州6人、宁波4人、温州1人、嘉兴7人)与会。29日召开第二次会议,决定要求政府展期五年。

12月10日在沪召开全国民信局代表大会,推举全泰盛店东宁波华云锦,杭州王大宝、庄耿堂以及印源通、邱镇生、任士廷、潘文田等7人为全国总代表赴南京向政府请愿,要求收回年底撤销民信业成命,再行宽展五年。13日全国12省500余家民信局停业一天声援,14日除7名总代表外,另有110人代表全国162个县民信局业共同参与请愿,浙江省有杭州、温州、宁波、绍兴、嘉兴、萧山、上虞、奉化、镇海、余姚、平湖、嘉善、硖石代表参加。

关停截止日期临近前的12月29日,信业公所再次召开会议,一是议决在政府善后办法未颁布前继续营业,如邮局停止过磅递送则自行组织寄递,二是再次呼请政府宽限五年歇业。但邮政总局认为全国民信局最发达地方为江浙两省,其大宗收入为代客转递银洋物件,信件收入占比较低。取缔民信局经营信函,其他原有转递银洋对象等附业仍可继续办理,并不碍从业人员生计。

民国二十四年(1935)元旦,全国民信局关停截止时限到来后,为防止民信局继续经营,邮政局实行为民信局代投信件措施。凡上年12月31日前发出的民局信件到达目的地邮局后,由邮局通知民局到局会同开拆包封,点明数目后即由邮局代其免费挨户投递,投递时均向收件人盖取回单交还民局。嗣后邮局如再发现民信则予扣留,必要时按私递信件侵害国家邮政依法惩办。

尽管有些民信局试图自行组织转递以维持原业,但在邮局加强稽查且发生扣留民信局信件与人员情况后,寄信人为避免损失,信件银洋包裹均改由邮局汇寄,各民信局营业终告停顿。

1月19日交通部批令:"对所请收回成命或宽限年月,应毋庸议。唯顾念商人及员工生计起见,凡不附带民信之银洋包裹等,仍照常寄递。"一部分民信局为维持生计改为转递局,专收货物包裹银洋钞票而不收信件。

六、信客业的兴衰

研究发现,从北宋、元朝、明朝官员、名人、书画家留存下来的信札中见有多种通信与邮递形式。札内可见"使者至""足人至""人至""人还""人立待""急足至惠书""邮寄""孚人行奉状(信用的人递书)""脚子黄清""李德至""×××至"等邮递方式,其中信使(信客)往返递送书札、字画、酒、礼品等占多数。

值得注意的是,在民信局之外,还有一种信客的组织,与民信局性质相同,但略有差别,其产生年代应该早于民信局,民信局是在信客基础上发展起来的。有学者发现清道光宁波通裕信寓碑记述"除批示外,合行照'案'给示永禁,为此示仰号商地保走信人等知悉",始见"走信人"的记录。徽商文书记载我国清康雍乾嘉之后,金融和贸易的发展推动了交通邮递业。近代碑铭、家族世谱、信笺、日记、账册等存世实物证明,我国信客业在清初已兴起和发展。民国《鄞县通志》第1260页仅见"为谋输送之便利,于是信局以外又有信客业之组织。信客业不知起于何时,然在五口通商以后似无疑也。其组织则一人或二三人,每月随轮船往返数次,为商旅输送信件、金钱,抵埠后即按宅分投……"此说相当保守。

五口通商后上海渐成繁华都市,甬商汇聚沪上经商者达数十万人,沪甬间寄递货物、行李、书信、金钱"终岁不绝",且时有迁沪或返籍者需提携老弱,搬取家具,于是信局以外又有不设店铺的信客活动。信客或单身一人,或两三人结伙,每月随轮船往返沪甬数次,为商旅输送信件、金钱,抵埠后即按宅分投。除带运邮件外还代送妇孺,搬运家什,全凭个人信誉而受到商民信赖。

邮政官局开办后,对舟船商旅私带邮件进行缉查,信客活动也受到限制。宣统元年(1909),大清邮政准许搭乘宁绍公司轮船往来沪甬的信客可将所收包裹信件封成总包,交由邮局寄递,享受与民信局一样的待遇,当年计有挂号信客150名。

民国初,宁波信客自组"宁波七邑信客联合会",成员遍布宁属七邑。民国八年(1919),"中华邮政"准许部分信客将邮件装成总包,经由邮局在宁波—宁海、宁海—杭州、象山—宁波之间往来邮寄。

民国十二年(1923)1月,"宁波七邑信客联合会"向鄞县一等邮局申请注册的信客共有142人,分别为鄞县25人、镇海60人、慈溪48人、奉化6人、余姚2人、定海1人。

民国二十三年(1934),浙江邮政管理局在取缔民信局时也限令信客至是年底一律停业,其时宁波尚有信客98人。民国二十五年(1936),甬沪间交通阻断,宁波信客再度兴起。

中华人民共和国成立初期,浙江省境内民船和信客私带邮件情况比较严重。1950年11月20日,浙江省人民政府转发华东军政委员会"关于处理私运邮件的暂行规定",禁止舟船信客带运邮件,规定无论何人不得以递送信函、明信片、挂号邮件、平快邮件及快递挂号邮件为营业,违者处一年以下有期徒刑或所得利益十倍以上五十倍以下罚金。经全省各地政府及公安、航管、邮政等部门通力合作,到

1955年止，民船私带信件情况得到有效根治，但宁波地区历史上旅沪经商谋生者众多，信客活动仍有持续。

1952年5月，浙江省邮电管理局向华东邮电管理局报告，往来沪甬信客最近组织向税务局交纳行商税，除经营代客带运货物（每斤收费1000元）、带送汇款（每10万元收费2500元）外，还私带信件。

1953年起，沪甬信客再组"信客服务组"，并逐渐形成规模经营。1958年春，"信客服务组"召开全体组员大会，更名为"沪甬线信客服务组"，分13个小组辖77个组员（平均54.9岁），分布在宁波、奉化、慈溪、三北、余姚、镇海、临海等地乡镇。除缴纳入会费6元外，每月按已纳税金（营收的7%）的10%缴纳会费。各组员之间独自经营，各负盈亏，每人每月往返1至4次不等。主要带运家具、包裹（每公斤收取0.1—0.15元）、现钞（按2%收费），有时带运老人小孩（每人收费1—2元，途中旅费自理）。

该组系自发组织，并无单位或部门领导。为获取合法经营地位，该组刻制图章，推举组长，下设秘书、组织、监察、学习和总务五个组，并订有"信客制度服务公约"，建有干部和组员名册、收益额月报表。大组在骆驼桥设办事处，上海落脚点在山西南路37号谦吉旅馆和北京西路的春江旅馆，每月11日在镇海开会一次，每隔一个月的2日在上海开会一次。3月30日，以"沪甬线信客服务组筹备组"名义分别向余姚、慈溪、镇海县人民委员会送呈"镇海县宁波旅沪同乡信客服务组为加强组织改进干事更换名称请示核备的呈报"，均未获复。

1958年7月1日，浙江省人委指示宁波专署取缔信客。10日，省邮电管理局下发《关于取缔"宁波旅沪同乡信客服务筹备组"的非法组织的通知》，宁波旅沪同乡信客服务筹备组经由当地人民政府处理予以解散。

1959年6月，镇海县骆驼桥、庄市一带信客又恢复组织进行活动，并私刻"骆驼人民公社信客服务站"图章，旋经公安部门规劝自动解散。但信客以"沪甬线服务组"名义派员赴浙江省人委，以要求解决本行业业务纠纷为名上访。10月，因各乡邮电支局和代办所扣押信客托带物品并即令停业，该组又派员去省人委及省邮电管理局上访，试图取得合法经营地位。11月14日，省人委再次批示宁波专署布置取缔,年底前宁波地区信客全部被取缔。

1962年5月,部分邮电所改为代办所停止办理汇兑和包裹业务后,信客复在宁波部分地区重新经营。到10月,骆驼区已发现有7人分散个别行动,而慈溪5个人民公社共有信客27人。根据人委批复精神,各区和人民公社通过安排其他工作等方式,将信客取缔。但到年底仍有21名信客(柴桥1人、大碶头5人、骆驼桥8人、慈城7人)活动,这些人大部分都被取缔过,有些还被安排过工作。

1963年,宁波市税务局在车站码头陆续发现有信客50人左右在活动。8月,镇海县20名信客联名要求县工商行政管理局准予工商登记以取得合法经营资格。是年正值中共中央发动"厉行节约和反对贪污盗窃、反对投机倒把、反对铺张浪费、反对分散主义、反对官僚主义"运动,坚决打击和取缔"私商长途贩运、投机倒把、私设地下工厂、倒卖票证等违法活动"。在强大的政治运动攻势下,信客活动逐渐丧失空间。

1964年2月,在镇海县大碶、柴桥、骆驼、塘湾等地活动的信客还有18名。在政府屡次取缔下,信客活动方式发生了较大改变。信客大部分是农业户口,一些信客把信客收入作为生产队副业收入,生产队为其外出从事信客活动开给副业证明并供给口粮。平均每个信客每月往返上海2至3次,托带物品除日用家具外,大部分是粮食制品与油料作物(米粉、大米、年糕、豆类等),每斤收费0.2元,每人每月收入80—150元。当时全社会粮食供应紧张,国家对粮食流通严加控制,邮寄时每只包裹限寄粮食及粮食制品1公斤,镇海县每人出境限带5公斤,而信客一次带运就达50公斤左右,成为扰乱国家粮食流通秩序的严重问题,再次被强力取缔。此次取缔是在席卷全社会的政治运动背景下完成的,长途贩运和投机倒把被定性为违法活动受到严厉打击,重击之下信客活动基本消失。

1966年"文化大革命"运动爆发后,对投机倒把行为的打击更加严厉无情,加上原有信客普遍年老体衰,绵延一百多年的信客业终于彻底绝迹。

第一章　信局的经始年代与特征

长期以来,对于中国民营信局创始时间的意见,基本上倾向于明代永乐年间,最初产生在商业发达、沿江河海交通便利的宁波,距今已有六百余年历史。从近八十年来的史书译著以及邮刊上所发表的文章来看,关于经始时间的论述基本上都是传抄的,没有一处能够对明永乐说提供翔实的资料与证据,混淆不清,非常遗憾。查阅宁波南宋宝庆《四明志》,元至正《四明续志》,明成化《宁波府简要志》《宁波郡志》,清乾隆《鄞县志》,以及古代诗词、小说、杂记等,都未见有信局(私营邮局)之记载。无论正史或野史都找不到明代永乐说的有力证据。由此看来,明代永乐说有点捕风捉影的味道,存疑甚多,需要史学界和邮学界同人不断发掘,深入研究。

一、明代永乐年间甫有民信局之说

1963年《集邮》杂志10月号发表的史式《从明代开始的民邮》一文,内称"到了明成祖永乐年间(1403—1424)专门办理民邮的信局就诞生了,在这以前中国是没有民邮的","距现在五百多年之前,中国第一家民信局就出现在当时商业最繁荣,交通最便利的浙江宁波"。(笔者按:宁波在明代何年何月由何人建立了首家何称谓之民信局?可惜没有任何依据和实证)1963年10月号《集邮》另有季文《信与信局》一文,内称"据考公元1403—1424年明永乐我国才出现第一批有组织的信局,由私人经营,除了代人送信之外,还兼营汇款货运业务,这种民营信局又称民局,当时遍及全国各地"。上述论点如能成立的话,明代戏剧《苏三起解》中的苏三就不需要到洪洞县江边去找商船请求捎信给南京的亲人,她完全可以在县城由信局寄发。

《集邮研究》1988年第三期陈京《明驿初探》，内称明永乐年间产生了中国古代通信史上具有重要意义的事件，即在中国历史上第一次诞生了真正的专业性民间私人信件递送机构——民信局。截至鸦片战争以前，全国民信局多达1000多家，仅宁波一地就达125家。1994年7月27日《中国集邮报》有夏雷文《我国古代的私邮》，内称随着商品经济的发展，15世纪明代永乐年间出现了民办民用的通信组织"民信局"，以后又出现了为海外华侨、国内侨眷传递信函、钱物的"侨批局"，这种专为商民服务的通信机构受到欢迎，因此发展很快，历时五百年……可惜这些传抄论文都未见有据可考、有案可稽、有物可鉴之翔实资料，更不要说铁证。

前已提及，笔者曾稽查历代多地县市通志，未见有信局之记载，最后在民国《鄞县通志》中找到了出典。《政教志》第1252页至1261页中"邮政"占8页，摘录几段供参考："本县书报传递，在昔衙署则以驿站，民间则以信局。宁波信局势力之厚，几遍国内"，"吾甬素以商业著称，郡人足迹遍于全国，间且及于海外，故交通事业亦随商业而发展。当邮电未设施时，甬人首创立信局"，"民信局始于何时虽无从稽考，然自历史推究，约在明代永乐以后，而以宁波为其中枢，其营业则在清代道光、咸丰、同治以迄光绪初年为最盛"。以上"无从稽考""其营业则在清代道光……"比较客观。后人著文修志时把"约在""无从稽考"等语剔去，使用了肯定的语气，有的甚至添枝加叶！非常遗憾的是，宁波邮政在20世纪80年代修志时认定民信局始于明代永乐年，将先人所注"约在""无从稽考"也都删掉了，却无任何实物证据。

澄清信局经始年代，对于纂修交通史志和邮驿志都有重要意义和参考价值，如果硬要套明永乐说，而实证和史料最早却是清道光、咸丰之后，真空了数百年，是不符合客观实际的。古代有驿递差便、食客专递、水路船递、信客私人或兵弁捎带、亲友手递（也称袖递）等，但同私营信局递送银信包裹的营业性质完全不同。

二、民信局经始年代浅析

中国是世界上最早建立邮传的国家，从烽火台到驿站，国家邮政贯穿了数千年的历史。自上古周承殷后，战国纷争，周秦汉唐文明灿烂，汉驿西通大秦（罗马），唐邮东渡日本，南北宋之邮驿，元之站赤地跨亚欧，邮传历代多为军事和官方传递文件服务。而历史记载最早的私人信件是周元王四年（前472），越国消灭长江下游的吴国后，范蠡写给文种的千古流传之信。战国时诸侯中的智囊人物四君子曾建有私人通信网，所获信息先于君主，可谓早期之私邮。随着经济的发展，商业开始繁荣，由富商经营水路货物运输、银信传送或由商民雇用私人传递银信逐渐开展，在古代的诗词、小说、杂文中都已有记载，远可追溯到唐朝之前。如汉乐府民歌《饮马长城窟行》说："客从远方来，遗我双鲤鱼。呼儿烹鲤鱼，中有尺素书。"这里的"双鲤鱼"，就是汉时的书信，诗人用了比喻的手法。刘禹锡《竹枝词》有"日出三竿春雾消，江头蜀客驻兰桡。凭寄狂夫书一纸，家住成都万里桥"，说明商行兼带民信由来已久，苦于没有健全的组织机构，"烽火连三月，家书抵万金""铃声从西来，忽得濠州书""写得家书空满纸，流清泪，书回已是明年事"，可见古代平民通信之艰难。到了明代永乐年间，随着资本主义经济在中国萌芽，商贸活跃起来，海运和大商行有了发展，货运同时兼带汇银、信物以至专递，但是并未形成专业的民信传递组织和通信网络，更没有健全的私邮规章制度。古典小说中，反映明代资本主义在中国的萌芽，反映商人和商业活动最为突出的是《金瓶梅》。西门庆是世袭大富商，家产几十万金，有几十个商行，缎子铺就值五万两银，自办加工作坊，有大批高档舶来品，如西洋布、奇楠香、犀牛角杯、象牙牌、西洋大珠、波斯猫、洋酒、水银镜等等。值得注意的是他还兼营长途水陆运输，有"镖行""镖船"甚至保险业务，但是并未见有"民营信局"的出现。明代的对外开放经济随着经济政策的改变而走向了"闭关自守"。唐朝以来建立的集海关、外贸、港务于一身的"市舶司"，在宁波、泉州等地相继被裁撤，历史又走向下坡。

依据现有的资料对民信局经始年代试析于下：

1. 从宁波市邮志办找到一份民国二十三年（1934）3月1日宁波邮政局所登记领有执照的民局资料，计有总局43家，分局132家，合计175家，显示该时期信局趋于没落，但仍有参考价值。表分类计有：执照号、信局名称、开设年月、总局址、分局数、分局地址。其中信局最早开设是在咸丰元年（1851），有正大信局（图1）、全盛信局、靳顺信局等，开设时间未详的有13家。最早的年限如上溯若干年则是

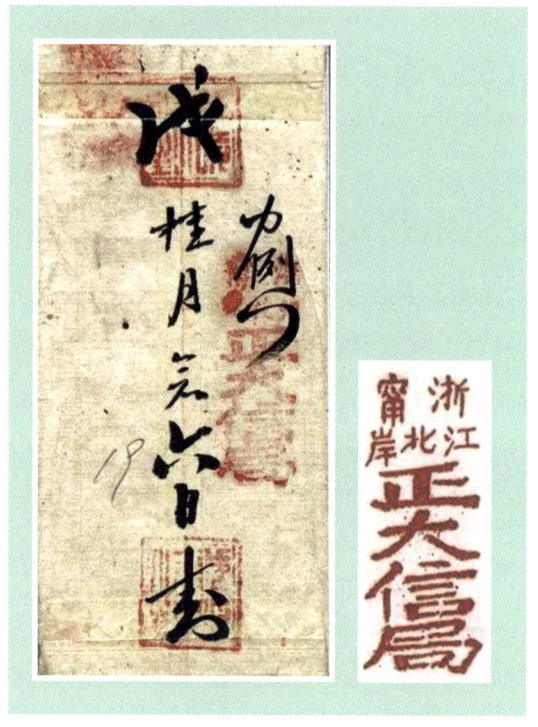

⊙图1

清代道光年间,此表有重要的历史参考价值。表中另可见总局设在鄞县(宁波)的12家,上海11家,闽侯(福州)10家。设分局最多的是协兴昌信局,达24家,遍及全国各地。另据《宁波邮电志》记载,奉化县于道光元年(1821)在大桥设全盛民信局。

2. 目前国内存世最早的两件民信局实寄封实物,是慈城曹氏咸丰四年(1854)古封,以及已故集邮家姜治方先生所收集的清代咸丰九年(1859)由宜兴寄北京的信封。

3. 1992年4月《集邮》刊出王景文《新发现的古旧信札》一文。该信札发现于山东黄县(今山东省龙口市),该县是胶东半岛上物产丰富、商业繁荣之地。信札年代在清咸丰之后,为商民通信之实物,信封上虽未见盖"××信局"戳记,但书有"酒资不计""脚力已付""送信钱×百文""信力三百文""外有小包一个""酒力在此付清"等字样,非民间袖递的手递封,已经带有非常明显的民信局特征。因此,说明胶东半岛上的民信局机构产生比甬沪一带要晚一些,但同时也说明了鸦片战争之后的咸丰年间山东沿海一带商贸繁荣,已经产生民局性质的通信机构,这批古封是一个重要佐证。

根据上述史料和实物佐证,民信局经始年代应在清道光前后。而挂牌的民营邮局(有"××信局"称谓)及其印鉴最早则见于东南沿海,如商业活跃、交通便利的浙江宁波和姑苏等地,其后以上海为中心,逐渐扩展到全国各地。显然将古代私人、差役、号商、轮船传递的银信一概称为"民信局"是有违客观事实的。民局的经始是在清嘉道年间,它承袭上千年来商民经营的通信组织和业务的同时,吸纳了近代资本主义先进的邮政运营技能,在此基础上建立了信局的规章制度。尽管各地并不统一,制度混乱,但较之古代的私邮、信客、足夫传送银信已经向前迈进了一大步。

民信局经始于明永乐说,据称最初见于民国十年(1921)洋人邮务长H.Kirkhope所执笔的《邮政事务总论》开篇《置邮溯源》英文版,内书:"民局,为民间使用的邮政——以区别于为政府及官吏使用的,其产生似乎不早于明朝永乐大帝年间(1403—1424)。"也有译成"唯民间所用之邮递方法与官立之驿站迥然不相同,民间驿道之法有明永乐以前似未尝有也"。内还提到"因幕宾大都籍隶浙江绍兴之口岸,民局即滥觞于此。以后全国私立信局咸以此处为中枢"。此处"似乎""似"并无肯定的语气。从此以后就传抄开来。时至今日各地史志和论文仍以此为依据,民间驿道(民信局)明永乐说由此成立,可叹并无实证,更无铁证。对历史问题的考证探讨不能因为说的人多了就成真理,真理的来源只能是实践和证据。

需要强调的是,对民营信局经始年代进行研讨时,必须将其与古代民信加以区别,两者性质不同。民营信局(邮局)建立于清嘉、道前后,不等于否定我国古代民信的存在。我国古代民间私人通信非常艰难,有钱人或当官的可以利用专差、兵弁、驿站传递书信。一般平民百姓只能依靠私人袖递或商行、商船顺便捎带家信。有了民营邮局,就迥然不同了,商、民、官员都可以随时随地去信局寄信、汇银和捎带包裹,民信局为方便广大民众还上门服务,广泛收受官、商、民信件、包裹和汇银。其组织机构逐步健全,并有严格的规章制度,信局挂牌有固定的邮路、寓所、字号、戳记,按距离收取费用,凡有遗失,照价赔偿,在民间享有盛誉。民信局在各地交通邮路,水陆皆备,总局之外设有各地分局代办,规模大的信局分局多达数十处,资金雄厚。此类挂牌的民信局迄今未见有早于嘉、道的。

有关民信局经始之历史评论,有广州《集邮家》报第187期周林先生文内提到的:"确实可靠的则是在广东省邮局里找到的旧档案,记录着汕头德利信局于1856年设立(而另一文件资料则是1858年设立)。"1856年即清咸丰六年,比宁波邮电局所保存的信局登记档案的开设于咸丰元年(1851)的正大、全盛、䂀顺信局晚若干年。在《集邮博览》1994年第2期及第9期,1995年第2期上刊出的陈世祝、刘国良先生的文章,内考证了西南地区"麻乡约运输行"的历史,据考,"麻乡约"陈姓，四川綦江人氏，生于清嘉庆年间，卒于1902年，面有麻子，抬轿为业，相传祖辈当过"乡约"（指奉官命在乡里中管事的人），故取绰号为"麻乡约"，久之忘其名。"麻乡约运输行"咸丰二年（1852）建于云南昆明，同治五年（1866）迁总行到重庆。何时开始兼营或建立"麻乡约信局"及其字号、印章、封单实物等，尚未见详情介绍。历史事实证明西南地区最早的民间通信机构始建于清末，而不是过往所说的始于明永乐年间。

近百年来对民信局创始年代有不少学者抱着实事求是的态度，并非人云亦云，他们经过深思熟虑，提出自己的看法，论述精辟。诸如邮王周今觉于民国十五年（1926）九月发表于《邮乘》第2卷第4期的专著《华邮图鉴征引书目提要》中涉及"帕氏此书开始即有误点数处……（二）谓民局信资一律每磅一角，殊不知民局信资以远近计值且不论磅重也。（三）谓民局有数百年之历史，而不知其在道咸以后始办立通行也"。另中国台湾史学家晏星（原名潘安生，著名邮史学家）先生在其所编著的《"中华邮政"发展史》一书第241页中论及"这位洋员对我国民信局起源，自始并无肯定的考证依据。只能说'民间邮递之法，有明永乐以前似未尝有也'。一开头就用了很不确定的语气。不过他接下去的'推论'却是若有介事牵扯到'绍兴师爷'以及宁波的地缘关系等等，由于原始的'假设'并无必然性，所以他的一切推论也就没有基础"。说得都非常明智。

对我国古代民信史和民信局史的研究必须同社会历史的发展与当时的政治经济相联系。邮政是社会经济的组成部分，不可能脱离现实而自立体系。民信局（包括"侨信局"）都是私营经济，自然同中国近代资本主义经济的发展演变相衔接，是在古老的中华民族从沉睡走向觉醒，从停滞不前走向新的转变过程中产生和发展的。它是上千年来在艰难的私人通信基础上，加上资本主义新兴的邮政业务输入影响下建立起的中国式的民营邮局，这就是中国古代私信同近代民信局之区别。大量的历史资料和存世实物证明了这一点，而明永乐说近乎玄虚，推论无基础，并不科学。民信局自清嘉、道之后创始至1934年被取缔，有它的辉煌时期，特别是清同治、光绪年间民信局为商号、洋行、钱庄、媒体、官员以及广大民众服务，推动了当时社会经济的发展，它们在历史上功不可没。

三、民信局的组织与业务简述

1. 民营信局为私有资本创办,其组织和管理体制完备,服务周到。一般在开办的城市设立总局,各地设分局或代办。各信局之间的业务共同协作或联号,如宁波地区各家信局间的邮件可由任何一家差役带运,费用公摊。为此,有的实寄封上一地盖了两三家信局戳记并不为奇。有的收件局班期未到而转交联号局寄发,以加快邮件周转,有的需异地中转则由协作局传递下一程。各地信局间订有协议,可以互换邮件,如同联邮。为了节约开销,信局寓所挂了几块牌子,合署经营。如有一件上海寄淮阴钱庄的信封,上盖了四枚戳记,内有两枚是联号合寓。一为"上洋全泰洽记信局南在陆家浜头寓在通裕局内",即同上洋通裕信局合寓。另一枚抵扬州互换中转盖"扬州天顺信局住左卫街寓全泰洽局内",即同全泰洽信局合寓联邮,两戳含四家信局。民信局东家俗称老板,有独家经营,也有合股。大的信局资金多达数十万两,少则几百两。所以其组织和经营范围、邮路各不相同。局内除东家之外另有司账一人,管柜一人,也有身兼两职,收信及送信一至五人,挑货、杂役各一人。另设厨役、脚夫等。如汉口协兴昌信局东家朱姓,宁波人,该局之组织有账房一人,杂役一人,上街的四人,从事收发信件,另下河的与厨子各一人。每月工薪二至五串不等(参见《中国经济全书》)。信局业务全恃信用,大客户可以使用经折记账,邮费逢节结算,如端午、中秋、重阳、春节结算。平日费用自筹,以资周转,为此民办信局必须具有殷实的资本。藏品中存有一件光绪己丑(1889)上海正和协记轮船信局义昌宝号账折,记有七项,每件收七十文,共四百九十文。经折最后页记录"十二月三十付讫",即大年三十夜才结清。

2. 信局的邮资比较复杂,不同时期和不同地区都不一样。大体上为:本埠及内地互寄24文,上海沿长江周边60—70文,跨海过江距离较远100—200文。如宁波至江西吉安、湖南岳阳等地需经上海转口,邮资加倍。信函分酒力(指平常信件)、号金(另加保险费用,类似现今的挂号信件),另有快件限时到达(加双倍邮资)。函件、汇票尚可以原班回条,如同双挂号回执和保险信函。如有一件清代浙江平湖县城守署武官张志青发寄的信函并汇票90元,发至宁波资新钱庄陈有彩,封背盖平湖全盛信局戳,另书"舟至即送,原班回条",前后盖有"票"字戳四枚。有的信中附注"原班回条"字样。此外信局尚有派遣专足(专差)递送信件文书的,需加特别费。付费方式有发信人付全资或半程,也有收信人付全资或半程。实寄封上可见书有"力资讫""酒例""信到付50文""号金已付,酒资照例"等付费形式。商行、洋行、官员、常客信局特制有记账经折,逢年过节总付。信局汇银每洋银付10至20文,约千分之十。

表1　1890年岳州全泰盛信局实用邮资统计表

起止	信函价	件数	计资	汇价	汇银数	计资
岳州—上海	60文	1	60文	10文	27元	270文
岳州—汉口	24文	5	120文	—	—	—
共计	—	6	180文	—	27元	270文

3.民信局的收寄业务广泛,服务周到,除银信传递外,衣服包裹、食品医药、四时鲜果、鲜鱼活虾甚至家禽等也能捎带,收费都有标准。民信局代派报纸杂志,同全国报馆联络,从事批发业务,借得折扣之报酬。民信局店铺收取信件晚至午夜,打烊后仍有专人值班,有要件敲门仍照收不误。信班出发前还派专人上门服务,收取信件,同时也可为顾客代购或代办各项事宜。轮船抵埠即派小艇取信,在船上分拣,一上岸立即投送,以加快信件周转。

4.民信局有严格的赔偿制度,凡因工作疏忽造成损失一律按价赔偿,绝无异言。如路遇强盗抢劫,则半价赔偿,脚夫被杀则全免。为此信誉卓著,深受民众信赖。

从上述对民信局的粗浅分析介绍可以看到,它与古代民邮在性质上有着根本的区别。凡挂牌的民营信局,除了尚未使用邮资凭证——邮票,预付邮资制之外,已近似官办邮局。即使嘉、道之初出现兼营民间银信业务的商行,也难以同专业挂牌的民信局相比拟。

四、民信局的基本特征

民营信局,专业从事邮递业务,为广大商民服务,其建立应具备一定的条件,有它的明显特征：

1. 民信局为私人投资开办，公开挂牌营业。如全泰盛、森昌、老正大、干昌信局等，信局在一地设总局，各地建分支代办，收受广大钱号、商家、民众和官员投寄银信、包裹什物，班前出运还派专人上门至诚服务，并由当地政府支持认可。详情可见宁波清道光年"奉宪勒石永禁"石碑记载，宁波通裕信寓曾得到两任鄞县知县的支持。

2. 有健全的组织，分工明确，管理严格。局所备有运输船只、牲口等交通工具，或利用固定航班往返运载。

3. 建有通信网络，邮路畅通，由本地到各省市县和乡镇设立分支代办，或局间合约互联互换，以加速运转。有的信局设有固定航班，按期往返。

4. 各种函件、银钱、汇款、包裹什物等都有规定的收费标准。一般信件视距离远近从20文到200文不等，付费形式有单向或双向收费。实行记账制的，逢年过节结算，不同于现代邮局预付邮资制。

5. 严格的管理制度和各项邮递业务。如信件收发、保险挂号回执、汇银执据、包裹回单、班期、记账经折以及赔偿制度，局间互换邮件协议等。

6. 民信局制有本字号局戳和各种付戳盖于邮件之上，包括收据、汇单（领单）、账折、信封等，如同邮戳。有的信局戳还刻上班期局址和宣传语等，大多盖于信封背面。

作为私营邮局（民信局）必须具备上述几方面的条件，尽管它的发展过程漫长，到清道光、咸丰之后才逐步健全起来。而古代私邮不具备这些基本条件，民众不可能随时随地到私商船家或信客（足夫）处投邮。这是民信局与古代私邮之间的区别。

中国民信局的基本特征，南北方信局无异，19世纪我国建立大清邮政官局之后，始有官局与私局之分，除了官局（官方邮局）和民局（民营邮局、私邮）之外没有另外分类。多年来南方私邮因当地土语称为"批局"，似成另类，其实信封、信笺、单证实物上所盖的都是"××信局"戳记，非常清晰。尽管其发展较东南沿海稍晚，送信时间较长，或以传递东南亚诸国之物为主，但是仍属民局性质。

第二章 真龙现身——清道光通裕信寓碑释读

2009年12月10日，在国家重点文保单位宁波市天封塔碑林发现一块清道光年间大型石碑，上记载有关私营信局信息，碑文题为"奉宪勒石永禁"。该碑高203厘米，宽78厘米，厚14厘米，碑体石质粗糙。尽管下截文字已有剥落，但字迹仍依稀可辨，立碑日期为"道光贰拾肆年叁月"，即1844年初。石碑刻载清道光年间有关宁波林春元等开办的通裕信寓遭遇奉备李章先等欺诈、兜揽、强收元寓招牌事向宁波府鄞县正堂诉讼。

一、石碑距今已有170余年历史

通裕信寓石碑的发现佐证了我国五口通商和海关邮政开办之前，宁波地区即已存在颇具规模的民信局（私营邮局），同时也为笔者认为我国民信局肇始于清代嘉、道年间的观点提供了可靠依据。多年来，笔者未曾找到早期具有充分说服力的民信局史料实物，而存世最早的几件实寄封则晚在清咸丰初期。石碑的发现揭橥了宁波在清代道光前后已建有私营信局，它是国内迄今为止已知最早的信局实物。有意思的是当年曾称"信寓"，并获得当地官府之支持，以下为碑文：

奉宪勒石永禁

钦加同知衔调授宁波府鄞县正堂加六级纪录十二次叶

为出示晓谕事：据林春元、吴文宏、黄廷萱等呈称，向在甬江开张通裕信寓，递送瓯、闽等处及苏、杭、绍寄往瓯、闽，带回信札，并押送各号商银包，由来已久。前遭奉备李章先等冒捏兜揽及脚夫李启云等勒索帮费、强收元寓招牌，控荷王前主讯明惩治断，令元等照旧走递其闽、瓯带回寄往苏、杭、绍银信亦归元等承走。历蒙出示晓谕在案，今被风雨损坏，深恐李启云等仍蹈前辙，呈叩照案给示勒石永禁等情到县，除批示外，合行照案，给示永禁。为此示仰号商、地保、走信人等知悉，所有宁、绍寄赴瓯、闽及瓯闽带回寄往苏、杭银信，均归林春元等走递，其由宁、绍寄赴苏、杭者不准兜揽递送。至夫头李启云等肩挑货物，承值差使，各信寓帮费系属私议，并未讯断。未便借词帮贴，自示之后再敢阻挠争执，一经访闻或被告发，定即从重究治，决不宽贷。各宜禀遵毋违，特示。

道光贰拾肆年叁月　日给

（图1）

碑文释读：奉宪勒石永禁

额题"奉宪勒石永禁"六字的石碑铭文分两部分。第一部分详述清道光年间，宁波林春元等一向在甬江开办通裕信寓（说明在立碑前创办信寓已有多年），他们在走递瓯、闽、苏、杭、绍等邮路时，经常遭遇奉备李章先和脚夫头李启云等敲诈勒索，"冒捏兜揽""勒索帮费""强收元寓招牌"，经鄞县（当时的宁波）前知县王知县公平断案，林春元等"照旧走递"，因知县"晓谕"时常出示，今被风雨损坏，口说无凭，恐怕李启云等会"仍蹈前辙"，故特此"勒石永禁"。第二部分记述了立碑时当任知县叶堃严令："所有宁、绍寄赴

⊙图1

瓯、闽及瓯、闽带回寄往苏、杭银信,均归林春元等走递","不准兜揽递送","自示之后再敢阻挠争执,一经访闻或被告发,定即从重究治,决不宽贷。各宜禀遵毋违,特示"。碑铭"各信寓帮费系属私议",即证明清代道光年前后宁波城内已创建有多家信局。碑铭警示"为此示仰号商、地保、走信人等知悉",佐证在清道光之前,宁波及其周边一带信客活动已经相当广泛。据《奉化市邮电志》载,清道光元年,全盛信局建于大桥(今奉化城区的大桥街道),只是未找到第一手证据。当年邮资为双方私议,而信局初创时称"信寓",其实译成外文都是邮局,只不过是私营。叶堃是一位清廉开明的好官,他的吏治也较严厉、果断。

  碑铭的发现,证实了在我国五口通商和海关邮政开办之前,宁波地区即已创办起粗具规模的信局,这为我国信局肇始于清代道光年间的宁波之说提供了翔实有力的物证。石碑原矗立在宁波城内城隍庙,新中国成立后一度移至天一阁庋藏,2000年迁回至天封塔碑林。

二、各县(市)邮志所载宁波地区民信局创办年代

  《宁波市邮电志》:民信局在清道光至光绪初年(1821—1880)进入鼎盛时期。

  《慈溪市志》:于清咸丰二年(1852)始设民信局之全盛分局。

  《余姚市志》:清道光、咸丰时设民信局。

  《奉化市志》:于道光元年(1821)大桥设全盛号信局。

  《象山县志》:清咸丰三年(1853),鄞县正和信局在石浦设分局。光绪六年(1880),鄞县裕兴昌民信局之石浦分局设立。

  《镇海县志》:清咸丰二年(1852),柴桥设民信局之全盛分局。

  旧时宁属各县(市)尽管并无信局详情史实记载,不过综合多种信息资料,还是比较倾向信局肇始于清道光、咸丰年间。《奉化市志》确切记载道光元年"大桥设全盛号信局",大桥邮政官局的建立也早于县局。通裕信寓碑铭勒立于"道光贰拾肆年(1844)",内书"向在甬江开张通裕信寓,递送瓯、闽等处及苏、杭、绍寄往瓯、闽,带回信札,并押送各号商银包,由来已久",下书"肩挑货物,承值差使,各信寓帮费系属私议,并未讯断",说明宁波通裕信寓建立当在清道光早期无疑,同时期挂牌

营业的另有"各信寓",说明并非孤此一家,而邮资由双方私议。

通裕信寓由林春元、吴文宏、黄廷萱等开办,以林春元为首。除店主外另应雇用收发、账房、信差、挑夫、杂役等人员,以及水陆交通工具,其店铺不会太小,因无历史资料可查,只能揣度。文内提到"强收元寓招牌"之"元寓"系指林春元创办的通裕信寓。该信寓为钱号、客商、官民服务,营运地区及邮路含甬、绍、苏、杭及至瓯、闽,涉及江、浙、闽三省,即现今的宁波、绍兴、苏州、杭州至温州、福州、厦门等地,服务范围包括钱号银两、商民信函以及包裹等,是一家有着相当规模的信局。

在拙藏咸丰四年(1854)实寄封中有一枚戳记内可见到通裕信局的身影,原件中式信封 66 mm × 138 mm,木版印红色梅花图,正面书"封内要紧家信烦宝局寄至江北淮安府城外湖嘴大街祈□丽源钱庄曹景范二哥大人收启,申江曹景才托",右上角盖地名章"小东门盐庆桥堍"。(图 2-1)封背书"此信要事,千祈勿要耽搁,立候回音要紧",左侧"信力由申至镇付讫,镇至淮安酒资照给"表明了双向收费。中缝封条书"护甲九月初十上海小东门内东街头"。上盖红色信局戳记四枚,左下方盖"上洋全泰洽信局"直式无框形戳,平例右侧盖"上洋全泰洽记信局/南在陆家浜头/寓在通裕局内"三排直式无框戳。说明上海全泰洽记信局在南市陆家浜,寄寓于通裕信局署内,两局互联合寓。信到镇江北岸扬州中转,盖"扬州天顺信局/住左卫街寓/全泰洽局内"框式四格碑形戳于左上方。此戳同样含两家信局的地址,扬州天顺信局寓所在左卫街全泰洽信局署内。第二程经天顺信局沿运河北上抵淮安递交收件人,三戳清晰,至淮安盖到达戳于中缝。由于古封受虫蛀蚀,局部剥落,长条形双排字框式戳只见"回信仍寄淮西门内"等字。(图 2-2)此件年代界定承蒙慈城张介人先生的大力支持,提供了有关慈城曹氏的重要契约文书、遗嘱等实物资料。曹氏留存的大批资料证明此封应是清咸丰四年岁次甲寅(1854)的遗物,是早期民信局一件重要的珍贵实物。"上洋全泰洽记信局/南在陆家浜头/寓在通裕局内"信局戳记证明 1854 年通裕信局(寓)在上海已置有局所,而上洋全泰洽记信局则寄居于通裕信局寓所内。近年陆续发现清代时在苏州已有通裕信局,清末宁波海关内有通裕银号,民国时期在甬江通裕钱庄、上海通裕信局之外,另有苏州通裕钱庄。

⊙ 图 2-1

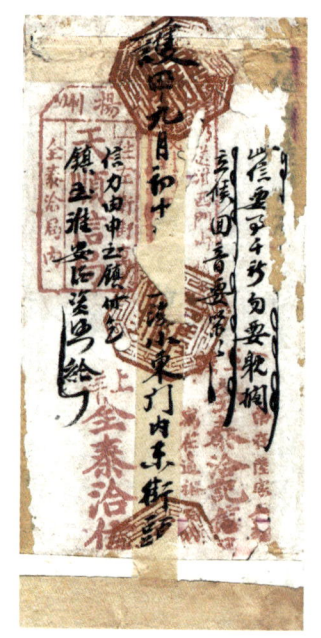

⊙ 图 2-2

清代五口通商之后上海逐渐成国内经济中心，其发展速度惊人。而在1843年11月上海刚开埠时，还只是一个县治，其发展兴盛有一个过程，可见，宁波林春元开办的通裕信寓邮路有苏、杭、闽而无上海，历史记录还是可靠的，在相隔二十载后，上海才迅猛发展成为国内金融中心。有学者称，1843年11月17日上海依约开埠，以此为起点，曾经在漫长的历史岁月里"无所表见"的上海开始了魔幻般的变迁，短短数十年间，上海由一个普通的滨海县城发展成为中国最具现代性的"第一繁盛商埠"。到20世纪30年代，它已成为与伦敦、巴黎、纽约、柏林并驾齐驱的世界性大都会。金融史、交邮史上无不称上海是各行各业的中心，民信局也并不例外，总局照例移设至上海，足见其举足轻重。

三、碑铭发现的意义

关于信局的肇始地，史学界有各种不同看法。有人认为宁波人首创民信局缺乏实证，如杭州陶拱宸先生在《浙江民信局侧记》一文中提出："杭、嘉、湖地区是长江下游，运河南段的终点处在水网地带，盛产蚕丝鱼米，交通素称便利。而宁波地居海滨，工商业不如上述地区繁荣，当时官府对私商航海活动限制甚严，与内陆联系并不十分方便，所以最初浙江民信局起源于宁波的说法，似不可信，等到五口通商以后，民信的重心才有移设于通商口岸宁波的可能。"显然，这是在没有任何实证的情形下非常主观的说法。实物与历史记述证明宁波三江口在民国初期尚有钱庄100

余家,资金雄厚,经济实力强大。五口通商前后有数十万商民跨海涌向上海,并投资开辟大商埠,可见宁波的经济实力是杭嘉湖等地无法比拟的。

通裕信寓碑铭的发现印证了远在我国五口通商和海关邮政开办之前,鄞县(宁波)地区即已创建颇具规模的私营信寓(信局),并得到府县两级政府的核准和支持。它佐证了以往史学家的说法,我国信局最早肇始于清嘉、道年间的宁波,通裕信寓碑铭可谓第一手实物证据。尽管历史上对信局的肇始年代诸说不一,有明永乐说、清乾嘉说、清道咸说等等。多年来笔者寻求各地的史志等书籍与报纸杂志,并未见有任何可靠的历史资料,更无第一手实物证据能够证明民信局倡立于明永乐或清乾隆,只见说法而无具体事实,难以定论。该碑铭的发现印证了我国民营信局创始于清嘉庆、道光年间已无疑。碑文内书"各信寓帮费系属私议,并未讯断",证明在清代道光元年(1821)前后宁波已有多家信局,并非独此一家。

四、有关碑铭的相关历史资料

2011年11月20、21日,英国伦敦大学博士蔡维屏老师专程来华收集和调研有关中国民信局与信客的历史资料,在抵津后未能找到所需要的相关史料和确实可靠、能引以为证的实物。无奈上网找到本人的新浪博客"静海怡园",兴奋不已,经联系于20日特专程从天津飞抵宁波造访。我们对有关民信局、信客业交通邮递史作了深入浅出的交流和探讨,不受任何约束。统一了对民信局性质特征的认识,翻阅和解读笔者收藏的数百件清、民国时期信局、信客、船递邮件和信笺,对笔者二十年来所书相关民信局与信客方面的论文近百篇,表明了初步分析和编辑英译的意向。21日我们实地走访了矗立在宁波天封塔旁清道光年间的通裕信寓"奉宪勒石永禁"碑。此碑是国内迄今所发现最早有关民营信局历史的实物证据,经多方搜索清道光年间相关重要历史背景史料,有了新的发现,对"奉宪勒石永禁"碑铭文特此再读于后:

1. 铭文详尽记述了清道光年间,宁波林春元等一向在甬江开办通裕信寓,说明通裕信寓已开办有年,而信局创办之初称为"信寓"。

2. 通裕信寓的邮路,走递为瓯、闽、苏、杭、绍等地,即现今的温州、福州、苏州、杭州、绍兴等地。业务是传递押运民间号商银信包裹，此处"号商"主要指钱号（钱庄）与商行。

3. 勒石永禁之缘由。兹因通裕信寓走递途经奉化时，遭遇奉化守备李章先和脚夫头李启云等敲诈勒索，他们以"冒捏兜揽""勒索帮费""强收元寓招牌"相阻挠，后经鄞县地方政府王知县公平断案，准林春元等"照旧走递"，兹因知县"晓谕"时常出示，今被风雨损坏，口说无凭，恐怕李启云等会"仍蹈前辙"，故特此"勒石永禁"，立碑为证。

4. 碑铭"各信寓帮费系属私议"九字，内含重要历史信息。"各信寓"证明在清道光年间宁波已开办有多家信局，并证实了《奉化市志》所记载道光元年全盛信局建于奉邑大桥镇，并非无的放矢；其次，当年信寓帮费——邮资，由信寓同号商双方自愿私议，尚未有统一规定的邮资标准。同时"给示永禁。为此示仰号商、地保、走信人等知悉"，证实当年有走信人（足人、信客）存在。

5. 勒立石碑一事，说明信客活动在当年曾获得时任知县叶堃及前县令王鼎勋的大力支持。民营通裕信寓碑铭又记载："所有宁、绍寄赴瓯、闽及瓯、闽带回寄往苏、杭银信，均归林春元等走递"，"不准兜揽递送"，"自示之后再敢阻挠争执，一经访闻或被告发，定即从重究治，决不宽贷。各宜禀遵毋违，特示"。

清代道光初期，时任鄞县知县叶堃及前县令王鼎勋曾积极支持为广大官员、号商与平民服务的处于萌芽状态的信寓（信局），说明信局创始之初曾经县署登记入册，具有合法身份。叶堃与王鼎勋意识到交通邮递事业对社会经济发展和国计民生的重要作用，他们的明智之举早于中国邮政先辈、睿智而能干的官员薛福成和李圭。本人从不认为国人无能力创办中国近代邮政，也非中国没有人才，而是长期受制于洋人对海关和邮政大权的强制霸占、剥夺，因此办不了近代邮政。史实证明中国在1820年前后已建有民营信局，从事邮递业，服务于民。

第三章　宁波早期民信局实寄封

　　清咸丰四年（1854）由宁波慈城曹氏从上洋经全泰洽信局、扬州天顺信局邮江北淮安府的古封，是一件非常难得的能够呈现早期民信局历史的实物。半个多世纪以来，人们已知我国最早的民信局实寄封是已故集邮家姜治方先生所收集的清代咸丰九年（1859）由宜兴寄往北京的信封，现保存在中国邮政邮票博物馆。而曹氏封的发现将这一时间提前了五年，刷新了我国最早的民信局封的纪录，它仰赖张介人先生的贡献。研究考证这件古封，笔者花费了大量精力。

一、曹氏封发现的经过

　　1997年夏天，笔者在宁波三市古董市场购得曹姓四件民信局实寄封，内两件为慈城金沙岙曹景范先生之遗物，另两件已是民国时期，属于曹氏后裔。其中一件古旧的美术信封上盖有四种信局戳记，内两枚为联号合寓戳，含四家信局，由于原件封背所书发信日期只有天干而无地支，日期界定十分困难，在手头缺乏相关实物资料的情况下，当初误判为清同治十三年岁次甲戌（1874）。原件中式信封，尺寸66 mm×138 mm，木版印刷红色梅花图，正面书"封内要紧家信烦宝局寄至江北淮安府城外湖嘴大街祈□丽源钱庄曹景范二哥大人收启，申江曹景才托"，右上角盖地名章"小东门盐庆桥堍"。（图见第二章2-1）封背书"此信要事，千祈勿要耽搁，立候回音要紧"，左侧"信力由申至镇江付讫，镇至淮安酒资照给"，表明双程收费。中缝封条书"护甲九月初十上海小东门内东街头"。上盖红色信局戳记四枚，左下方盖"上洋全泰洽信局"直式无框形戳，平例右侧盖"上洋全泰洽记信局／南在陆家浜头／寓在通裕局内"三排直式无框戳。说明上海全泰洽记信局在南市陆家浜，寄寓于通裕信局署内，两局互联合寓。信到镇江北岸扬州中转，盖"扬州天顺信局／住左卫街寓／全泰洽局内"框式四格碑形戳于左上方。此戳同样含两家信局的地址，扬州天顺信局寓所在左卫街全泰洽信局署内。第二程经天顺信局沿运河北上抵淮安递交收件人。上述三戳清晰，至淮安盖到达戳于中缝。由于古封受虫蛀蚀，局部剥落，长条形双排字框式戳只见"回信仍寄淮西门内"等字，应是天顺信局局址。中缝另见三枚红色方形护封章。（图见第二章2-2）

六年后，2003年4月的一个星期天，一次偶然的机会，笔者在宁波范宅古董市场翻阅旧书和账册时，巧遇宁波市慈城镇成人学校、江北区电大工作站张介人老师，在东拉西扯各自的收藏爱好和研究心得时，得悉张先生几乎在同一时期于慈溪周巷古董市场购得一批有关慈城金沙岙曹家的钱会会票、分书、契约、证书以及遗嘱等资料。张先生主要收集与研究古代宁波金融业钱会和钱庄，获得这批实物资料以后，对有关浙东古代钱会中的"重会"和"轻会"进行了专项研究（钱会系钱庄之前身），并曾著文发表在国内以及新加坡钱币杂志上。承蒙张先生的大力支持，他将考证上述曹氏古封年代有关的信息资料，以图片形式陆续从网上发送给我。曹氏遗存的大批实物资料足以证明此封应是清咸丰四年岁次甲寅（1854）之物，是一件极其难得的可以印证早期民信局历史的珍贵实物。半个多世纪以来人们已知我国最早的民信局实寄封是已故集邮家姜治方先生所收集的清代咸丰九年（1859）宜兴寄北京的信封，现保存在中国邮政邮票博物馆。曹氏古封的发现将我国最早的民信局封的纪录时间提前了五年。兹将有关资料介绍和分析于后。

二、宁波慈城曹氏家族遗嘱与分书

第一件 曹朝佐遗嘱。清咸丰四年（1854）闰七月，曹朝佐病危期间，由王永和执笔代书遗嘱，不久即病逝在家乡。内容主要叮嘱曹景祥、曹景范两兄弟要力尽孝道，昌业向上，时年兄弟俩尚未分家。遗嘱大意摘要如下："父因病笃，训两子立世之道，恐后日遗忘，请王永和兄执笔代书。父自幼废书，出外就业，仗神庇佑、祖宗扶持，堪称温饱……一生勤俭……吾年已五十八……产业勿记多寡，非但守成,还宜自创……必须孝道,切勿违逆,兄敬弟爱……万一树大分枝,自然钧(均)匀,切不憎多嫌少……景祥、景范两儿收目。日藏存,永远入目,切勿遗失。咸丰四年闰七月。"(图1)曹朝佐清咸丰四年(1854)闰七月病故,享年五十八岁。以此推算出生,扣除虚岁,应在清嘉庆二年(1797)。曹朝佐自幼年外出谋生,后在江苏淮安府开办丽源钱庄,时间应在清道光初期至咸丰四年,当时钱庄经营已日趋败落。淮安府丽源钱庄在曹朝佐患病时已由次子曹景范接替(咸丰四年之前)。长子景祥因不识字在乡务农,同治早期病逝,早于其母曹叶氏。

第二件 清咸丰七年(1857)四月,曹朝佐之妻曹叶氏所立分书,分书尺寸240 mm×320 mm,达十余页,财产计有土地六十余亩,房地产几十间,轻、重钱会资产以及淮安钱庄等,在浙东可以称得上是大地主了。分书除序言之外,另立诸项,内三项同淮安府丽源钱庄相关:"轻重钱会均以……;淮安收店未了账目、进出冲过均得公认,并店内器皿什物或带回或移复,均应均分;新漕河田拾石存抵钱庄亏款以及分家费用,倘再缺少,两房分认。此议。咸丰七年岁次丁巳四月中浣日立兹分书,母曹叶氏书。授分长男景祥、次男景范……"说明当年丽源钱庄已破产倒闭,资不抵债,分书内已记录得非常清楚,收店未了账目、进出冲过均得公认,并店内器皿什物都应均分,新漕河田拾石存抵钱庄亏款,倘再缺少,两房分认。次子曹景范在淮安府经营丽源钱庄前后仅数年时间,即咸丰四年前至七年,这给考证和界定前述"上洋全泰洽信局"实寄封的年代提供了可靠的依据。(图2)

三、分析与界定

1. 上述两件实物,为界定由"上洋全泰洽信局"邮江北淮安府丽源钱庄实寄封之年代提供了翔实可靠的资料。曹朝佐生于嘉庆二年(1797),自幼外出谋生,古代浙东沿海一带年轻人外出做学徒创业都在十五岁左右,应是嘉庆十五年(1810)前后。三十立业已是清道光五年(1825),据此推测淮安府丽源钱庄开办时间当在道光早期。曹景才经信局邮江北淮安府丽源钱庄的紧要家书,从"申江",说明宁波至江苏江北,上海是必经之地。虽然当年上海尚未开埠,甬申之间海运仅靠民间帆船,但终究是一条十分方便的隔海通道,再经运河抵江北淮安。曹朝佐在淮安开办

○图 1

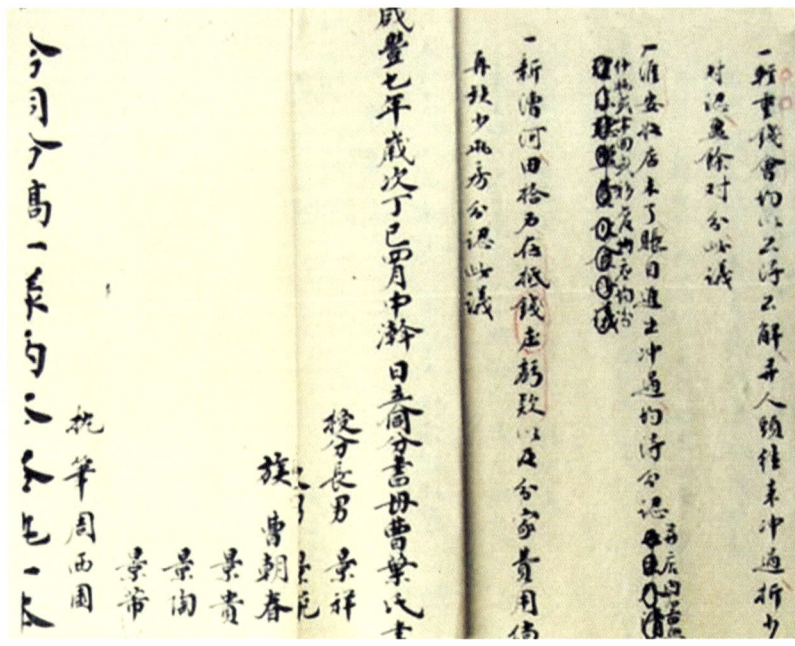
○图 2

钱庄有可能是经过上海学徒从业后再转向外地创业。虽然资产并不十分雄厚，但在上海开埠之前已去江北开办钱庄从事金融事业，可谓近代首批闯荡天下的宁波人，实属不易。曹朝佐病逝于咸丰四年（1854）七月，留有遗书，这一点对考证这件古封的年代至关重要。淮安钱庄在曹朝佐先生患病期间已由其次子曹景范接任，子承父业顺理成章，据此上海邮淮安府曹景范的要紧家书应界定在清咸丰四年岁次甲寅九月初十（1854年10月31日），由上海南市"上洋全泰洽信局"寄发。

2. 曹朝佐之妻曹叶氏所立分书，内三项同淮安府丽源钱庄直接相关。说明咸丰七年（1857）淮安府丽源钱庄资不抵债，已经倒闭，尚需新漕河产业抵债，不足部分尚须两房分认。年轻的曹景范在淮安府经营丽源钱庄前后时间仅数年，其间逢天干"甲"只有"甲寅"即咸丰四年（1854），前十年道光岁次甲辰（1844）其父亲曹朝佐尚健在，曹景范年幼应予排除。曹叶氏分书在咸丰七年（1857），后十年，即同治三年岁次甲子（1864），丽源钱庄已经倒闭。由此界定"上洋全泰洽信局"实寄封的年代在清咸丰四年岁次甲寅（1854）的理由是充分的。

3. 曹氏家族自曹朝佐在咸丰四年（1854）病故以后逐渐没落，长子务农，于同治年间先于其母病逝。2002年冬笔者在范宅古董市场再次遇到当年出售曹家几件信局封的商贩，在其摊位又见两件曹家遗物，其中一件是曹朝佐清道光早期的纸质"驿券"，约1米长，0.2米宽，上盖有多枚官印，官衔九品。看来曹朝佐曾经捐过官，还是一个九品官，是个官商。清道光早期民信局还不发达，当时通邮需经过驿站，买个官位沾点光，可见曹朝佐的脑筋还是非常灵活的。此券由于对方开天价难以接受，未成交。另一件是既无信局戳记又无日期的手递封，并无参考价值。

4. 前述由申江曹景才托寄的全泰洽信局实寄封发信人称曹景范为二哥大人，经协同慈城张介人先生反复查阅所有曹朝佐、曹景范遗物，并无此同房兄弟存在。所以在上海的曹景才只能是慈城金沙岙曹家同族兄弟而并非嫡系。前分析曹朝佐自幼外出营生，早年曾在上海从事金融业，尔后侨居淮安府开办丽源钱庄。上海开埠以后发展迅猛，不久即成为五口之首，全国经济文化交通中心，金融业蓬勃发展，江浙一带钱庄业无不同上海金融界有着千丝万缕的业务依托关系，淮安府丽源钱庄也不会例外。寄发此件"要紧家信"距曹朝佐在家乡病逝不久，而其次子曹景范尚在千里之外的江北淮安府丽源钱庄,"家中要事"是由上海同族兄弟曹景才托寄,从当年交邮通信情况分析,由上海发信要比宁波慈溪县乡野山岙方便得多,符合当时的实际情况。

四、几点补充说明

1. 笔者在《处州集邮·信局的联号和合寓》一文中介绍此封时曾将正面所书"丽源钱庄"当成"豫源钱庄","丽"字错认作"豫"字。在年代考证上也有误,在此一并作更正。对于只书天干而无地支或只书月日而无年份的古封,在没有任何旁证资料的情况下界定它的年代是十分困难的,事实确实如此。

2. 挂牌登记的民信局(民营邮局)的肇始,笔者在多篇论文中分析当在1840年鸦片战争爆发前后,其繁荣于同治、光绪年间。但是自20世纪50年代至今半个多世纪过去了,所知我国现存最早实物仍是保存在中国邮政邮票博物馆清咸丰九年(1859)"天顺政记信局"由宜兴邮北京的实寄封。而五口通商以后,经济发达且处于交通运输中心地位的上海以及民信局发源地宁波却未能发现早期的实物,这是十分遗憾的。此件的发现填补了空白,而且一封四戳体现了民营信局以上海为中心在各地铺设分支和联号,说明清咸丰早期民信局机构已相当健全。值得玩味的是这件古封从上海到江北扬州中转接办的亦是"天顺信局",同宜兴"天顺政记信局"应属同一家,此件将我国现存最早民信局实寄封的年代提前了五年,意义深远。两件古封所盖民局戳记形式风格十分类同,19世纪50年代各地尚未使用轮船信局戳记,海运还不发达,因此不同时期的戳记形式也是鉴定古封的重要依据。

3. 宁波市建立了"宁波帮研究会",大报小刊常有文章发表,其内容主要来自史志,但是很少见到新的发现和相关实物资料。所介绍的代表人物离不开朱葆三、虞洽卿等清光绪后期或民国时期的一些人与事,有关钱会和钱庄的研究实物资料同样都是清晚期或民国时期的。而宁波人首创划汇钱庄和民营信局的历史悠久,遗憾的是多年来未见鸦片战争之前有关宁波帮历史人物详尽生动的记载,这份曹氏家族资料弥补了历史的空白。宁波慈城曹朝佐长期从事金融业,从各种轻重钱会发展到钱庄,并于道光早期(1825年前后)在江苏淮安府开办了丽源钱庄,虽开的是小庄，但却是宁波帮向外开拓的早期人物。显然这件从上海邮淮安府丽源钱庄的信局实寄封和张介人先生提供的曹朝佐大批钱会资料对研究鸦片战争之前宁波帮在金融界的活动，其意义是十分深远的，不失为一批重要的文史资料。笔者在序中曾提到邮史研究与收集发现除了依靠持久不断的努力之外，有时还需要特别的机遇和缘分。这件古封历经六年孤寂的考证（1997—2003），如今总算瓜熟蒂落，真相水落石出，它为我国民信局史增添了一份可贵的实物资料。

下附《曹朝佐遗物年表》供参考。

表 1　曹朝佐遗物年表

编号	帝年	公元纪年	干支	资料内容
1	清乾隆五十九年	1794	甲寅	该年八月，顾廷佑卖给"赐福财神会"契约（370 mm×510 mm）一纸，蓝色
2	清嘉庆十三年	1808	戊辰	陈姓徐氏在该年二月所立分书
3	清道光十一年	1831	辛卯	该年四月，立"金兰会约"，曹朝佐第九会（450 mm×240 mm），黄色
4	清道光十七年	1837	丁酉	该年曹朝佐所遗留的钱会会费收据两张，右侧收据上方书有"朝佐第十三会应派得拾陆千八百五十九文"；左方收据上书"十七年十月初四第十四会……"
5	清道光二十年	1840	庚子	曹朝佐买官存有九品付纸质长条驿券一大张，上盖多方官印，此件现在古董处
6	清道光二十五年	1845	乙巳	钱会异地货币往来支付的会票三张，左侧为曹朝佐该年签发的会票，上书"凭票取典，价钱壹佰千文"。三张会票具名处所画花押代章签书一气呵成，上下左右的顺序要领只有本人心中有数，运用自如，任何人都无法仿造
7	清道光时期	—	—	封套内土地文契十张
8	清道光时期	—	—	残账两页
9	清咸丰二年	1852	壬子	曹大源会票
10	清咸丰二年	1852	壬子	该年立"如斎金兰会约"（180 mm×520 mm）
11	清咸丰四年	1854	甲寅	由上海全泰洽信局经扬州天顺信局邮淮安府丽源钱庄曹景范实寄封以及一件无年份宁波邮慈城曹景范信局封，现由郑挥收藏

续表

编号	帝年	公元纪年	干支	资料内容
12	清咸丰四年	1854	甲寅	曹朝佐遗嘱,是年病逝
13	清咸丰四年	1854	甲寅	该年十一月朱绍元占1/10股出顶给曹景祥,付钱"念柒千文"的凭证(270 mm×300 mm)。另一件为赐福财神会装文契的信封(270 mm×105 mm)
14	清咸丰七年	1857	丁巳	曹母所立分家书,即分书
15	清咸丰七年	1857	丁巳	赐福财神会纳米执照
16	清咸丰八年	1858	戊午	曹景市会票
17	清咸丰十一年	1861	辛酉	宁波邮慈城金沙岙曹景范信局封,郑挥收藏
18	民国时期	—	—	宁波冯存仁堂邮上海胡庆余堂药号曹氏后裔民信局封,郑挥收藏
19	民国时期	—	—	宁波邮上海胡庆余堂药号曹氏后裔民信局封,郑挥收藏

注:1.同治九年(曹母遗嘱)以及光绪年间的纳米执照和无年份执照、赐福财神会文件记录多件,因与考证无关从略。

2.除清咸丰甲寅信局实寄封之外,所有资料影印件都由慈城张介人先生所提供。

3.从现存全部资料分析,遗物应是曹朝佐小儿曹景范之后裔保存下来,兄曹景祥于同治九年九月早于其母病逝。

4.宁波慈城曹氏家族所遗存的钱会、钱庄实物以及珍贵的早期民信局实寄封详情将另文介绍。

第四章　民间水路船递银信管窥

据历史记载,水上交通船在运输货物的同时往往兼营银信包裹传递业务,水陆船递是我国传统的邮递形式。民间经船主或船老大传递的银信、包裹、文件、单证在全国各地时有发现,这些存世的实物资料是研究和探索我国旧时交通邮递历史的重要依据。20世纪末浙江曾发现一批钱塘江流域船递邮件,时间从民国中期至新中国成立初,信笺记录了江南水乡交邮的实际状况,并确证1935年全国民信局彻底停业后船家传递银信的方式仍合法存在。

一、清代船递封

下面介绍八件清代跨江过海船递的银信实寄封,内含东北营口船递山东黄县、台湾海峡船递厦门后经民信局转福州、江西景德镇过江邮湖北沙市、平湖木舟跨江过海邮宁波、上海邮发宁波后经航船转发至鄞县云龙以及内河航船传递的银信等,反映了近代民船传递银信的真实状况,它们是我国水路交通邮递史研究的重要实证资料。

第一件　东北营口 — 山东黄县(今山东省烟台市龙口市)跨海船递封,从海北邮海南。20世纪90年代胶东黄县城北单家搁棚曾发现一批清代商民信笺,单家祖上在关东长春、营口从商,银信大都走水路,从营口船递抵黄县后由钱号转交单家。附一件庚申封试读于下:

中式封上书"内信并易三单,记小油篓一个、□□□□一个、□□□记小油篓一个,烦李隆昌宝舟吉顺黄邑西关□巷子祈交聚顺钱铺爷台转递,丕抡单三兄收启",盖"兴顺公记"方章,右上盖"公记"花式章一枚。(图1-1)封背中缝书"庚申又叁

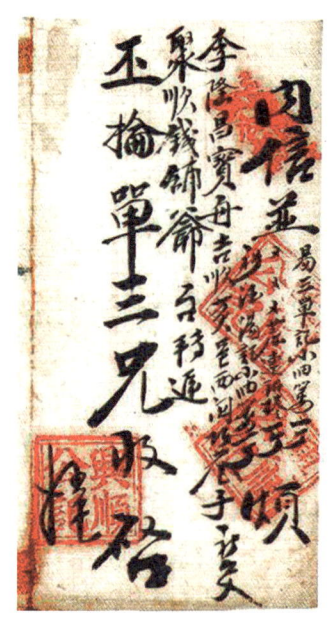

⊙图 1-1

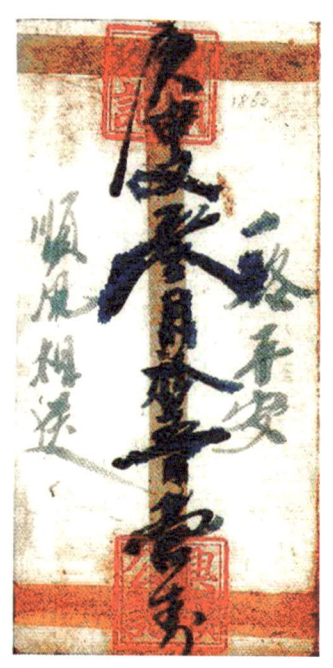

⊙图 1-2

月拾五日营封",另书"一路平安,顺风相送"吉祥语。旧时商民书信汇银运货水陆运输全仗木帆船传递,跨洋过海风险大,因此一路平安、顺风得利是最重要的。封书"庚申又叁月",即清咸丰庚申年(1860)阴历闰三月寄发,这是一件比较早的船递封。(图 1-2)船递封有的正面盖船主戳或手书船主名、船名。"聚顺钱铺爷台转递",说明在民信局系统尚未健全之时,除了航船和运输船之外,大的商行和钱庄也曾兼营银信业务。封正面左下方落款处除盖红色字号章之外,托寄人另画押为据,一气呵成。

第二件 清代台湾海峡经商船转递的银信。中式红条封,上书"吉函至福州城内侯官县直至米仓前左畔第一间询交台湾寄寓新竹方伯第内,林二相公访渔台甫升展""勿滞酒例""同振由厦门木屐街庄春成转发",上下盖"报平安"红色花章。(图 2-1)封背书"庚字第壹号付福州""吉蒲月初一日弥""收此信后即速复,知久不来信是何",中盖"厦门木屐街晋昌局"红色信局戳、"鹭江庄春成书柬"章等。庚子年为光绪廿六年(1900)。封正面书五十余字,十分详尽,收信人是台湾寄寓福建新竹的商人。(图 2-2)原件1900年从台湾淡水船递至厦门木屐街庄春成商行,再由厦门木屐街晋昌信局(本街)转发至福州,海陆邮路十分清晰。

第三件 清代台湾海峡经商船转递的银信。1901年2月从台北大稻埕万福兴轮船递至厦门转发。中式美术封,上书"福州南台中亭街庆春纸行内递交源远宝行内叶老师爷□□□为转城内米仓前林相公昉渔收展""酒例乞先代理""辛二月廿九日缄托"。(图 3-1)封背书"吉封, 速交勿延, 切盼回音""潘樵门在厦门转寄""三月初七早□", 上盖"福建正大信局"红色戳, 上下各一枚, 中盖"厦门大史巷万福兴轮船局"三格碑形戳, 左上方另盖"回信请送正大信局"戳一枚, 不清, 以及报平安花卉图封口章。(图 3-2)据介绍, 林知义信函中曾提及自辛丑正月由淡水迁至台北大稻埕, 原件应由台北大稻埕船递至厦门, 由潘樵门在厦门交正大信局转寄至福州。"福建正大信局"戳同"宁波正大信局"戳十分相似, 正大信局建于清道光年间, 历史悠久。

第四件 光绪庚子(1900)八月廿五日从台湾淡水直接交陈升源轮船转递至厦门信局, 二程由政大源轮船信局递交福州林二相公。中式红条封, 正面书"内函到福州城内南大街侯官县直送新米仓前左畔第一间大厝内询交新竹方伯第林寓, 林二相公访渔甫亲展""酒例""由台同振晦尘氏拜于八月廿五日"。(图 4-1)封背书"速望回音""付交此信之信局来切切""接手生□吉封""勿滞交至嘱"。左盖一枚非常特别的轮船转信红色戳曰"陈升源轮船转信", 中盖"政大源轮船信局"戳, 两戳色淡。此件从台湾淡水同振公司船递至厦门, 封背盖"陈升源轮船转信"船家戳, 用意十分清楚, 由轮船转信而不是陈升源轮船信局交寄。与近几年所发现民国时期钱塘江流域船递封上所盖船家戳十分相似, 从而可以看到船递银信的历史渊源。(图 4-2)

上述四件都是经船递后转信局交寄。

第五件 清光绪年间宁波慎康钱庄交航船递寄竺钜封仁兄大人的银信。附函内书"今接手书已悉。皆昨日交航船寄下慎康票洋贰百元又钥匙……并无寄来, 不胜诧异之至, 望速向航船查究乃要, 今来慎康票叁拾元……顺报甬新本规元(商码)……本庄三月十一"。(图 5)南方水乡私家交通船在客货两运之外, 还将为客商邮递银信包裹作为一项业务, 有的航船同钱庄、商行、邮局签订合约, 凡有遗失或损坏必须照价赔偿。函中通报的甬新本规元时价(商码)是钱庄商行间银圆制钱兑换银两的市价, 其差价时有上下, 商贾从中获利, 钱号则通过交通船互递情报。

第六件 清光绪年间一件中式红条船递封, 由浙江兰溪水路驳船经皖南歙县渔梁至绩溪县临溪镇再转驳宅坦。封正面书"外腌油陆篓, 送渔梁交姚利达宝行

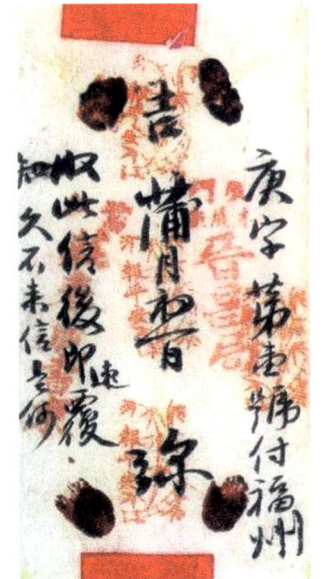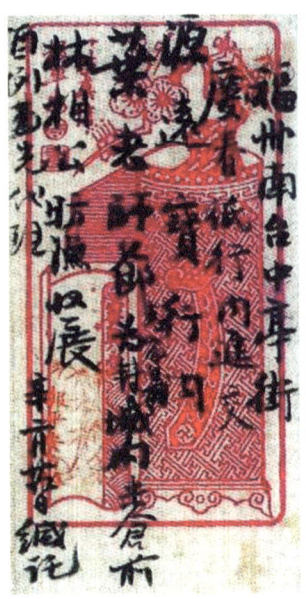
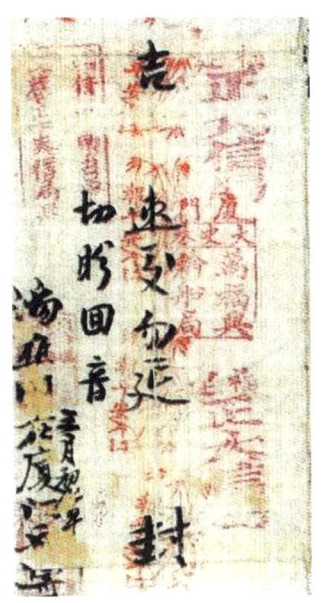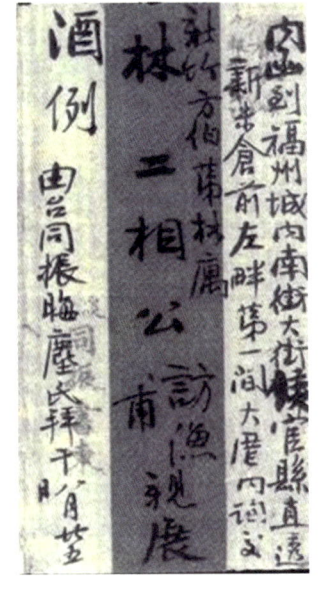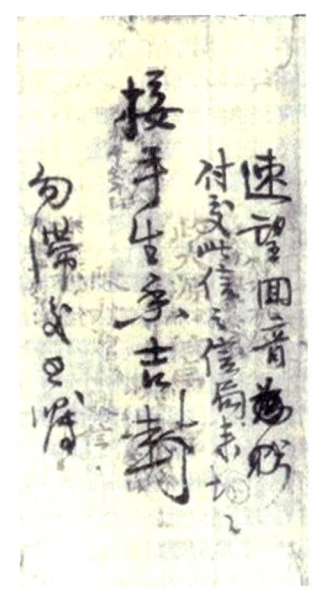

⊙ 图 2-1 | ⊙ 图 2-2 | ⊙ 图 3-1
⊙ 图 3-2 | ⊙ 图 4-1 | ⊙ 图 4-2

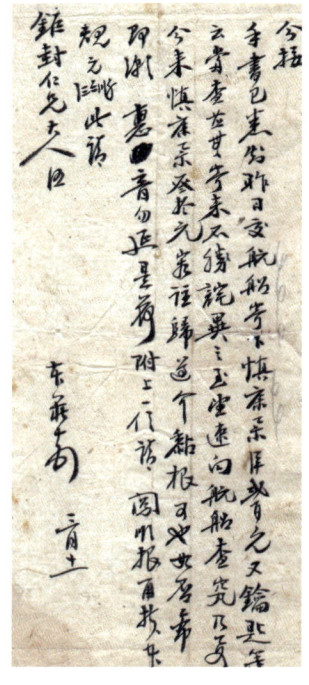
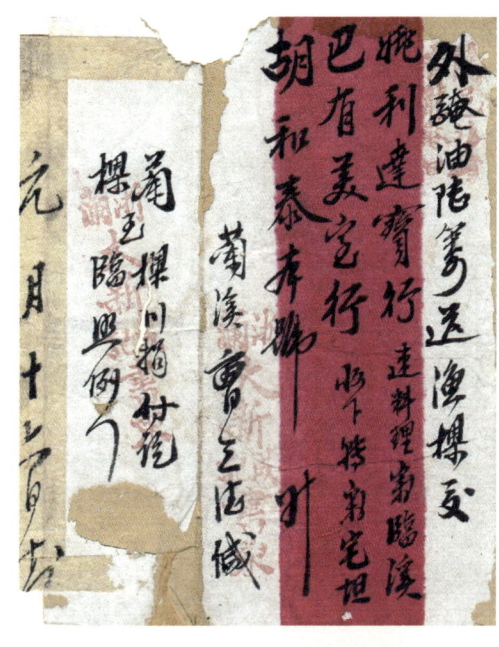

速料理驳临溪巴有美宝行收下转驳宅坦胡和泰本号拆。兰溪曹三德缄",上盖"浙兰大新成记书束"章。封背书"兰至梁川捐付讫,梁至临照例",双向付费,中缝书"元月十六日"。(图6-1)封内附大红洒金宣纸信笺,内书"和泰宝号新禧。今驳上腌亥油六篓,交临巴有美行转上如信……新安亲翁大人诸姻伯叔均此申贺。晚曹三德叩"。(图6-2)此件为曹三德由浙江兰溪经驳船发回皖南的信函及货物,正月为新年,为之函书新禧、新安与申贺,并使用大红洒金纸。

驳船一般为非机动船,与拖船或顶推船组成驳船船队,可穿梭于狭窄水道和浅水航道,并可根据货物运输要求而随时编组,适合内河各港口

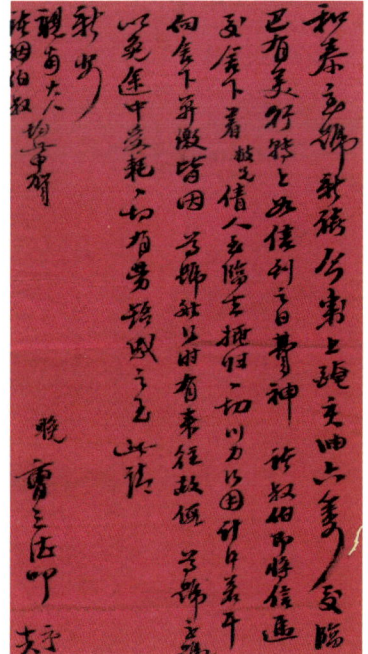

⊙图5　⊙图6-1
⊙图6-2

之间的货物运输。驳船可分为客驳和货驳。客驳专运旅客,设有生活设施,一般用于支河客运。货驳用于载运货物,按所运货物可分为干货驳、矿砂驳、煤驳、油驳等,其特点为设备简单、吃水浅、载货量大。

这是一件标准的船递封,封面及书信内多处书"驳临溪""驳宅坦""今驳上腌亥油六篓交临"。在钱塘江和江右吉水船递封中也常见盖有"××驳船×××"船家戳。

第七件 光绪戊申年(1908)从上海邮宁波鄞县云龙双桥官局转民船实寄封。中式红条封,正面书"内信寄甬江邑庙西牌楼下送方合兴小木作内方桂棠先生收下。费神烦转递交云龙荻江岸航船贤根老大寄双桥徐云宾先生亲展。申童生春托"。左盖"戊申"年份戳及"上海龙华厂经理处"红色章。(图7-1)封背贴蟠龙1分票两枚,销"江苏上海戊申八月九日"干支小圆戳,落地盖"浙江宁波戊申八月初十"腰框式干支戳。另盖红色护封章及"英界圆明园路十三号"地名章,"回信寄申圆明园路十三号交龙华制笔厂经理处"。(图7-2)

原件由上海英租界圆明园路邮浙江宁波邑庙(城隍庙)西牌楼后转交鄞县云龙航船贤根老大寄双桥徐云宾。清末鄞县双桥大清官局邮路尚未畅通,信件需经航船转递,故从上洋邮寄至宁波城隍庙后再由航船老大转递至双桥,邮政官局转民船分两程传递,后程由航船老大完成。实物证明船递邮件自近代至新中国成立后都是存在的。

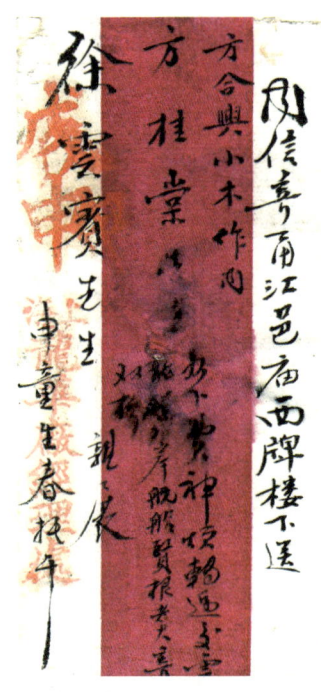

⊙图7-1

⊙图7-2

第四章 民间水路船递银信管窥

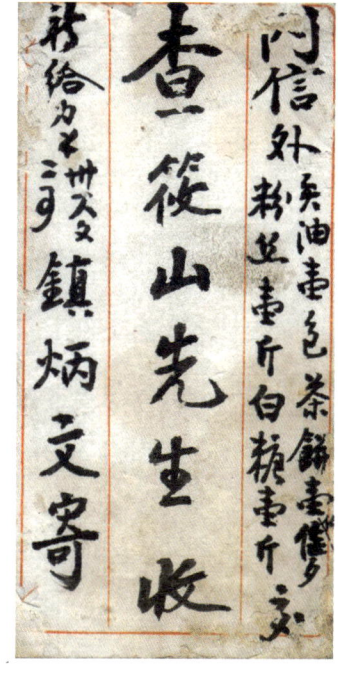

⊙图 8-1　　⊙图 8-2　　⊙图 8-3

第八件　江西景德镇邮湖北沙市，中式封，上书"内信外，亥油壹包、茶饼壹佰块、粉丝壹斤、白糖壹斤交查筱山先生收。祈给力洋三百卅六文。镇炳文寄"。（图8-1）背书"桂闰二月念八日封"。（图8-2）附信内书："前接观保兄交来尊示内附英洋壹元照收无讹，本当即代办寄，奈观保兄往返贰次均不能挑，是以候其来镇，延迟之久，今照办上此四样，计重拾四斤，望给力洋叁百卅六文。亥油连皮拾壹斤计洋贰元；茶饼壹百块计洋贰百文；粉丝壹斤计洋一百六十文；白糖壹斤计洋一百八十文。共计英洋贰元另五百四十文，两抵仍欠洋一元另五百四十文。其款请交舍家用可也。筱山公升。又月廿八日，炳文奉字。"（图8-3）

试析：

1.信函并包裹从江西景德镇通过"观保"水路船递，曾因"观保兄"两次未取，故延迟至今才照办，重量共14斤，邮资为制钱336文。物品四样，同封前所述一致，合计英洋2元另540文，前收"观保"交来银信内附英洋1元相抵，尚欠洋1元另540文。其款请交舍家家用。看来水路船主观保经常往返于湖北沙市至江西景德镇一线,有固定船期航班,为商家传递银信包裹。首次查筱山在沙市托观保汇寄银信并英洋1元至景德镇交镇炳文购物,后因观保出班,两次未取,以致延迟,第四次才照办寄奉托购物品。

2. 邮资336文按当年关银1分银折制钱16文计算,合计关银2角1分,7公斤包裹从江西跨省过江邮递至湖北应为廉价,水路船递成本确实低廉。

3. 信笺生动记述了江西景德镇——湖北沙市间水路信客船递银信与包裹的全过程,交代十分清晰。它反映了当年的物价与江西景德镇的繁荣昌盛,湖北沙市尚须至景德镇购买副食品。

4. 从清道光至民国农历纪年闰二月仅见光绪十六年庚寅(1890)与宣统二年庚戌(1910),清光绪后期我国已通用龙洋以及铜圆,此信笺内外通用英洋和制钱,界定其为光绪十六年庚寅(1890)应为合理。信书"又月廿八日"中的"又月"即"桂闰"(闰八月)之意。

此封看似十分平淡,但内涵丰富,非常难得!

二、浙水钱塘江流域船递封

20世纪末,笔者陆续从余姚和杭州来甬的书商和古董商摊位搜购到近百件钱塘江流域的船递封与单证,这批实物由浙江兰溪庚和镇公司以及和丰油栈留存下来,两家公司其实是一家,主要经营美商南星厂靛油及中国福星公司各种香烟。经过整理,把品相比较好的几十件,另有部分信件、川船信客单据、收款凭证、税单等,加上原来收藏的浙江省相关文件、船照(硬照)、船会证章等一并展示。时间较早的信函是民国三年(1914),单据为民国十七年(1928),大部分在民国后期与新中国成立前夕。尽管船递封没有填写年份和日期,不过在信封上还是可以捕捉到各种信息,如封书附国币××元,金圆券××元、人民币××元,从而可以推测出它的大致年代。船递封正面左上角加盖有船家戳(红色),有的用毛笔手书川船、川筏船主姓名。戳记形式多样,有直式无框形和双格碑形、方形等,格式同民信局戳记。汇集起来反映出浙江、江西、安徽一带鲜为人知的兴旺的民间通邮。实物充分证明江上川船除货物运输外兼营商民银信传递，是我国传统的通邮形式之一；同时证明船递银信在民信局被取缔之后仍然合法存在的事实，对此以往学术界未有介绍。这批信封虽然样式平平，但很有特色，令人想起当年钱塘江流域上木舟穿梭不停，一派繁忙的景象，似能听到汽船的隆隆声，逆水行舟时纤夫高亢的号子，回旋在秀媚的钱塘江之上，江岸峰峦绵绵，岚光云影于行船间掠过，宛如图画，一派江南好风光。

实物介绍：

第九件　1928年杭州水运至兰溪货单。宣纸制，大张发货票，上印并书"兹奉十四公斤本靛叁拾六桶，……至祈检收入册，倘遇途中缺少受损等情，当向原船理赔即行……外代川、捐、力""杭州赓和靛油颜料号启，戊辰年十一月初三日"，左上方手书"赓和本"系指兰溪赓和本号查收。单上开列三项"川、捐、力"资，应包含川船的运输费、捐税费以及银信邮递资费（即力资）。（图9-1）附民国时期的一张公议书，木刻印制，全文如下："公议，本年二月初一日起金、兰至诸暨来往信力一概洋码三分计算，根票加倍。特此通告，诸希鉴谅是幸。"同民国初期的邮资平信三分，挂号（根票）加倍为六分相符。（图9-2）

第十件　1937年杭州闸口韩茂林行水运至兰溪钧丰宝号。货单上方印"韩茂林行通知书"，下方印"如有交数不清以及水湿、偷窃、缺少等情，即留原船赔偿，并祈即付回单"等文字。右侧中间书"今由夏日余船装奉"，下记货物清单。左上方盖"民国念四年"年份章，大写"十月七号"。中上方贴六和塔图印花税票1分2枚，销"印花讫"章两枚。（图10）另附中式金华万通号邮兰溪赓和公司船递封一件，左下方盖直形"复兴四号俞小奶船"船家戳，十分清晰。

第十一件　1937年杭州闸口韩茂林行水运至兰溪赓和镇宝号单，上印"韩茂林行通知书"，下方印文字同上。右侧中间书"今由王海高装奉"，下记货物清单。上方盖"住闸口大街"红色地名章、"民国念四年"年份章，大写"九月十八号"。中上方贴六和塔图印花税票1分一枚，销"印花讫"章。此件由王海高船家运送，单盖红色韩茂林行花边方章四枚。（图11）

第十二件　1936年杭州闸口永大祥分公司货单，由孙长春船装运至兰溪钧丰

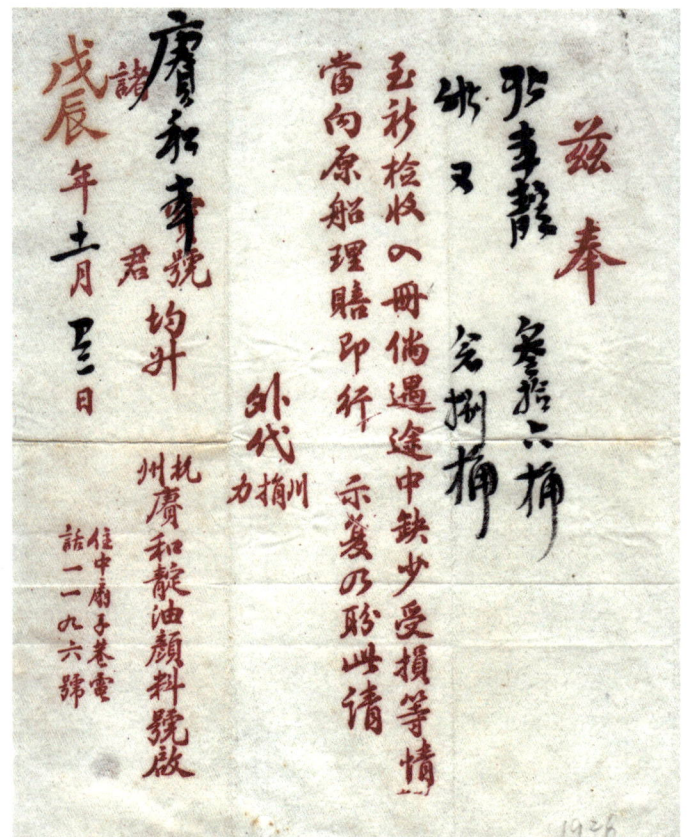

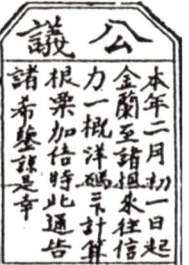

⊙图9-1	⊙图9-2
⊙图10	⊙图11

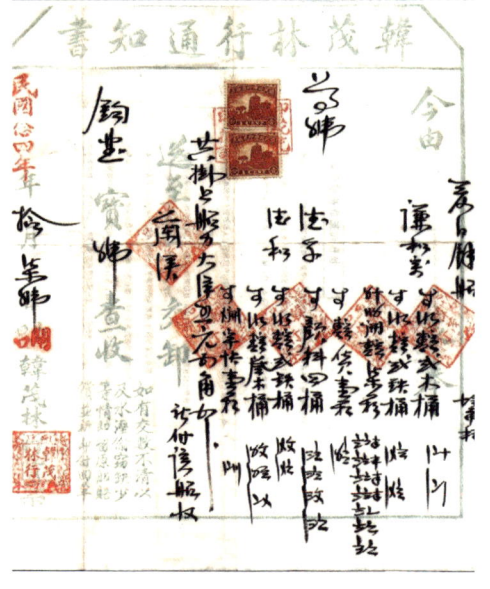

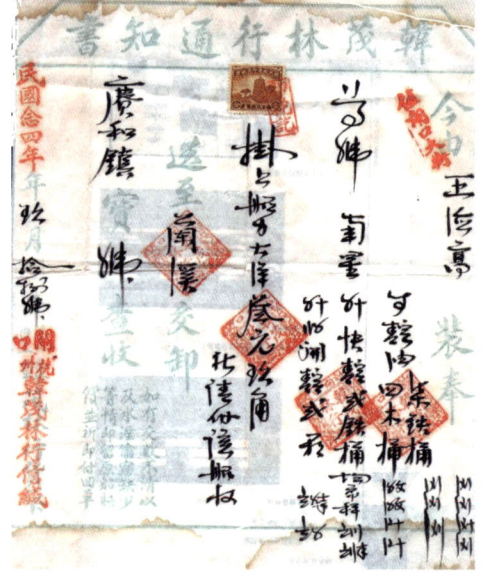

宝号。永大祥便用笺右书"今着孙长春船装上",以下为货物清单,下书"附税单贰支","计船洋捌元贰角五分,祈付原船收"。左下方盖"闸口永大祥分公司"章,另"民国廿五年"红色年份章,手书"十一月三日"。贴六和塔图印花税票1分双联,销"印花讫"章,左下方盖一枚十分特殊和罕见的川船组织公议章程告示红色戳,曰"公议:旱水每单件于十月十五日起加三分,此照",看来交邮运输北方有冰封期,南方则有旱水期。兹因旱水船只行运困难,沿途必须增添人力拉纤,经公议提高运费每件三分,此件增资捌角贰分。旱水期公议戳,此次首次披露,水路运载含川、捐、力三方面邮资,带有罕见的公议书戳的完整无缺的运单,具有十分重要的史料价值。(图12)

第十三件 共3件,一件盖有船家戳记的单据,上书"白色船用皂壹木实洋叁万元。七月二日。永新染坊,赓和镇公司收"。覆盖永新染坊章两枚,左上方盖"王廷湖四号船"船家戳,形色如同信局单据,收集到的仅见此件。(图13-1)一件中式船递封,上书"送兰交赓和公司升",盖"王廷湖船"红色船家戳。(图13-2)一件中式蓝框船递封,"汤溪罗埠镇王瑞泰烟栈缄",上书"外铜元一捆入洋廿元,皂贰箱。赓和宝公司升",中间盖"王顺竹船"红色船家戳,另盖"原班回复"付戳一枚,如同邮局双挂号回执封。(图13-3)

类似民信局的常用术语,诸如"原班回复""力讫"或"力回给"等字样在船递封上也较常见,看来船递封、民信局封、华侨信局封、水客、信客原本同宗,其性质都是私邮。

第十四件 中式红框船递广告封,上印"专营/粗细颜料五洋杂货"红色广告语。由金华大新杂货颜料号三月廿二日发寄兰溪赓和镇宝公司收,川船从金华江至兰江。右侧上方书"外现钞念万元",左侧上角书"小义乌川",中间盖"金兰通商公司小义乌船"红色戳。从使用国币20万元解析,时间当在民国晚期,即1947年前后。封背又书"今晨交丁洪凑来奉现念贰万贰仟伍佰元定荷照收",这是一件标准的由江川船家携带的银信封。一般信局或信客汇兑都使用钱庄汇票,此件则是现钞,比较少见。(图14)沿江、河、海、川船以货物运输为主,兼营银信服务,并代替客商办理购货业务以及捎带包裹等,如同邮局邮购代办,原班往返,双向服务。

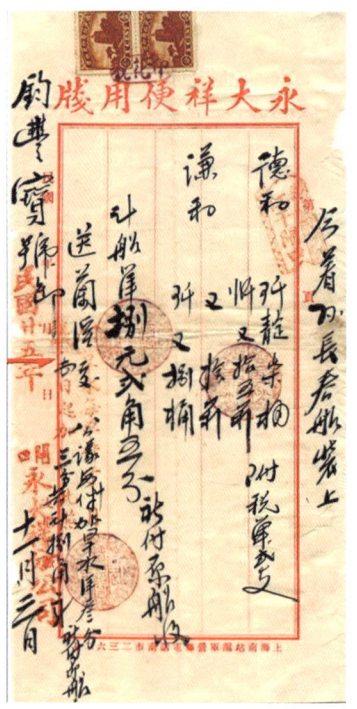
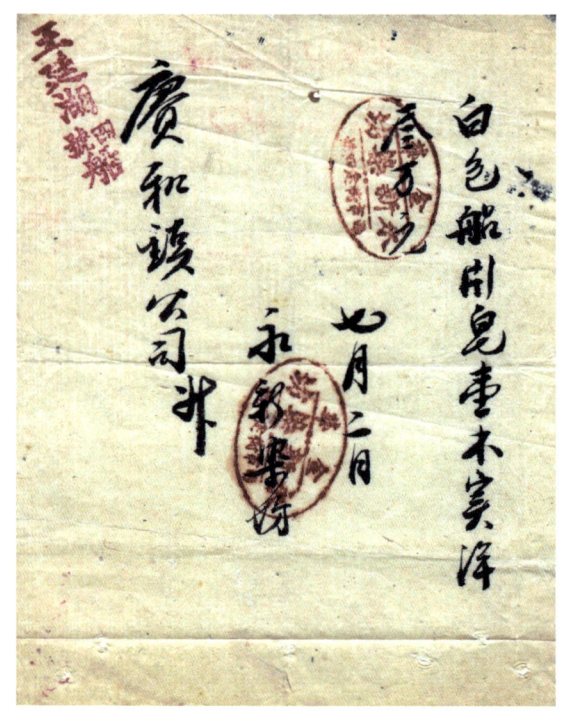
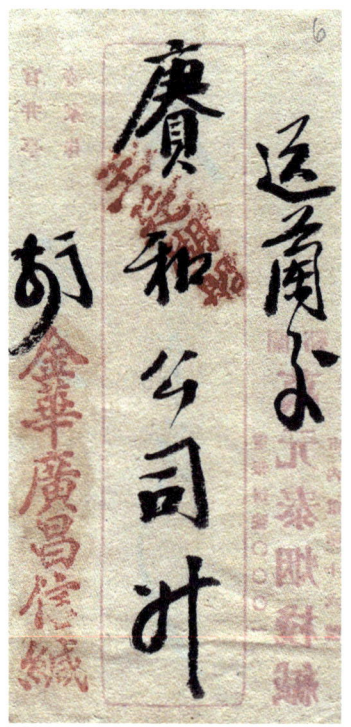
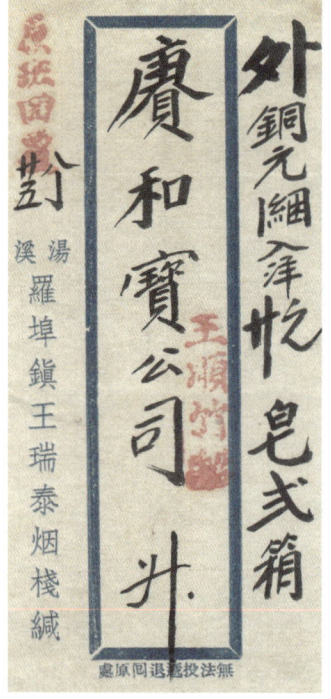

⊙ 图 12　　⊙ 图 13-1
⊙ 图 13-2　⊙ 图 13-3

第十五件 杭州同丰泰运输总行缄寄兰溪赓和镇公司，中式船递封。上书"施成记末""外收音机壹具，兰溪新民路赓和镇公司台收"，左上方书"船力请酌给毛连友川"。（图15-1）另附仓源公司货单"赓和公司顷奉示志承交王樟桂船装下肥皂两木（箱）……"（图15-2）看来船家除了货物银信之外，为方便客户，日用百货都可以捎带。

第十六件 浙兰女埠镇义丰酱园信缄寄兰溪，中式船递封。上书"外吉普听贰只兰交和丰宝公司启"。左上方盖"柳家马（码）头／女埠长渡王寿喜记"红色双格双线船家戳，非常像轮船信局碑形戳。（图16）使用吉普听（汽油桶）已经是抗日战争胜利之后了。

第十七件 浙兰洲上镇咸吉亨信缄寄兰溪，中式船递封。上书"外洋油箱四只交和丰煤油公司收"，左上方盖"湖上二号隔壁奶船"红色直形船家戳。（图17-1）另一件女埠义丰酱园信缄寄兰溪，中式封。上书"外吉普听贰只兰交和丰宝公司收"，左上方盖"兰女／乐记／交通船"红色三格方形船家戳，时间也应在1945年之后。（图17-2）

第十八件 金华恒大杂货号缄寄兰溪，中式红框船递封。上书"兰溪赓和公司王积生先生台启"，左上方盖"金兰交通船丁洪妹"红色船家戳，封背盖"和丰贸易公司／兰溪／邮电回单／民国卅六年九月十九／浙江 HOFENG & CO.LAN CHI"紫色双圈三格汉（英）文日戳，是否邮政代办，待考。估计此种形式和丰公司日戳的实寄封留存有多件。（图18）

第十九件 有两函。一函为金华公源南货酱园号缄寄兰溪，中式船递封。上书"外金元柒拾万元，53介仓桶乙只，兰交和丰公司收"，左上方盖"金兰交通船丁四妹船"红色船家戳，此函显示已使用金圆券，进入1948年。（图19-1）另一函金华大新杂货颜料号寄兰溪赓和镇宝公司，中式红框封。左上方盖"金兰交通船丁四妹船"红色船家戳，略小。（图19-2）

第二十件 金华永新染坊寄兰溪，中式红框船递封。上书"外人民券壹仟五佰元，兰溪赓和镇宝号启"，左上方盖"复兴金兰朱扬名交通船"红色船家戳，这是较晚的一件，当时全国已经基本解放。（图20）

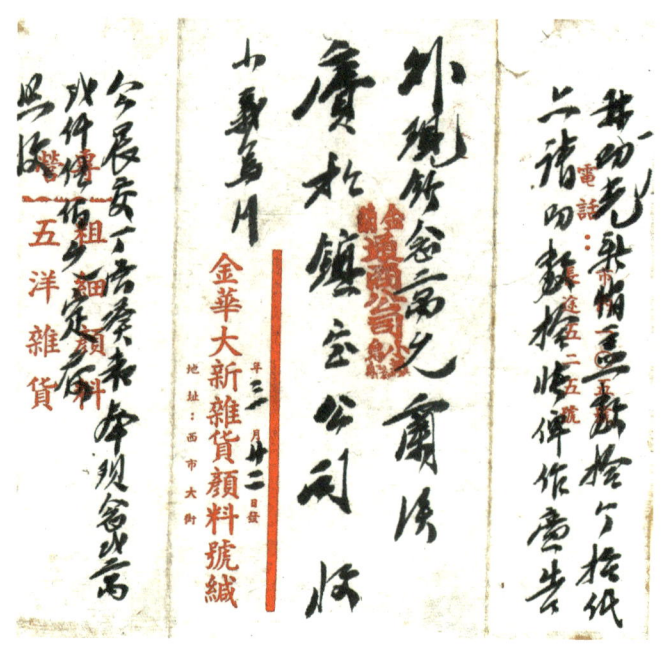

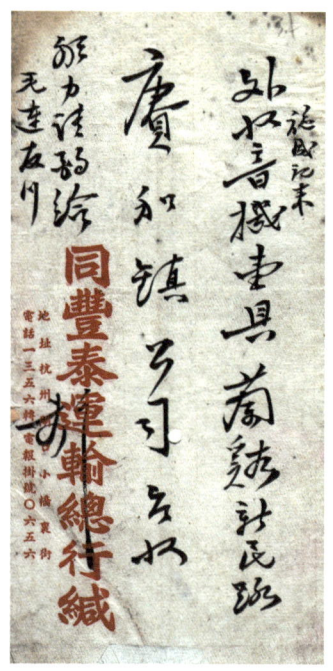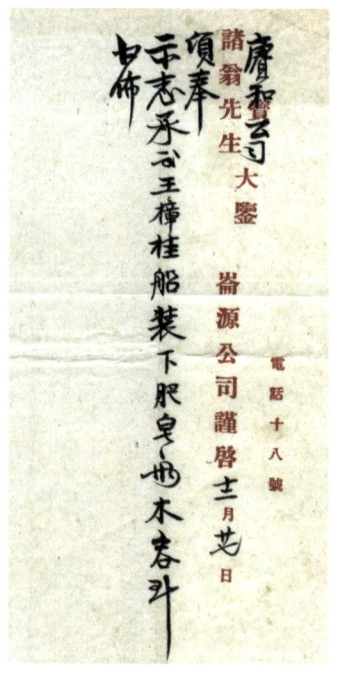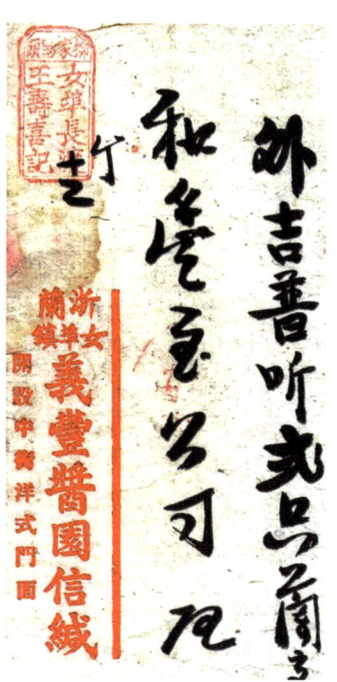

⊙ 图 14
⊙ 图 15-1　⊙ 图 15-2　⊙ 图 16

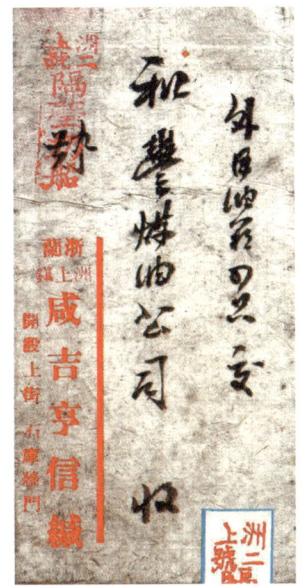 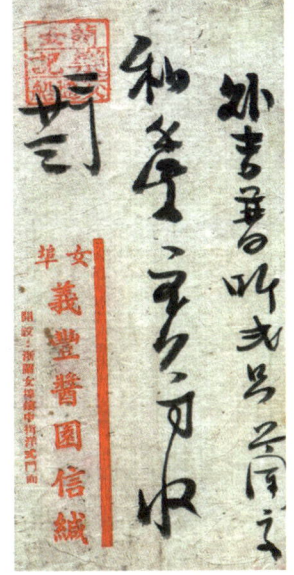 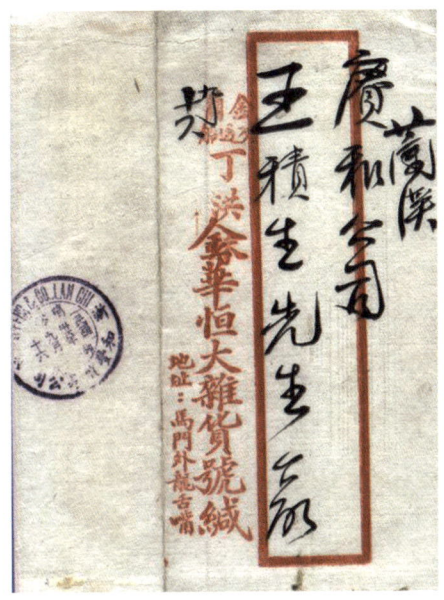

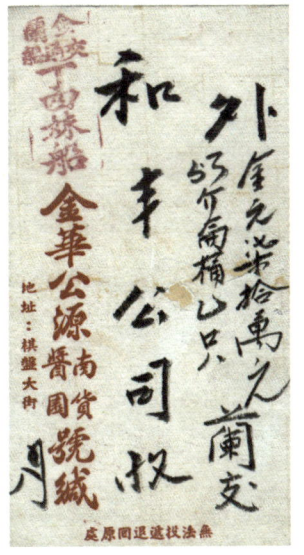 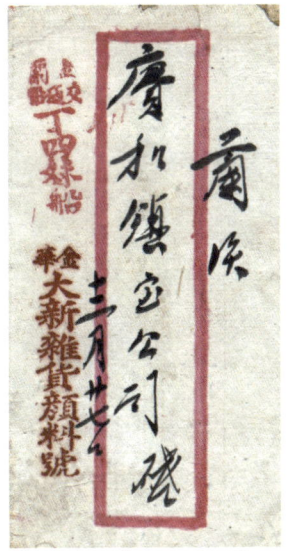 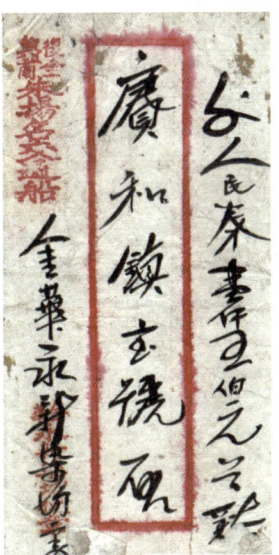

| ⊙ 图 17-1 | ⊙ 图 17-2 | ⊙ 图 18 |
| ⊙ 图 19-1 | ⊙ 图 19-2 | ⊙ 图 20 |

 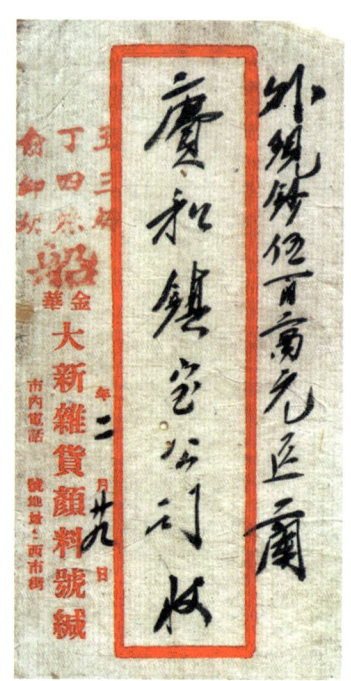

⊙图 21-1　　　　　⊙图 21-2

第二十一件　有两函，一函中式红框封。上书"内国币玖拾元兰交赓和镇公司收，徐晋昌缄寄"，左上盖"柳家马（码）头／女埠长渡王樟鳌记"双格碑形船家戳。此件当在抗战时期。（图 21-1）另一函金华大新杂货颜料号缄寄兰溪赓和镇宝公司船递封，封正面书"外现钞伍百万元"，盖"王三奶丁四妹俞邵奶船"戳。（图 21-2）

第二十二件　有两函，一函罗埠王瑞泰烟栈缄寄兰溪，中式红框船递封。左上方盖"潘大松船"红色船家戳，右下方盖"原班回复"红色付戳，又一件双挂号回执封。（图 22-1）另一函金华大新杂货颜料号缄寄兰溪赓和镇宝公司，中式船递封。上书"外现钞伍拾伍万元兰赓和镇宝公司收"。左上方盖"通商金兰陈小义乌船"红色戳，另手书"小义乌川"，又是现金现钞。（图 22-2）

第二十三件　白铁板制民国三年（1914）鄞县船照两件（158 mm×252 mm）。硬照刷浅黄色漆，一件上书"鄞县船务经理处百官船第壹百陆拾贰号，定系所小同口。船主李□来。民国三年三月……"下盖"鄞县船务经理处"红色方章。（图

第四章　民间水路船递银信管窥

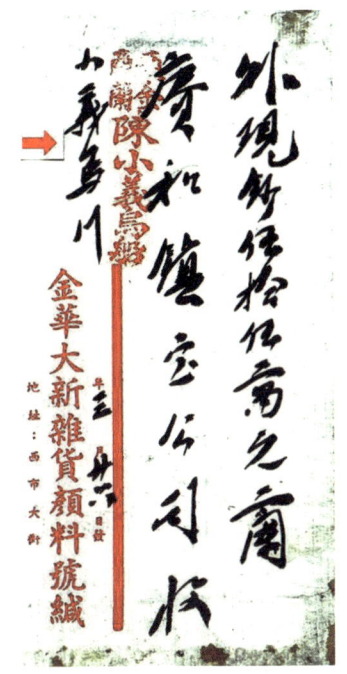

⊙ 图 22-1 ｜ ⊙ 图 22-2
⊙ 图 23-1 ｜ ⊙ 图 23-2

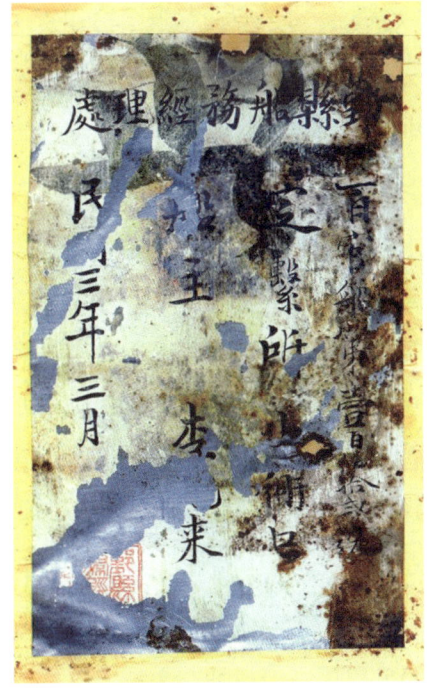
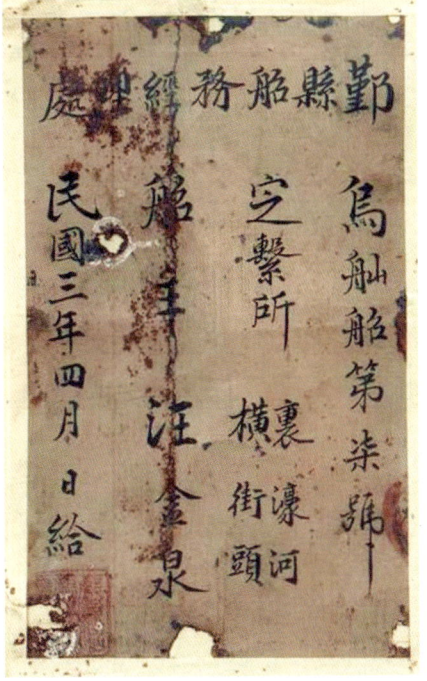

23-1）另一件上书"鄞县船务经理处乌舢船第柒号，定系所里濠河、横街头。船主汪金泉。民国三年四月　日给"，下盖"鄞县船务经理处"红色方章。（图 23-2）两件民国初期的船主硬照，已经百年，白铁板都已锈迹斑斑，文字印章残缺，但尚能辨认。其来源是民间旧船，因年久失修报废，船家将硬照拆下保存。百官船和乌舢船载重量在 20 吨左右。船家执照见到的大多为软照，硬照存世甚少。

第二十四件　有两函，一函为中式牛皮纸制，红框封。在下方印"兰溪赓和镇经理美商南星厂靛油……信缄"，上书"外 25 斤牛头靛油捌听常山许裕隆宝号升"，左上手书"陈日根川"，（图 24-1）封背印红色福尔摩司香烟广告。另一函为经两次使用的信封，金华广昌信缄寄兰溪。上书"外退十支福尔烟七条，兰交赓和公司升"，上盖"王廷湖船"红色船主戳。（图 24-2）

第二十五件　游埠大兴烟号缄寄兰溪，中式封。上书"外款拾伍万伍仟元兰溪南门和丰宝号收"，左上方盖"大新二号船章金苗"红色船主戳。（图 25-1）原件附信，内书："……今交埠川寄奉国币洋拾伍万伍仟元……即请付 53 介仑桶油壹桶，仍即托交原班带上应市之需……"（图 25-2）船家为客户双向往返运输和传递银信货物，可见至诚。

以上显示的部分实物，其年代大多在 1934 年民信局被强制取缔之后。

三、湘潭邮局与湘江民船单证

自清代以来，沿海大型客轮、江河汽轮、内河小火轮、木帆船在运载客货之外，还受理邮政之委托，运送捎带包裹什物与各种邮件。各地方邮局曾充分利用水路交通之便，同船家订立协议，捎带和传递邮件。事有凑巧，2007 年 12 月刘晓明先生向本人提供了民国后期与新中国成立初期湖南湘潭邮局涟水与湘江民船转运邮件时留存下来的单证，其形式同各地航船邮递邮件十分相似，这批单证印证了邮局利用民船传递邮件的史实。

第二十六件　民国后期湖南湘潭二等邮局"湘 -22x 民船运费收据"。收据右侧书"丁长海民船"，上书"今承运湘潭至湘乡民船排单第 9 号由湘潭至湘乡邮件拾伍袋，计重　公斤，遵照……面议每袋运率 GY 四十元〇角〇分，共计运费金圆陆

第四章　民间水路船递银信管窥

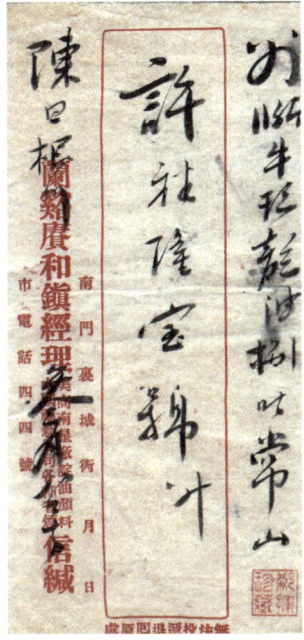
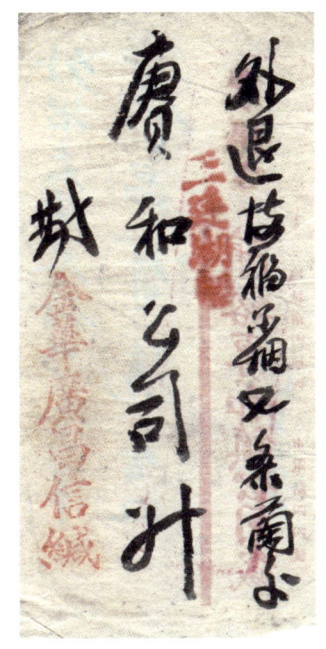

⊙ 图 24–1 | ⊙ 图 24–2
⊙ 图 25–1 | ⊙ 图 25–2

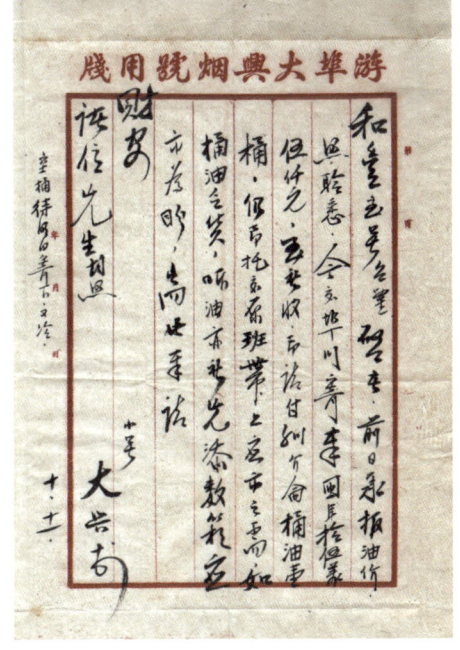

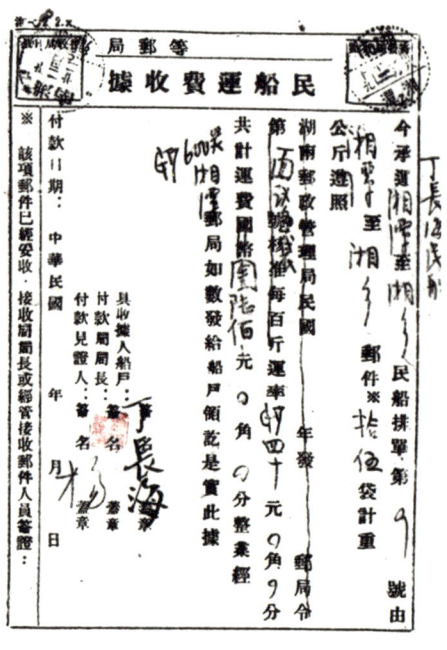

◎ 图 26

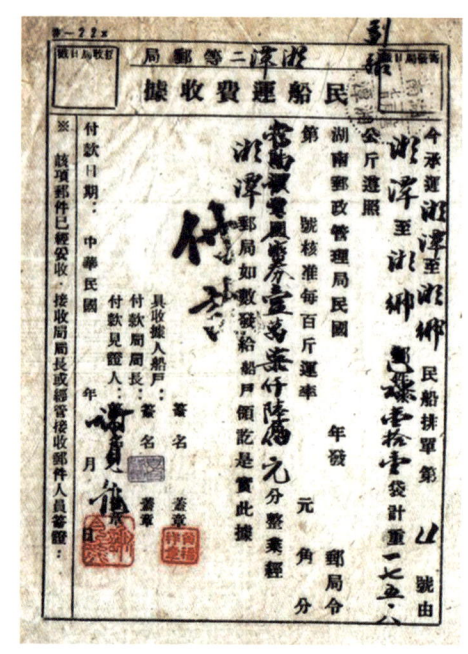

◎ 图 27

佰元〇角〇分整（GY600），业经湘潭邮局如数发给，船户领讫是实。此据。"左下方具收据人船户"丁长海"签名，付款局局长盖章（红色），付款见证人"杨"签名。右上方盖发寄局"湖南/湘潭乙/卅八二月十四/十九"（1949年2月14日）全汉文三格点线日戳，直径25 mm。左上方盖接收局"湖南/湘乡/卅八二月/廿二"全汉文三格点线日戳，直径25 mm。单上所书"GY"即金圆券英文代号，当年金圆券一元折合旧法币三百万元，六百元折合旧法币就是天文数字了！单上汉字"金圆"两字合一，简化成方框加"金"字怪体。（图26）

第二十七件 新中国成立初期湖南湘潭二等邮局沿用民国"湘–22x民船运费收据"。收据上书："今承运湘潭至湘乡民船排单第4号由湘潭至湘乡包裹壹拾壹袋，计重一七五·八公斤，遵照……当面议价人民券壹万柒仟陆佰元整，业经湘潭邮局如数发给，船户领讫是实。此据。"中盖"付讫"戳。具收据人船户盖"黄福祥章"红色章，付款局局长盖紫色名章，付款见证人"谢见龙"签名，另盖红色名章。右上方可见发寄局"湖南/湘潭/一九五〇二月七日"全汉文三格点线日戳，

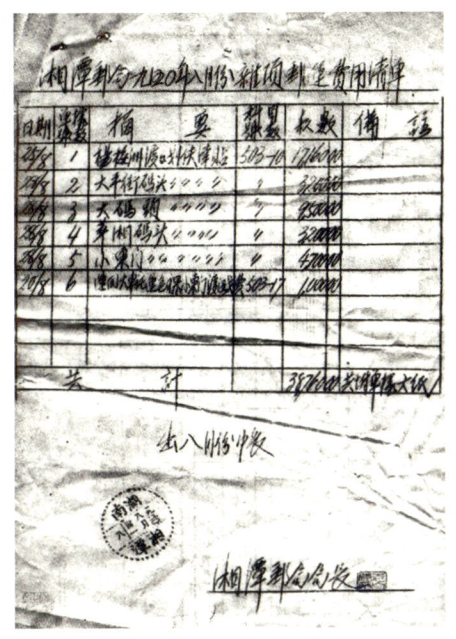

⊙图 28

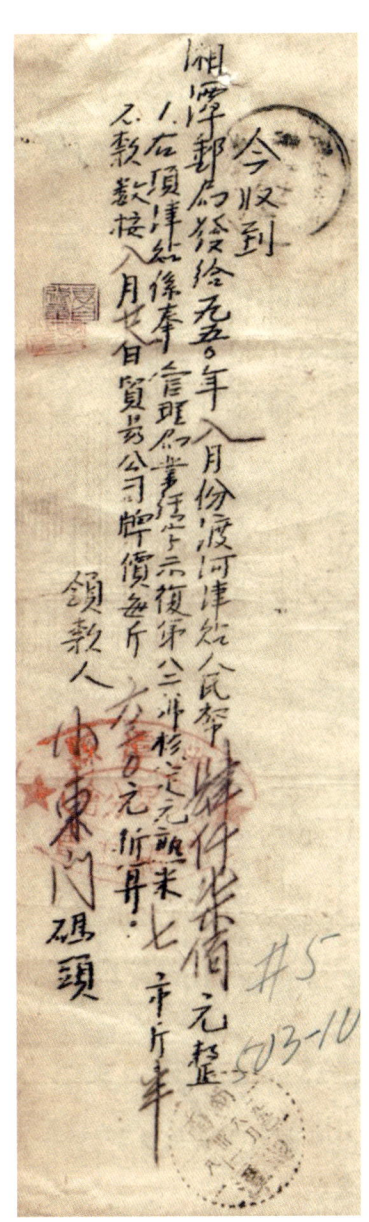

此戳直径略大,约 27mm。(图 27)

第二十八件 "湘潭邮局一九五〇年八月份杂项邮运费用清单",清单内分 6 项,第 1 项 25/8 杨梅洲渡口划夫津贴 503-10,款数 1716000 元;第 5 项 28/8 小东门划夫津贴 470000 元,此件留存有收据。共计 3876000 元,附单据六张。下方书"出八月份账",上盖"湖南/湘潭/一九五〇八月卅一/八"全汉文三格点线日戳,直径 27 mm。另盖湘潭邮局局长紫色名章。(图 28)

⊙图 29

第二十九件 湘潭邮局油印单据,上书"今收到湘潭邮局发给一九五〇年八月份渡河津贴人民币肆仟柒佰元整。1. 右项津贴系奉管理局业经字示复第八二号核定元熟米七市斤半;2. 款数按八月廿八日贸易公司牌价每斤六三〇元折算。"领款人"小东门码头",上盖"湘潭县划船工会九星分会"红色双圈椭圆形章。左上方盖紫色邮局局长章及红色见证人章。右下角盖"湖南／湘潭／一九五〇八月卅一／八"全汉文三格点线日戳,直径27 mm,手书编号＃5/503-10。此件为"湘潭邮局一九五〇年八月份杂项邮运费用清单"中第5项的单据,利用民国时期邮政单据的背面印制,背面旧据上可见全汉文三格点线"湖南／湘潭暮云市／卅五九月十五／代",此为暮云市邮政代办所日戳。湘潭暮云市现为暮云街道,地处长沙、株洲、湘潭三市的中心地带,距三市均约18公里,素有"金三角"的美称。(图29)

第三十件 湘潭邮局油印单据,上书"今收到湘潭邮局发给一九五〇年五月份划夫津贴人民币贰万肆仟贰佰陆拾元（＄24260.00）",杨梅洲划费,领款人盖黑色"曹伯荣"名章,单盖紫色邮局局长章与年份章"MAY 28 1950",另黑色"付讫"章。"一、奉管理局一九四九年业经字示复第274号核准每月中米二十六市斤；二、右项款数系按五月廿六日三机米价格每斤九三三元折算。"下盖全汉文三格点线"湖南／湘潭／一九五〇五月廿六／六"日戳,直径27 mm,手书编号503-10。原件利用民国时期邮政

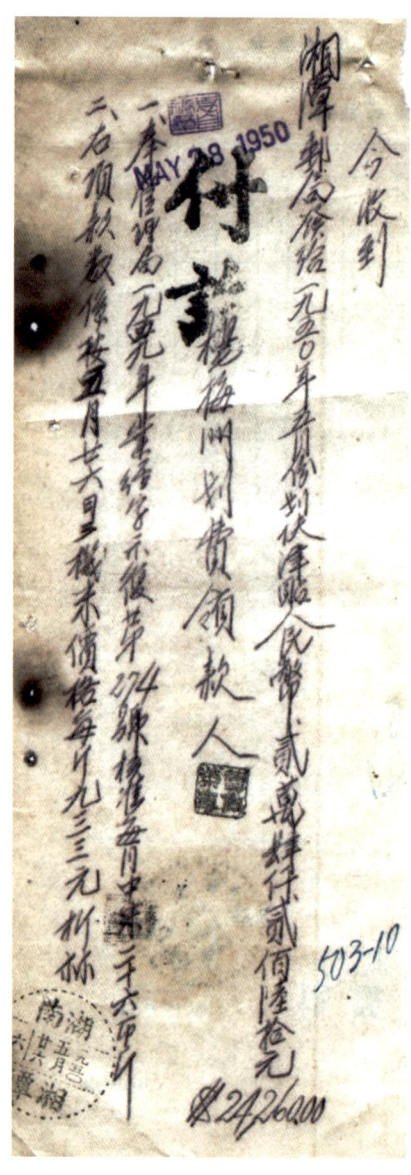

⊙图30

快件单据的背面印制，旧单据上可见"湖南/湘潭甲/卅五/七月廿二/八"全汉文三格点线日戳。（图 30）

从上述单据以及刘晓明先生提供的两张民船运费收据来看，邮局托运的包裹多系重物，分别达 26 袋 500 余公斤，16 袋 402 公斤，11 袋 175 公斤。而运费面议同当时国民党政府倒台前夕恶性通货膨胀不无关联，如民国三十七年十二月二十九日运费面议每袋为金圆券 4 元，三十八年二月十四日运费面议每袋达金圆券 40 元，到三十八年三月十九日运费面议竟达金圆券 200 元，共计 26 袋需付金圆券 5200 元整，按每 1 元金圆券兑换旧法币 300 万元计，需旧法币 160 亿元了！

从上述两件新中国成立初期的收款凭证上可以看到，当年因物价波动大，船运津贴按米价计。湘潭邮局 1950 年 8 月渡河津贴内记载的米价按 8 月 28 日贸易公司牌价每斤为旧人民币 630 元折算；而 1950 年 5 月划夫津贴按 5 月 26 日三机米价格计每斤达 933 元。可见新中国成立后物价渐趋稳定，米价已从每斤 933 元降至 630 元。

实物记述了历史上邮政与水上民船运送的紧密关系，特别是地方邮局对包裹重物的运送很长时期以来都依赖民船，国内各地基本相似。

第三十一件　20 世纪 90 年代末浙江发现一批钱塘江流域船递的银信单证，其中也有帆船行运载上百吨靛油易燃品和重物，从上海跨海过钱塘江运至宁波、杭州、金华等地。此处显示一件由上海捷兴水陆运输行帆船运载的货物（5 件，2760 公斤）运费清单。右下方盖"捷兴帆船行"黑色英（汉）文章。（图 31-1、31-2）藏品中另见上海永大祥运输行船运浙江兰溪信，外火油 132 桶，盖永大祥章；上海德和公记靛油行邮兰溪南门里城巷钧丰公司货物，盖"上海通达昌分司沪杭铁路南车站对面"章，运载大都为机帆船。（图略）

第三十二件　多年来笔者在宁波市收集到的清光绪年间的航船封（见前）仅有数函，2009 年偶然在古董市场竟购得新中国成立初期宁波河网十余条航线的票证若干，上都盖有船戳。内含：鄞县（宁波）横溪小组、陈埠头夜船、大桥头船、董家跳梅昌（船）、周家埭船、潘火桥船、下水航船、高钱倒撑、姜山倒撑、孔峙倒撑、甲村倒撑（倒撑船指从宁波船码头回撑到原乡村航船码头）。（图 32）内河航船大都是木帆船或驳船,由小火轮拖驳。乡下航船客货两运,同时为邮政服务,邮袋、信包经航船每日从市区运载至乡下邮政支局或代办,然后分发。直至 20 世纪 80 年代,宁波河网地区邮政信袋与包裹很大一部分仍利用航船承运转递。

据《宁波市交通志》记载,宁波开港历史悠久,周元王三年(前 473)筑建句章城,宁波古港句章港形成,为国内九个主要港口之一。历经近 2500 年,现今的宁波北仑港已成为世界大港。宁波内河航道密布,总里程长达 14739 公里,支流航道 265 条。据方志记载,客货两运的航船始于明清之前。从《宁波市交通志》所附民谣中,足见船夫生活的艰难困苦与险阻重重:

《船夫谣》:乌舢船,两头尖,火轮船,装白米。人说撑船好来兮,谁知跳上无饭米。

《撑船郎》:撑船郎,佘长江,老婆夜夜守空房。春夏秋冬天刮风,彻夜思郎到天亮。

《背夫曲》:背货要走过山跳,走一步来摇三摇。勒紧裤带挺起腰,落潮背起到涨潮。

苏南有一张晚报上曾经介绍:"水网地区的苏州有一种以敲铴锣为号的船……往返于城乡之间……铴锣船还代办信札、报纸、包裹传递业务,是当时交通条件下的邮路之一。"二十世纪五六十年代,铴锣船还是当时城乡的主要交通工具,它航速快,使用双橹,日夜兼程,比一般航船要快上一倍多,又有风雨无阻,定时起航的规矩,深受百姓的欢迎。铴锣船的船工也有额外收益,碰到迎亲送嫁有喜钱,拎包送客、搀扶老人有赏钱,便船便货有小账钱。报道生动描述了民国时期苏南水乡以航船为主邮递银信包裹的特殊形式。

四、综述

上述存世船递信笺文件单证足以说明,随着社会经济的发展,自清代到新中国成立之初,运输行以及水系船家(船主)在江海河汊十分活跃,银信往返频繁。笔者曾对船递封历史地位进行过研究,认为国内民信局被取缔之后,船家在水路传递银信、单证文书方面仍然发挥着十分重要的作用,为此,特综述于后。

1. 水上船家货物运输兼营银信包裹业务是我国传统的邮递方式之一,其活动区域大都在沿江河海商贸经济繁荣、水系交通畅通之地,且由来已久。最典型的如京剧《苏三起解》中的精彩一幕,苏三戴枷站在江边悲惨地声声呼喊,寻求船家帮

第四章 民间水路船递银信管窥

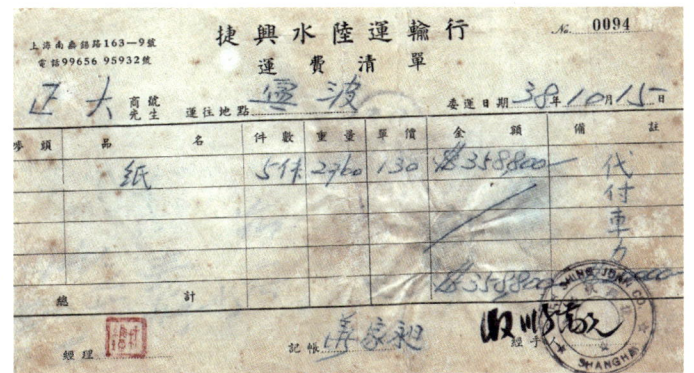

⊙图 31-1

⊙图 31-2

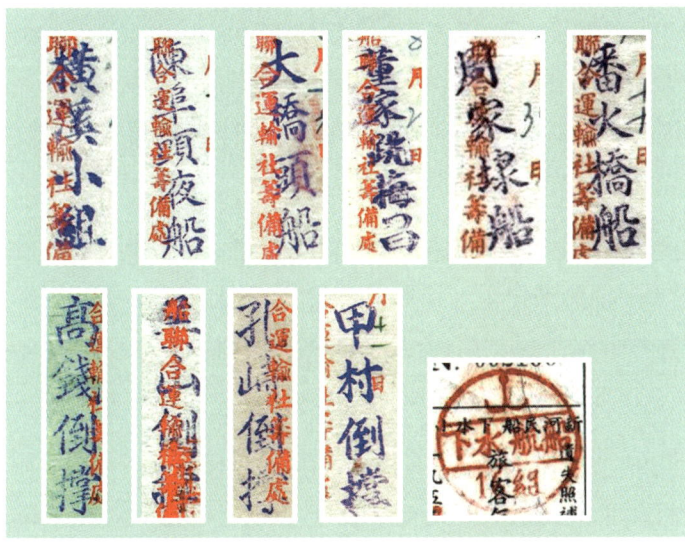

⊙图 32

助捎带家信至南京城……非常形象地凸显出古代商船顺路捎带民信之事实。船递私邮在1949年之后仍延续很长一段时期，它成为船家一项正常的业务收入。船递封、信局封、信客封，在南方则有华侨信局封、水客封等，它们都是私营企业性质的业务，只是其形式有所不同，并受各个时期国家交通邮递法规政策的影响。

2. 实物证明水上船家以货物运输为主，兼营邮递客户的包裹银信等业务，其服务对象与范围不同于专业民营信局。尽管1934年后国内民信局被取缔，交通部邮政当局在全国范围内执法严峻，违者必究，并加倍罚款，不过水上船家（船主）兼营的包裹银信业务并不在此禁范围，他们仍然可以继续从事自身的船递业务，当属合法。

3. 运输行所属交通用船或私船（船主）都得经过国家机关登记入册，由交通部（局处）统一颁发船舶通行软照和硬照，严格按吨位办理纳税缴费手续；同时在运送货物时依法缴纳货物税，在运货单上加贴有效的印花税票等等，纳税手续齐全。因此，船家为相关客户捎带银信包裹什物符合国家交通法规。实物证明，船递封直至新中国成立后仍继续合法存在，它不同于民信局或信客被取缔之后继续从事的地下非法邮递活动。

4. 自清代至新中国成立后一段时期内，沿江、河、海私家船舶曾受当地邮政之委托，运送捎带包裹什物与各种邮件邮袋，各地方邮局还曾充分利用水路交通之便，同船家订立协议，照章付费。而早期船家也曾代为民信局和信客从业人员捎带信包邮件等。有一段时期，官邮、私邮并存，在这批船递封被发现后，曾见到有部分经邮局传递的信件和明信片以及经民信局邮递的实寄封，与船递封三者皆存。事实证明水上交通船同邮政长期来有着密切关系。

5. 综上所述，船递封是我国邮政史上主要传递形式之一，一度在国内各地普遍存在，它同信局封并存，但船递银信又不同于民信局业务。1935年按照中华民国交通邮递（电）法规强行取缔了民信局，而水上船递则依旧存在较长一段时期。

前曾展读台湾《邮史研究》第五期严平西先生关于《民信局的发展历程及行用戳记（续）》一文，在第64页上记录有"渔梁何本立船""渔梁王桂松船""嘉兴石湾石门德兴顺记船""杭州余杭周荣照上河二号船""丰顺公拖轮"等数例，都是直式无框形戳。内称"民信局另一个有趣的支脉，是私人经营的信递和货物服务，有些自称信客，有些拥有船只或轮渡，甚至用渔船或拖轮兼营邮递业务。研究这种戳记十分富有趣味性，好像收集大清时期偏僻地区罕见的代办所戳记一样，得来件件皆辛苦"。阅后获益良多，只是觉得该文没有将船递银信与民信局业务区别开来。

6. 运送船递封的船只种类多样，诸如江上的川船、商船、运输船、机帆船，河流上的航班船、交通船、内河渔船，外洋渔轮、渡轮等等，有的来往南洋群岛，搭载的信客当然走得更远，其运输业务与私邮性质完全相同。总体来说，只有国营与私营、官局（官邮）与私局（私邮）之分，不存在第三者。

本章图文并茂地介绍了长期以来国内广泛存在的船递银信包裹货物现象，它的涉足范围从海洋到江河湖汊，从海轮到小火轮、机帆船、木船、驳船、双橹锡锣船……方式五花八门，形式多种多样。在这里实录和记述的仅仅是凤毛麟角，希望史学界和邮学界同道对国内近代水上交通邮递能引起广泛的重视，并继续努力发掘历史遗存的船递实物与资料，把水路交通和民间邮递史作为一项重要课题进行更深入的研究。

第五章 镇海竺师爷信笺

20世纪90年代初,在宁波市镇海区西水门桥拆迁竺家旧屋时发现清代竺钜封师爷(又名竺修尧、竺巨峰等)遗留下来的一只旧木匣,内存留一堆老式信封、信笺函件、单据、经折(民信局账折)等物。时间从竺钜封师爷1885年去江西吉安府任职至1911年辛亥革命,前后长达26年。竺师爷留存下来的书信大多经全盛泰记信局(全泰盛轮船局)寄发。本章将竺师爷留存的珍贵文物按时间先后全面系统、客观地加以展示介绍,以实物形式还原其真实的历史风貌。

本章将竺师爷的那些银信遗物按信笺的时间、地点顺序依次试读,难以辨别的放在最后与杂件一并列出。其内容所涉及的大致可分民信局史、信客史、大清官局史、清代官僚史、宁波帮人物活动史、民情风俗史等。以实物为论据,无泛泛空论。

一、竺师爷江西吉安府任上记

清光绪乙酉年(1885)初,竺钜封随林府台大人去江西吉安府赴任,此行是竺师爷踏入仕途之始。是年已婚,妻刚怀孕。竺师爷留存的书信集按时间排列,最早两件经民信局传递的封笺是在上海候船期间收到的。

第一件 "镇邑全泰盛记信局"专递封,由宁波镇海邮上海礼定轮。使用中式双色套印美术信封,图案为书童开门迎接一骑驴送信的行者。封书"内安要函烦寄上海全盛局呈施利祥先生费神专递礼定轮宝舟内递竺葉峰先生查收,内托",封背中缝书"乙清和月初六日蛟川江南封费神弗耽搁为要。酒资代给"。显然,此专递邮件由

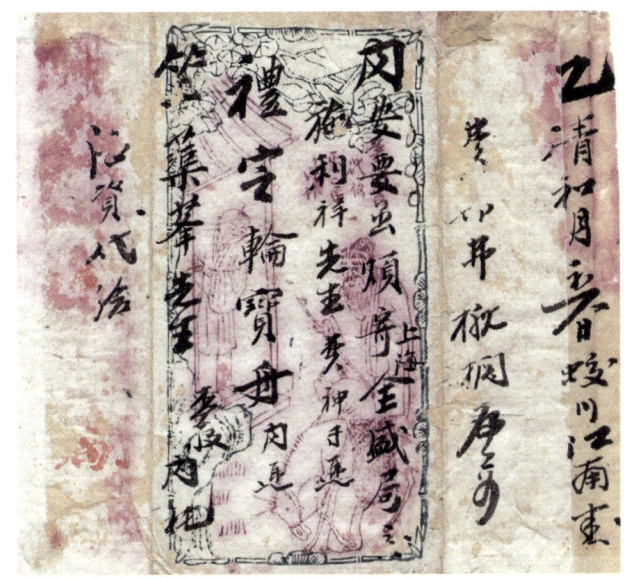 

⊙图1　　　　　　　　　　　　　　　　　　　⊙图2

收信方付资,阴历四月别称"清和月",天气清明和暖,谢灵运诗有"首夏犹清和,芳草亦未歇"。上盖"镇邑全盛泰记信局"红色红色戳与另一信局戳,由于原封曾经水浸泡,已模糊不清。(图1)信笺是其父从蛟川江南全盛泰记信局寄发,托上海全盛泰记信局内友人施利祥转递至江边礼定轮宝舟,礼定轮应是一艘走长江的官船。

第二件　"上海轮船招商总公司"中式红条公事封,由山东烟台邮上海礼定轮。封书"呈礼定轮船郭景□老爷升,烟台李锡五"发寄,右上方盖红色花章,左下盖"上海轮船招商总局"印。原件由竺师爷留存,郭景□有可能是船主,估计与林府台偕同家眷等人乘礼定轮宝舟赴江西吉安府上任有关。轮船招商局是晚清名臣李鸿章在1872年创办的中国第一家民族航运企业。历史上,轮船招商局倡办了堪称"中国第一"的银行、电报局、纺织厂、铁路等,在许多领域的民族工商业都起到领头羊作用。招商总局封能保存至今,十分难得。(图2)

第三件　竺师爷上任之初的一封家书,选录于下:"父亲大人膝下:男自申江初七日动身,于初十夕至九江回春荣茶栈,于十六早晨由九江趁吉安船,至廿三日抵吉水……我妹及合署大小均各安好,望勿……男到署一日,职司还未派出,在署一切事务自当见景生情……船仍在游山……大人所云之洋,待职司派定之后

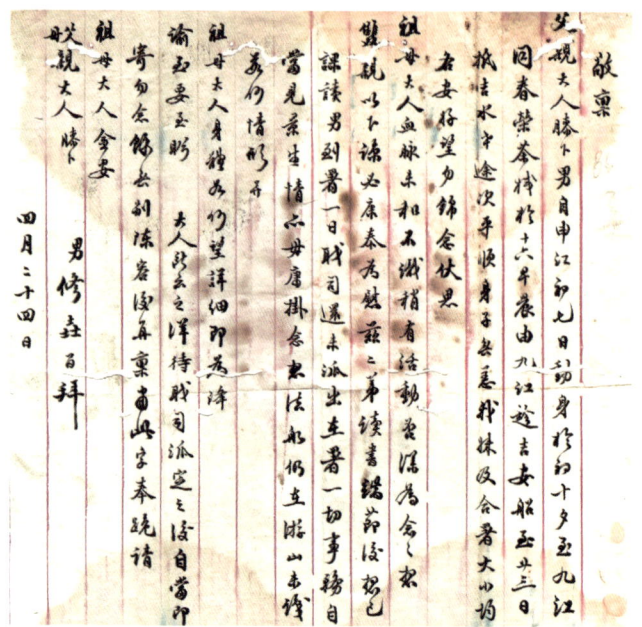

○图3

自当即寄……父母亲大人膝下，男修垚百拜。"从信函内容可知：1. 交通路程。府台林大人携眷及随从自上海至江西吉安府，九江段乘的是长江官船礼定轮宝舟，行程三日（初七至初十），抵达九江回春荣茶栈小住后，于十六至廿三日乘吉安船抵吉水，合计十六日。2. 人际关系。其妹及合署老少一路同舟去异地赴任，可知林府台大人应是竺师爷的妹夫，他们是姻亲裙带关系。（图3）

第四件 清光绪乙酉年（1885）一件折叠式信笺。由竺师爷二弟竺启莹从九江全盛泰记信局邮寄至吉安府，其时竺师爷刚上任。中式封折叠得十分小巧，但展开后却是一大张毛边纸，长达450 mm，宽250 mm。折叠成宽仅50 mm，长120 mm的小信封状，书信内容尽收眼底。原件正面毛笔书"内安函外，物壹包敬求即交家兄钜峰收拆，竺启莹自浔江托"，上盖"九江南顺记号缄寄"红色章（注：叶澄衷相继在上海及各大商埠开设新顺记、南顺记、义昌成记、北顺记等分号18所，时称"五金大王"），左上盖"招商码头荥阳里内"地名章。折叠封背中缝书"护蒲月念四日封"，上盖红色封口方章两枚，扁章一枚。（图4-1）蒲月为五月，我国民间有在端午节用菖蒲、艾草制成人形挂在大门上以避邪气的习俗，所以五月又称"艾月""蒲月"，亦

第五章 镇海竺师爷信笺　075

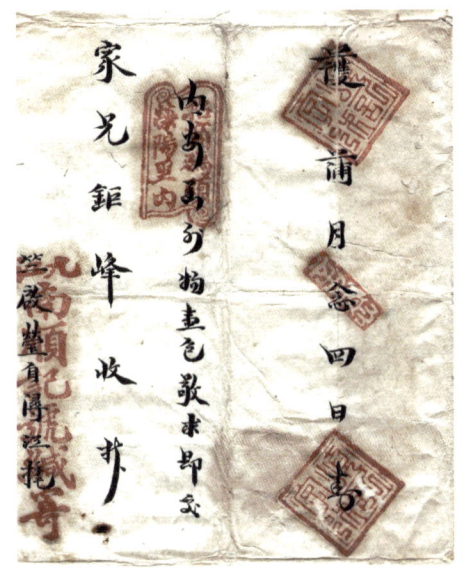

⊙ 图 4-1

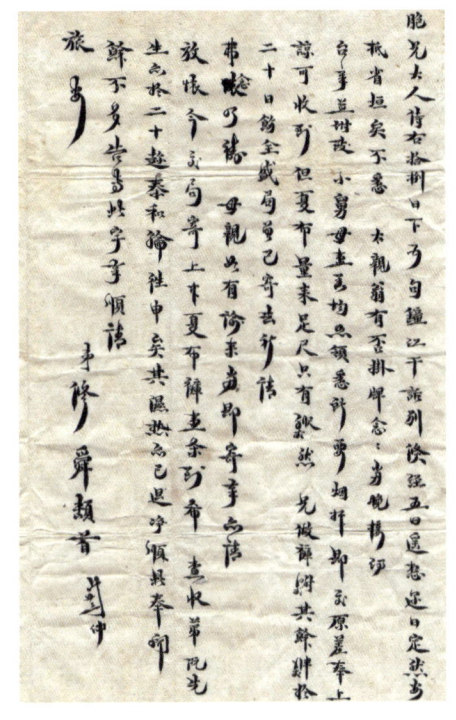

⊙ 图 4-2

称"榴月"。信内有三处记述了经全盛局传递信件和包裹的详情：一为"烟杆即交原差奉上，谅可收到"，此处"原差"是指全盛局投送与收件的信差为同一个人；二是"二十日饬全盛局量（谅）已寄去，祈请弗念，乃祷"；三是"今交局寄上□夏布裤壹条，到希查收"（即此函）。尽管原件未盖信局戳，但信内对二十天内三次通过全盛泰记信局寄递信物之记载十分清楚。它非常真实地交代了当年民信局同官、商、民的密切关系，民信局的服务在百姓生活中占有重要地位。鉴于信笺毛边纸长达半米，无法完整扫描，此处只能局部显示。（图 4-2）竺师爷在江西吉安府任职时间不到两年，从乙酉年至丙戌年，此件发自竺师爷上任之初，可推定为光绪乙酉蒲月无疑。我国古代官民文书大都使用折子或折叠式信笺，折子有硬折和软折，欧洲古代通信使用的也都是折叠式封，用信封已经比较晚了。邮政开办后这种封笺合一的邮政用品被称为邮简或信笺、书信笺、航空邮简等。

第五件　清光绪乙酉（1885）江都仙镇源顺号（仙女庙）经全泰盛轮船信局邮

⊙图 5-1

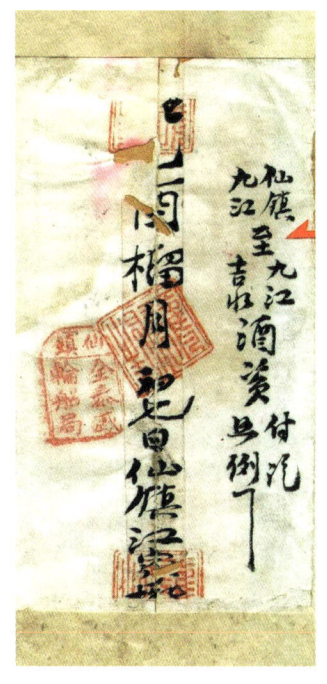

⊙图 5-2

江西吉安府，中式红条封，保存非常完整。正面书："封内安要候函局寄江西吉安府吉水县署中即呈竺钜封师老爷升启，仙镇（今扬州市仙女镇）源顺号书缄。"（图 5-1）封背中缝书明发寄自"乙酉榴月初七日仙镇江家栈"。中缝盖三枚红色封口方章，右侧书"仙镇至九江酒资付讫，九江至吉水酒资照例"。此件由收发双方双向付费，仙镇至九江发信人邮资已付讫，九江至吉水酒资照例，即由收件人酌付邮资，交代清晰。封盖"仙镇全泰盛轮船局"红色双格碑形戳。竺师爷在江北仙女庙（即扬州仙镇）有近亲表兄及其弟启莹开号从商，多封信函中可见周星北、阮星楷名字出现，都是宁波帮著名人士。仙镇的商号与镇海籍上海著名宁波帮大资本家叶澄衷（原名叶成忠）早年在上海开办的可炽铁行、南顺记号、义昌成号有业务往来。竺师爷于光绪丙戌年至己丑年从江西吉安府卸任后曾在上海可炽铁行、义昌成号以及江北扬州仙女镇从业。（图 5-2）信笺中有多件发自仙女镇江家栈。扬州仙女镇是长江和京杭大运河汇合处，水路交通四通八达，是旧时重要交通线，建栈势在必行。

第六件 清光绪十一年乙酉（1885）九月廿七日由宁波镇海竺忠房经"浙宁全泰盛轮船局"寄江西吉安府竺师爷的实寄封。此封曾经使用两次，背面是乙酉腊月廿二日竺钜封自吉安府寄宁波镇海第十三号家信。原封正面书"第陆号要信烦全盛局速寄江右吉安府九曲巷向交前任吉水县林公馆内呈竺师爷次章钜封亲□蛟川竺忠房缄寄"，系其父从宁波

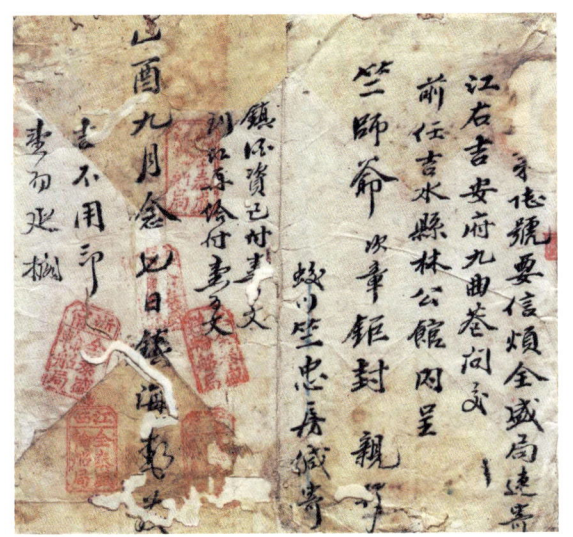

⊙图 6-1

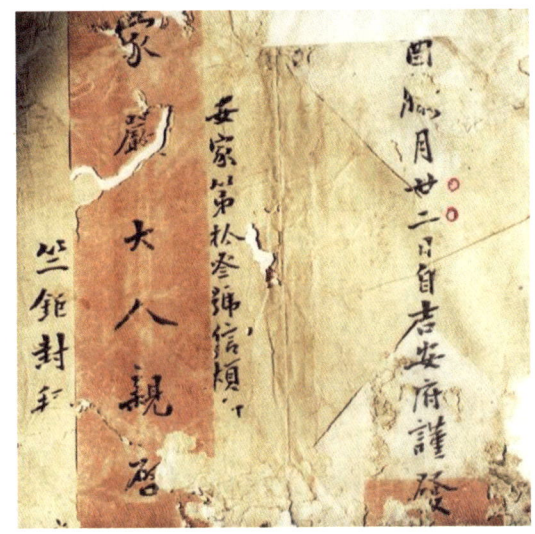

⊙图 6-2

寄发。封背中缝书"乙酉九月念七日镇海□□",右侧书"镇酒资已付壹百文,到江再给付壹百文",左边又见"吉不用印,望勿延搁"等文字。封上戳记表明信笺由全泰盛轮船信局包揽全程。宁波首发盖"浙宁全泰盛轮船局"红色双格碑形戳,经甬申线轮船海运抵上海中转盖同式"上洋全泰盛轮船局"戳,沿长江上溯抵江西门户九江市盖"九江全泰盛轮船局"中转戳两枚,一枚盖在"到江再给付壹百文"文字中央,此处"到江"应指九江,看来是收费后所盖,另一枚九江戳盖在中缝条上。进入江西内河至省城南昌盖"江西全泰盛轮船局"戳,终点落地盖"吉安全泰盛轮船局"到达戳。五地盖了六枚同式双格碑形全盛泰记轮船局戳记,邮路清晰。(图 6-1)除了未实施邮资凭证之外,私营信局与近代邮政运作过程已无多大区别。实寄封历经海城、长江水域、内河运行达一千余公里,肥水不外流,全部由全泰盛本局分支机构互换。说明清光绪早期全泰盛信局的规模已经非常庞大,在内地多处都有它的分局和代办,邮路四通八达,汇织成网。原封另一面第十三号家信,棕条封,上书"安家第拾叁号信烦局转交家严大人亲启。竺钜封拜托",封背中缝书"乙酉腊月廿二日自吉安府谨发"。(图 6-2)

第七件 竺师爷乙酉(1885)十一月初十家信四页,文苑阁制蓝色直格信笺,

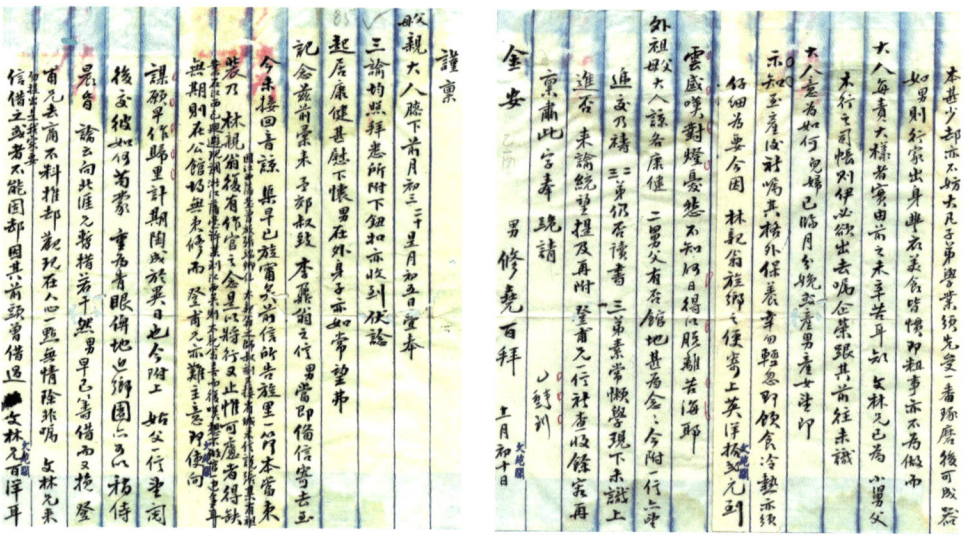

⊙图 7-1　　　　　　　　　⊙图 7-2

内书:"……三谕均照拜悉,所附下钮扣亦收到……兹前汇来予郊叔致李蕭翁之信,男当即备信寄去,至今未接回音……旋里一节,本当束装,乃林亲翁复有作官之念,是以将行又止,惟可虑者得缺无期,则在公馆均无束修(脩)……儿妇已临月分娩,或产男产女望即示知,至产后祈嘱其格外保养……今因林亲翁旋乡之便,寄上英洋拾贰元……唯有望云感叹,对灯忧愁,不知何日得以脱离苦海耶……十一月初十日。"旁见收件者书"乙十二月初二到",历时二十二日。此件银信由林亲翁手递,函内所述三谕应由信局递送,银信之外纽扣也可以捎带,信局服务如此周到,令人敬佩。

从信中得悉竺师爷并不安于在官场浪迹,其时妻已将临产。函中出现的人物有李蕭翁、北涯、文林、林亲翁、张瑞卿等。(图 7-1、7-2)

第八件　竺师爷乙酉(1885)十二月廿二日家信两页,文苑阁制蓝色直格信笺,内书:"……十一月间托林亲翁寄上英洋拾贰元,旋于月之初二日交局,又奉一信……当此雪花乱飘,梅影横斜,伏想大人起居……馆中无事,惟有日弄笔砚,夜听风雨而已……明年之信或仍从和记呈览……儿妇曾否生产,亦祈提明,今林亲翁还未旋吉。前次由上海来信,云不欲江西恋栈,愿作归计,想在清明时节矣。男亦不能先回，只得与其同返耳。附上贺信数封，祈照分别为祷（借机附多封乡亲信函转发，信局不计重）……男修尧百拜。十二月廿二日。"（图8-1、8-2）此件是竺师爷乙酉年末最后一封家信，筹划归里。

第九件 光绪丙戌（1886）竺师爷从江西吉安府发出的家书之一，棕条封，正面书"内第十四号安家书敬烦申全泰盛局转寄至镇海城西水门桥侧确交竺彬哉先生亲启，钜封自江右林公馆寄"。左上角书"信到给酒资伍拾文"，上盖长方形"迈生印"收讫名章。此件分两程传递，先由江西吉安府沿江水路到上海，后中转轮船海运抵宁波。（图9-1）封背书"丙戌新正月初十日吉安府封发"，右侧书"祈勿搁为幸"。中间盖"上海全盛泰记信局"戳一枚，左下方可见一枚上海全泰盛信局非常特别的中转戳"正月廿六日到沪转寄"（手填式戳，月日为空白），此种专用戳记前所未见。（图9-2）邮件分两程递送，笔者起初认为竺师爷是通过江西吉安府全泰盛信局寄发，因遗信中存有一件从宁波全泰盛轮船局邮寄江西吉安府的实寄封，邮递过程经过全泰盛轮船局中转达五站，到达终点盖吉安全泰盛轮船信局戳（详见前图）。表明这条从宁波东海到长江水运邮路各埠都设有全泰盛信局分支。笔者经数年来对此封反复研究推敲，发现不少疑问：第一，如竺师爷在信封正面书"内第十四号安家书敬烦申全泰盛局转寄至镇海城西水门桥……"

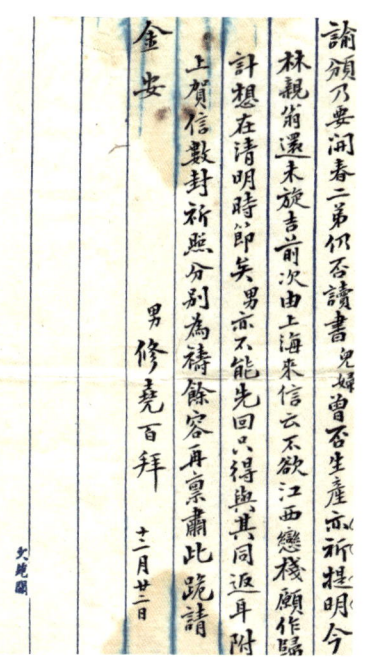

○图8-1

○图8-2

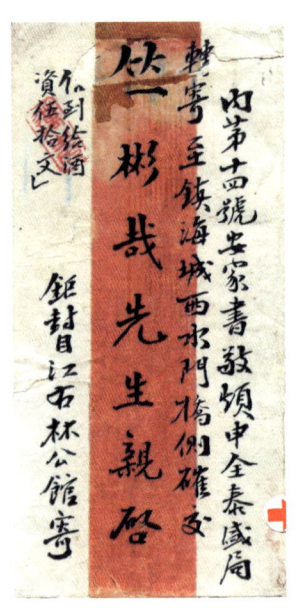

⊙图 9-1

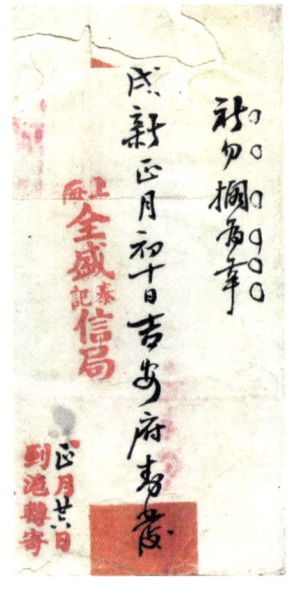

⊙图 9-2

从"敬烦申全泰盛……"表明此信并不是直接从吉安府全泰盛信局寄发。第二，在封背发信人书"丙戌新正月初十日吉安府封发"（注：上方天干"丙"字拆封时被撕毁），表明这封信是以江西吉安府名义封发，由驿站传至上海后交全泰盛信局转发宁波镇海。驿站在办理交接手续时，盖上了这枚中转戳记"正月廿六日到沪转寄"，以示责任。如果是托付私人手递至沪后通过上海全泰盛信局邮寄至宁波镇海，就不可能出现这枚中转戳了。第三，另一件竺师爷从江西吉安府发寄的家信上书"丙戌贰月初一江右发"，而不是"吉安府封发"，用词完全不同。第四，封盖"正月廿六日到沪转寄"戳，其形状同驿传官封中转时所盖小型戳记，而从未见信局使用此种手填式中转戳。习惯使用各地方本局戳记，在信局封中很常见。据此认定此件为"官转民"邮件，十分罕见。如此，竺师爷可以省却大半程信局递送资费。

第十件 竺师爷信笺，内书："……冬十二月初二、廿二交局叠奉两信，均由和记专投……并知儿妇业产一女……及嘱再致李耐翁一信男已寄去……林太亲翁已于年内廿五日旋吉……到省再寻……如能秋间回任吉水，则再做一年，或上司不与其回任，另调别缺……男或仍在外，或即回里，由镇江、上海寻觅生意，尚望即速……信可寄江西省城，而林公馆何处该信局自然晓得，定不致误……男修尧百拜。贺片一纸并及孙女嘱儿妇寒热小心，又注。正月初十日……"信笺内可见竺师爷已打算回上海、镇江从商，由于经济拮据，四处发函觅职，如再致李翯翁，而林太亲翁已驻省城（南昌）待命。信笺印证当年官民邮递银信包裹全都仰赖于民信局，而民

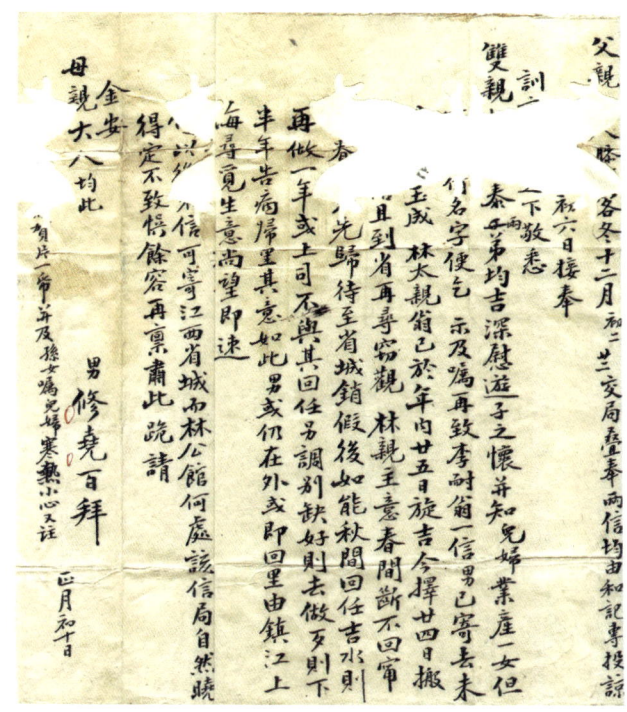

⊙图 10

信局对为官的公馆地址无论吉安府公馆还是省城公馆都了如指掌。(图 10)

说明:图 10 系图 9 封内之信函。

第十一件 竺师爷从吉安府发寄的第十五号家信,中式黄条封,正面书"内安要第拾五号家书烦局飞速寄至镇海城西水门桥交竺忠房收启,钜封缄托"。此件交代十分清楚,"烦局飞速寄",从信局寄发,而完全不同于第十四号家信由"吉安府封发"。封背右上角书"申至镇信到给酒资五拾文",左上角书"万弗耽搁"。此件亦分两程传递,先由江西吉安府沿江水路到上海,后中转由轮船海运抵宁波。中缝书"丙戌贰月初一日自江右发",天干地支与日期齐全,可以解除对上述"上海全盛泰记信局"实寄封天干之疑惑。中间盖"上海全盛泰记信局"红色戳,十分清晰(光绪丙戌年为 1886 年)。(图 11-1)

附信笺书:"……旧十二月初二、廿二,今正月初十、廿二叠奉四信,谅必次第收到,何以不见……昨日接周星北弟来信云,男生意一节已蒙樊舅公(樊时勋,著名在沪宁波帮商人)玉成,令人喜出望外,惟信中仅写已有缺出,不知是何位置也……已搭定渔船一只,准于明日长行,□望(即月中)前后,终可到申……由老顺记洋货行周星北弟处专(转)交男收可也……男修尧百拜。杏月初一日申刻。"杏月为阴历二月,初一日申刻可谓详尽。左侧收信人书,"元月廿二信未收到""贰月十九到"。(图11-2)

封背另附竺师爷在"馆中无事,惟有日弄笔砚,夜听风雨而已"的日子里所书写的诗文,蝇头行楷,虽然书写在一张简陋的广告纸背面,但仍不失为一帧精致的书法艺术品。"闲寻春色辨嫶妍,尽道梅花独占先。天际忽垂倾国影,梅花春色总堪怜。花枝镜里百般妍,终让才人一着先。天只生人情便了,情长情短有谁怜?""千古诗文星日垂,青莲未遇相如远……"师爷诗兴大发,书了近五十列。(图11-3)

第十二件 丙戌(1886)正月二十日竺师爷经民信局发寄第十四号和第十五号家信之间所发无编号信件,是由江西吉安府徐二爷手递至余姚后再投"姚江全盛泰记信局"邮递至镇海的实寄封(含信件)。该件反映了清代浙江余姚民营信局的情况。黄条封,正面书"内安家信烦送全盛局顺寄镇海西水门桥交竺彬哉先生收启,钜封氏缄"。(图12-1)封背中缝书"丙戌正月贰拾日谨书"。干支齐全,应为光绪十二年(1886)正月二十日。封背右侧竺师爷注有对该信的交代:"此信已由

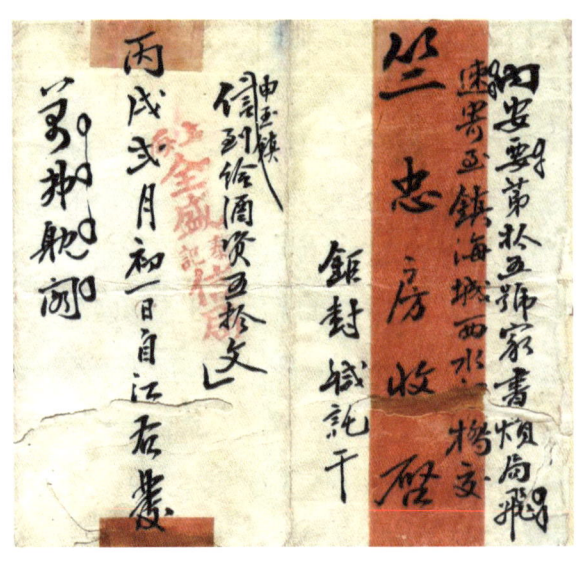

⊙图11-1

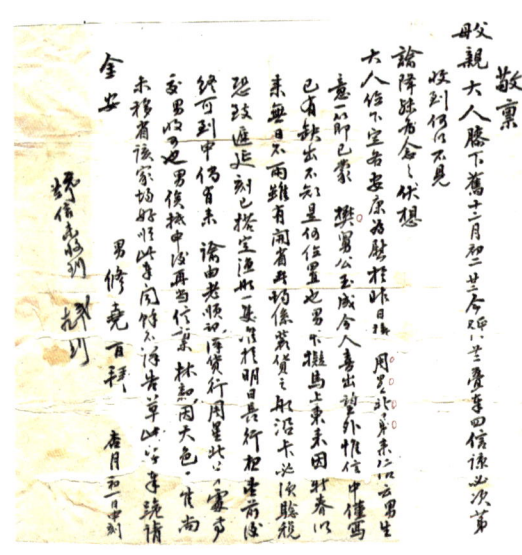

⊙图11-2

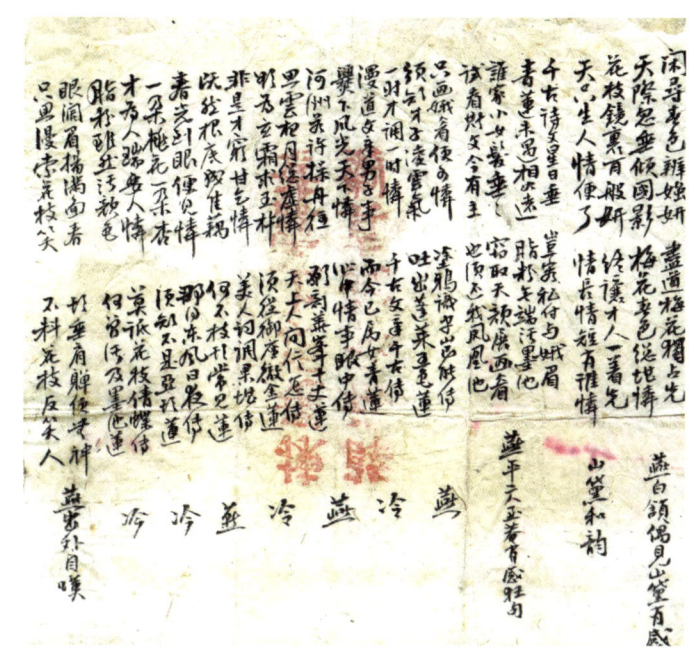

⊙ 图 11-3

徐手带至余姚县城。因匆就道,故交贵信局转寄为祷,勿误。信到请给酒力钱念肆文。"显然,原信曾经两程传递,前段由徐二爷从江西手递至浙江余姚县,抵姚后再交民信局转递。余姚县邻近宁波府,封上注明信到给制钱廿四文应是本地方邮资了。左侧可见另有人用毛笔书"此信江西便人寄姚二月十二日交姚局发",应是姚江全盛泰记信局内工作人员所书,以明责任。因正月二十日发的信,到二月十二日才交姚局,为此封上盖了"姚江全盛泰记信局"戳两枚,一枚盖在姚江全盛局所注到局日期之上。封背共书近百字,详细记录了投递经过邮路、邮资、日期等,邮味十足,内涵丰富。特别是民信局所书收件日期,证明十分重视投递时限,很有邮史研究价值和鉴赏价值。(图12-2)

原件纪年清晰,内函同前札相互连贯,封上详尽记载了分程传递受理经过,为此封增色良多。从封背竺师爷所书可知光绪早期余姚至镇海同府邻县之间寄递信件,民信局邮资为制钱24文,是一份珍贵的府内各县信局邮资资料。"姚江全盛泰记信局"收件时记录的日期,具有收件中转和封发的双层意义,同时加盖两枚局戳,更显示出此封的特殊性。据《余姚市邮电志》记载,余姚全盛信局设立于清道光年间，局址在城关酱园弄，是最早在宁波地区建立的民信局之一，遗憾的是至今尚未发现其他清代民信局实物存世，仅见此件。

第十三件 竺师爷笔录捐官资料两份，资料文字如下：

监生叶辉椿，年四拾八岁，浙江省台州府太平县人。身中，面白，无须。于光绪十一年拾壹月贰十六在浙江巡抚海塘案册报由俊秀报捐监生，奉给部监执照在案，今由监生捐加盐大使职衔，例银贰百两，遵章四成，折实银八十两，合棉衣裤八拾套。外□饭费。曾祖仰峰，祖双月，父彪如。

监生张文，现年四十五岁。身中，面白，无须。系江苏省常州府无锡县人。前由俊秀于同治五年正月廿三日在皖营捐输上海分局案内捐纳监生，奉给安徽霄字贰千七十九号部照，又安字贰万六千二十九号监照在案。今由监生捐加同知职衔，并请父母正五品封典，将本身妻室应得封典……共例银两百四十两，遵章四成，折实银九十六两……

另有郑期福、祝大椿、陈英舜的捐官资料，文字从略。

另一件上记录两项：

1. 报捐四成监生陈英舜一户，计例银一百八两，捐棉衣四十四套。

2. 报捐衔封祝大椿等四户，计例银三千八十两，捐棉衣一千二百卅套。

以上请奖伍员名/此件系前次棉衣捐册□。（图13）

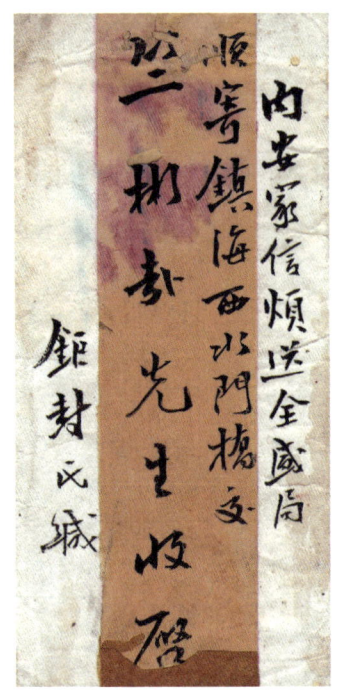

⊙图 12-1

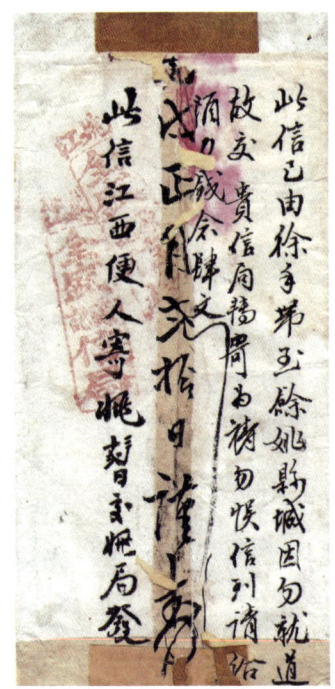

⊙图 12-2

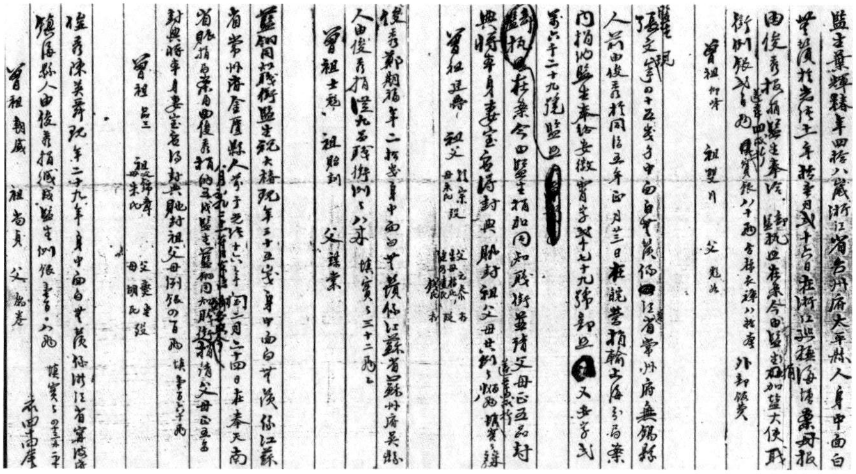

○图13

竺钜封师爷在江西吉安府任职时间不长，曾四处托人在申江等处觅职，光绪丙戌年经樊舅公玉成，周星北从中斡旋落实，在上海叶澄衷开办的可炽铁行任职，同时参与宁波帮在沪的社会活动，后至江北仙镇（扬州仙女庙，今仙女镇）从商。光绪庚寅年（1890）前后又任湖南岳州府师爷，清末民国初去汉口经商。实物证明，这一时期官方、商号、民间银信包裹全仗民信局传递，未见有经海关邮政寄递的银信。

二、十里洋场可炽铁行从商记

清光绪丙戌（1886）正月竺师爷在江西吉安府接上海周星北函喜出望外，生意一节已由樊舅公玉成，准于即日长行抵申。留存下来在上海可炽铁行从业期间的家信大都通过甬申线轮船信客传递，实寄封无戳，无邮资记录。而可炽铁行信件则由沪上民信局承包，逢年过节结算，遗存有几件光绪己丑年（1889）十分稀罕的民信局经折（账折），是我国现存民信局经折中年代最早的。另遗存有宁波帮大佬叶澄衷创办的上海可炽铁行、义昌宝号票据单证，对研究宁波帮在上海的历史发展有重要的参考价值。

第十四件 竺师爷家信及包裹，为光绪丙戌（1886）二月廿八日从上海可炽铁行发寄至宁波镇海的第一封家信，由甬申线轮船信客四福哥传递。中式封，使用大张纸折叠而成（注：竺师爷书信笺大多使用大张纸折成封套，前十四、十五号家信亦然）。笺书"内安家信外，附衣包壹个，烦四福哥顺镇祈交家父大人安启，竺钜封托"。左下盖"申江可炽铁栈缄寄"红色印章，右上盖红色花式人物商行地名章"上洋北市外大桥西首"，左上方书寄发日期"贰月廿八日"。由宁波镇海信客四福哥捎带，外附包裹一件。（图14-1、14-2）函内书："昨接严谕，拜悉一切，并附下。两信均收……春晖伯拟下月旋里……男系十九日进行，职系信房兼外账。□经手，陈瑞海，大碶头人。东翁也是叶成忠。兹男自当谨慎作事……林亲仅支洋五元，另四千用过，只剩数百文，现作另（零）用……今带呈白夏布壹匹。又文林兄帐子一顶，大衫一件，单套裤一双，藏烟管袋一个，至祈查收……又附袜一双，至嘱儿妇补好，待后有信附来可也……男修尧百拜。二月廿八。"（图14-3）当时甬申线轮船信客往返已十分频繁，上门服务，周到可靠，从函中可知样样都可捎带或代办。

第十五件 竺师爷家信及包裹，光绪丙戌（1886）四月十七日从上海发寄至宁波镇海，甬申线轮船信客传递。大张纸长达500 mm，内书家事简录："严谕并附下袜一双（注：上封信里附回需补的袜子此次回寄）……已经多用，兹来信，急如星火，……眼下实无处可张罗……舅公前一时亦难起齿……然王锡五舅总……伏乞裁酌。今寄上短洋布衫及土布衫各一件，祈查收……春晖伯曾于初九旋镇，谅已晤过……附春和森记各一信（注：为

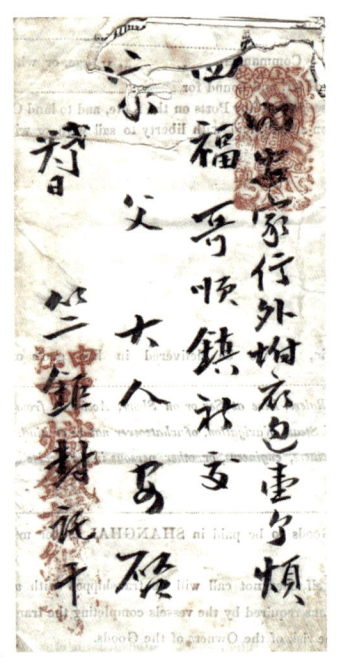

⊙ 图 14-1

⊙ 图 14-2

同乡客户附带信函，以节省邮费），祈即递……男修尧百拜。四月十七日。"收信人书"十九到"，可见甬申线海上交通之便利。（图15）

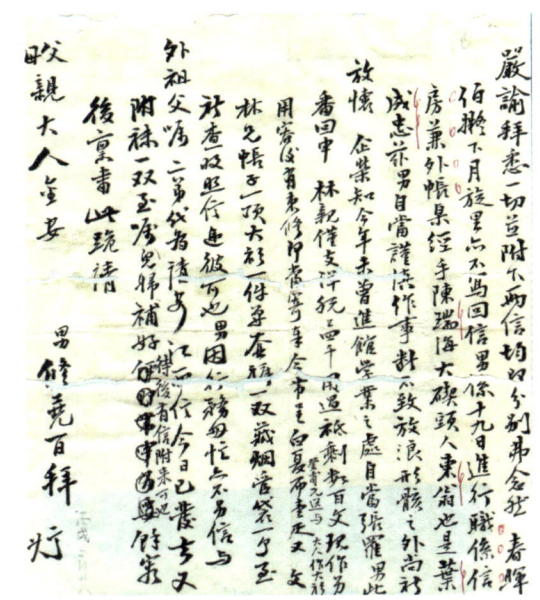

⊙图14-3

第十六件 竺师爷家信，中式红条封，光绪丙戌（1886）五月廿四日从上海发寄至宁波镇海，甬申线轮船信客春晖伯传递。封书："内安家函敬烦春晖表伯大人顺镇祈饬交家严大人安启为感，愚侄竺钜封拜托。"封左下角盖"申江可炽铁栈缄寄"红色印章，右上角盖地名章"上洋北市外大桥西首"。信封背面左侧原盖有"酒例"戳，竺师爷在上面复书"顺吉"两字掩盖，因甬申线信客按年收费，平时不收酒资。中缝上方盖年份花章，可见"丙戌"两字，收件人书"五月廿七到"。（图16-1）按封面文字内容，这看似一件亲友携带的手递封，但是从竺师爷遗存的这批信笺中可知春晖伯是甬申线轮船信客。如五月廿四日函内称"春晖伯出申即可托其带来"；（图16-2）二月廿八函"春晖伯将于下月旋里"；四月十七日信："春晖伯曾于初五旋里"；六月初四日信"春晖伯寄上一信，谅已收到，内附……"从连续四封信件中可获悉春晖伯每月多次往返于甬申之间，从事信客活动无疑。信客与服务对象大多有世俗关系，诸如亲戚朋友、同族兄弟、左邻右舍，外加固定的商行客户等，称呼都比较亲昵。19世纪后期上海经济贸易发展迅猛，往返于甬申线信局的信客十分繁忙，竺师爷留存下来的遗物见证了这一时期的邮递历史。

据民国《鄞县通志》记载："吾甬素以商业著称，郡人足迹遍于全国，间且及于海外，故交通事业亦随商业而发展。当邮电未设施时，甬人首创立信局，及沪甬通商以后，又有信客之专业。今虽因邮务之发达而渐次衰落，然其历史之久远与生计之关系，实有不容忽视者。"笔者经过多年来努力寻觅发掘信客传递的实物资料，终

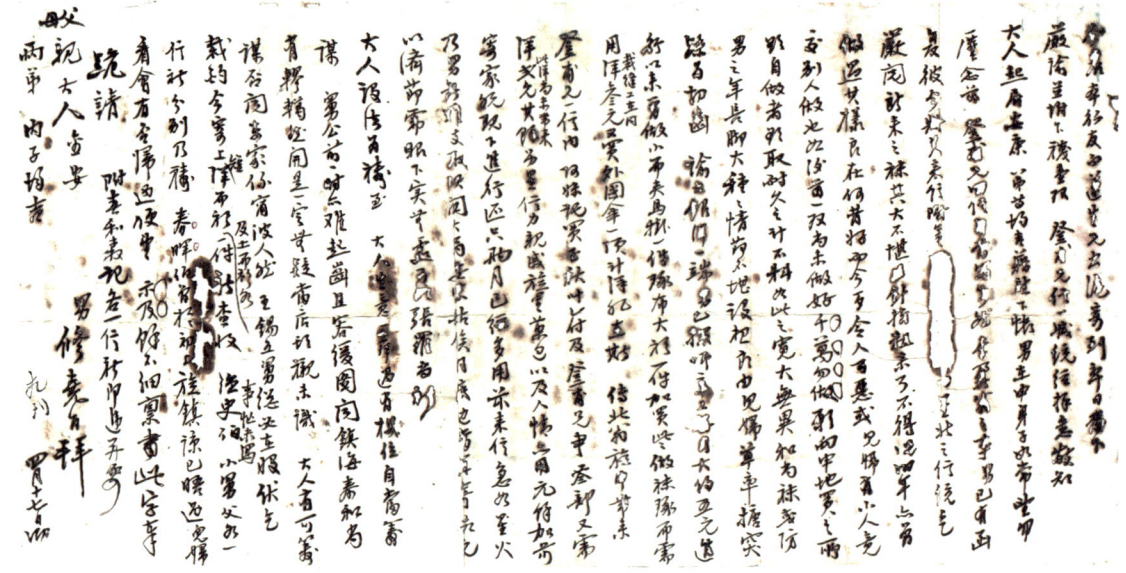

○图 15

于在 20 世纪 90 年代初期觅得一件清代宁波七邑信客联合会铜质信使腰牌（注：宁波七邑信客联合会始建于清代光绪年间）。三年后又找到了丙辰年（1916）前后一批由宁波七邑信客联合会会长董纪棠信客所传递慈城冯氏信笺，曾刊于《邮史研究》。从《宁波市邮电志》及档案资料确证甬申线轮船信客曾在上海和宁波市邮政当局登记核准。从竺师爷遗存的信局实寄封、账折、单据、信件中陆续找到十余件未盖民信局戳记的手递封，搁置了多年才鉴别出内有多件是清代甬申线及甬汉线轮船信客所传递，很是难得。

第十七件 竺师爷的银信，光绪丙戌（1886）六月初四日从上海可炽铁行发寄至宁波镇海，由甬申线轮船信客传递。内书："……春晖伯寄上一信，谅已收到，内附周渔伯一函，定经分别嗣于廿八日接奉严训，跪诵一切。及附来袜壹双亦收……周渔伯来申，男探听泰和当之事，俱系张立孝、周荆生、朱景逊、王锡五等挪搭……小伦先生从中当差一二股，以致尚未成就……若能允诺，则大人位置不难矣……今寄上英洋五元，至祈查收，余言再禀……男修尧百拜。六月初四日。两弟内子均吉，静姐乖否。"为父求职信。（图17）

第五章　镇海竺师爷信笺

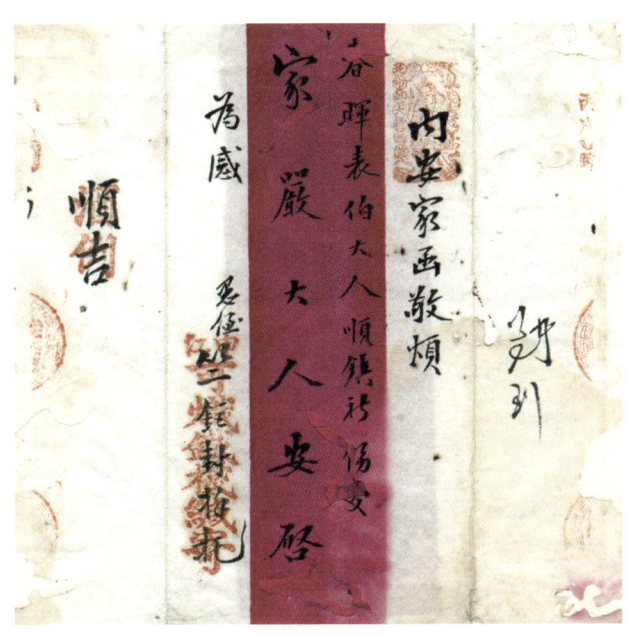

⊙ 图 16-1

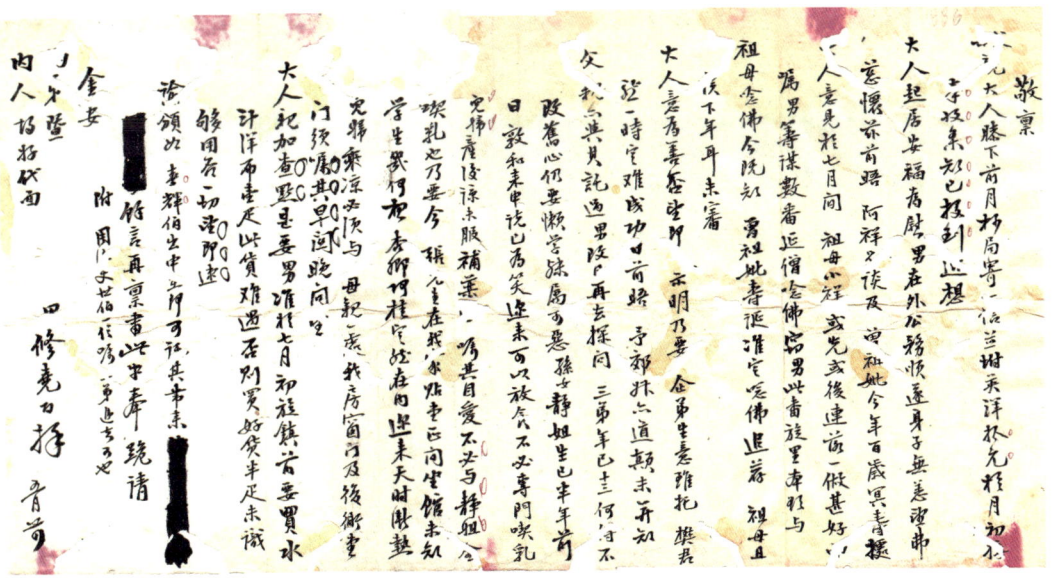

⊙ 图 16-2

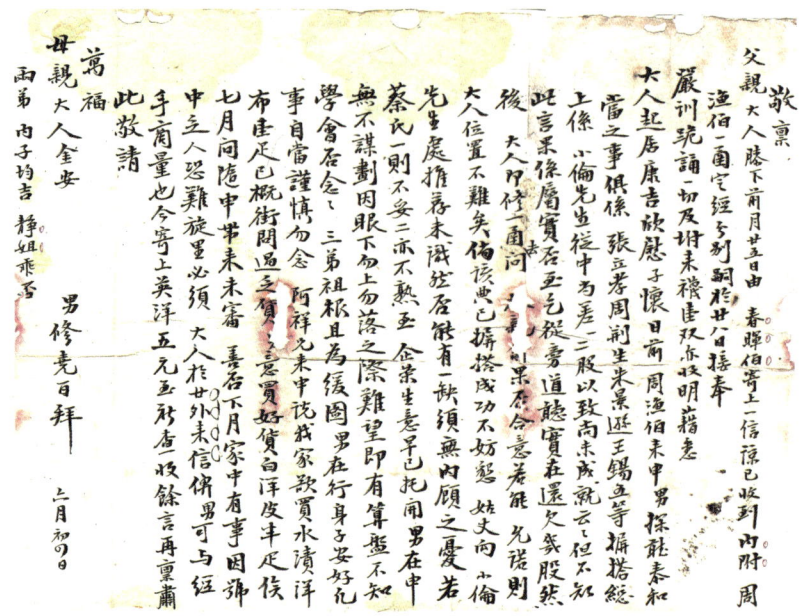

⊙图 17

第十八件 光绪己丑年（1889）竺师爷在上洋叶澄衷创办的可炽铁栈从业时留存下来的"上海全泰盛长江轮船局"经折（账折）。

民信局的账折，古时称经折，留存下来的实物共有四件，其中一件是"上海正和协记信局"折，另三件都是全泰盛信局折。年代在光绪己丑年至庚寅年（1889—1890），比香港某著名集邮家在《邮史研究》上所介绍的辛亥年（1911）和壬子年（1912）两件经折还早二十余年。近几十年来，国内外鲜有新的发现。经集邮家居洽群先生指点，笔者得知此类经折多用宣纸加厚精制而成，为旧时商界记账所用。此类经折有两种形式，普通折用无套，称软折；另一种折子外有套，用布面和硬纸合成，非常精致，称为硬折。四件中有一件湖南岳州府全泰盛信局经折，带套，折内上下另用红绿两色硬纸夹住，十分漂亮。经折记录××信局递送的来往信件、汇银款、包裹以及时间地点、应收邮费或汇费等。此经折的发现为考证和研究古代民信局经营范围、收费标准以及逢节跟年关清账制度提供了可靠的实物依据。

镇海竺师爷留存的第一件"上海全泰盛长江轮船局"经折，原件无套，尽管折的下部曾受蛀蚀，但是折内记录的十四项按路程收取的信件和汇银资费仍十分清晰，是记录账目最多、信息量最大的一件。经折共六页，首页书"己丑端午、中秋、年

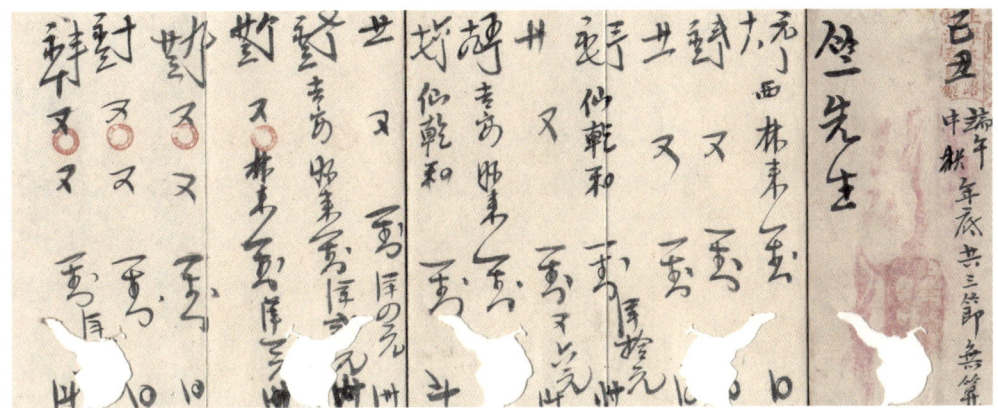

⊙ 图 18

底共三节无算",开户竺先生。中间盖"上海全泰盛长江轮船局"戳,右上方盖了一枚"上洋大马路北洋泰监制"花章。经折正面商码记账十三款,背面记账一项外年终结算。上计:信件由江西吉安府和西林来(指吉安府林公馆)发寄上海共七件(背面一件),每件记账制钱一百文;仙乾和寄上海(指江北扬州仙女庙邮上海)信一件,记账七十文。信并附洋记录有六项:仙镇(仙女庙,今扬州仙女镇)邮上海信并附洋十元,记二百二十文;信并附洋六元,记一百六十文,有两款;信并附洋四元,记一百三十文;吉安邮上海信并附洋二元,记一百四十文;信并附洋一元,记一百二十文。由此可见,民营信局按路程计费,江西吉安府到上海信件每件收费100文,汇银每元英洋加收20文;而江北扬州仙女庙到上海水路较近,信件收费每件70文,汇银每元英洋15文。经折背面年终书"十二月三十日作讫",大年三十才结清,合计制钱1700文。(图18)邮路为长江和大运河重要通道。下附邮费表供参考。

表1　1889年全泰盛长江轮船局实用邮费统计表

项目 起止	信函每件资费	件数	计资	汇银每元资费	汇银数	计资	总计
吉安—上海	100文	9	900文	20文	3元	60文	960文
仙镇—上海	70文	5	350文	15文	26元	390文	740文
合计	—	—	1250文	—	29元	450文	1700文

第十九件 光绪己丑年（1889）"上洋全泰盛轮船局"经折，首页上书"义昌成竺先生"，下方盖"上洋全泰盛轮船局"红色碑形双格戳。第二页记录三项：三月十六，镇江周顺生来一封；十九，吉安孙寄来一封；六月十七，仙镇沙乾和来一封。合计三件，无邮资记录。（图19-1）另存有领单，上书"日前尊号所有角沙乾和图章言明六百文，今即付，来人为取可也。义昌成宝号竺先生台电。己丑六月廿日"，下盖"简香斋书柬"红色印，中另书"付五百六十六文"（商码）"付验在外虹口"等字样。（图19-2）此件与六月十七日仙镇来信及包裹相关联。

第二十件 竺师爷遗存"上海正和协记轮船□局"经折，原件首页上盖"己丑"年份戳，下方盖民信局戳，都是红色。左上方书"义昌宝号"，叶澄衷所创办的可炽铁行的别称。经折第二、三页记录来往信件八件，计：十月十三周禹三，系周廉卿；十一月十一蛟川（镇海）名内，系竺先生；十三晋和，系包可卿；十五去晋和，白纸卷；又去源盛，竺先生（十五日发两件）；十八晋和，系包可卿；廿去元和，竺先生；廿七去永丰信，包先生。共八件，每件下方记商码七十文（制钱），共计邮资四百九十文。经折第四页年终结算上书"十二月卅付讫"，此经折同第一件，到农历大年三十夜邮资才结清。实物确证民信局为客户服务曾使用年终结算的记账方式。（图20）

第二十一件 竺师爷在沪从业期间为宁波同乡会书写救助辽东大水灾倡议书，红条毛边纸，长达500 mm。竺师爷流畅的文笔和蝇头行楷，功底扎实深厚，由于篇幅有限，此处只能呈现局部。

文曰："敬启者：前接奉天省营口来信，据称，盖平海城、广宁、岫岩等州县，迤逦数百里，于本月初旬连日大雨倾盆，各处出蛟，水势滔天。低洼之处深至几丈，连人带屋遭淹没者甚众，以及毗连卅□□村，难民盈千累万，遍地鸿嗷，其尸骸由上游漂泊至营口……凄惨情形耳……诸大善士、富绅、巨商慨然解囊，体移民移粟之情……朱葆三、袁九龄、陈春兰、叶成忠、徐棣山、吴渭川、周舜卿、沈炳顺、徐、阮百均、陈瑞海。"发起人多为沪上名流、大资本家、宁波帮著名人物。竺师爷遗留下来的抄页记录了早期宁波帮人物在沪上为慈善事业所做出的贡献，见证了一段真实的历史。（图21）

第五章 镇海竺师爷信笺

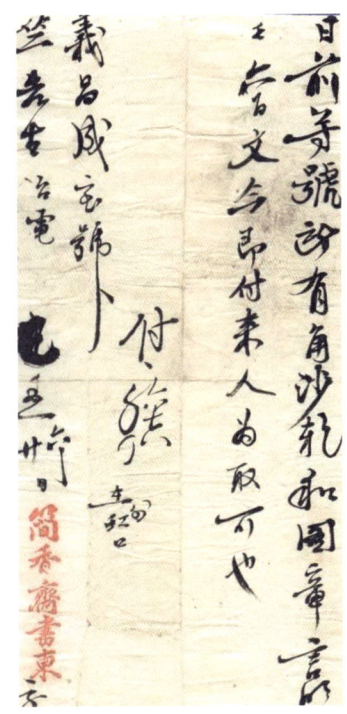

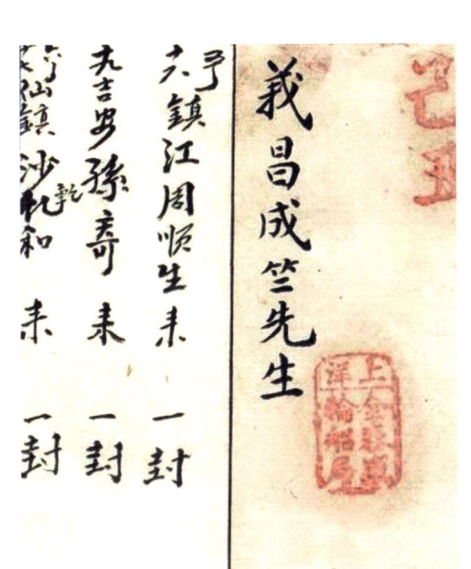

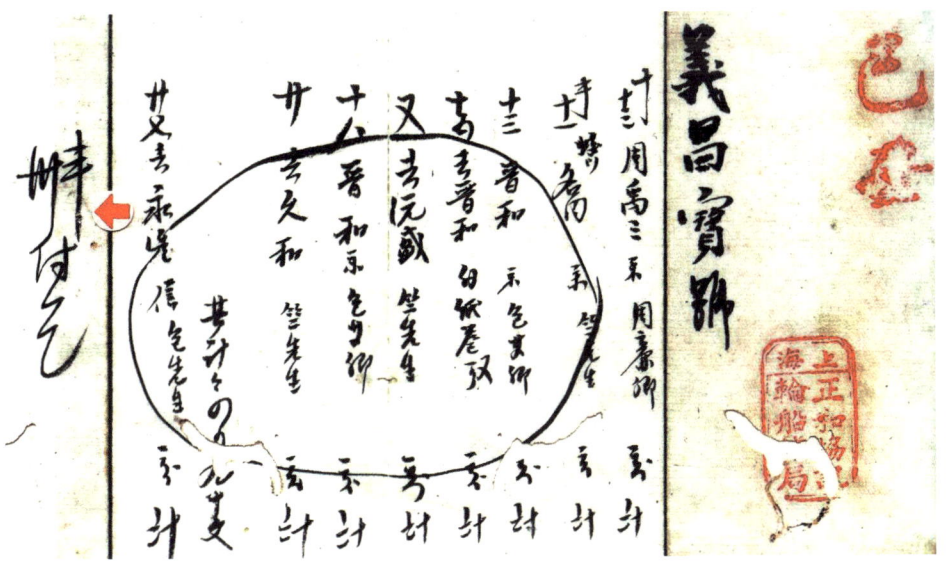

⊙图 19-1 ｜ ⊙图 19-2
⊙图 20

第二十二件 竺师爷己丑年（1889）从上海经信局发寄的家信，凹凸压印香炉图中式封。正面书："安家要函局寄宁波镇海城西水门桥交竺孝房收启，海上制蕖缄。"上盖红色字号章，右上角盖名章，左上方盖红色框形"带力付讫"（邮资已付）戳，比较少见。（图 22-1）封背手书"力讫"，上盖"上海全盛泰记北局"戳，北局应在上海虹口一带。封内附有一张清代购物发票，上书"抄奉湖色缎卦（褂）……一丈二尺，天青缎卦（褂）又一丈二尺，计实洋贰元五角。竺先生照，己丑三月初二"，单盖"己丑"年花戳，右盖"上洋英界四马路中"地名章及"凡遇关税，贵客自理""定价划一，银洋照市"等章，左下方盖花式"恒泰祥号顾绣京货"红色大型字号章。（图 22-2）

第二十三件 竺师爷为三弟修改的书信，除逐句修正之外，还在信后十分耐心地详尽解释。细看很有点味道，特别是对老人的孝顺与尊敬之情见诸字里行间。（图 23）

第二十四件 清光绪戊子年（1888）腊月与己丑年（1889）十二月宁波帮商人在沪开设"彩章绸缎洋货号"发票两张。其中一张发票书"青莲罗绒壹丈……计该洋壹元五角七分，十二月廿四付义昌宝号"，上盖"戊子"年戳、"腊月"戳、"彩章号"章。右上方盖"上洋大马路抛球场西首"花色地名章，都为红色。另一张发票书"大红戴（带）彩呢八尺二五，计洋贰元。义昌宝号上十二月十一日"，上盖"己丑"年份戳，左下盖"计数不缴／彩章字号洋货抄庄"大型花色章，右上方盖同式"上洋大马路抛球场西首"地名戳，另又见盖"逢关报税，贵客自理，早晚时……"提示戳，都为红色。（图 24-1、24-2）。

第二十五件 光绪戊子年（1888）"张协生成衣铺"发票，这是迄今发现宁波帮在沪开创的"红帮裁缝"最早票据，前清的实物，十分难得，它承载了宁波服装业"红帮裁缝"的一段历史。票书"雪青纺袖裤壹条，工本洋叁角，代□洋五分，共计英洋叁角五分。义昌宝号竺先生照"，盖"戊子"年花章以及"中秋"章，左下盖直式"张协生成衣铺票"大型字号章，右上方盖地名章"上洋自来水桥慈德里口"，都为红色，是竺师爷遗存下来的早期发票。另一张发票上记购火柴、糖、肥皂等，"实洋壹元贰角八分付讫"，票盖"己丑"年份花章、"端节"章、"大祥号发票"章，都为红色，地名章不清。（图 25-1、25-2）前后几张发票都是付义昌成宝号，当时竺师爷在该号从业。

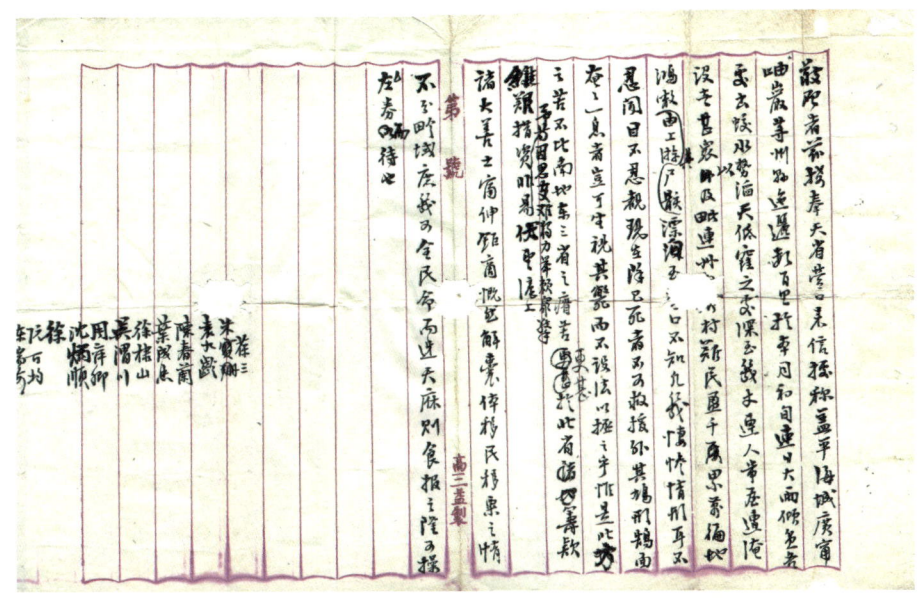

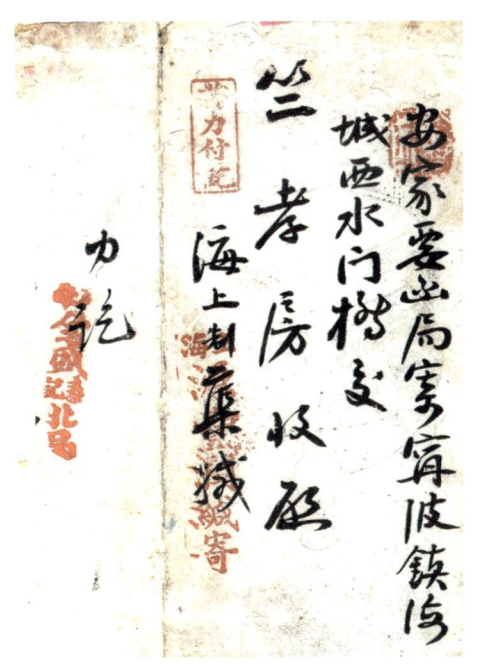
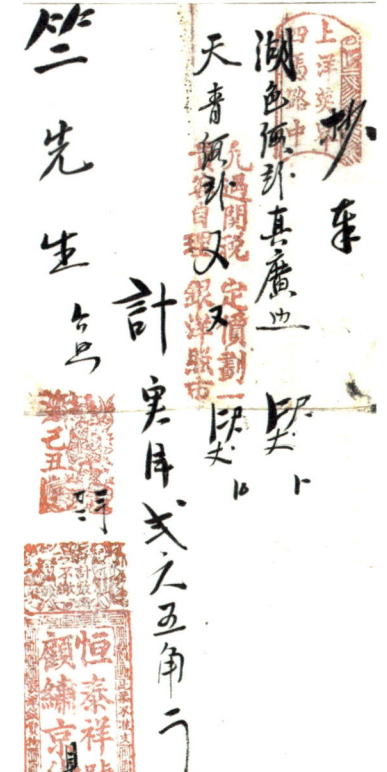

⊙ 图 21
⊙ 图 22-1 ⊙ 图 22-2

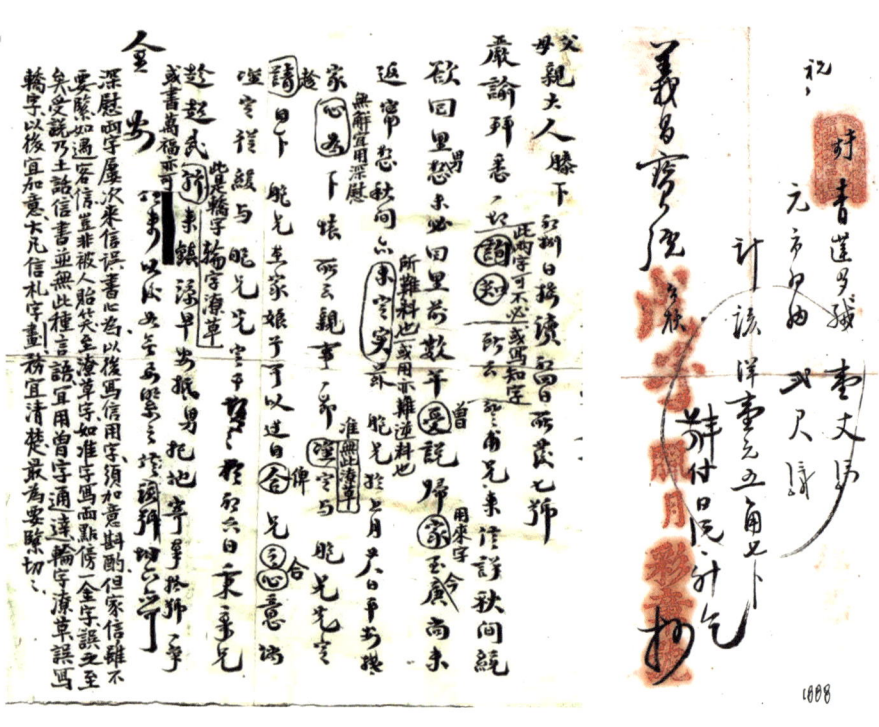

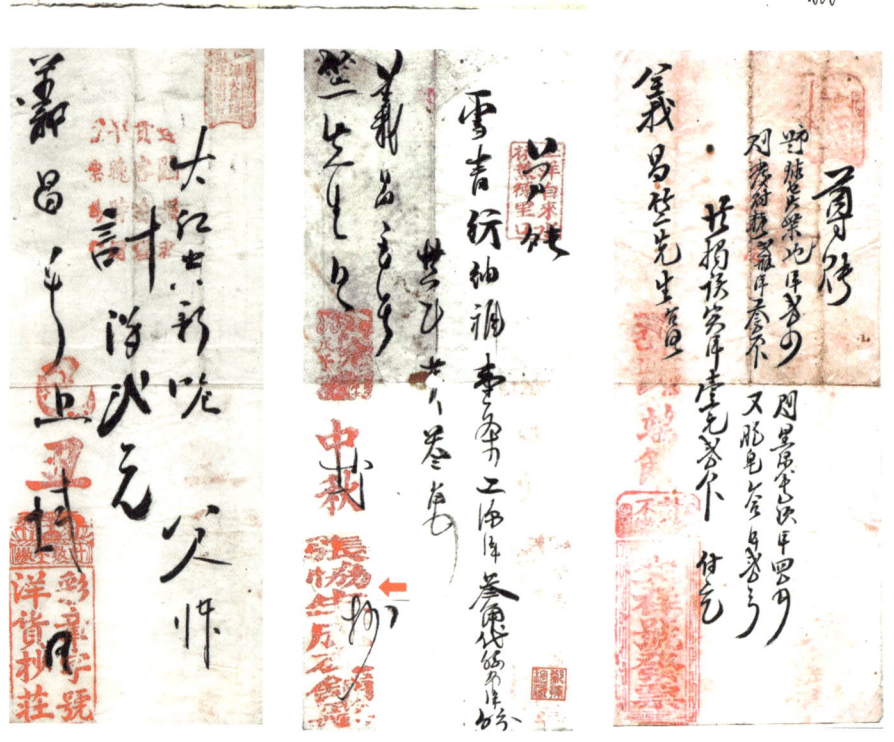

⊙图 23　　⊙图 24-1

⊙图 24-2　⊙图 25-1　⊙图 25-2

三、竺师爷湖南岳州府纪事

第二十六件 红条封正面书"内安要函烦贵局寄至湖南省岳州府正堂署内恭呈竺师老爷篆钜封勋启",左上方书"号金已给,酒资照例",是一件挂号信函。左下方书"寓邗上龙川李蓉仙手缄,十一月二十一日",右上左下各盖红色名章一枚。封背盖"仙镇全泰盛轮船局"与"镇江西坞街全泰盛轮船局"红色双格碑形中转戳。封书"号金已给,酒资照例",指挂号费寄件人已付,信资则由收件人支付,是一件双向收费的挂号实寄封。(图26)

此信是李蓉仙从邗上龙川寄发,其人是扬州人无疑,但是官员还是商人不明,从书法看官员的可能性比较大,邗上龙川即现今的扬州仙女庙。

第二十七件 有两函,一函为清光绪庚寅年(1890)湖南厘局要缄专呈岳州府公函,中式压凸型美术封,上书"内要缄专呈府幕竺师老爷升启,厘局冯缄"。此件应是岳州府驿站差役专呈(图27-1)。

另一函湖南岳州府"李萃升钱号"开具给府账房的银票,上书:"计来银票柒张,岳平足纹……"按岳平足纹记账和付出(岳平比申平为98.5/98)。右上角盖"银钱通商"红色章,中盖"计数不缴""如数两讫",以及鸡毛状"李萃升钱号"章,共计九枚。

官方钱庄财经往来划拨入账按银两计,体现我国银本位制。折扣以95或98岳平以及申平计(详后),纹银以两为计重单位,并未用洋银圆角分十进位记账。银票账目使用大写与商码混写,在清末商界常能见到(图27-2)。

第二十八件 湖南岳州府慎兴祥钱庄付慎修书院银票,上开:计付大宝三只51两4钱4分、51两4钱7分、51两3钱9分以及散银,共申色九八色纹银贰百两正(整)(商码计数),慎修书院照。腊月廿六日。单盖"庚寅"年红色花戳、"慎兴祥"章、"计数不缴"方章以及右上方花章,文字不清。慎兴祥应是一湖南民间钱庄。银票使用申规作为记账单位,而每锭元宝(大宝)重量在五十两以上。(图28-1)

岳州府付慎修书院代录账目,上记岳平足纹按九八规元、九八五规元、省平、申平多种,但基本上还是以九八计。共付岳平足纹800两,折制钱862串文,如

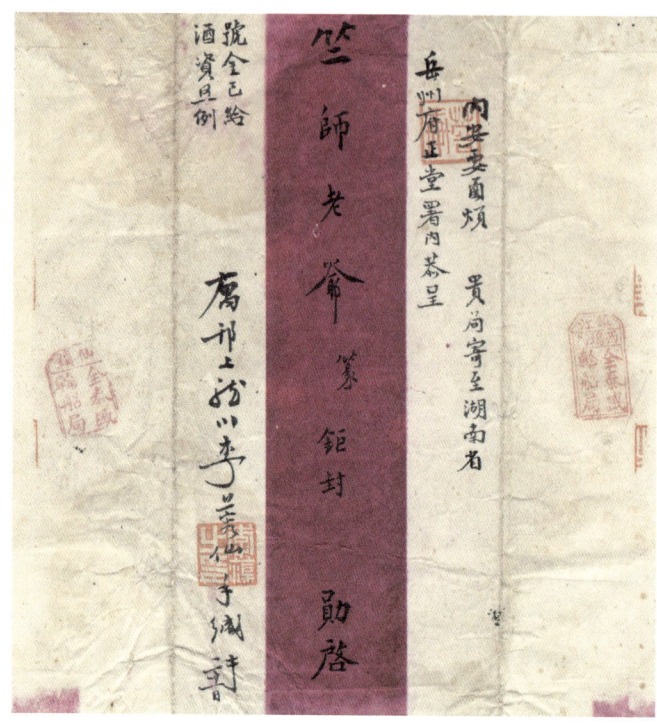

⊙图 26　⊙图 27-2
⊙图 27-1

数交书院首士收。（图28-2）以上两件都是湖南省岳州府支持教育的经费支出，记录清代地方政府在教育方面的投入。据记载，慎修书院位于湖南岳州（今属岳阳）。府城原有岳阳书院，集所属各县生童肄业，"然学为帖括而已，于经术阒然无闻"，知府文镐忧之，光绪十一年（1885）即借文昌宫地，"添设经古一课"，"以翼学有实济"。因"虑无定所"，十三年，捐资倡建新院，名"慎修"。有讲堂名端本，设辨志、求己、诂经、复性四斋。"其意以经术为端，而维理学之本"，"聘定实学夙著之人主讲"，课士之法，一本周程诸子，"日有程，月有试"。原件正是竺钜封任府台师爷捐资倡建慎修书院时所留下亲笔签书的银票账单，具有重要的史料研究价值。慎修书院在1903年改为岳州府中学堂，系现今岳阳市一中前身。

清代到民国时期上海周边各省都使用申规（又称规元），其来历说法不一，大抵起源于上海豆商。咸丰八年（1858）由外国银行公决，将往来账目一律改用上海规银，以后通用全市。即以标准银用九八相除得来，九十八两纹银等于规元一百两。标准银成色为0.935347，以九八除之得0.916666。即规元银1000两含纯银916‰。申规或规元记账在收藏家和参展邮集中的实寄封、领单、收款凭证、账折、发票、税票等古物中都能见到踪迹。申规之外，武汉的"洋例银"、天津的"行化银"、营口的"过炉银"都是当地通行的"虚银两"，为官商记账单位。

第二十九件 竺师爷留存湖南岳州府银两兑换制钱清单，共两件。古代银钱兑换鉴于铜铸制钱成

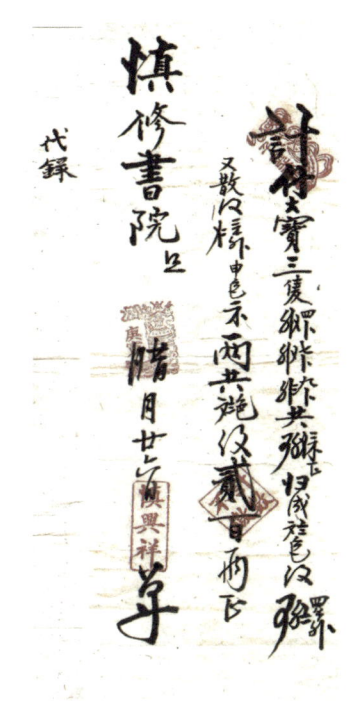

⊙图28-1

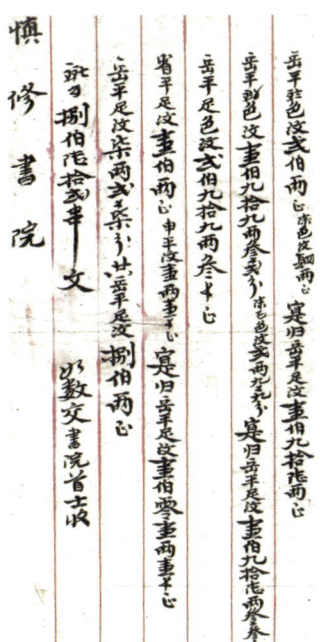

⊙图28-2

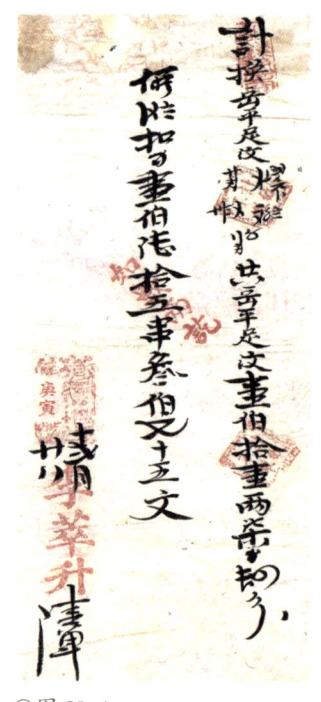

⊙ 图 29-1

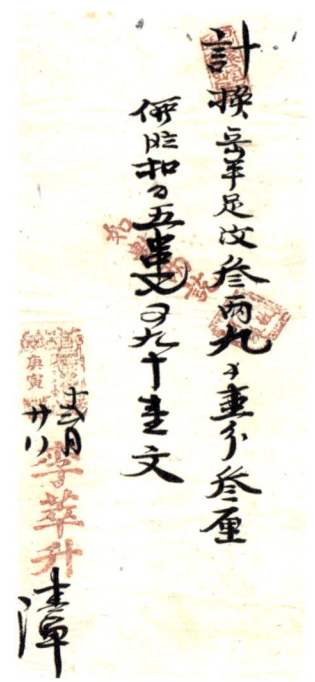

⊙ 图 29-2

色相差悬殊,特别是清咸丰以后,每十两铜竟铸制钱达 300 文,而康熙时仅铸 80 文,所以兑换银两必须按质论价了。竺师爷附于信封内银两兑换制钱清单第一件是庚寅年(1890)十二月廿八李萃升钱庄银钱兑换清单,上书:"计换岳平足纹共壹佰拾壹两柒钱肆分,价 148 扣,计壹佰陆拾五串叁佰七十五文。"即 165375 文,按成色加制钱 5 万余文。上盖"李萃升"红色钱号章,"庚寅"年花章,以及"银钱通商""如数两讫""计数不缴"章共六枚。(图 29-1)

另一件李萃升钱庄十二月廿八银钱兑换清单(两件同一日),"计换岳平足纹叁两九钱壹分叁厘,价 148 扣,计五串七百九十壹文",即 5791 文,每两纹银兑换制钱 1480 文,即 148 扣。单式同上。旧制斤两之间是十六进制,即准斤十六两。而两以下都是十进位,历史上国库黄金白银都以两计,不用斤,如一千六百两纹银没有人说成一百斤白银的,官方文件也不这样写。纹银两以下钱、分、厘、毫实际使用一般只到四位,药铺到七位,即钱、分、厘、毫、丝、忽、微。各地县志征税项中竟有达到十三位的,微以下又分纤、沙、尘、埃、漠,不清楚能用何种精密的科学衡器测量出来。(图 29-2)

第三十件 光绪庚寅年(1890)湖南"岳州全泰盛信局"经折(账折)。蓝色布面硬折,正面贴黄纸条,上书"竺师老爷",硬套内另用红色和绿色两张硬纸板相夹,上方红纸板中央手书"全泰盛折",左右两侧各盖"岳州全泰盛信局"戳一枚,因盖于红色纸板上,显示不太清晰(纸戳同色)。(图 30-1)内折首页白宣纸，上书"光绪十六年立，凭折收付"，中间盖"庚寅"年份戳记以及"岳州全泰盛信局"戳，十分清晰。折内分两段，共二十余页，前段记录九款内一款划销，每款上盖"宏发"红色鸡毛信状戳记。计岳州府寄汉口信函，共五件，每件收费二十四文，有两款除信外另加"并件""烟袋一梗"，仍记二十四文，未加价，说明信局收费计程不计重。岳州府寄上海信件收费六十文，因路程较远。汇银"冬月初二发申洋七元正（整）"，记七十文，"腊月初二发申洋二十元正（整）"，记二百文，七款合计四百五十文。同拙藏上洋全泰盛轮船局己丑年经折记载信函为一百文，汇银每元二十文，相隔仅一年余，邮资变化竟然如此之大。由湖南岳州府汇银至上海，英洋一元仅收制钱十文，信函每件六十文，而从汉口发信到岳州府只收二十四文。其中可能有个地区差价，因内地人民经济收入和生活水平普遍比沿海地区低，为之各地区信局收费并不统一。经折的另一段记录了由汉口和上海寄岳州府的信件共四件，后书"当面结清"。（图30-2）

经折第一款记录"冬月初二发申洋柒元"，留存有木刻版印制的蓝色全泰盛汇款单原件。单上方印"全泰盛领票"，内书"今收到竺师爷固本内洋柒元正（整），送至上海可炽栈内，竺照信查收，守候回音。此据计票不缴。光绪十六年冬月初二日票"，下盖"岳州全泰盛信局"红色戳。此件如同当今邮政汇单，原件保存完整无损。（图30-3）

经折最后一款记载"十一月廿九来汉信一书。谢敦和来"，遗存有"汉口袜子街横巷全泰盛旱信局"邮递的实寄封。原封用毛边纸自制中式信封，中贴红条，正面

⊙图30-1

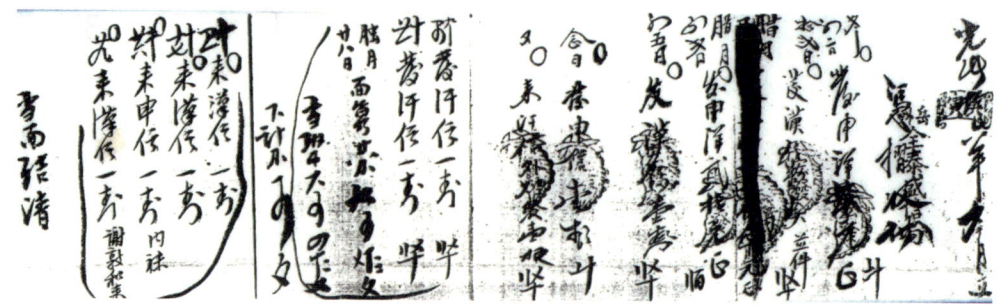

⊙图30-2

书"内安要函烦局友速寄至岳州府送交岳州府正堂内交竺师老爷甫钜封升,由汉皋谢敦和拜托"。(图30-4)封背书"酒资照例""庚蓂月念壹日汉封",左下方收件人竺师爷书"十二月初二到",中间盖"汉口/袜子街横巷/全泰盛旱信局"红色碑形三格戳,从旱路邮递。此函十一月廿一日由汉口谢敦和从信局发寄,在竺师爷经折上登记在册。(图30-5)

一封经折、一张汇单、一件实寄封三位一体,如此完美的清代民信局实物资料迄今可谓绝无仅有,极为珍罕了。三件实物品相皆佳,精致万分,特别是经折,制作考究,从外套到护卡、内页都完好无损。据国内外有关中国民信局的资料考证,先前收藏最早的经折为宣统辛亥年(1911),竺师爷遗存下来的实物史料将该年代推前了廿余年,而存世硬套经折目前仅见该孤件。

第三十一件 竺师爷在岳州府辞任前发信上洋宁波帮大佬恳请觅职函,原件使用红色信笺,共五页。封正面书"内加××敬求父亲大人面交阮星阶先生升启,男钜封自岳州府署缄",上右下左盖红色私章各一枚。(图31-1)函书:"……星阶老伯世大人……附启者侄自邗而汉叠奉两函……樊舍亲荐就岳州府幕一切情形,想家严早达清听,毋庸详赘,惟路隔重洋,出息有限,深有鸡肋之慨。吾伯居荟萃之区,将来遇有机会,尚望借重……务求与瑞海先生婉商,再用一年,然家严虽精力就衰,奈家需孔殷,侄又独立难支……世小侄(名正肃)葆珊、澄衷、东峰先生前代为呼名道贺请安,恕不另启拜托。"(图31-2、31-3、31-4、31-5)。

竺师爷信函中多次出现朱葆珊(朱葆三)、叶澄衷、樊时(樊时勋)、陈瑞海、阮星阶等在申宁波帮著名人士,除前两位之外,樊时勋、陈瑞海在清末宁波旅沪商人

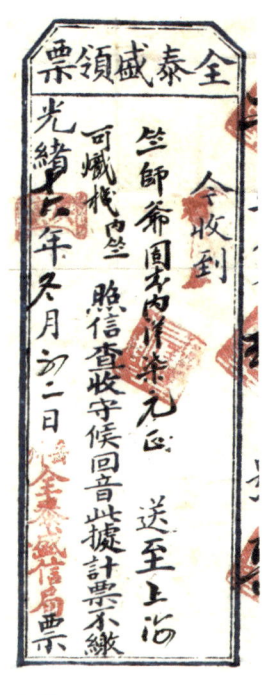

⊙图 30-3　　　　　⊙图 30-4　　　　　⊙图 30-5

中也处于重要领导者地位。1902年成立的上海商业会议公所和1904年成立的上海商务总会中,宁波旅沪商人的头面人物占据会董最大比例,商业会议公所的5名总董中,有严信厚和朱葆三,在13名议董中有朱葆三、袁咏笙、苏宝森、李云书、张让三5人,均占三分之一以上,会员中有袁联清、虞洽卿、樊时勋、丁钦斋、陈子琴、陈瑞海、张乐君、干兰屏、李咏裳9人,且由严信厚任总理,周金箴任副总理兼坐办。在1904年以后的历届商务总会领导阶层,宁波商人仍占优势,不仅原有的阵容基本保持着,而且还有新的宁波人增选上去。此外,旅沪的一些宁波籍著名商人还在1907年发起成立了浙江旅沪学会,上述不少人物均是其中重要成员。

由朱葆三任协理的海丰、赣丰公司中,严子均、李云书、樊时勋是董事。竺师爷从江西吉安府旋申从业可炽铁栈,就是由樊时勋推荐的,竺称樊为舅公。

第三十二件　光绪壬辰年(1892)竺师爷续婚,著名的宁波帮人士徐棣荪送贺信,由甬申线轮船信客传递,红条封,正面书:"内函外,附贺缘壹封,祈饬送甬江宫前泰余钱庄竺钜封先生察收,徐纯渔缄托。"(图32-1)附笺两页,内书:"钜封大兄

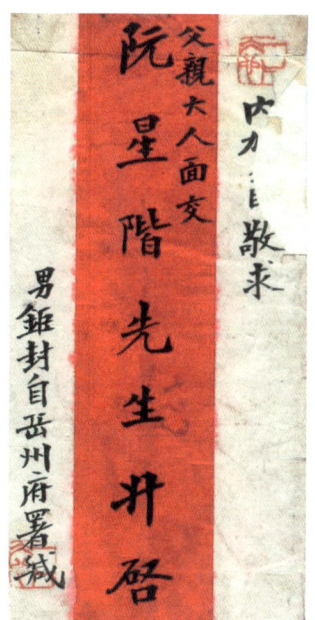
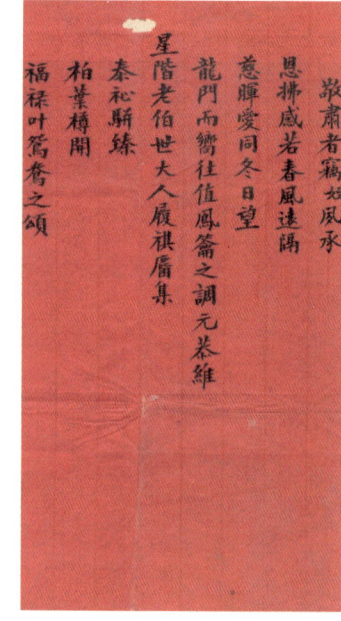

⊙图 31-1 ⊙图 31-2
⊙图 31-3 ⊙图 31-4 ⊙图 31-5

世大人阁下……阁下荣业甫上……足下于小春十三日大喜,届时当造府道贺,兹先具菲……笑纳……张镇生已于去年解馆回□,不在岳矣。致钟太守之函专为请帖,且读来书有礼尚往来之句,此笔人情却不得不讨,但是世情今昔不同,还请高明酌之,并祈加封直寄可也。又致笃斋之信,当为附志,待有回信,即当报阁……徐棣荪。"(图32-2、32-3)

上海宁波同乡会民国六年(1917)六月二十四日筹备建筑新会所,设建筑科,推朱葆三为筹备总主任,陈蓉馆、乐振葆、陈伯刚、徐棣荪等为主任。

第三十三件 竺师爷续婚请帖,中式红条封,上书"内请帖敬求汇寄为感,湖南岳州府正堂钟大人升启,竺钜封缄恳",正面盖红色名章两枚。(图33-1)封内外加红纸封套,附大红纸请帖,上印"十月十三日尧儿述婚音樽,恭请阖第光临。竺肇昌顿首",请帖由其父竺肇昌出面。

另一件红条封请帖,背书"谨壬辰菊秋初六日甬封",上下盖红色方章封口,中盖"甬江泰余钱庄缄"章。(图33-2)内附红纸封套,上书"张师老爷镇生璙",套内另附请柬。(图33-3)张镇生应是当班的岳州府师爷,但徐棣荪的信中告知张已解馆。

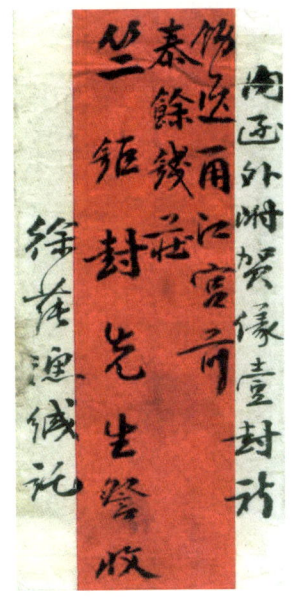

⊙图32-1

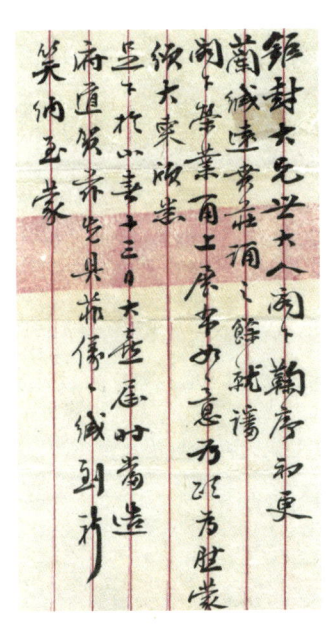

⊙图32-2

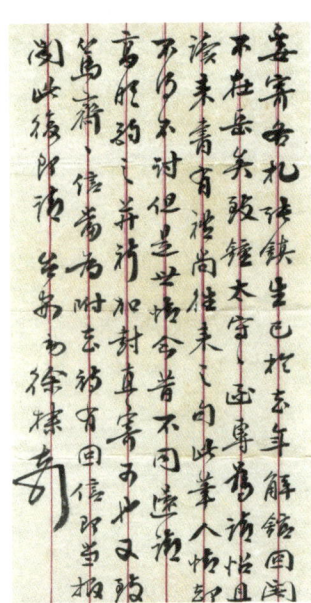

⊙图32-3

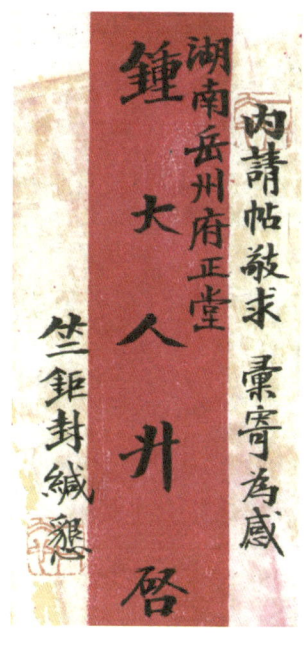  

⊙ 图 33-1　　　　⊙ 图 33-2　　　　⊙ 图 33-3

竺师爷续婚时已旋里，于宁波泰余钱庄从业，徐棣苏书信中已有提及，如"阁下荣业甬上……"即指宁波泰余钱庄，竺师爷函中也曾书"樊舍亲荐就岳州府幕一切情形，想家严早达清听，毋庸详赘，惟路隔重洋，出息有限，深有鸡肋之慨。吾伯居荟萃之区，将来遇有机会，尚望借重"。说明竺在远地当府台师爷，景况并不如意，"荟萃之区"指的是上海。

壬辰为光绪十八年（1892），两件续婚红条请帖封，正面书"敬求汇寄"字样，看来当时竺师爷在民信局发寄一批请帖，如同邮局的"大宗信函"，邮资可能打点折扣。

第三十四件　竺师爷光绪壬辰年（1892）续婚前发岳州府张镇生大人的信笺，内书："镇生我兄大人阁下，月前由全泰盛局寄奉…… 弟续婚在即，今附上请帖，□希不远千里惠然驾临…… 所□制钱贰千叁百六十文，恳由徐尊□（徐棣苏）先生处汇掷。缘弟迩来拮据万分，故再具函奉恳…… 敬请文安，诸惟澄照不庄。教小弟竺修尧……"由信的内容可知竺师爷临近续婚，手头并不宽裕，生活拮据，此件为催欠款信，与上一件竺师爷发张镇生师爷的请帖中的张镇生应是同一人。（图34）

第三十五件 竺师爷二弟发寄的贺喜信,使用龙凤图双色信笺,印制十分考究和精美,比当今印刷品并不逊色,当时已采用套印工艺。腾龙图为红色,上配绿色诗文;凤凰图印橘黄色,上配粉红色诗文。可惜宣纸被蛀蚀得很厉害。(图35-1、35-2)

第三十六件 竺师爷二弟竺修舜(启莹)所开具的菜单:

正席四小八大:鹅肉、火腿、拖虾、时菜、参蹄、酱肉、生炒鸡、酱鹅、火肚(鱼肚底)、翅羹、烤肉、鱼。

中便:鹅肉、拖虾、胵掌(香螺、蟹糊不合)、苏鱼、花生(火腿,价贵不配)、烤乌笋。两炒:虾仁、包肝。大碗:炒鸡、鱼、肉、羹、汤。

享先酒:鱼、肉、三鲜、花生、浑鸡、肝油、乌笋、甜羹,尚少两碗,托伯父补之。(图36)

从今人角度看,上述菜谱并不算太铺张奢侈。

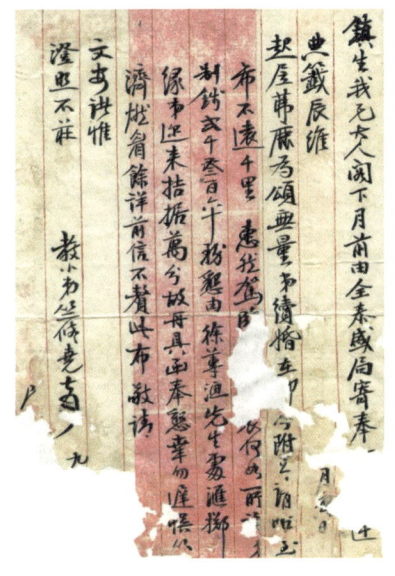
⊙图34

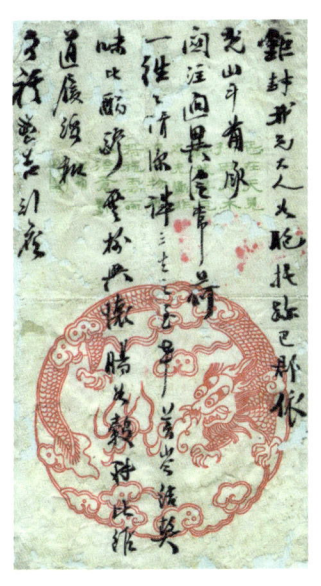
⊙图35-1

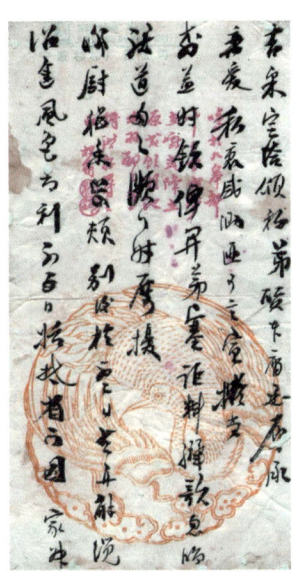
⊙图35-2

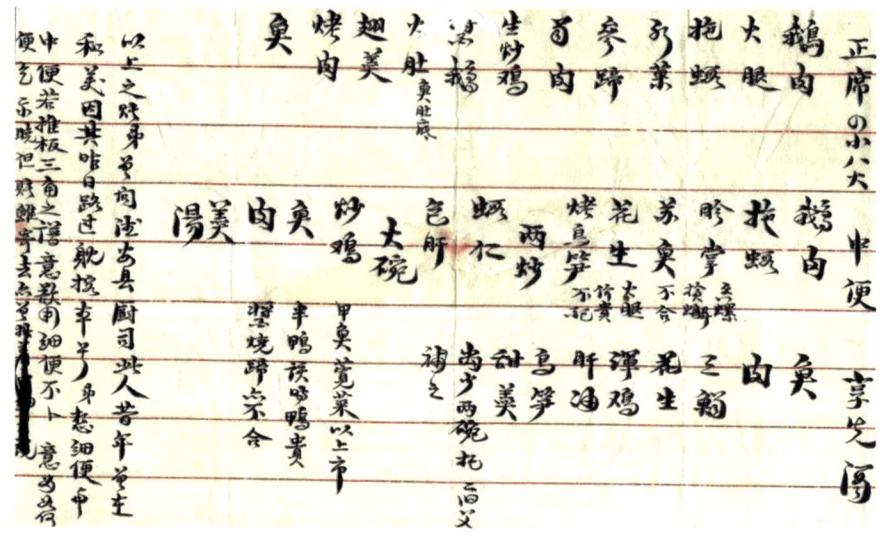

⊙ 图 36

四、甬江泰余宝庄、镇海渔业银行行迹考

第三十七件 甬申线轮船信客送递由驻沪泰来祥公司和缄寄宁波镇海渔业银行之信。中式红条封,上书"镇海渔业银行竺葉峰先生展",左下方盖"驻沪泰来祥公司信缄"红色章,另手书"和缄十一月十九日",右上方盖"天津路□□弄口"红色地名章。(图37-1)内附钱庄账单,上记"竺钜封兄 …… 辛卯(1891)四月",右下方盖"清单即对/有错当查"红色戳(图37-2)。经查,渔业银行行址资料,一说在宁波滨江庙跟,另一说在钱行街,经理章恩祥,但都不甚详尽。从嘉德拍卖目录上见到镇海渔业银行庄票倒是非常真实,其实清末地方开办的小规模银行与钱庄并无明显不同。

第三十八件 镇海竺师爷遗物中有两件同瓯江流域相关的民信局实寄封。一件光绪辛卯年(1891)由温州邮镇海泰余宝庄。正面书"安吉字第十一号,内安要家信敬祈大有丰宝号饬递宫前交泰余宝庄内交竺巨峰先生勋启,自瓯企荣托"。另一件书"自鹿城竺企荣托",封正面左下方盖"温州顺生号缄寄"红色章,系竺师爷二弟竺企荣从温州顺生号寄发。封背中缝书"辛卯五月拾贰日""切勿耽搁""镇酒资 …… 情讫"等字样,上下封口处盖"顺生号"红色椭圆形章。左上盖"瓯郡协兴昌记轮船信局"红色戳一枚，十分清晰。据悉，瓯郡（温州）民信局实寄封存世极为罕见。从竺师爷所遗存二弟启莹的一大批信件中可见其经商范围十分广阔，从江西九江到扬州仙女庙以至上海、温州等地。书写内容大都是商情与家事，兹酌情选录部分，以飨同好。（图38-1、38-2）。

"协兴昌记信局"（协兴、老协兴信局）创立于清咸丰初期，历史悠久，直至民国二十三年（1934）仍活跃在东南沿海。从宁波邮局档案中可见1934年3月1日向邮局登记领有执照的协兴昌记信局资料，执照号为第31、82、383号，建于清咸丰四年（1854）。总局设在鄞县（宁波）、上海、闽侯（福州）。在各地设分局24处，列有17处，计鄞县、上海、江都、镇江、南通、芜湖、怀宁、南京、九江、汉口、永嘉（温州）、思明（厦门）、汕头、香港、番禺（广州）、天津、烟台。协兴昌信局是以沿江河海水道为主的轮船信局，上述资料反映的已是信局的晚期，可见其全盛期设于各地的分支机构更为广泛。温州府（永嘉）瓯江口是浙东南向外辐射的重要港口，出海口可以同上海、宁波、厦门、台湾等地相交往，沿江东流与丽水相通，北上则同钱塘江支流相连接。陆路周边山峰连绵，交通闭塞，在古时行走十分艰难。历史上曾设市舶司，是对外开放的良港，1840年鸦片战争之后，沿海各埠相继对外开放，温州于光绪二年（1876）《中英烟台条约》允开

⊙图37-1

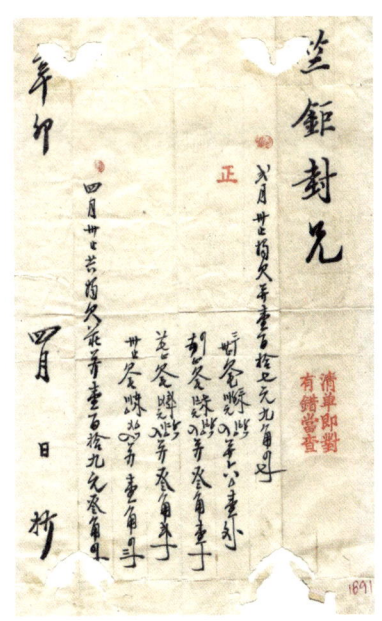

⊙图37-2

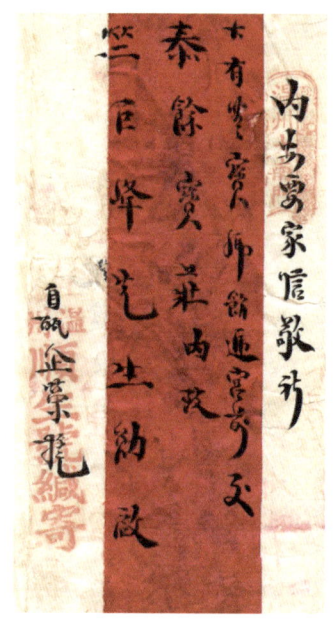

⊙图 38-1

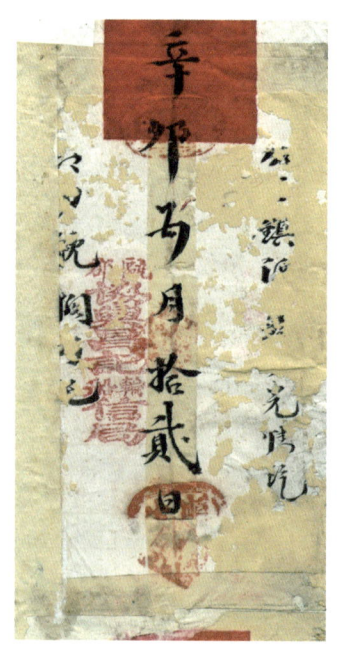

⊙图 38-2

为通商口岸,从而促使民族资本主义经济和海运交通事业有了很大的发展。随之民营信局应运而生,发展迅猛,瓯郡协兴昌记轮船信局实寄封的发现证实了这一段历史。在 1897 年大清邮政官局建立之前,商民通信汇银主要依靠民营信局的传递,可是浙东南地区乐清、永嘉、平阳、瑞安、丽水、青田等地,至今少见有早期民信局实寄封与单证的发现。温州地区的史志中只找到温州永义昶裕记信局、温州永利东记信局两家,此次发掘到的"瓯郡协兴昌记轮船信局"实寄封尚属首次亮相。

海峡两岸邮史研究会印发《邮史研究》第十二期,著名集邮家蔡英清先生《台湾早期邮政(下)》一文第 24 页提道:"独虎票使用时间甚短,仅有 124 天历史,使用期间在台南仍有三家信局:全泰盛、协兴昌、福信康,皆是台北总店台南分号存在。"此文中的"协兴昌信局"同上述温州"瓯郡协兴昌记轮船信局"应是同一家,它将温州—宁波封又推前了几年(1891)。清代台湾协兴昌记轮船信局的存世说明该局业务不仅在宁波、上海、烟台、天津,而且南达思明(今厦门)、汕头、香港、台湾。从浙东沿海甬江、瓯江经思明直达台湾的海上邮路早已有之。民信局充分利用海上交通线运送信件银钱包裹,既经济又方便,辐射范围广大。协兴昌记轮船信局从清晚期到民国二十三年(1934)为广大商民服务,经历了百余年历史,难能可贵。蔡英清先生文中对信局的活动最后提示称"其作用皆有检讨之余地",说明海峡两岸史学界都相当重视对古代交通邮史——民营信局的研究。

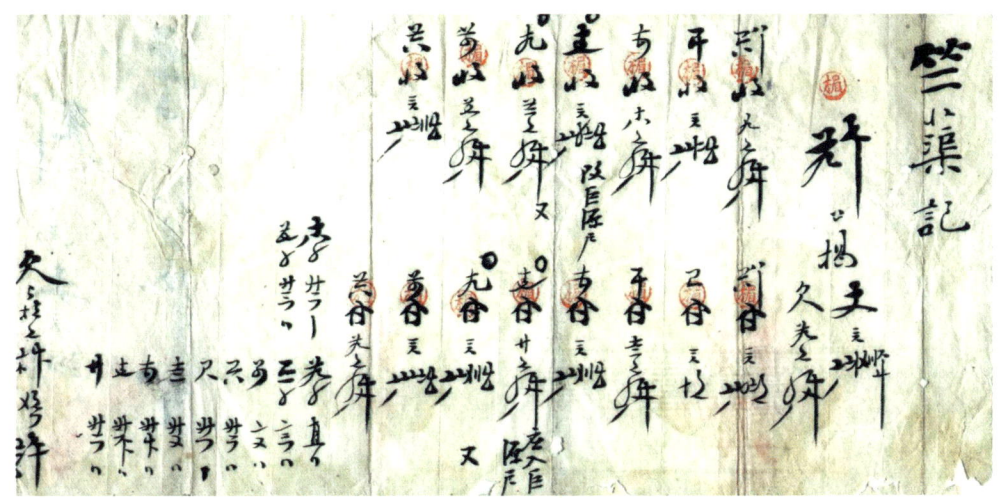

⊙ 图 39-1

第三十九件 光绪辛卯年（1891）宁波本埠信客传递银行钱庄间的银信账单。中式红条封，上书"镇送渔业银行内呈竺蕖峰先生升。十一月初九日"，左下方盖"甬江慎成庄缄寄"（宁波本埠钱庄）红色印，右上方盖"信义通商"红色椭圆形阴体闲章，按现今的说法应该是一枚宣传戳，做生意信义第一，这是宁波帮商人所崇尚的风格。笔者另珍藏有一枚古代牛角制圆形"信义通商"章，形式虽不同，但含义相似。另附一件账单，上书"竺蕖记"，商码记账，盖16枚"楣"字小圆章。（图39-1、39-2）

第四十件 光绪辛卯年（1891）宁波镇海本埠信客传递银行钱庄间的银信。中式红条封，上书"镇海渔业银行内竺蕖峰先生升"，左下方盖"甬江慎成庄缄寄"红色章，盖"信义通商"红色椭圆形阴体章。附信书"蕖峰仁兄先生大鉴……附下合同根一纸委介洋拾五元……顺报今市规元……申元……

⊙ 图 39-2

大安/慎成",顺报规元行情。(图40-1、40-2)

"信客——守信之客",这是宁波尚健在的老信客徐云芳先生的一句金言。信客立业关键在于一个"信"字,能够取得顾客信任,才能开展邮递业务。据他介绍:信客服务项目众多,几乎什么都有,包括递送汇票银洋、衣服包裹、生鲜食品,代办代购代取甚至往返护送老人、携带小孩等等。信客有大小之分,服务对象和业务各不相同,诸如宁波七邑信客联合会会长董纪棠专包甬申两地钱庄从业人员,为从事金融业的宁波同乡服务,收入非常可观。三北石永兴专为烟草行业内的宁波同乡服务,也是大户头。笔者父亲大多为在上海开办医药食品行业的宁波同乡递送银信包裹,如著名的上海童涵春药号、蔡同德药号、胡庆余堂药号、三阳南货行等。笔者曾被信客收费形式困扰,因信封上大多没有信客收费记录和戳章。经徐云芳老人的指点,终于解开了困惑,甬申线、甬汉线轮船信客以及本地信客各有他们固定的服务对象——顾主,特别是钱庄间的往来,不计多宽,按年承包收费,因此在信件、物单、账单上除会长董纪棠信客制有专用戳章外,大都未盖信客戳记,也无邮资记录,这是信客封与民信局实寄封的最大区别。

第四十一件 光绪壬辰年(1892)本埠民信局邮递钱庄间的银信账单。中式自制折叠封,上书"寄宝前泰余宝庄竺巨峰先生启,顾保如托"。左下方盖"镇邑恒慎号缄寄"红色章。左上方书"附联票壹本",右上方盖"胜记"红色花章。(图41-1)背书"九月初贰日封",盖红色封口章三枚,右书"酒力讫",示

○图40-1

○图40-2

邮资已付。(图 41-2)附信函局部。(图 41-3)

第四十二件 光绪乙未年(1895)一件用真丝纸多层折叠而成的中式红条信封,封正面书"内安要家函烦局即带上洋送交可炽铁宝行内交陈仁为先生收下费神专递交竺钜封先生收囗。家中托寄"。封背盖"镇邑全盛泰记信局"戳,上书"酒资已给",中缝书"乙未五月十二日镇邑西水门封""勿搁乃托"。(图 42-1)函书"钜峰吾儿知之……寄归家信均已收到,弗念。初八日交全盛局寄来衣包壹个,内衣共计八件,谅早收到,何故至今并无复信……暑安。母字"。(图 42-2)从信函中可见竺师爷身处异乡,往返银信大都经全盛泰记信局收寄,而甬申间的银信包裹则通过轮船信客传送。旧时文人习惯使用多层宣纸或丝织纸折叠成封后,内放信笺,中间贴上红纸条,如同信封,有的直接将字写于纸背,俗称信笺或邮简,用信封已较晚。

第四十三件 竺师爷之弟竺修舜光绪丙申年(1896)自江西九江经民信局传递的家信,记录了大清邮政开办初期民众对国家邮政朴实的认识和反响,现简介于后。

竺修舜从江西九江托全盛局寄递至宁波镇海的家信,中式红条封,封背中缝书

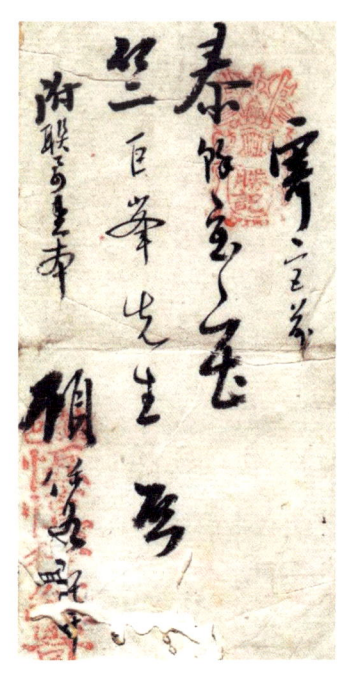

⊙图 41-1

⊙图 41-2   ⊙图 41-3

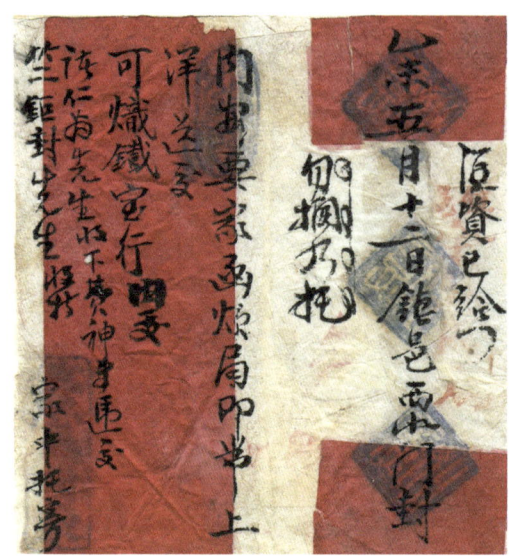

○图 42-1

○图 42-2

"丙申桂月拾肆日九江封",上盖方形护封章。右上角书"酒资付讫"(邮资已付),盖"九江全泰盛轮船局"双格碑形红色戳两枚,一枚盖于"酒资付讫"之上,比光绪乙酉年"九江全泰盛轮船局"戳记略大一些。右侧书"此系要信,查为谨慎乃祷"。至上海中转盖"上海全盛泰记信局北市三马路"无框形双排含地名信局戳。(图43-1)九江顺长江水道而下抵上海,由原局转口改道海运到宁波,邮路清晰。上海至宁波甬申线海轮往返频繁,每日来往交通方便,夜航天亮即抵埠,民信局充分利用此一水路黄金通道。竺师爷遗物中有修舜在丙申年的亲笔信,内一件十六日寄发。信中开首即提到"拾四日托全盛局寄奉壹信,内附晋云庄票壹张,计洋柒拾元"(应是山西商帮钱庄票),为此,十四日封上特书"谨慎乃祷",因封内附有票据。值得引起注意的是信内向其母亲详细介绍了大清邮政局即将开办的情形,内书:"再邮政局闻得定于十一月廿八开市,即英正月壹号(即 1897 年 1 月 1 日)为始,带信要分轻重(指论重计资)⋯⋯母亲待该时写信须用薄纸,信封用薄皮纸可也,虽有佛头(指邮票)可买每张洋一分,未知如何用法(指预付邮资)尚还不知,余言容后再告。"(图43-2)它非常生动地介绍了大清邮局开办后论重计资、贴用邮票、预付邮资等新鲜事物。在修舜十一月二十五日家信中又提到"邮政局今冬不开,正月再话(指阴历)"。大清邮政局终于在 1897 年 2 月陆续在各地开张,本件信函记载了对大清邮政官局开办的关注。

竺师爷遗存下来的史料实物,反映了大清邮政官局建立之前我国广大商民包括官僚的家信汇银捎物全赖民信局传递。自 1840 年鸦片战争爆发,帝国主义列强相继入侵我国,五口通商后我国资本主义经济和交通事业有了发展,促进了挂牌的民信局(私营邮局)的发展。到清同治光绪年间,信局的经营范围已遍及全国各地。大的信局在各地的分支代办处达近百处,民众普遍称便。百年间,民营信局实际上承担了商民以至官僚的邮递通信、汇银、捎带包裹等业务,成为我国邮递(电)通信的主流。1878 年海关试办邮政,对广大商民来说影响不大,直至 1897 年国家正式开办邮政官局之后,才引起商界和平民百姓的注意。尽管民信局的创始与发展少有官志记载,但是存世实物充分证明和记载了这段重要的民间邮史。竺修舜是个商人,活跃于湖南、湖北、江西、江苏、上海、浙江等地,开有米行、钱庄,兄长则

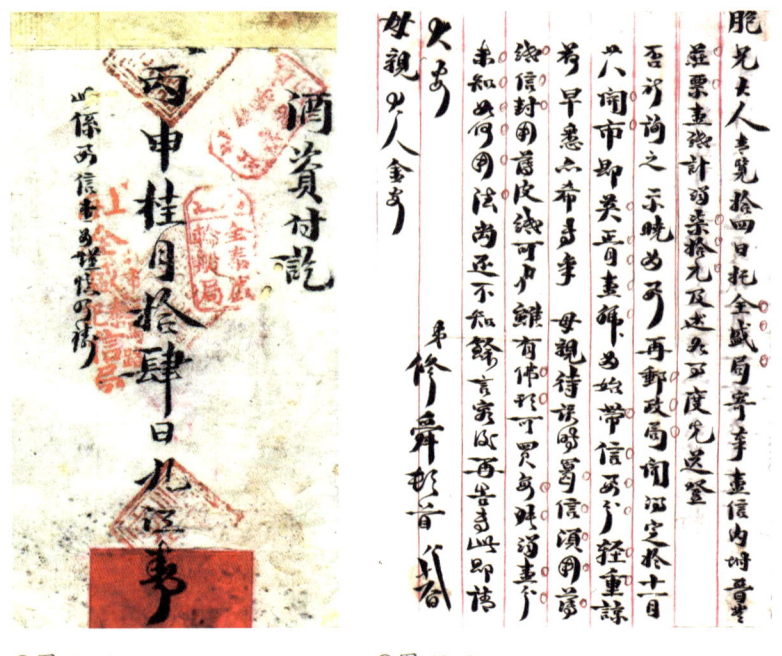

⊙ 图 43-1　　　　　　⊙ 图 43-2

是府台师爷，从光绪乙酉年到丙申年（1885—1896）十余年间所留存下来的信件实物证明他们之间的银信包裹递送全部依赖民信局托寄，而对新式邮政则一无所知。直至清光绪丙申年（1896）大清邮政官局即将开张才得知寄信要用"佛头"，并知论重计资需用薄纸，此时距海关邮政开办已有 18 个年头，在此期间海关邮政似乎同我国商民官僚毫不搭界，邮递业以民信局唱主角乃是不争的事实。1896 年中国现代邮政开创了它的新纪元，中国民信局则受限制并渐趋没落、消亡以致被强制取缔。直至百年后改革开放使民营快递——快递公司如雨后春笋一般在全国各地迅猛发展壮大起来。

第四十四件　光绪丙申（1896）十一月廿五日竺修舜由九江南顺记号函寄仙女庙，经九江政大源信局邮递，中式红条封，正面书"安要家言烦寄仙女庙送协茂恒米号 / 竺巨封先生启 / 自 × 阳启莹氏托"，左下方盖"九江南顺记号缄寄"红色章，右上方盖地名章。封背中缝书"护丙申拾壹月廿五日封"，上盖"九江南顺记号缄寄"封口章，右侧书"酒资情讫"，左下收信人书"廿六日复"，中盖"九江政大源信局"红色戳,比较少见。(图44-1)函书:"胞兄大人……:哥作为帮账兼理信务等,云不悉开春如何,尚为一忧……邮政局今冬不开,新正再话……"(图44-2)前一封竺修舜函显示,竺师爷尚在家乡镇海,此信则已去扬州仙女庙,时间都在大清邮政开办的前夕,可见奔波繁忙。

第四十五件 光绪丙申(1896)腊月竺修舜由九江南顺记号函寄仙女庙信函,内书:"胞兄大人侍右,昨接拾九日所发手书展诵……上月廿五寄我一信,此信未曾收到,请为追究,未审交于何局,可恶之至。以后务须嘱全盛、政大源两局带下为要,以免遗失……"(图45)清光绪早中期我国民信局发展迅速,可是服务质量良莠不齐,鱼龙混杂,有的小规模民信局经营紊乱,信誉极差,时有银信丢失情事发生。函中其弟推荐了声誉上佳的全盛(全泰盛)和政大源民信局。

五、周星北与俞佐庭信笺

第四十六件 清光绪年间镇海竺师爷留存的宁波帮著名人士、其表弟周星北(又名周运柏)信笺。红条封,正面书"要函速寄镇海城中水门桥新屋竺宅后进竺钜封先生升,周星北缄寄",下盖"星北"红色章(签名盖章),左上方书"信资已讫",原封虽已破损,但尚能辨认。(图46-1)附函,上书:"……每当落月停云,无不神驰左右……天津拟开大洋行一节……实可玉成……讵料洋东后又变卦,议出章程数条,奈华人不能依办……周运柏

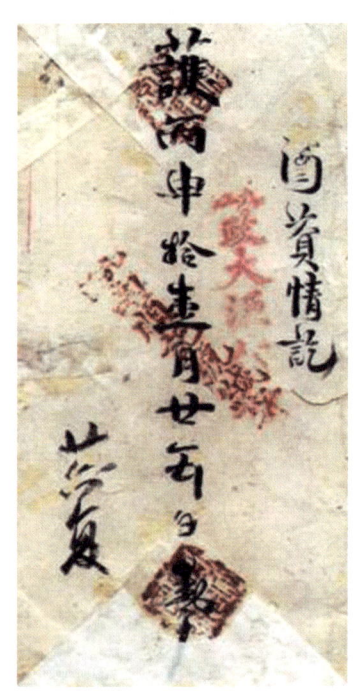

⊙图44-1

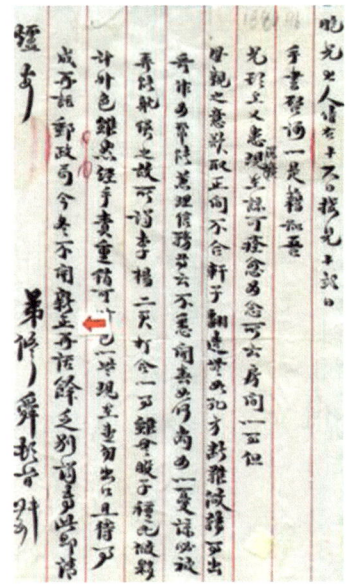

⊙图44-2

八月十七日。"(图46-2)从函中可知竺师爷天津求职未能达成,在半殖民地的中国,尽管身任公司董事,万事也得看洋人的颜色行事!此件周星北从天津经民信局从海路传递至宁波镇海,封正面书"信资已讫",即寄件人已付邮资,原件漏盖收寄局戳。

第四十七件 周星北亲笔书信,共四页,内书:"……代谋一节,弛不留心,现因市情票戴(飘带),人浮于事,且于老哥相宜之事更不易觅,以致迟迟……镇邑西门外开设钱庄,嘱弟入股……弟查吾镇弹丸之地……虽有钱庄多家,能立者恐是纸上富贵……均无完全之局……汉口一埠,商业年见发达,我同乡旅汉者亦渐渐加增,实业既多,用人较繁。出月胡艺兄为母丧返里……或能推荐代为位置耳……周运柏封。闰月二十日。"(图47)两函内签名为"周运柏",即周星北。经周介绍,竺师爷后去汉口供职,同此信有密切关联。周星北的信函记录了沪、津、汉三地经济发展的势态,宁波商界人物随之积极参与,并成为各地商界的头面人物。

丙戌年(1886)竺师爷家信中亦曾多处提到"周星北弟来信称男生意一节已蒙樊舅公玉成,令人喜出望外,唯信中仅写已有缺出不知是何位置……"此处指上海宁波帮大佬叶澄衷所创办的可炽铁栈,员工多系宁波镇海籍人士。

附相关资料

周星北,镇海人,宁波帮著名人士。1885年至1920年,周星北曾是天津浙江会馆的主要负责人之一,兼任天津老顺记号经理。通过老顺记进入汉口发展的商帮人物另有既济水电公司副经理王予枋、宁绍轮船公司汉口分公司经理史晋生等。

1878年老顺记在天津设分号,总号先后派去蒋贤则、王铭槐、徐企生、金荫锡、陈协中、周星北、叶星海担任经理、襄理等要职。后来,蒋贤则因病回沪、金荫锡在八国联军进攻天津时中流弹丧命。辛亥革命时,叶家对天津老顺记已无意经营,转让给周星北接办,时人有言:"老顺记是洋行买办的摇篮。"

第四十八件 著名的宁波商人俞佐庭信笺,甬申线轮船信客传递。中式红条封,上书"甬江镇海渔业银行支应处竺渠峰先生升,上海俞佐庭缄,七月初三日",左下盖"申江恒祥庄缄寄"红色章。(图48-1)附信两页,内书:"渠峰先生阁下,功

第五章　镇海竺师爷信笺

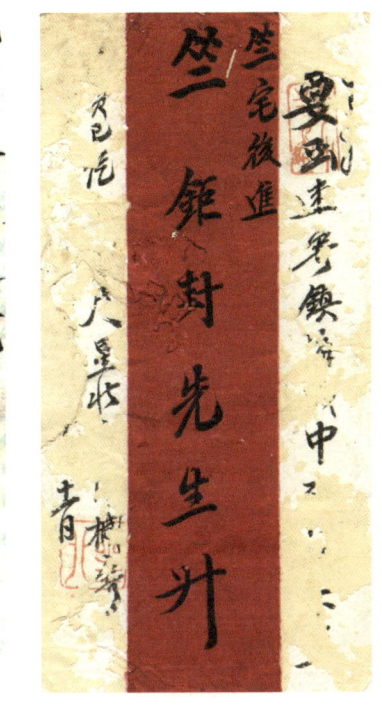

⊙图 45　⊙图 46-1
⊙图 46-2

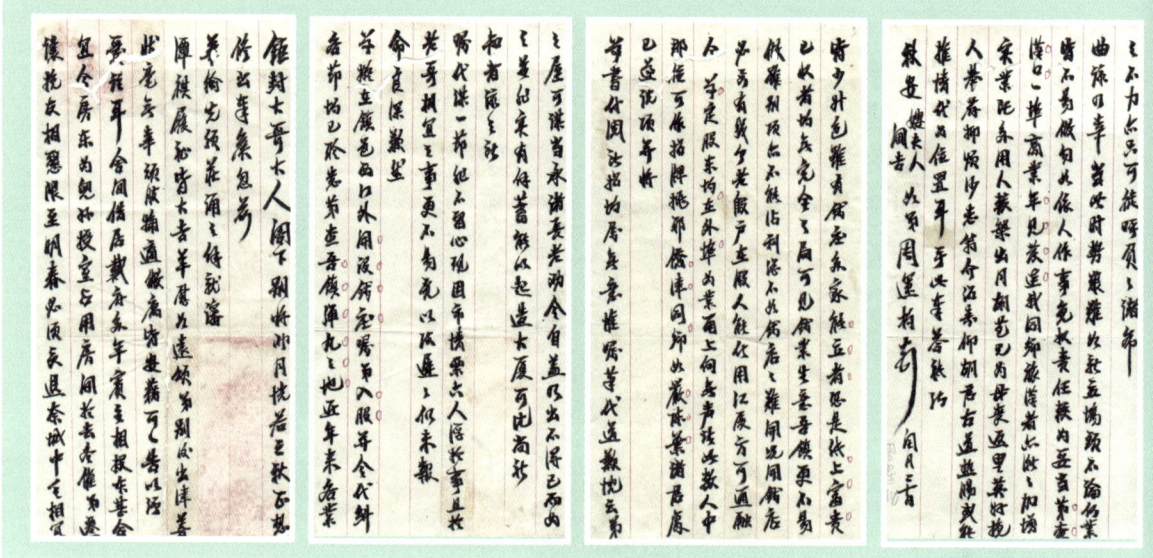

⊙图 47

自前月廿五搭宁绍轮来申,廿六早晨抵埠,而枪炮声尚隆隆不已,人民流离,颇具悲观。幸近日已平靖一些矣……旧历七月初二日。"(图 48-2、48-3)

俞佐庭(1888—1951),名崇功,字佐庭,浙江镇海俞范村人。曾祖曾任江苏松江府知府。1916 年任宁波天益钱庄经理。1931 年当选上海钱业公会常委。1937 年任上海四明银行经理。1949 年去台湾,不久移居香港。

六、辛亥革命前后竺师爷的信札

据宁波市江北三代从事信客业的徐云芳老人介绍,清至民国宁波七邑信客有走汉口长江水路的,清末有甬汉线轮船信客活动,往返为商界和乡亲服务。经重读光绪年间竺师爷以及宁波月湖陈有彩先生去汉口发展时期遗存的信函,发现以前认定亲友捎带的手递封其实大部由甬汉线轮船信客传递。兹附几件辛亥年间竺师爷遗存的手递封、官局封与甬汉线轮船信客实寄封,内三件竺师爷女婿发自汉口日商日清公司(日清汽船株式会社)。信笺真实生动地记录了辛亥革命时南方部分战况。

第四十九件 清宣统辛亥年(1911)竺师爷女婿从汉口经大清官局邮宁波的实寄封。红条封,上书"宁波镇海城中水门桥新屋竺府后进竺巨峰老爷升,日清公

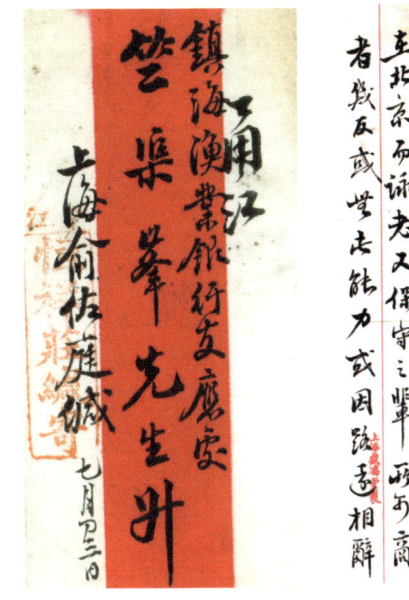

⊙图 48-1　　　　⊙图 48-2　　　　⊙图 48-3

司朱缄。七月十二日",上盖"日清公司"印章,左上方盖"湖北/辛亥七月十二/汉口"腰框式日戳。(图 49-1)封背贴蟠龙 1 角票销汉口戳,邮资存疑。下盖宁波与镇海到达戳,戳为"NINGPO/辛亥七月十六/宁波",四天到达。另见书"拙廿四托廷献寄"及竺师爷复信记录"七月廿三复"。(图 49-2)封附信笺,记载了辛亥年镇海风潮和长江发大水汉口宁波帮赈灾实况,内见书:"岳父大人……镇海风潮,报纸中亦曾见及,而兹长江大水较故乡更形剧烈也,现在月升及诸同志正办赈捐事,虽杯水……聊尽同胞之义务,现已集有三四百竿文矣……府安。朱月华七月十二日。"(图 49-3)

第五十件　清宣统辛亥年(1911)上海四川路陈邮发宁波镇海渔业银行竺蕖峰先生的实寄封。中式红条封,上书"镇海渔业银行竺蕖峰先生台启,上海四川路陈缄"。封背贴蟠龙 3 分票,销上海腰框式干支日戳,不清,镇海盖"CHINHAI(镇海县)/辛亥腊月廿四"腰框式干支落地日戳。(图 50-1)附函书"蕖峰先生大察,委递各函,均已递交,惟和甫兄回镇未到,此函交存该公司。令亲遗缺,已代为面并(禀),汪徐二公均说此缺已交申庄账友陆子香兄在补,此是内友外放,不再用

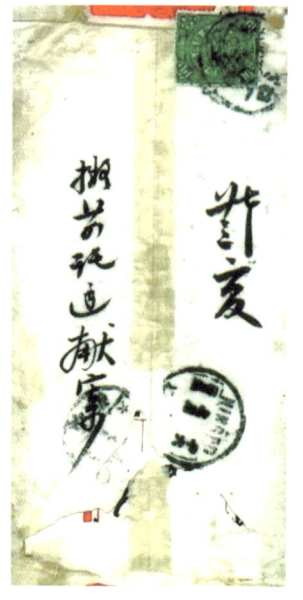

⊙图 49-1 ｜ ⊙图 49-2
⊙图 49-3

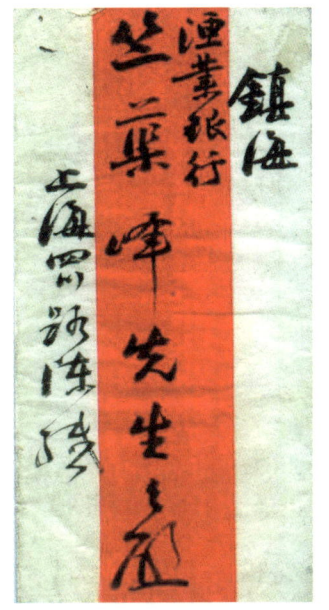

⊙图 50-1　　　　　　⊙图 50-2

人……制恺上"。(图 50-2)

第五十一件　清宣统辛亥年(1911)竺师爷女婿从汉口邮宁波银信。中式红条封,上书"安函内附钞票洋拾元,敬烦廷献内兄大人荣旋顺递家岳竺巨峰先生收启,寓汉朱月升叩托"。左下方盖"日清公司"红色章。(图 51-1)附函两页,内书:"岳父大人台鉴,六月初一日曾饬邮局寄奉一函,谅已收阅,兹由廷献兄荣旋之便,顺奉寄钞票洋拾元,请烦检收传交令媛,以充舍下日用……轮船公会之局大有不能成立之势……朱月升六月六日。"(图 51-2)

从函中可知竺师爷与其女婿曾在汉口日商日清轮船公司以及钱庄从业,曾参与组织同业公会,发起慈善救灾等项社会公益活动。

第五十二件　清宣统辛亥年(1911)十月十二日从江苏镇江邮宁波镇海。中式红条封,右上方盖"洋浮桥东首小营盘",下盖"镇庄泰来面粉公司书缄"红色章,应是一家钱庄开办的面粉公司。红条封上书"内函祈即饬交薤峰姻兄大人升。(图52-1)十月十二日清榆",附信四页,内书:"薤峰姻兄大人阁下:久未奉……兹此中秋后自武汉起事以来,各处金融闭塞、市面萧条,不堪言状,则京江一埠局面本属

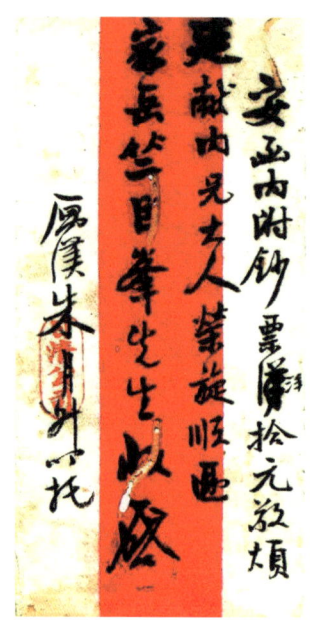

⊙ 图 51-1

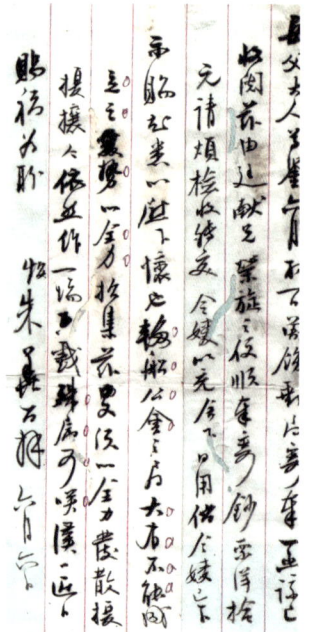

⊙ 图 51-2

微稀,由此更形支绌……未敢收货……孙益棠来函,云廷刚自上月廿六早晨外出,竟不知去向,舍弟自奉该号通知之下,遂出申,约同旧友张宝顺兄四处查访无着,传说已投人民军矣……吾兄驾申一行,未悉确否,兹据益生函述当时,访知有一队敢死军由吴淞乘兵舰调镇,嘱弟访寻。阅函后连日托友侦探,云近来一再之有吴淞兵士上岸,故查无踪迹,现在不知有无信息,未奉舍弟来信实……台安。顺问胞妹近祈,姻小弟夏云涛书,十月十二灯下。再,倘足下到申公毕,目下火车极便,请屈驾至镇(指镇江)一行,可以畅叙……再告,本处自上月十八光复之后,人心颇安,后因南京事说合未成,为张勋抗拒不久故决裂,由此人心反觉惊恐,自本月以来连日开仗,直至今午全城克复,联军始入城。惟此次两军恶战损伤颇重,死伤足有四五千,城内外居民房屋击毁不少,百姓死伤不计其数,见状甚惨……前之张军所聚浦口之兵已经击退……"(图52-2)

竺师爷妻弟夏云涛书信详情描述了辛亥革命镇江和上海南京等地的战况,鉴于清军张勋部顽抗,双方损伤惨重,平民死伤不计其数。从函中得知竺师爷的内侄廷刚参加了国民革命军,拿起武器奔向抗清前线。

第五十三件 辛亥革命前后浙江乍浦胡德渭邮竺师爷信笺。大张毛边纸长达 600 mm,函书"蘖峰先生大人……晚若向业镇江则可以稍助,被去年……为之奈何,虽而得业乍浦……乍地局面不大,小号系属新创,被川汉滋扰,风声日紧,市上现洋缺乏,实难维持……饬局寄上两元,多则实难……现在人那个不负债，所以请勿忧愁……游安。晚胡德渭"。此札回复竺钜峰的求助函，由于战事影响，手头窘迫，一时无着，为解燃眉之急，曾书函筹款。复信内胡德渭先生另附了一首打油诗，颇有意味，反映了辛亥革命前后部分商民的心态："当今革党战胜，政府大势已绝。吾等商家子民，乐得快活冶游。天下料其不久，百姓难期将临。设使革军登基，子民亦要遭劫。若是官兵战胜，汉民必遭其戮。何不快乐逍遥，任其天翻地覆。"（图53）

第五十四件 竺师爷遗存清末由其女婿朱月升从汉口发寄宁波镇海的银信。红条封，上书"敬烦内附钞票洋伍元，葛槐清兄荣旋鸿便希递家岳竺巨峰先生升，夏越镇叮托。六月十六日"，左下右上盖红色日清公司章和地名章。（图54-1）从封面看此函应是在汉口的亲友顺路捎带至家乡的手递封。附函，内书"……曾托廷献兄回镇之便寄奉一信并钞票洋拾元……兹由葛槐清兄回镇之便，寄奉钞票洋五元……规元进出殊难捉摸，致遭亏蚀，投机事业本同赌博，全赖运气也……当以不染指为好……经营还是备上□等货来汉，或可获利……甥朱叩……六月十六日"。（图54-2）竺钜峰女婿朱月升函中记载了清末金融界银钱兑换运作，从差价中渔利的现状，如同现今炒股票期货。他在函中的结论是"规元进出殊难捉摸，致遭亏蚀，投机事业本同赌博，全赖运气也……当以不染指为好……""经营还是办上等货来汉，或可获利"。朱月升以信义诚实创办实业为上，分析十分透彻。

20世纪90年代初，宁波市区在大规模恢复和建设月湖名胜古迹、拆迁旧屋时，发现清代从事钱庄业的陈有彩先生的一批遗信，其中有两件是张见棠从平湖城守署邮宁波的信函，多处涉及银钱交易获取差价情事，很有对照价值。

第五十五件 由平湖经上海中转邮宁波的信局封，上书"内贺函送宁波交泰巽宝庄陈有彩先生升寓，平湖张见棠缄"，封背盖"平湖全盛信局"框式戳，附函书："有彩姐夫大人阁下昨□还云敬聆种种，并蒙指示，周祥感佩之至，准候秋庄发动，稍有走化，再行奉托……兹寄上纱线三机，至望转交……台安并颂。内小弟张见棠。"（图55-1、55-2）

第五十六件 平湖邮汉口，中式红条封。正面书"内函速寄汉口投老德记洋行内呈陈有彩先生升寓，平湖张见棠寄"，右上左下盖同裕书束章。封背中上方贴3

⊙ 图 52-1

⊙ 图 52-2

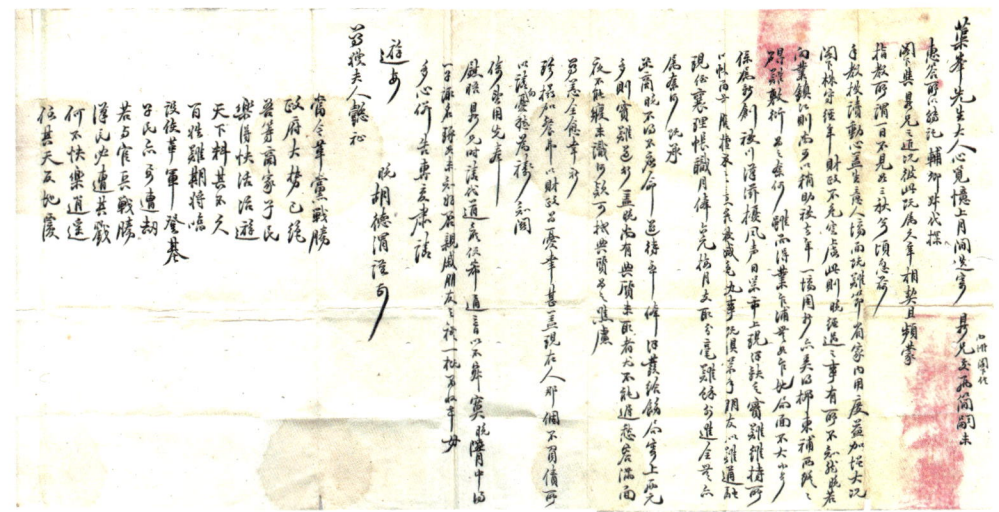

◎图 53

◎图 54-1

分蟠龙邮票，销"PINGHU / 辛亥五月十二日 / 平湖"干支戳，落地盖"湖北汉口辛亥五月十六日"到达戳，行运四日。封背另见"酒例"红色印章，说明当时民信局尚盛行，民信局、官局、信客三者绞和在一起，呈现时代特征。附函使用蓝绿色信笺，上书"刻下申厘见好，谅因秋庄发动……近时甬地规元□在七块左右，奉托代做多洋叁千两……"（图56-1、56-2）看来清代浙省商界和官僚已具有资本主义金融理财头脑，官商结合，从兑换银两与货币的差价中获取高额利润。

从晚清和民国的报纸上每天可见有关商业活动、兑换率和利率的报道，经济学家马寅初，二十世纪二三十年代就中国银行业写过多篇文章，并发表过多次演讲，呼吁政府必须对汇票之类的信用工具立法，削弱国家对银行和大企业的日益加强的控制。鸦片战争爆发后的1853年，当咸丰皇帝准备

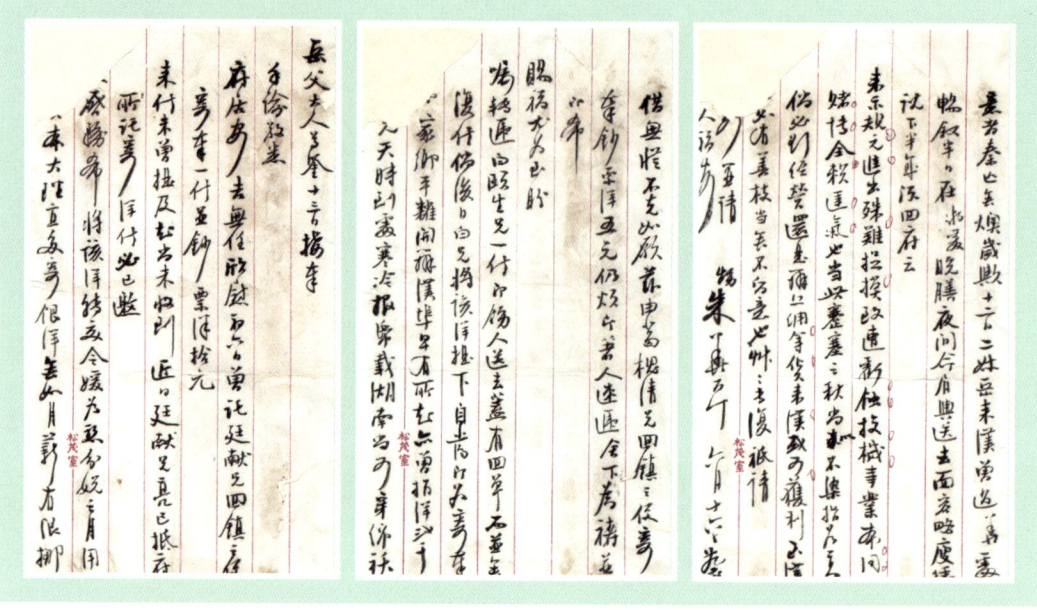

◎图 54-2

让钱币贬值时,户部侍郎王茂荫上奏警告说,尽管朝廷有权力和办法降低币值,但却没有同样的权力与办法去防止市场抬高物价。马克思在《资本论》中得出同样的结论,并在一个注脚中提到王茂荫。在清代,商人可以从银钱比价中获利,就像有钱人家可以从买卖婢女的差价中获利一样。据1923年12月一项资料记载:一些重利商人由哈埠偷运现大洋出境到长春售卖,每百元竟可获利金票6.5元。

中国古代银子的价值很高。制钱(即标准的方孔铜钱)一枚称"文",白银和黄金按"两"融锭。铜钱、白银和黄金之间的兑换比例就像现在的外汇价格一样不断变动。以清代为例,道光初年,一两白银换钱一吊,也就是一千文;到了道光二十年(1840)鸦片战争的时候,一两白银就可以换到制钱一千六七百文。咸丰以来,银价猛涨,一两白银竟可以换到制钱两千两三百文之多。由此可知,正常情况下一两黄金约可兑换八至十一两白银;一两白银大约可换到一千至一千五百文制钱。旧时所说的一贯钱或一吊钱即为一千文。鸦片战争前外贸顺差大,银子大量流入国内,导致银价下跌。在大量赔款后,银与铜的比价又上升。清末时使用铜圆,平常民间使用的是制钱(铜钱),很少用银子作为日常交易用。因此,许多老百姓至死

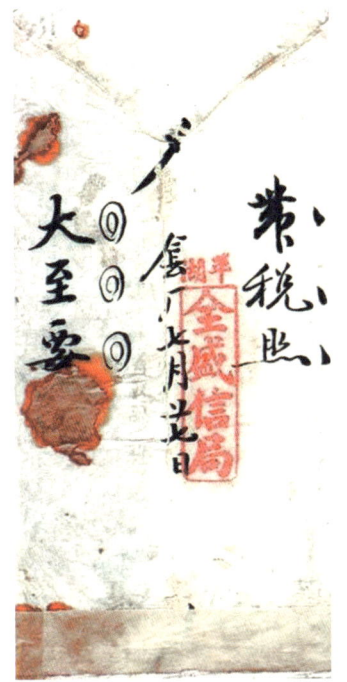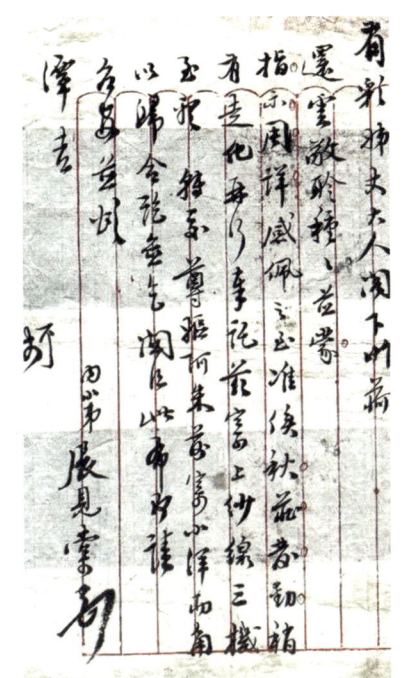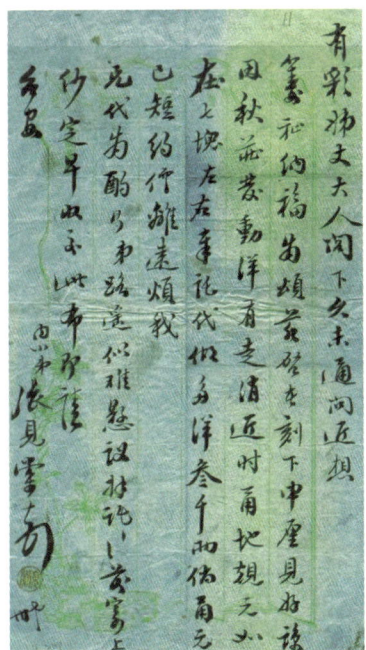

| ⊙ 图 55-1 | ⊙ 图 55-2 |
| ⊙ 图 56-1 | ⊙ 图 56-2 |

都未见过银子。口语中通常说"有没有铜钿",而不见说"有没有银子"。这便是人们以银子为珍贵的原因吧。

第五十七件 宁波镇海地方信客传递的银信,附信外并洋壹元,中式红条封。上书"函并大洋壹员送藁峰姻兄大人台收,姻弟夏清泉缄"。(图57-1)函书"藁峰姻兄大人……大明兄云通源之管事拟于月底约方至瓯,一准同道云……小舅母大洋壹元当时言明在前……不才夏云涛书。三月十三日"。(图57-2)

第五十八件 民国初期由郑桂生信客从汉口捎带至宁波镇海给老伴的家信,保存完整,甬汉线轮船信客传递,中式红条封。封正面书"祈交藁峰嫂收展为佩,藁峰汉托"。(图58-1)内附信函,使用的是深黄色直格中式信笺,全张上印"毋忘国耻"四个空心大字,所见"毋忘国耻"大都见于信封,于信笺内比较少见。信笺内书:"顷由郑桂生递到信件,照收无讹……汉地天时极热,俨同伏天,……两褥已不盖,还要打扇……蚊子甚凶。且多待到三点以后方始清凉,而蚊子吃饱散矣……伊两兄弟生意此刻无可谋荐,即如昨日汉口日清公司又开除卅余人,均汪炳生所荐,因抵制日本货色、不装该公司之故……内人妆安。夫藁字。五月初二日。"(图58-2)书信真实反映了当年波澜壮阔的反帝反封建工人运动,在湖北汉口获得了广泛的响应,人民抵制购买日货,轮船拒装日商公司的货物,而日商洋行却乘机大批开除工人进行反击报复。原件除信函外另捎带有衣物等,这是竺师爷留存下来的最后一封家书。

第五十九件 藏品中有一件实寄封,正面印"国耻/中华民国四年五月九日"几个红字,"国耻"两字为特大型篆体字。上书"本埠江东潜龙漕钱家大厅后卅九号戴阆仙先生展,城内章手缄"。(图59-1)封背左上方贴1分帆船邮票1枚,票销"NINGPO(宁波府)/八年五月廿一/十五"腰框式英(汉)文邮戳,下方盖"NINGPO(宁波府)/八年五月廿一/十七"腰框式英(汉)文落地戳,(图59-2)城内邮递至江东仅花两小时,说明当年宁波邮政局处理本埠邮件非常迅速认真。原封内存信函,曰:"……上午九时再请移至怡园一叙,届时务祈早刻。安。弟沛手启。"草体字十分流畅,发信人全名应是章沛,怡园茶座在三江口附近闹市。(图59-3)

第六十件 又一件中式封,上印"国耻/毋忘五月九日/……永茂泰"几个红字。"国耻"两字为特大空心篆体,下方印五九国耻日期及"永茂泰"字号,比较少见,看来是爱国商行定制,支持反帝反封建的工人运动。封书"祈交祖母老大人安禀,婺邑元兴寄",左下方盖"安徽省立第二师范学校附属小学校第一分校代用"章。(图60)封背盖"□□永其昌信局"戳,存疑。

1915年5月9日,袁世凯欲与日本签订丧权辱国的"二十一条"卖国条约。全国各地学校、厂家、商行在信封和信笺上印制"五九国耻"字样的纪念信笺进行抗议。这里显示竺师爷以及民间使用"五九国耻"封笺即一例。由此可见当年举国群情激昂,民众坚如磐石般的反帝决心。

七、竺师爷遗存的其他信笺与杂件

竺师爷遗存的信笺除已披露的之外,尚存有其母亲与二弟以及亲友之间往来的信札,兹选录如下,以飨同道。

第六十一件 慎成庄信札,上书"手书已悉。□昨日交航船寄下慎康票洋贰百元,又钥匙等云,当查并无寄来,不胜诧异之至,望速向航船查究乃交,今来慎康票叁拾元……关水报甬新本规元……钜封仁兄大人照。本庄三月十一"。(图61-1)此件船递慎康钱庄银信,由固定航班船老大递送,前票洋因故竺师爷未能收悉,对方书函追查。函内另报规元最新行情(用商码表示),是研究古代南方水乡传递银信和关水行情的有力佐证。

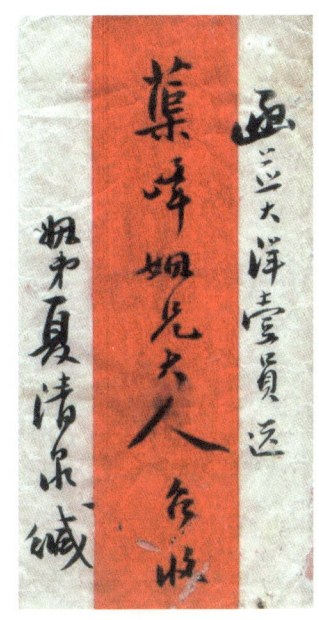

⊙ 图 57-1

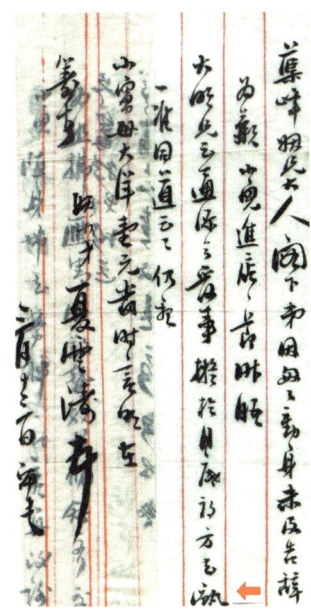

⊙ 图 57-2

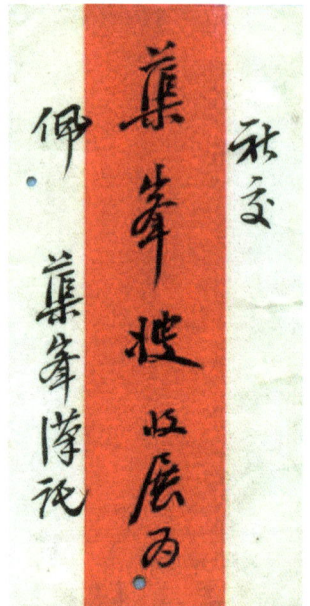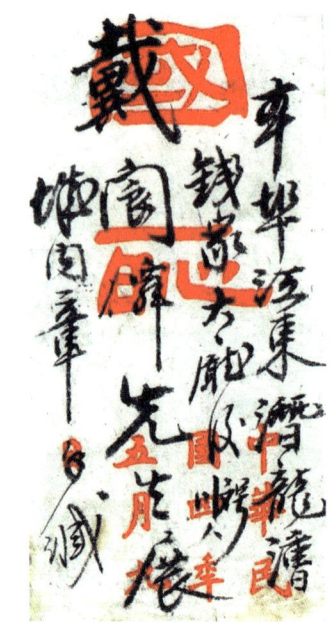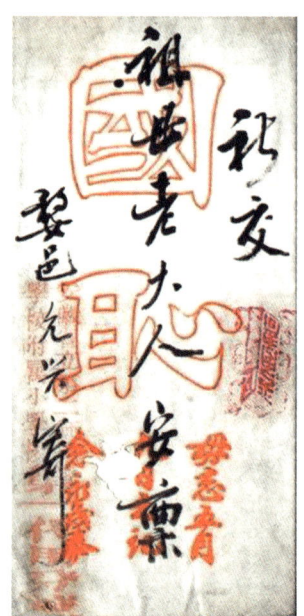

⊙ 图 58-1　⊙ 图 58-2　⊙ 图 59-1
⊙ 图 59-2　⊙ 图 59-3　⊙ 图 60

又，俞宗海邮竺师函，上书"钜峰仁兄世大人阁下，别后于二十到申，直至今晚始将原函递呈子翁并代达⋯⋯惟近闻盛省老（盛竹书，著名银行家）处荐条已经不少，最好托樊时翁（樊时勋）转达，了（料）无不成，弟曾记吾兄与樊公亦有戚谊，未知然否⋯⋯台安。愚弟俞宗海八月廿一夕"。（图61-2）

第六十二件 袁守泉寄竺师爷函。上书："⋯⋯钜峰仁兄大人阁下⋯⋯小孙锡三与阁下同伴，安抵仙镇，路上累蒙照拂⋯⋯不胜感谢，在外千祈如兄弟一般，望格外提拔⋯⋯袁守泉书。十一月十六。"（图62-1）

又，郑文焕函，内书："钜封表兄大人尊鉴：日前闻知表兄于三月间回府⋯⋯所说丝栈管车、轮船看洋两业，俱合弟意⋯⋯今两业不拘何业，祈即代为说合，俾弟有糊口之资⋯⋯春祺百益。弟郑文焕顿首。三月廿五日。"（图62-2）

第六十三件 竺师爷二弟修舜（启莹）在上海、九江、镇江（仙女庙）、温州等地经商，从各地民信局邮发家信甚多，兹再选一件。红条毛边纸信笺，长达600 mm，内书："⋯⋯今寄上晋丰庄票壹纸，计英洋柒拾元，至望检收或交登兄镇海兑现⋯⋯示复免回，挂念⋯⋯吾兄出来，由沪至镇江，望勿搭野鸡轮，应上水到镇，总在夜间，仍恐有风雨，诸多不便，且公司船所贵者不果（过）壹角贰分，何处不可省得⋯⋯静娟脚有否少（小）些，嘱大嫂与彼近缠，若不再缠，恐成大脚⋯⋯然我邦既行小脚，何能不缠也⋯⋯节禧。弟修舜顿首。八月十四日。"（图63）。从信中可见竺修舜十分封建。

第六十四件 光绪戊子年（1888）"张协生成衣铺"发票，这是宁波帮最早在沪开办的"红帮裁缝"的票据，属于晚清的实物，十分难得。它记载了服装业"红帮裁缝"的真实历史。票书"雪青纺袖裤壹条工英洋叁角，代购英洋五分，共计英洋叁角五分，义昌宝号竺先生照"，盖"戊子"年花章以及"中秋"章，左下盖"张协生成衣铺票"大型直式字号章，右上方地名章"上洋自来水桥慈德里弄"，都为红色。（图64-1）是竺师爷遗存下来年代最早的发票。另一张发票上记购火柴、糖、肥皂等，实洋一元二角八分，付讫，票盖"已丑"年份花章、"端节"章、"大祥号发票"章，都为红色，地名章不清。（图64-2）上海义昌成可炽铁宝号各地都有分号，叶澄衷开设，前已有介绍，时竺师爷在该号从业。

⊙ 图 61-1 ⊙ 图 61-2 ⊙ 图 62-1
⊙ 图 62-2 ⊙ 图 63

第六十五件 清宁波商人在沪开设的"彩章绸缎洋货号"戊子年腊月与己丑年十二月发票。戊子年票上书"香莲花绒壹丈……计该洋壹元五角七分,十二月廿四付日源升□义昌宝号",盖"戊子"年戳、"腊月"戳和"彩章号"店铺名章。右上方盖"上洋大马路抛球场西首"花色地名戳,都为红色。(图65-1)另一张书"大红带彩呢八尺二五,计洋贰元。义昌宝号上,十二月十一日"。上盖"己丑"年份戳、"计数不缴/彩章字号洋货抄庄"大型花色章,以及"上洋大马路抛球场西首"地名戳。中上方另见盖"逢关报税,贵客自理,早晚时……"提示戳,都为红色。(图65-2)

第六十六件 清代宁波"红帮裁缝"在沪开设的"张源生号绸缎新衣"店发票。上记"尊账十月廿四,棕色杭纺花兰袍一件,洋拾陆元;十一月廿一,天青……大襟……一件,洋拾四元五角;廿二,紫色呢风帽一顶,洋壹元二角;共揭计该洋叁拾壹元七角。竺先生台照。十二月十八"。两件一顶合洋银达叁拾余元,竺师爷的行头如此高贵!票盖花色"己丑"(1889)年份戳、"不二价"章及"上洋英大马路抛球场西"地名章,左下盖"张源生号绸缎新衣/此票不准支取"大型字号章,都为红色。(图66)

第六十七件 清光绪己丑年(1889)生和祥记发票一套,"发杭阿樊""计洋四角五分。台照",上盖花色"己丑"年份章,"上洋生和祥记号发票/不准支取银钱货物"字号章,右侧下盖"外力"戳,以及地名章"大桥北首虹口马路",都系红色。(图67-1)"外力"应是货物递送资费。

又,清光绪庚寅年(1890)汉口吕义泰号发票,上书"发上……计九八大洋贰千七百九十五文。陈先生台照。十月初七单"。此处"九八"指规元按九八折计,兑制钱贰千七百九十五文。上盖"庚寅"年份章、"汉镇吕义泰号……"大型字号章,中央钱数上盖"吕义泰号"方章,右上方盖财神图"一本万利"花章。(图67-2)

第六十八件 清光绪壬辰年(1892)镇海三昌号及镇邑余大号购药发票,上盖"壬辰"年份章、"三昌……"字号章、"镇邑西门外余大号"字号章,右上方盖"余大"花章,都系红色,分别为元月和四月。(图68)

第六十九件 清光绪戊戌年(1898)镇邑万灵堂发票,上记欠账洋五元九角贰分,盖"戊戌"年份章、"中秋"章、"镇邑万灵堂顺记药材发票"章,右上方盖顺记花

章，中盖提示章，都系红色。（图69）

第七十件 清宣统元年（1909）宁波恒昌绸缎抄庄发票。红色石印楷体字"浙宁东渡门外小江桥前恒昌绸缎抄庄。定价划一，诚实无欺。宣统元年二月十一日预印发票，不支货物"，上手书"泰巽"（宁波钱庄）及购物清单。（图70）东渡门外小江桥即澄清桥，今已不存。

第七十一件 清宣统辛亥年（1911）镇邑万利柴米木行发票及万灵堂发票。票书"竺孝房十二月十八购洋四元五角……付票三元五角八十"。上盖"辛亥"年份戳、"腊月"日期戳（"腊"字甚特别）、"镇邑万利柴米木行"字号章，右上方盖"成记"花章。（图71-1）另一张上书"竺悌房捐认实洋贰角八分"，上盖"辛亥"年份戳、"腊月"日期戳、"镇邑西门外万灵堂发票"字号章，右上方盖"顺记"花章，又"近因现银进货期票□不收用祈原谅""角子贴水照减"提示章。（图71-2）

第七十二件 清宣统辛亥年（1911）镇海耀华号发票、余三字号发票。耀华号票上书"竺钜丰兄廿十入洋柒角五分付讫"，上盖"辛亥"年份戳、"腊月"日期戳、"镇海耀华号官礼贡烛／在大南门内半街／内柜日华发兑铺"字号章，另盖"后货在外""概售实洋""铜员（圆）角子照市升减"以及"镇海大南门内半街"红色章。（图72-1）另一件上书"竺巨记旧十二月卅日捐□□□叁元〇八分四"，上盖花式"辛亥"年份戳、"腊月"日期戳、"镇邑余三字号绸缎洋货"字号章、"承蒙照顾角子照市"、花式"祥记"、"定价划一无扣"等红色章。（图72-2）

第七十三件 清光绪三十三年（1907）"上海最著名之天然戒烟丸行销各省各府县传单"，蓝色纸张上印：

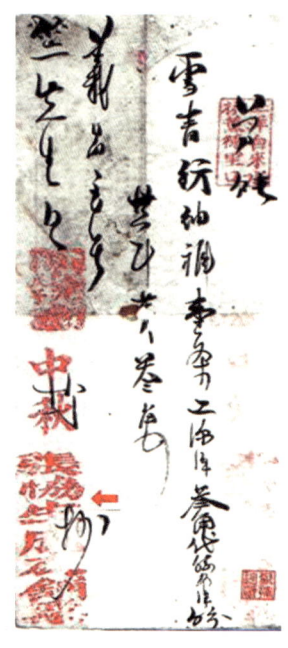

⊙图64-1

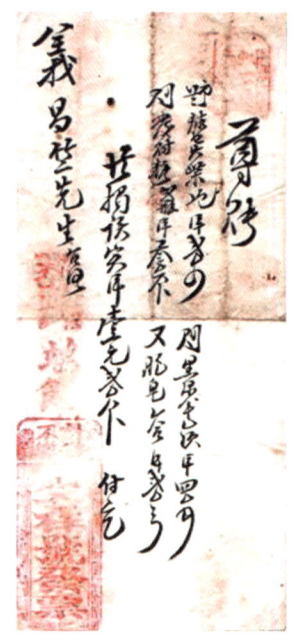

⊙图64-2

第五章　镇海竺师爷信笺

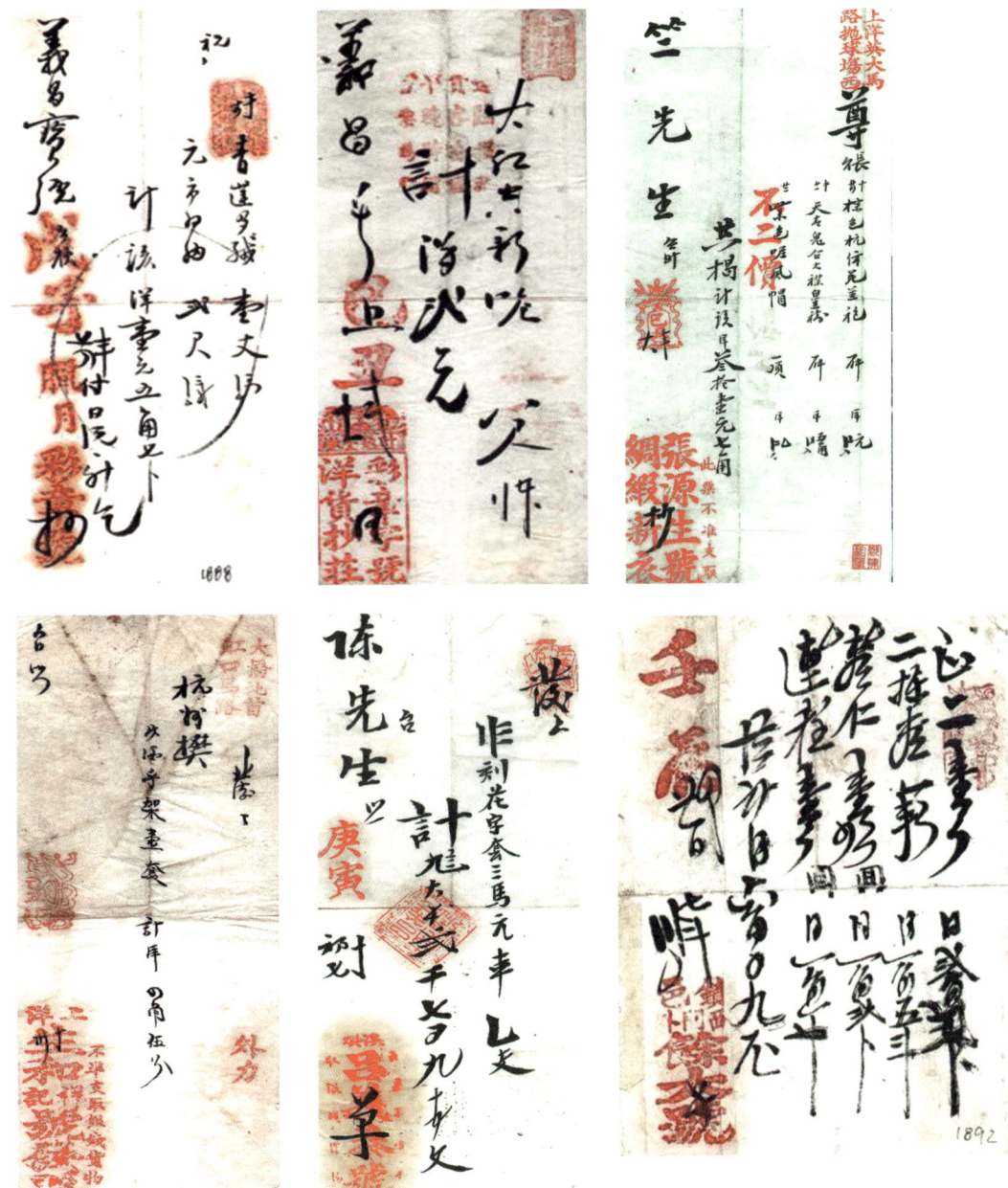

⊙图65-1　⊙图65-2　⊙图66
⊙图67-1　⊙图67-2　⊙图68

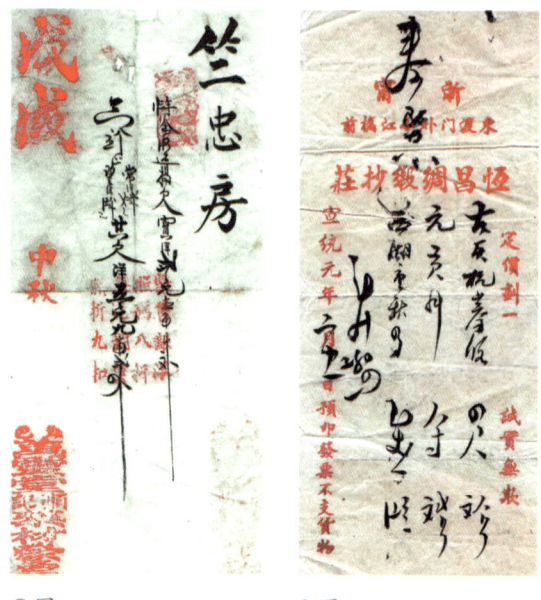

⊙图69　　　　⊙图70

"工部局谕（第一千八百三十六号）：本局现经查得，有等商人曾领卫生处所给试验药样凭单，即以用作凭据售卖搀和吗啡、鸦片等品，妄称戒烟良药。兹特声明，此项凭单只凭各人当时交来请验之原物，断不能保其所售某药之纯净无害也。此谕。西一千九百（零）七年三月二十六号总办雷福森示。"落款"上海中法大药房天然丸分销处"广告。（图73）

以上，我们将竺师爷的遗函基本上按信笺的时间、地点顺序作了介绍，内含民信局封、民信局经折（账折）、甬申和甬汉线轮船信客邮件、船递银信、大清官局封、清代府台文书、银票、货单发票以及各时期往来书简，包括宁波帮著名人物亲笔手书等。汇总介绍至此，全文附图七十余套。清末，中国社会正处于剧烈变革时期，记录并研究那些如此困苦、复杂的过往，便于后人鉴往知来，这便是笔者整理本章的初衷。

第五章 镇海竺师爷信笺

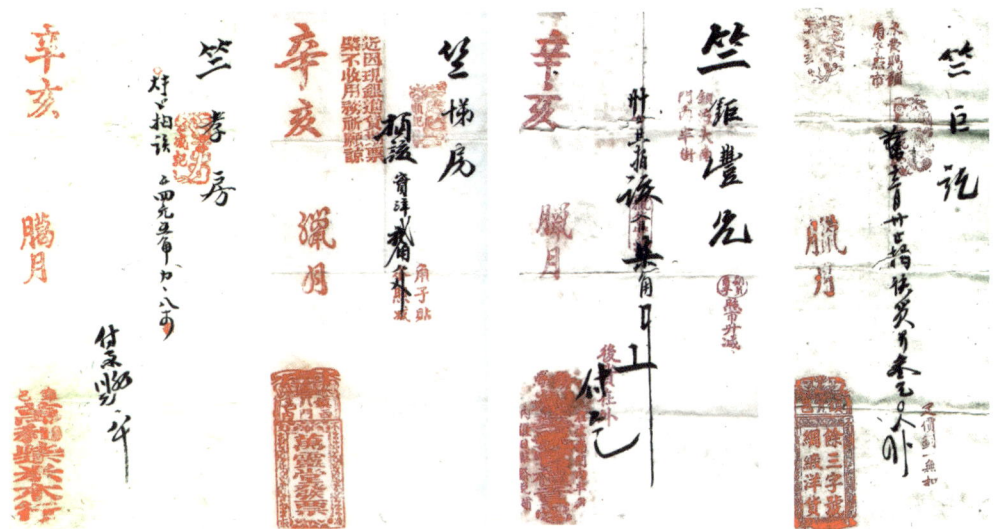

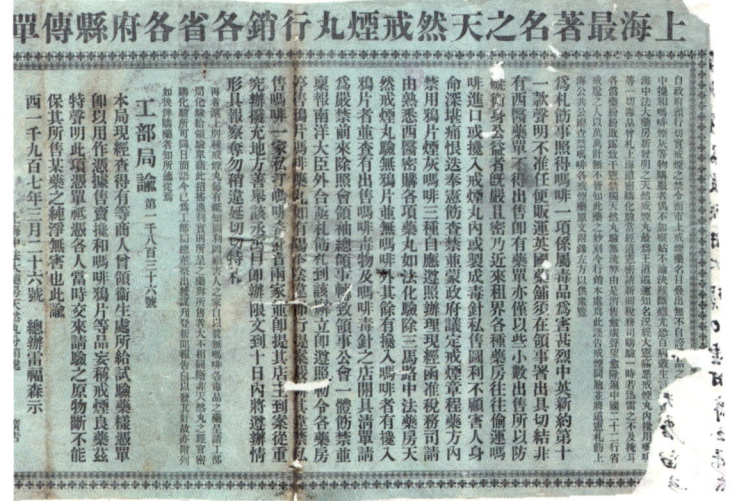

| ⊙ 图 71-1 | ⊙ 图 71-2 | ⊙ 图 72-1 | ⊙ 图 72-2 |

⊙ 图 73

第六章　全盛（全泰盛）信局资料辑存

经过几年来的搜集以及邮界诸先进的鼎力协助,笔者粗略整理出民营全泰盛信局相关资料及其行用戳记。民间信局创办历史距今已有一百多年,早期民邮通信实物和资料现今存世不多,加之长期以来史学界对民信局的认识存有偏见,不太重视对该阶段交邮历史的收集研究和整理,以致未能客观正确评价民信局在历史上的重要作用与贡献。其实,交邮史同近代经济史有着密切的联系,经济的发展必须要有交通枢纽邮递提供支撑。可是通观几十年来近代史书,大多侧重于政治方面的论述,而各地方志除了官办驿站之外,对民营交邮史罕有记载。随着相关实物资料大批散失或湮没,收集工作变得越发困难。尽管如此,经过搜集与汇总,大体上我们还是能够窥见全泰盛这一早期民办信局的端倪。

笔者在资料汇集整理过程中,发现1885年12月25日上海《申报》上有一则广告曰"添设徽州信局",内开首即提到"本局始创全盛,继增全泰盛,今添设……"它真实地呈现了从全盛到全泰盛信局的发展过程。

一、宁波市邮电志以及天津海关史料等有关全盛（全泰盛）信局的资料

《宁波市邮电志》在其"附录"内论述:自唐迄明朝,"宁郡六县,俱皆滨海""商船番舶,乘潮出没"。宁波地处沿海,万里之舶,五方之贾皆来此贸易,享有鱼盐市舶之利,实为东南之要会,历史上已是著名的外贸港口。明中叶以后,随着商业的发展,又促使交通、钱庄业发展。其时,甬江沿岸江厦街一带商肆林立,钱庄鳞次栉比,一派繁荣,有"走遍天下,不如宁波江厦"之说。商业之发展,离不开金融之依

托。而商品交流、物资采购、票据往来、银钱结算等内在联系，则赖信息之沟通联络，三者相辅相成，密不可分。起初，钱庄业以自身需要，为获取资讯，兼办民营邮传，差便人或专人传递，继而随着贸易的发展，专营民间邮传的民信局就独立于钱庄应运而生。

"民办信局（初称信局，官办邮局成立后，为示区别，称之为民信局）始于何时何地，仍未探究……"此处"仍未探究"的说法比较客观。在宁波邮政局档案资料中找不到与清代民营信局相关的登记信息，仅见一份"宁波民信局民国二十三年3月1日向邮局领取执照者"登记资料。1934年民信局已处落日黄昏之时，全国现存有关民信局登记资料亦都是这个时期的。现今能查到的登记资料中有关全盛信局的信息有两种：

1. 全盛信局开设于咸丰二年（1852），总局设在鄞县，另有柴桥、慈溪分局。

2. 全盛信局开设年月不详，总局设在上海，鄞县设分局，创建应在清道光前后。

显然，这是一份简略、保守又不精确的登记资料，登记时距离信局肇始相隔已有百年。

另据《奉化市邮电志》记载，清道光元年（1821），大桥（奉邑大桥镇）设"全盛"号民信局。

又据《余姚市邮电志》记载，清道光、咸丰间设信局，余姚全盛信局设立于清道光年间，地址在城关酱园街。这两处记载将民信局开办历史前推了若干年，而宁波（鄞县）民国时期资料，则称是清咸丰二年（1852），总局反倒晚了几年。

又，《慈溪邮政志》记载，清咸丰二年（1852）始设民信局"全盛"分局。

镇海郑建军曾著文《风雨兼程的全盛信局》，发表在《宁波日报》上，内称：镇海十七房商人郑景丰，幼年在沪学酒业，后回甬，于1852年在甬创办"全盛源记信局"，设总局于上海、宁波，在杭州珠宝巷、绍兴大江桥、定海南门外等地遍设分局、代理信局、联号等，形成民间邮传网。原文资料来源笔者未作任何交代，经函询回复称出自《浙江通志》，其本人并无实物或相关原始资料，也未作过深入调研，录此仅供参考。

《天津邮政史料》第1辑提及民信局时称："民信局为邮驿制度下之产物，盖邮驿系专供政府之用，民间书缄并不能有所利用，民信局遂应时而起。此种组织推测当始于明永乐后，以宁波为中枢，初仅限于沿海，旋推广于内地，最盛时大小信局何止数千家。就中以宁波帮为牛耳，势力最大……"（此间所指民信局创始年代为推测）此外，《天津海关一八九二——一九〇一年十年调查报告书》第82页"附录一"已登记的民信局名单内有全泰盛信局，递送地点有北京、保定、营口、烟台、上海。利用铁路轮船运递，至北京四小时，保定十二小时，营口、烟台两天，上海三天。邮资北京、保定总计50文，营口、烟台、上海总计100文。

根据天津市档案馆1902年邮局资料，已登记的民信局内有"2.全泰盛，在估衣街万寿宫胡同南口"。

民国四年（1915），巡员陈锡庆在《天津民信局调查报表》内录有全泰盛信局，经理人陈芝祥，址在天津，所查详由：陈已死于民国二年（1913），委派朱学林代办全泰盛执照，现在陈之族人之手，现移在杨家胡同。

香港《邮票世界》1988年11月发表杨耀增先生《天津的民信局》一文，内记载：清同治年间，天津登录有卅余家民营信局，内有天津全泰盛轮船局，在京、沪、江、浙、东三省有分号。另据《清代通史》记载，天津民信局直隶省内有分号五十家，省外一百家。光绪廿四年（1898）《津门记略》内登录天津十四家信局名址，天津全泰盛轮船局在万寿宫胡同。

二、《中国邮票史》第一卷第一章第二节选录

与古老邮驿系统日渐没落的情景相反，商业性的民信局在18世纪中叶以后逐渐崛起，19世纪中叶以后步入长达半个多世纪的繁荣时期。

全书论及民信局的起源和民信局的经营，但是缺乏确实可靠的实物资料，正如文中所书："而现在存世的民信局实寄封，时间上没有早于咸丰年代的。"其中所引资料内有一件光绪二十六年三月初一日（1900年3月31日）浙江宁绍道台致宁波海关税务司的照会中附录的有关禀帖，其作者为"甬江信局全盛"等。

与全泰盛信局相关的图示有两件，一为信局戳剪片，双格碑形框线之外为"饶州每逢二五八起程"，框线内为"水巷口全泰盛旱道徽州局"，日期不详。另一为光

绪二十七年（1901）桂月初六日由"屯溪全泰盛公记徽州信局"寄上海的凭单，收据左下方盖有直式无框形局戳，上注有"票根"，另印"由芜湖专走轮船各省，长江一带，上海、京都、天津、山东、烟台、福建、四川、湖南、湖北、汉口、九江、安庆、江西、金陵、镇江、扬州、通州、淮安、广东"。可见全泰盛信局的邮路规模及其在全国各地的分布范围之广，只是四川、山东、福建等地尚缺乏实物资料引证。

凭单原件在《邮史研究》总第四期严平西所著《民信局的发展历程及行用戳记》一文中，第11页上亦曾附图介绍，同时显示一件全泰盛信局寄海关税务司的实寄封，内论述："全泰盛轮船局在当时执民信局之牛耳，该局在光绪廿七年（1901）已在上海京都等十九市设局。该局亦于同年七月七日（赫德批示）由杭省交天津轮船局递函给赫德，内容可能也涉及请愿，但无函件或批示可佐证。值得一提的是该封由全泰盛本局送递，封面又有京钱壹吊文戳，对赫德来说有些明剌眼眉的味道。"信封上盖"杭省全泰盛轮船局""天津全泰盛轮船局"双格碑形戳两枚。严文第18页上又展示一件信局经折（账折），即客户邮费结算清单，上盖"上海全泰盛公记徽州北局"戳及"辛亥"（1911）年份戳。

三、刘广实《中国民信局》邮集全泰盛信局实寄封

1. 庚子年（1900）由浙江绍兴邮寄杭州正大米宝行，封背书"力讫"，盖"浙绍全盛老信局"直式无框形戳记，右侧局址不清。右下方另盖有一枚"陈相如氏珍藏"鉴定章，陈氏祖籍系宁波。

2. 庚子年（1900）嵊县邮寄杭州实寄封，背书"酒力讫"，盖"嵊邑全盛信局"直式无框形戳记，右侧地址不清。下方也盖有一枚"陈相如氏珍藏"章。

3. 1917年余姚商务分会函件，封正面左上方盖"姚江全盛源记信局"直式无框形戳记，前文曾介绍"全盛源记信局"由宁波镇海郑氏十七房人郑景丰所创办。

4. 1910年无锡发寄枫桥信局封，封背盖"无锡全盛合记信局"直式无框形戳。

5. 杭州邮寄枫桥信局封，背盖"杭省全盛源记信局"戳。

6. 上海邮寄嘉兴贺年美术信封，封背盖"上海三马路全盛和记信局"及"上洋全盛和记信局"两枚戳记，都是直式无框形，另书"沪至嘉酒例"。

7. 盛泽王万兴邮寄杭州,封背盖"盛泽全盛老信局"戳记,又书"力例"。

8. 宣统二年(1910)四月拾九日湖州邮寄杭州汇款回照执收条,固封内洋四元五十分,左下方盖"湖州全盛和记信局"直式无框形戳记。

9. 杭州崇源钱庄邮寄枫桥封,内附退票(钱庄票),封正面盖有"票"字,另书"力讫"。封背盖"杭省全盛源记信局"戳。

10. 1907年金华邮寄枫桥信局封,正面盖"全盛局"专用戳,封背盖"金华全泰盛轮船局"双格碑形戳记,上书"力讫"。

11. 饶州邮寄 YIXIAN(黟县),封背盖"饶州水巷口全泰盛旱道徽州信局"双格碑形戳记,右上方书"洋信力付讫"。

12. 天津邮寄江西崇义县,封上书"要紧言敬烦全泰盛速寄江西南安府崇义县"和"酒例"。封背盖"天津全泰盛轮船局""上海全泰盛长江轮船局""九江全泰盛旱道局""江西全泰盛轮船局"戳以及"江西广隆轮船信局"戳两枚。四例全泰盛轮船信局戳记式样都系双格碑形,另盖有集邮家王纪泽先生之收藏章。

13. 汉口邮寄 YICHANG(宜昌),封背盖"汉口袜子街横巷全泰盛旱信局"三格碑形戳记。

四、《邮史研究》中全盛(全泰盛)信局资料

《邮史研究》第五期严平西《民信局的发展历程及行用戳记》一文中,全盛信局计有如下戳记:上洋全盛信局、义桥全盛信局、乌镇全盛老信局、浙杭全盛信局、拱宸桥全盛源记信局、黄渡全盛合记信局、上海全盛泰记信局、上海全盛泰记北局、杭省全盛源记信局、姑苏(今苏州)全盛义记信局、浙湖全盛泰记信局、上海二马路全盛合记信局(有长短之分)、上洋全盛和记信局、上海二马路全盛和记信局、宁波天后宫全盛泰记信局、浙宁全盛泰记信局天后宫、浙省全盛源记信局寓鼓楼。以上都为直式无框形戳记。姑苏全盛义记信局、上海全盛合记信局、松江全盛信局不准支取,此三项为直式框形戳。共 21 例,时间跨度为 1897—1912 年。

全盛泰记信局、全泰盛信局计有:河口全泰盛信局、龙游全泰盛信局、徽州全泰盛信局、姑苏全泰盛义记信局、深渡全泰盛公记信局、徽州全泰盛顺记信局、江西

玉山全泰盛恒记信局、上海全泰盛徽州信局、乌镇全泰盛徽州信局、屯溪全泰盛公记徽州信局、徽郡全泰盛公记徽州信局、杭州全泰盛公记徽州信局、上海全泰盛公记徽州北局、姑苏全泰盛恒记上洋信局等，上述为直式无框形戳记。

另有屯溪全泰盛慎记信局、徽州全泰盛慎记信局、杭州全泰盛顺记徽州局、屯溪全泰盛慎记徽州局、七贤街全泰盛慎记局吴义生号内、杭省鼓楼湾全泰盛慎记□州局每逢三五八起程、汉口袜子街横巷全泰盛旱信局、京都全泰盛轮船局、九江全泰盛轮船局、太郡全泰盛轮船局、芜湖全泰盛轮船局、江西全泰盛轮船局、徽州全泰盛轮船局、安庆全泰盛轮船局、上海全泰盛轮船局、天津全泰盛轮船局、杭省全泰盛轮船局、上洋全泰盛轮船局、武穴全泰盛轮船局、杭省全泰盛轮船局南厂牌楼、运漕大码头全泰盛轮船局、金陵□口大街全泰盛轮船局、姜堰设南大街全泰盛轮船局、通州掘洋场全泰盛轮船局、如皋鹤□场全泰盛轮船局、南通州设西门外全泰盛轮船局、浙绍全泰盛恒记上江信局、姑苏全泰盛恒记上江信局、龙邑全泰盛恒记长江轮船信局、兰邑全泰盛恒记长江轮船信局、常山全泰盛恒记长江轮船信局、衢都全泰盛慎记长江轮船信局、芜湖全泰盛慎记长江轮船信局、上洋全泰盛长江轮船局、金陵全泰盛轮船信局信坊口东首净觉寺隔壁、杭省全泰洽轮船局住珠宝巷马正源局内，合计50例。

《邮史研究》第十期何辉庆先生《胡适父母家书的考析》一文，披露全泰盛轮船信局戳记四例，其中两例拙文中未予列入，特予以补充。一为"厦门水仙宫全泰盛轮船局"碑形三格戳，另一枚"金陵全泰盛轮船信局信坊口东首黑廊口便是"四格碑形戳，与上文中所列"金陵全泰盛轮船信局住坊口东首净觉寺隔壁"地址稍有差异。已编入的有"上海全泰盛长江轮船局"双格碑形戳，以及"台湾全泰盛轮船信局城内竹仔街城外看西街"（台南）信局四格碑形戳。原件彩色封面显示时间当在1893年前后，邮路从台南—厦门—上海—金陵后再转寄安徽绩溪，由民营全泰盛轮船信局包揽全程，详可读何辉庆先生大作原文。

第十期同时有一篇严平西先生《〈民信局〉补遗》和毛明忠先生《清代民局与官局合递的邮件》，内披露多件全泰盛信局戳记，除重复和附图不清之外，将拙作遗漏部分一并展示于后：福建全泰福轮船局、福建全泰盛轮船局、保定全泰盛信局、庐州全泰盛轮船局、宜昌全泰盛信局、汕头全泰盛信局、常山全泰盛长江轮船局等七种。

五、光绪乙酉年（1885）《申报》上全盛信局资料

1.1885年2月20日《申报》全盛信局广告："上海全盛信局账房启。代购《申报》者为交好起见，然申报馆订报者必须先付钱而后取报。敝局各处分局甚多，而阅报诸君以为区区之数逐月归取而觉见烦，而敝局总垫者以成巨款，况《申报》进出局，主概不预付垫，应在于司账，虽则稍沾报馆之微利，并不过费于诸君。嗣后倘□委购，务望按月归清……莫怪终止，实因垫应不起。故特登报预告，伏乞诸君原谅为幸。"（图7-1）它记录了清代全盛信局在各地为客户订送《申报》预付代购费的情形，由于数量甚巨，"实因垫应不起"，特作声明。

2.1885年2月23日《申报》广告："宁绍信件由内河往来。兹启者，今因中法交涉，往宁轮船开期未定，□正商贾信札，音信不通，殊为不便。今我申宁八局同行汇报，凡宁绍等处信件暂由内河往来，亦为便商起见，俟有轮船开放，仍照旧行。特此布告。正月初九日起，正大、福润、正和、协兴、全盛、永利、广大、天顺八信局公启。"（图7-2）又3月5日广告："启者，我四局等被法兵迫害，镇海轮船不能行走，于昨日为始，另雇划足夫由杭至宁，风雨不更。特此告白。"

3.1885年4月19日、20日《申报》广告："宁波信局声明。今正自海道不通，宁波信件由内河往来，敝局缴费浩大，所以信资倍加。概蒙商号体谅，允许镇海轮船虽通，停泊镇海口外，凡搭客装货用小轮拖驳，而水脚客位较前加倍。今敝局向旗昌、太古二船言明，凡我八局包封，亦随小轮船带上，与信箱同时到甬，不迟时刻，但缴费既巨，信资每封仍叨百文，银洋物件酌加，以归划一，而昭平允。特此布告。申甬正大、广大、福润、正和、协兴、靛顺、永利、全盛公启。"（图7-3）因中法战争影响，甬申线邮路受阻，往返困难，邮资加至百文。

4.1885年10月12日《申报》新闻："信船被劫。昨有信局友人来述，全盛、永泰、丰永和正源各局信船由峡石开至嘉兴栅外被盗劫去银洋、货物、汇票、信函由。又，杭州来申之全盛、正和两局船亦为绿林客所抢，失物若干，尚未查悉，然已足见天荆地棘行路艰难矣。"（图7-4）

5.1885年10月12日《申报》广告："汇票被劫。萃隆寄苏永祥庄收公和永票第元诚照甲露昌仁栈初四期元三百两，又，杨同昌票第二百廿号照申新泰栈徐砚芸初五期元三百两，又□成庄……五百两，又寄苏镒源庄……一千两，又椿生庄……五百两，局船于初二晨在震泽双漾地方被盗劫去其票，已向前途均已说明作为废纸，望各宝号切弗收用。尚有银洋货物容再登报。南浔永和、全盛局谨启"。（图7-5）信局一个班次，合计银票达2600两，随船捎带的现洋尚未计算在内，可以看到当年民营信局银信业务的繁荣，此广告由南浔永和、全盛信局刊登。

6.1885年10月16日《申报》广告："局船被盗。兹者初三日声明时全盛、正源、永和、永泰丰等局船在嘉兴北门外太平桥秀水县地界被盗抢去，当即报县，业已踏过，所失之洋汇票货物等开单登列于后：永和局禾宝裕票二百两，寄申丰源禾内票五百两，寄申晋成禾本局外钱二百廿四，本局禾陈泽如外钱五百十五文，文报局苏来内洋一元西塘全泰又协兴局外伙一包。又，同盛、盛泽内伙（南货）一包，王大源硖泽寄申周益大外布一件，硖泽寄申广丰七百七十文，硖泽久大外饰银二百九十四两七钱，德泰庄、永泰丰、禾恒大内票一百两，申许和、丰禾、万生内票五百两，申洽成、全盛局、禾恒新内票二百两。又，元牲庄、正源局硖石、申源寄申巨□五百两，硖石张仁泰寄申蒋□记五百两，锦盛寄申木三百两，锦盛、久大寄申德泰庄洋八百三十四元，锦盛、永康寄申泰亨源饰银四百九十三两五钱。"（图7-6）

《申报》1884年12月23日报道全盛信局信船被劫事件，报捕房后获得迅速破案。1885年2月20日《申报》新闻报道："破案迅速。去年十二月二十三日全盛等局各信船由青浦县之珠家阁镇驶行来沪，开至本埠新闸西首小沙渡□，被船上搭客孙兆堂（即孙寿堂）及同党某甲劫去银洋一千九百六十五元，由驾船之何阿福报知该局，即行禀报上海县及租界各捕房……由西包探头目麦根查勘……"（图7-7）

7.1885年11月22日《申报》广告："全盛信包被窃。十三日接收嘉定南翔各客交寄来申及转各处银洋汇票信件等，着祝文才挑至兴如镇陈炳茶室停留歇肩、洗脸吃茶，俟申至翔挑友到来互相兑回。讵料一转瞬间而包封失去无踪，内计洋信十一封，共洋三百七十三元，银一两，银物一封，又汇票一封，计洋六十元；空信三十九封。当投地保即往四处追查，尚无下落，倘蒙仁人君子知风报信查获者，是

图 7-1 上海全盛信局帐房启

代收申报照此交好听候取阅
其所启各章必须先付月费
迨报送出局后恕不预留
每月底报主到局面付月资
须自备图章或亲笔取领不得
假手于人以防错误理合预为声明
伏乞鉴原

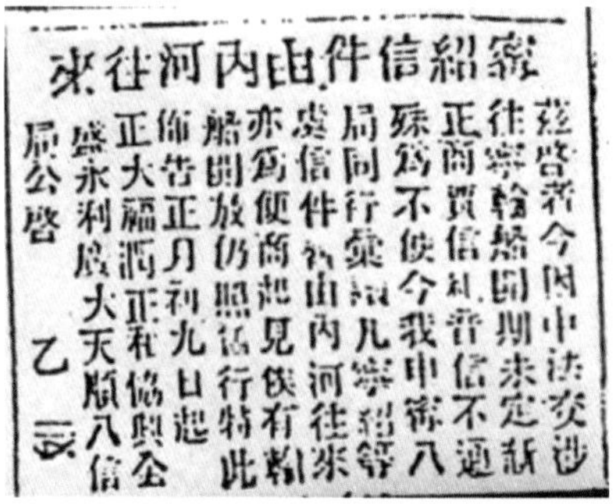

图 7-2 宁绍信件由内河往来

启者兹因中法交涉
往来轮船愆期未定讯
兹我公司同行议定
即于正月初九日起仍由内河往来特此布告
正大福润大天顺八信局公启
乙酉

图 7-3 宁波信局声明

今正自海道不通甯波信件由内
河往来敝局极为浩大所以信资
倍加通作今敝局向旅昌太古二船
行并与我八敝局包封另开小轮拖驳而
水脚亦不到百文故仍加倍以昭
公允货用信件酌加而信封钜贸
船挑通信如有小轮拖驳客位较
洋 银到申
和慎衍谨此布告顾永利至盛公启 乙酉正

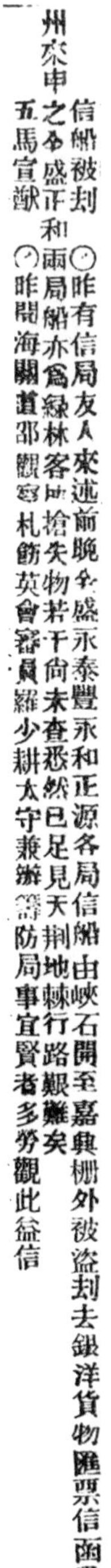

图 7-4 信船被刧

州某申之彭盛正和两局船亦为绿林客所捡失物若干尚未查悉然已足见天荆地棘行路艰难矣昨闻海关道邵观察札饬英会审员罗少耕太守兼办防局事宜贤者多劳观此益信

○昨有信局友人来述前晚全盛永泰丰永和正源各局信船由峡石开至嘉兴栅外被盗刧去银洋货物汇票信函又由

图 7-5 汇票被刧

革隆寄縣永祥庄收入和永祥票第元號照申盤
昌仁機初四期元二百兩又楊同昌票第二
廿號照甲新泰機徐硯雲初五期元三百又
早成庄寄縣永祥庄收卯湘配初五期元二百二十又
九號照陳與昌邵月記初二晨又椿生庄寄
籠銀盤切敝庄新昌申昌票第一號照周月
收邵湘配亞第一期元五百兩叉
票寄縣切敝收此尚有銀洋貨
地方被盜刧去共計已向前途均已說明作為
廣號盤
再登報
南潯永和全盛局謹白 乙酉

图 7-6 局船被盗

本客初三日黎明時至盛澤源永和永泰亨等局船在嘉興北門
外匯票
外票
石埠
七百兩又同盛澤局票寄
寄申本三百兩鷗露又永泰亨源師票肆百九十三兩五錢
乙酉

广寄申泰亨源师票肆百九十三两五钱

当重谢，决不食言。特此登报布告。上海南翔全盛信局启。"（图7-8）看来清代民局信船、挑夫被劫时有发生，一个挑夫就要捎带如此多的贵重物品，说明从事交邮业务风险甚大。

8.1885年12月22日《申报》广告："添设徽州信局。本局始创全盛，继增全泰盛。业今添设徽州屯溪、黟邑、休宁、渔亭、饶州各镇等处，苏、申、宁、绍每逢二五八日起程，倘蒙贵客委寄现洋，十圆起码，均可汇兑，一免途中之跋涉，二可迅速而按期，庶几两有裨益。如寄汇票物件，务须计明价值。设有捐税物件，自行投关报纳送局，掣取收凭，带资仍照大例。诚恐仕商未知，特此登报告达。杭省全泰盛慎记总局启。"（图7-9）从此广告中可以进一步得悉全盛信局、全盛泰记信局是后来建立的全泰盛信局、全泰盛轮船局、全泰盛旱信局之前身。清光绪早期镇海人竺钜封师爷所遗留下来的大量信函，也记载了早期全盛和全泰盛信局实际是同一个局的历史。从上述广告具名都用"全盛"，可见当年凡全盛、全泰盛、全盛泰记信局或轮船信局，习惯上仍以全盛老信局通称。

六、邮刊和拍卖行有关全泰盛信局资料

2002年《集邮》增刊第六期上介绍了一件新发现的"紫竹林全泰盛轮船信局"实寄封，封正面书"内要烦速送京都前门内旧连子胡同中间路北确呈察院李大人木斋次印升启，自天津马家口谭缄"，左上方书"号金已付，酒资照给"。封背盖"紫竹林全泰盛轮船信局""天津全泰

⊙图7-7

⊙图 7-8

⊙图 7-9

盛轮船信局"双格碑形戳，以及"回信仍送前门外打磨厂西头会成店内全泰盛记"北京到达戳。增添了天津和北京 19 世纪八九十年代全泰盛信局的实物资料。因封上未书年代，难以界定具体时间，只能估计。

"中邮大地"2002 年春季拍卖目录 258 至 261 号上亦披露有天津和松江全泰盛轮船信局与全盛信局实寄封，可惜都未书年份，只见月日。

蟠龙拍卖行 2002 年第 21 期通讯拍卖目录，邮史类内第 1317 号为中式红条信局封。原件由广西桂林发出，封正面书："内安函敬烦全泰盛贵局速寄江苏省城金太史场张大老爷辰官印升启，广西桂林阳光裕堂缄寄。"左上方见贴一枚小红条，上书："此公馆已搬往上海新衙门署内，询明送去可也，申本局照，苏局批。元月初九。"（1901 年 1 月 6 日发）封背中缝书"光绪庚子拾壹月十六日护封"（阳历 1901.1.6 发）。另见书"本人上海新衙门""正月初十到"。上盖"广西全泰盛记全省信局"双格碑形戳两枚，一枚不清。中转盖"广东全泰盛轮船信局……"戳，此戳三排式，中间为局名，左右两排文字不清，估计是信班日或地址。到苏州盖"姑苏吊桥门外全泰盛轮船局"三格碑形戳。实寄封从庚子年十一月十六发到辛丑年正月初十到，历时 53 天，将近两个月！封正面可见"SCOOHOW FEGPAID LATE POSTIN"全英文迟到邮件戳，以及"上海 /SHANGHAI/28FEB 01"汉（英）双格日戳。该时上海、苏州都建有全泰盛信局,对于此件为何经大清官局转递疑问颇多,笔者尚未作详尽调查,以上新增添了三枚全泰盛信局戳记,特录之。

七、全盛(全泰盛)信局行用戳记(按实物修复)、实寄封与单证附图汇总

甌全泰盛輪船局
郡全泰盛信局
浙全泰盛信局
上杭全泰洽信局
洋全泰盛信局
上全泰洽記信局 寧住陸家洪頭
浙寧全盛德信局
上全泰盛信局 寧住通裕局內
岳州全泰盛信局
海全泰盛信局 上北市三馬路
上全泰盛信局
海全泰盛記北局
上全泰盛信局
起全泰盛信局
橋全泰盛信局
鎮邑全泰盛記信局
姚江全盛記信局

平湖全盛信局
鎮邑全泰盛記信局
湖全盛信局
城慈全盛信局
海定全泰盛信記局
沈隊全泰盛信局
江山全泰盛信局
常州全盛源信局
處州全盛記信局 承江天后宮
浙寧全盛源信局
浙寧全盛記信局
橋駁腳全泰盛信局
柴橋全泰盛信局

浙寧全泰盛輪船局
浙寧全泰盛輪船局
上洋全泰盛輪船局
上洋全泰盛輪船局
鎮仙輪船局
鎮江全泰盛輪船局
江九全泰盛輪船局
江西輪船局
支安輪船局
上海江全泰盛長
上海江全泰盛長

上海全泰盛輪船
口營全泰盛輪船局
省杭全泰盛輪船局
杭州全泰盛輪船局
徽州全泰盛輪船局
湖無全泰盛輪船局
屯溪全泰盛輪船記
徽州全泰盛輪船
溪全泰盛慎記
屯溪全泰盛輪船
郡六全泰盛輪船
慶全泰盛輪船
湖安全泰盛早信局

影縣全泰盛息記信局
京都全泰盛輪船局
紫林全泰盛輪船
天津全泰盛輪船
屯溪全泰盛慎記
南在全盛記×××
杭州全泰盛慎記 徽州
屯溪全泰盛慎記
杭州全泰盛順記 吳美生號
歙南暨全泰盛慎記
金華全盛輪船局
全盛局

上海輪船信記
杭省全泰洽記 住珠寶巷內
杭省全泰洽輪船局 馬正源內
武口全泰洽輪船局
杭省全泰盛輪船局 南廠權牌
漕運頭碼大輪船局
漕運頭碼大輪船局
金陵全泰盛
杭省鼓樓全泰盛慎記 州每達三八起程
漢口全泰盛信局
漢口全泰盛早信局
漢口全泰盛輪船局

龍邑全泰盛記信局
蘭邑全泰盛記信長
常山全泰盛輪船信長
都江全泰盛記信長
衢江全泰盛記信長
湖盛全泰盛記信長
通場全泰盛恆記
楊州通洋全泰盛
如皋景全泰盛輪船
州通海全泰盛輪船
南設上江全泰盛信局
浙紹全泰盛信局
蘇姑上江全盛信局

長沙高中妙子街全泰盛信局
姜堰設南街大輪船全泰盛信局
松江全盛信局 不准支歇
金陵全泰盛輪船信局 淨覺寺牆壁
饒州水口葺道徽州全盛局 匋選二五八字
饒州輪船局
鎮邑全泰盛輪船局
江姚全泰盛輪船局
江早全泰盛道局
化全泰盛輪船局
奉全泰盛輪船局
城丹全泰盛輪船局

第六章　全盛（全泰盛）信局資料輯存

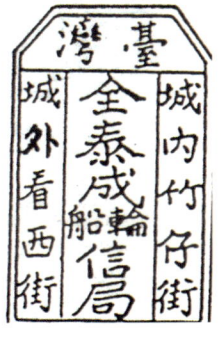   

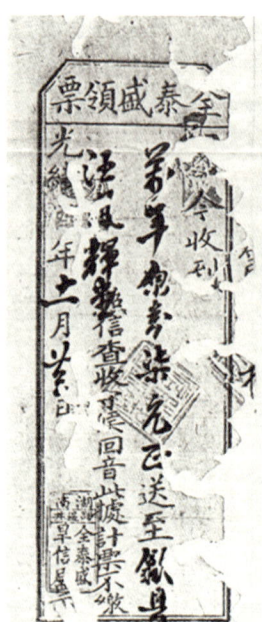
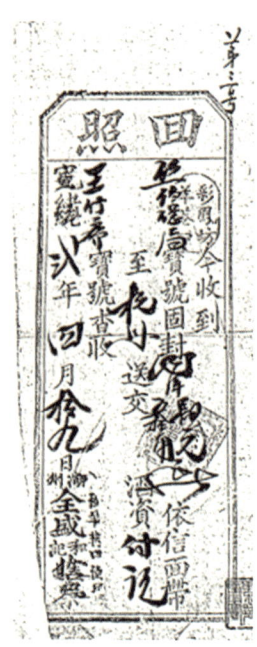
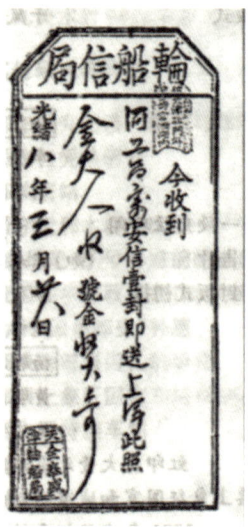

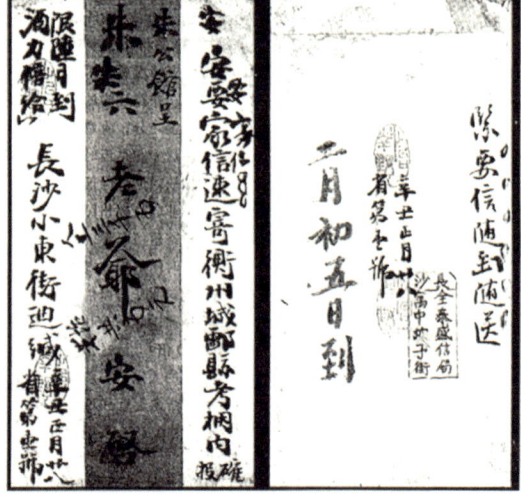

第七章 湄云号大兵轮军士信笺释读

20世纪90年代初,上海徐星瑛老先生知晓我正在寻觅中国早期民信局实物和资料,正巧遇到日本一位集邮家邮寄给他三件中日甲午海战时期从宁波邮东北营口(牛庄)经民信局传递的实寄封及信函影印件。原件发自宁波浮石亭,这位日本邮人要求查证一下浮石亭所处位置,徐老就将三个旧信封和四大张信函复印后邮寄给我。经调查,宁波旧时确有一座浮石亭,坐落在江北区槐树路西侧。三件经民信局邮递的信函都是从宁波家乡寄发,远渡重洋传递至东北营口北洋舰队湄云号大兵船,收件者为舰上现役官兵。看来在湄云号舰上有不少宁波籍水兵参加了悲壮的甲午中日海战。存世的三件实物影印件记载了北洋水师甲午海战悲壮的历史,具有重大意义,由于未能找到湄云号大兵轮的详尽资料,一直未做较全面的分析和介绍。近日在上网时访问了几家有关北洋水师和甲午海战的网站,终于找到了湄云号大兵轮的来龙去脉,搞清楚了为何这三件湄云号上官兵的信件会流落到日本集邮家手中。特撰此章,以实物作证,从另一视角审视这段悲壮而耻辱的历史。日寇侵略,列强掠夺,前车之鉴,永志不忘。

一、三件经民信局传递的实寄封试解

三件实寄封的邮寄年代分别为清光绪乙酉(1885)桂月、癸巳(1893)小春月、甲午(1894)三月,贯穿了北洋舰队建立前后,达九年之久。

第一件 中式美术封,宁波海运经上海抵东北营口,正面书"内安要函□烦局带至牛庄楣(湄)云宝舟内呈屠阿祥先生升,洪仁金托"。(图1-1)封背中缝书"乙

⊙图 1-1、1-2

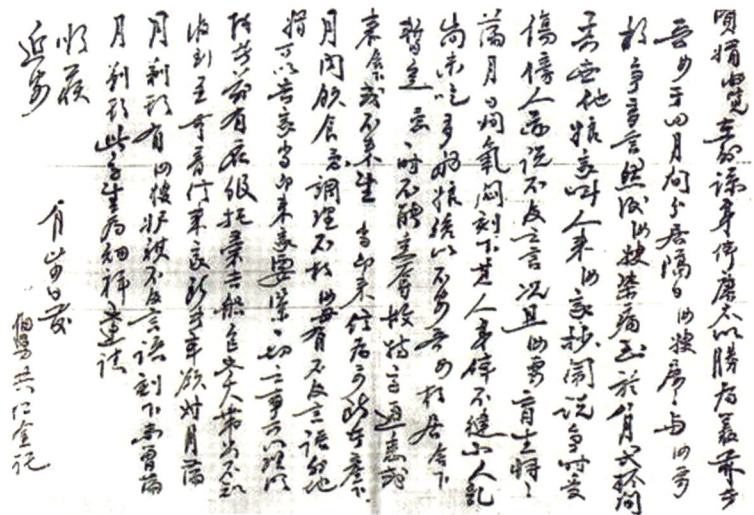

⊙图 1-3

酉桂月念四日江北岸发",两侧书"酒资照列(例)/切弗耽搁/等候回音",书明收信人需向信局酌付酒资(邮资)。桂月是阴历八月。右下方盖"宁波福兴信局",左侧中转盖"上洋老福兴轮船信局"红色直式无框形信局戳。(图1-2)此件发自清光绪十一年(1885),据史料记载,当年北洋水师尚未成军,湄云号宝舟属福建水师,1872年调往奉天巡缉,驻扎牛庄,后调入北洋水师。原件含信件,发信人是屠阿祥的岳父,内谈家常事之外另提及其妻刚生下儿子,尚未满月等情。(图1-3)屠阿祥在湄

第七章　湄云号大兵轮军士信笺释读　157

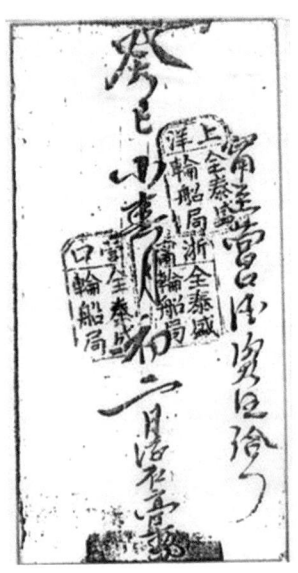

⊙图 2-1、2-2

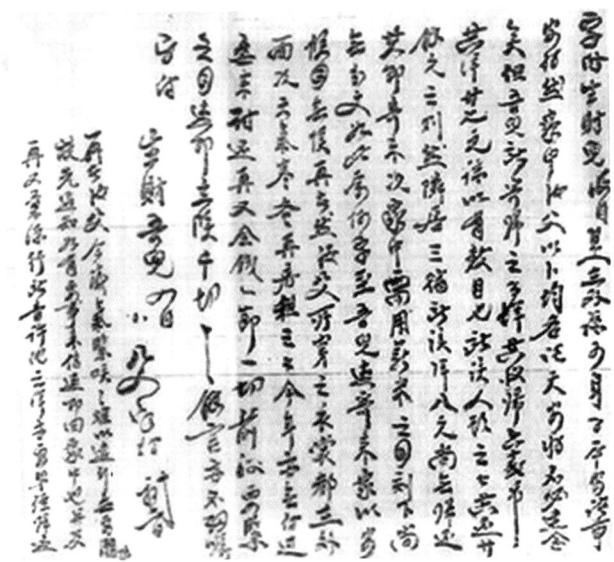

⊙图 2-3

云号舰任何职不明，信中另问询前曾托"汇吉"船包老大带去衣服是否收到。

　　第二件　中式红条封，宁波海运去营口，封正面书："内要紧信烦全盛局顺营口祈递交湄云号大兵轮内交袁生财小儿收下，宁波江北袁宅托寄。"（图2-1）封背书"癸巳（1893）小春月初二日浮石亭书。宁至营口酒资照给"，书明宁波海运至东北营口收信人需向信局交付全程酒资（邮资）。小春月应为阴历十月，十月佳称谓"小阳春",书信或书画等落款处可见"良月""小阳月",都是同义。陈元靓《岁时广记》引《初学记》:"冬月之阳,万物归之,以其温暖如春,故谓之小春,亦云小阳春。"欧阳修《渔家傲》词"十月小春梅蕊绽,红炉画阁新装遍"可谓出典。封背盖有双格碑形轮船信局戳三枚,宁波首发盖"浙宁全泰盛轮船局"戳,海运抵上海中转盖"上洋全泰盛轮船局"戳,到终点盖"营口全泰盛轮船局"戳,记录了全泰盛轮船信局千里迢迢的北洋邮路。(图2-2)附件是父给子函,可以看到袁生财家中经济十分困难,生活艰辛,父亲患有疾病。(图2-3)

第三件 中式红条封,由宁波至营口。封正面书:"内紧要信烦台驾顺至营口祈递交湄云大兵轮内交袁生财小儿收入。甬北浮石亭袁托寄。"(图3-1)封背中缝书"护甲午三月初六日书",右侧书"顺风快利"。(图3-2)看来是一件手递封,所书"台驾顺至"是何人捎带不明,有可能是湄云号舰上的军士或商船上的亲友由宁波去东北营口顺便捎带,时间在甲午海战前夕。封内附函两件,父信内提到因病情渐重,准备操办后事,但家中经济困难需速急汇银。信内嘱咐"附上蔡妻寄壹信祈面交为托""又茅士德壹信并□"转交本人,一封含三件,说明湄云号舰上另有蔡姓和茅姓两

⊙图3-1

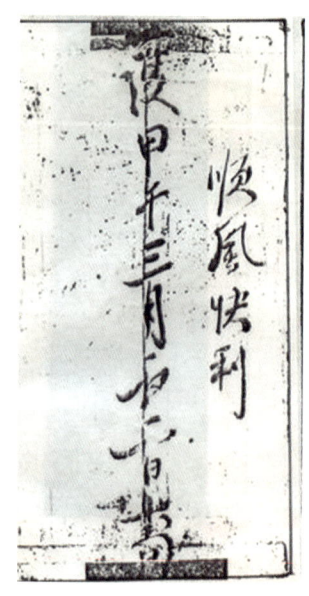

⊙图3-2

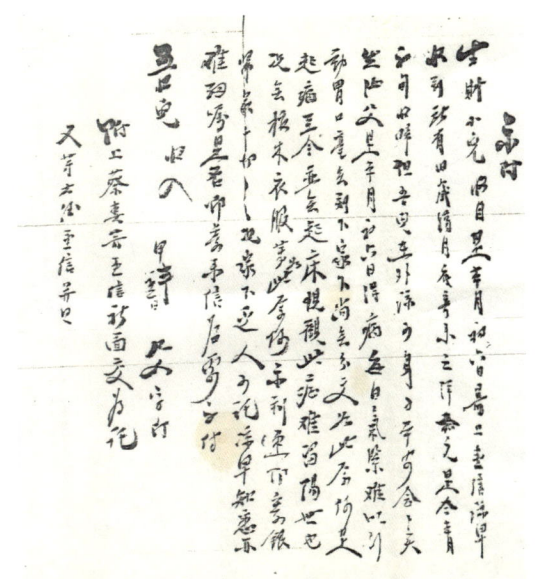
⊙ 图 3-3

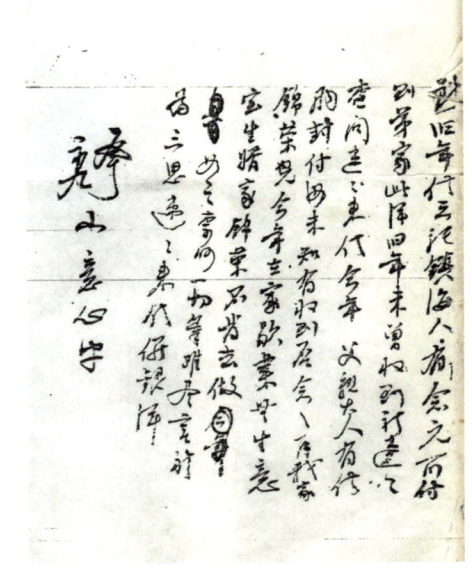
⊙ 图 3-4

位宁波籍军士服役。（图 3-3、3-4）

三件实寄封都是从宁波江北岸浮石亭发寄海运至东北营口湄云号舰。第一件发自清光绪十一年（1885），由老福兴信局邮递，时年北洋舰队尚未正式建立；第二件发自光绪十九年（1893），由"浙宁全泰盛轮船局""上洋全泰盛轮船局""营口全泰盛轮船局"邮递；第三件为顺托"台驾"（系指归舰军士或商号亲友）捎带的手递封，时间在光绪二十年（1894），中日甲午海战前夕。两件从信局邮寄的实寄封说明当年商民官兵通信汇银和捎带衣物（信中曾提及经信局邮寄衣物），依靠的是民营信局，而并非通过宁波、上海和牛庄的海关邮政。同时记载了民信局的东海邮路，自清道、咸之后海运既开，交通邮路方便起来：从宁波镇海跨海北上可至上海、青岛、威海、天津、营口；南下则可达温州、思明（厦门）、番禺（广州）、台北、台南等地。实物见证了自 1820 年至民国时期民信局在中国近代百年交邮历史中所起到的重要作用。

信函中出现的湄云号舰上现役宁波籍军士姓名有屠阿祥、袁生财、蔡□□、茅士德四人，当然不会仅止于此，完全可能有更多的宁波籍水兵参加了悲壮的中日甲午黄海之战！

二、湄云号（MEI YUN）之历史

湄云号，英文名 *MEI YUN*，木质炮舰、练习舰，福州船政局所造第 2 艘舰船，船政总监工法籍洋员达士博监造，1869 年 2 月 8 日开工，1869 年 12 月 6 日下水，1870 年 1 月 10 日由沈葆桢、日意格等督率试航，造价十万两银（一说为十万六千两银）。

湄云号首任管带吴世忠，挂游击衔（略低于参将）。

舰船资料：木胁木壳兵船，制造工艺为铁钉连接捻缝。军舰主要尺度与"福星"同，舰长 54.03 米，宽 7.8 米，型深 4.77 米，舰艏吃水 2.671 米，舰艉吃水 3.5 米，主匡面积 18.88 平方米，风帆面积 737.7 平方米，排水量 550 吨，采用普通卧式 2 汽缸蒸汽机（购自国外），圆式锅炉 4 座，功率 320 匹马力，单桨，航速 9 节，编制 70 人。本舰原属福建水师，但在 1872 年应盛京将军之请调入北洋舰队，1895 年 3 月 6 日在营口被日本海军俘获。3 月 17 日上午，日军正式占领威海卫，将北洋舰队的舰船俘获，插上日本旗，北洋舰队全军覆没，山东半岛之战结束。山东半岛之战的失败，使京畿完全暴露在日军的刀锋下，直隶平原无险可守。清政府被迫于 4 月 17 日同日本签订了中国近代史上空前屈辱的不平等条约——《中日讲和条约十一款》（即《马关条约》）。6 月 5 日以"湄云"之原名登录为日本海军舰艇，但不久又在 7 月 7 日除籍，于三国干涉还辽、将旅顺归还中国时，在 7 月 12 日与另一艘小轮被一同收回，在日本只有短短的一个月。

三、对上述信笺和资料的分析

1. 湄云号舰史坎坷，原属福建水师，1872 年调往奉天巡缉，驻扎牛庄（营口），后调入北洋水师，1895 年 3 月 6 日在营口被日军掳去，三国干涉还辽时归还中国。从而说明了以下两个信息：

第一，第一件洪仁金 1885 年经宁波老福兴信局邮东北营口湄云号舰屠阿祥的信件时间之谜，因此件距中日甲午海战尚有 9 年，从舰史资料上得悉湄云号舰早在 1872 年即调往奉天巡缉，驻扎牛庄（营口），后来才调入北洋水师。到 1894 年该舰已是有廿

余载军龄的北洋战舰。从 1885 年屠阿祥收到家信至 1895 年 3 月 6 日舰船被掳，信件遭日寇掠夺，时间长达十年，说明屠阿祥有十多年军龄，是舰船上的老兵（军士）。

第二，湄云号舰有一段坎坷的历史，1895 年 3 月 6 日曾不幸在营口被日军掳去，到三国干涉还辽时才归还中国，总算是不幸中之大幸，历史记载当年有多艘军舰被日寇掳去并长期被扣留。这就是为什么湄云号舰上官兵的这三件家信会流落到异乡日本。同时实证了日军对我国的凶残掠夺，连被掳军人的普通家信都不放过。

2. 实寄封中出现湄云号舰上的宁波籍军士屠阿祥、袁生财、蔡□□、茅士德，从附信中可以看到当年北洋舰队战士生活的艰难困苦，屠阿祥岳父给女婿的信中提到因家中不和，女儿只能怀抱尚未满月的幼儿住在自己家，无人照应。函中还提到前曾从宁波家中寄衣服去千里迢迢的东北营口军港。北方海域的冬天十分寒冷，而军士的冬衣还要家中接济！袁生财父亲的两封信更为悲惨，父患重病即将离开人世，但无钱看病和操办后事，连葬衣、棺椁都无钱购置，连房租也付不起，如此艰难。

3. 湄云号舰艇编入北洋水师后执行巡缉、训练、运输任务，虽无赫赫战功，但是在近代海战中，除了需要主力舰、巡洋舰发挥作用，尚须各舰种、军种多方面合力才可能获胜。以往对甲午中日海战的记载和宣传似集中于个别舰艇和个别将帅之上，而对其他战船和将士的记载和宣传多被忽略，存世史料十分稀少。以湄云号舰艇的史料为例，除了简史，几乎一无所有。从福建水师到北洋水师并经历了甲午海战，几十年来，湄云号舰艇不可能没有任何战绩战功！

最后要说的还是这句话，实物见证了这段悲壮而耻辱的历史，交通邮递史同样也是近代史的一个重要组成部分，它从另一个角度如实反映了北洋水师在中日甲午海战时的状况，希望有更多的人能了解并深入挖掘这段历史。

第八章　宁波福润信局邮温州信笺辑存

　　温州曾晓伟先生发来一件清光绪年间宁波福润信局邮温州银信,内附信笺,请求笔者解读。书信人程壬斋是江蓉舫的学生。信内提及由宁波通裕银号马文斋赐三十二元等事项,甚觉新鲜。近几年来接连发现清道光通裕信寓碑、上海咸丰四年通裕信局封、苏州信史上的通裕信局、上海和宁波的通裕钱庄,看来此信笺来路不凡。宁波通裕银号俗称"胡通裕",是清末著名大商人胡雪岩所创办的半官方的银号。现将该信笺解读于下。

一、收发人和年代

　　该信笺经宁波福润信局邮温州发"温处道台"。收信人为温味秋观察大人。(图1-1)发信人程壬斋在宁波"侨寓甬江,株守如昨,惟以一介寒儒",似一文职官员,"久滞此间,非所为计,拟月杪仍复束装北行……"可见并不安于现状。
　　封背仅见局戳,而无封口章和发信日期,发出单位只见具名,不甚健全。(图1-2)常见古封都很讲究,此件发温处道台,有些马虎。
　　程壬斋信中提及"望月(月半)由通裕银号马文斋兄处交到惠书并瑞蒪侯观察所赐干修洋三十二元",(图2)说明马文斋是宁波通裕银号内一位工作人员,通裕银号同温州海关以及道台都有经济往来。
　　通裕银号是胡雪岩阜康钱庄之别名,设在宁波海关内。徽商领袖人物胡雪岩白手起家,发迹于杭州,但胡雪岩与宁波的关系非常密切,他不仅在宁波先后开设通裕银号、通泉钱庄,还开设当铺,并兼做生丝、茶叶、药房等生意,宁波在胡氏庞大的产业中占有重要地位。由于宁波已经成为当时重要的商埠,胡雪岩本人和员工

⊙图 1-1、1-2

常往来于宁波,经营进出口业务。同时,作为红顶商人的胡雪岩,还利用宁波作为通商口岸的便利条件,承办官府交办的粮台转运,接济军需物资,与位于宁波外滩的各国领事馆和洋行买办过从密切。在宁波近代商埠经济发展史上,胡雪岩也是一位避不开的人物。

胡雪岩当时在宁波设立的通裕银号实质相当于官银钱局,但存续时间并不长,19世纪80年代中期随胡雪岩败落而消亡。因之界定此信笺年代当在清光绪初年。

二、疑似实寄封解读

拙藏经福润信局寄发的实寄封有多件,类似的有一件盖有"浙宁福润信局,移至天后宫前"戳的实寄封,时间在清光绪丁亥年(1887),局戳、干支戳、邮资、收发字号、封口章俱全。应是同一时期的古封。

清朝丁亥年宁波江厦天后宫恒源行经四家信局水路邮崧厦镇的古封,其年代经两年的反复考证未果。信笺发自宁波三江口,由甬江天后宫(妈祖庙)水路经百官曹娥江达上虞崧厦镇,古封记录了宁波旧时兴盛的信局业。原件曾请英国伦敦大学讲师蔡维屏女士咨询大英博物馆和中国台湾"国立"博物馆相关专家鉴定其具体年代,仍无法确认,台湾专家从纸张界定属晚清道光前后。

四件信笺正背面盖丁亥年份戳、浙宁恒源行章（两例）、"酒资照例"戳，封口护封章（两例）、信局戳，共七枚，都为红色，相当齐全。内有一件局戳注明"浙宁福润信局，今移天后宫前"，说明恒源行在宁波江厦天后宫附近，戳章清晰完整。更为神奇的是四件信笺同年发寄，竟由天后宫附近四家不同信局承办，真是十分难得！实寄封确证宁波三江口天后宫是古代宁波海上丝绸之路水上交通重要集散地，周边有多家民信局以及钱庄。同时佐证我国民信局在清末已经十分兴旺发达，相互间竞争激烈。清私营交通邮递事业的发达加速了我国资本主义经济的发展，民信局（私营邮局）功不可没。

经考证，从"宁"字下方"用"字的书法可以确定此封已是清晚期了。曾先生寄来的封书法和局戳同上，可以界定日期应在清光绪丁亥前后无疑。

局戳文字"今移天后宫前"同上封只有左右之分。

清代丁亥元月三日封发浙宁恒源行寄上虞县崧厦镇永泰宝号，由"浙宁福润信局，今移天后宫前"递送（见局戳），邮资手书"力讫"，即邮资已付。封正面右上左下分别盖"恒源""浙宁恒源行"章，右上角章为阴体。（图3-1）封背盖"丁亥"年份戳，时间定为清光绪十三年（1887）。中缝盖圆形吉祥文字护封花章。封虽已破旧，但是文字、章、戳都仍齐全清晰。（图3-2）崧厦旧时曾称为嵩下市、嵩城市，为江南著名城镇。

浙宁福润信局经始于清何年无考，《宁波市邮电志》民国信局登记册内记载为咸丰年间，另有慈城分支。登记册内所有信局经始年代都写成咸丰年间，并不靠谱，其实历史实物证明宁波信局经始于清道光前后。

明清正式官制中并无观察使这个职务，但是明清时人们对道员雅称为观察大人。道员，尊称道台大人，品阶一般为正四品，资历高的则为从三品。分守道主管一省内若干府县政务，而分巡道则主管全省提学、屯田等专门事务，守、巡诸道多加兵备衔。在一省地位排在布政使之下，相当于现今的副省级。

收件人温忠翰，字味秋，出自山西太谷名门，清末著名诗人。咸丰举人，同治元年（1862）探花。曾官浙江温处兵备道，光绪十一年（1885）十一月由温处道升湖北按察使。详见温忠翰《遗山诗髓》及所附《元诗备考》《补遗》等。

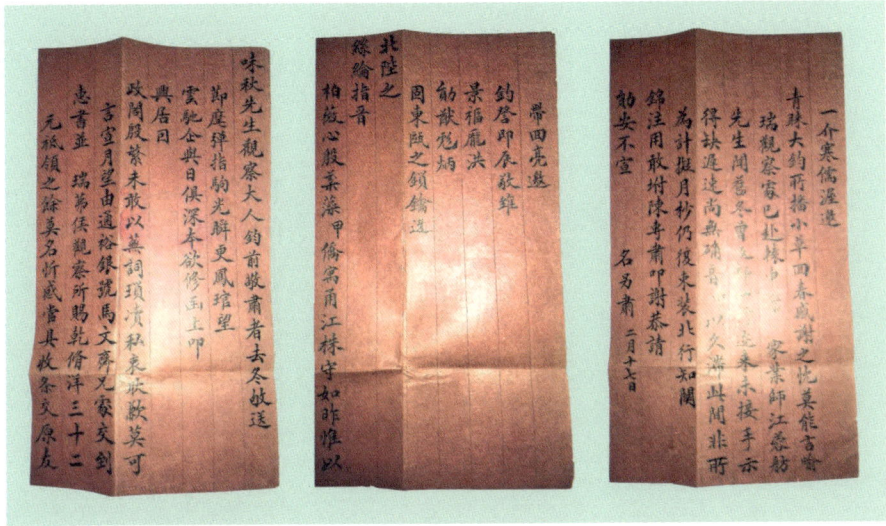

⊙图 2

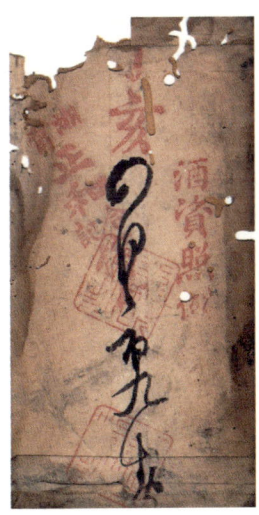
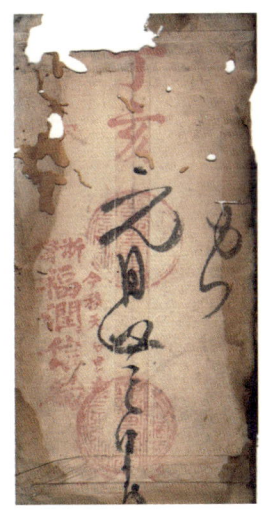

⊙图 3-1、3-2

附函中人物涉及瑞弗侯观察、马文斋等，详情无从知悉，其中书信人程壬斋官职虽不明，但从信中得知他是江蓉舫得意学生无疑，"业师江蓉舫先生，闻旧冬曾返乡一行，迩来未接手示，得缺迟速，尚无确音……"

江蓉舫，江西婺源人，清道光二十九年（1849）举人，立官内阁中书、蒲州知府、太原知府、河东和两淮盐运司。

第九章　江厦钱庄信局封辑存

　　20世纪90年代初宁波坊肆拆迁旧屋时发现一批清代通过民信局寄送江厦广和、厚益钱庄王体山先生的信局封。这批旧信封共八件，其中两件封背破烂无法辨认，余六件尚完整。内几件封背书有日期，时在清光绪十六年（1890）前后，收件人为同一人。

　　宁波自古为对外开放的重要港埠。宋朝淳化初年（约990）前后建置市舶司，之前置有广州市舶司，其后置有泉州市舶司，合称"三司"，已有千年历史。市舶司集海关、外贸、商务、船政以至宾馆、码头、仓库等涉外机构于一体，宁波市舶司曾经设在甬江边的江厦街。五口通商之后，宁波江厦钱庄、银行、信局激增，成为沿海金融贸易中心，商业十分繁荣。三江口水陆交通发达，周边慈溪、镇海、定海（昌国）、余姚各县都相当富饶，巨商辈出。民间有"走遍天下，不及宁波江厦"之谚，形容旧时宁波三江口之繁华。从清末民初一份资料中可见宁波城内私营钱庄、银行达到一百二十余家。这批钱号遗存的旧信封记录了清代光绪年间信局为钱号通信汇银服务的历史，特别是"东北营口立生钱庄经森昌盛轮船局海路邮宁波江厦广和钱庄封"更为珍罕。下面作一简介，供宁波金融史、信局史研究学者以及集藏界的朋友参考。

　　第一件　由慈北发寄宁波广和钱庄，中式红框美术信笺，上书："内福函即寄宁波江厦送广和宝庄内王体山先生升启，慈北翁益新缄。"封背盖"慈北鸣鹤场福润隆记信局"红色信局戳，甚清晰。（图1）

　　第二件　由慈北惟善堂发寄甬江厚益钱庄，中式红条信封，上书："内福函即

 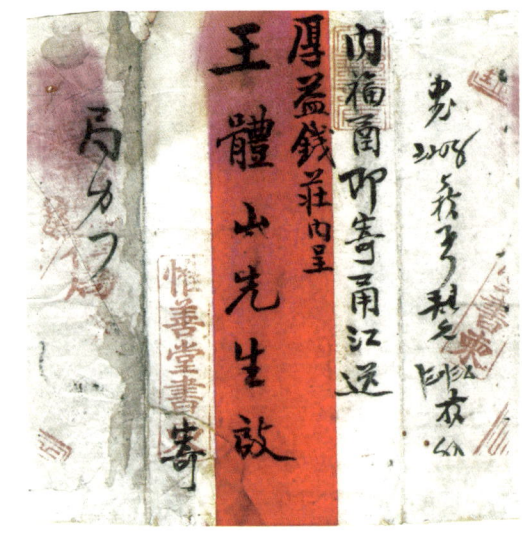

⊙图1　　　　　　　　⊙图2

寄甬江送厚益钱庄内呈王体山先生启。"封背盖"慈北鸣鹤场福润隆记信局"戳,此戳上半部分不清,下方可见"隆记信局"字样(戳式同上)。上方书"局力讫",即发信人已付邮资。旧时钱会、堂会以土地为经济基础,宗族内按堂(户)分股,大的堂会曾使用会票,具有钱号职能。右侧记有慈北惟善堂与甬江厚益钱庄银钱来往的账目,按申元用商码记载,商码上方书"申元764……规元1323",(图2)记载了钱会与钱庄间银两银圆往来。清代到民国时期上海周边各省银两都以申规(又称规元)计,其来历大抵起源于上海豆商。咸丰八年(1858)由外国银行公决,将往来账目一律改用上海规银,以后通用全市。即以标准银用98相除得来,98两纹银等于规元100两。标准银成色为0.935347,以98除之得0.916666。即规元银1000两含纯银916⅔两,而银圆通常说法为七钱三,时有上下差价。

第三件　梅花图美术封,上书:"内函即送甬江双街交甬江厚益宝庄内呈王体山先生升启,慈西朱清莽手缄。"封背盖"慈城□□信局"红色章,信局字号不清,另手书"力讫",表示邮资已付。(图3)

第四件　红条封,封正面书"函送甬江交广和宝庄即呈王体山先生台升",盖"继述堂书柬"章。又一件慈北地方钱会的银信。封背盖"掌起桥全盛泰记信局"红色戳

⊙图3

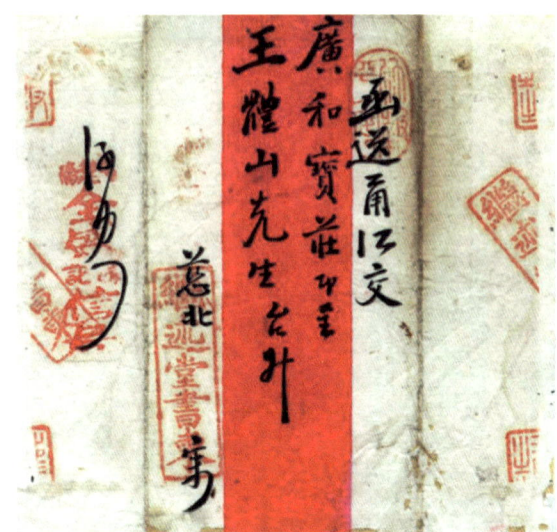
⊙图4

记,上书"酒力讫",即发信人已付邮资,也表明了堂会与钱庄间经济业务联系。(图4)宁波三北地区重镇掌起桥、鸣鹤场,是宁波帮商贾云集的地方,实力雄厚。地方上有信局与信客以宁波、上海为其中心同全国联网,传递银信迅速方便,信用颇著。大上海巨商船王、上海宁波同乡会领袖人物虞洽卿就是三北人。

第五件 由甬申线轮船水路邮递宁波的信局封,发信人为上海叶廷辅,中式封。上盖"丰裕洋行书"红色印章,为上海洋行与宁波广和钱庄之间往来的银信。封正面书"封内要函烦与寄甬江钱广和宝庄王体山先生"。封背书"护丙申九月拾壹日书",丙申即光绪二十二年(1896),盖"上海协大信局"红色戳。外手书"酒例代给",即由收信人付邮资。此件正面上下交接处用火漆封口,火漆上盖全英文椭圆形章两枚,文字为"China & Jap — Rading Company ShingHai",另见盖"如意"章,看来是一家在沪的日商洋行。(图5)此函有可能是件挂号邮件。五口通商以后上海港口发展迅速,远远超过了宁波,成了东方明珠,引起隔海相望的大批甬人涌向申地,从事金融业和工商各业,到了清末人数已达数十万之众。信局(民营邮局)与信客业随之兴盛起来,信客频繁往返于东海甬申航线。据宁波清道光通裕信寓碑和史志记载,在清道光年前后甬人首倡民信局,尔后逐渐以上海为其中心,有它的历史渊源。

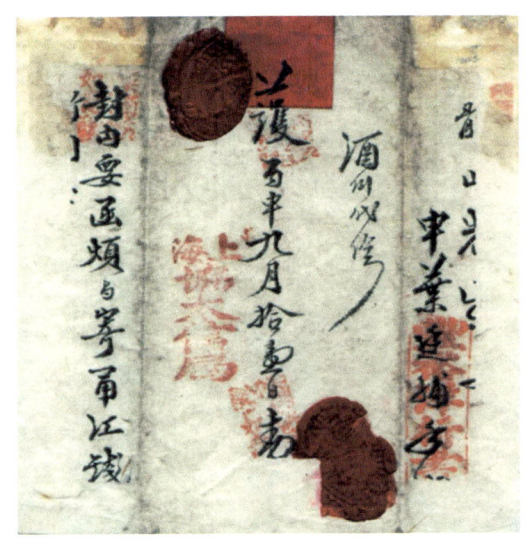

⊙图 5

第六件 从东北营口立生钱庄经远洋轮船水路邮递的宁波民信局封特别引人注目,行距达上千海里。此件中式红条封,由次营王凤书托寄,上书"内安要家书烦寄宁波江厦送广和钱庄内呈王体山先生升启",正背面盖"营庄立生书柬"红色钱号章。封背中缝书"护丁酉(1897)九月十八",以及"太和 693 元营申规 524 两另 1323 文 ……"为钱庄间往返商码账目。中下方盖"营口森昌盛轮船局"碑形双线红色信局戳,另右中位置手书"酒资付讫",即发信人已付邮资。(图6)此封实录了清代光绪年间从东南沿海甬江到东三省的一条重要海运邮路,以及营口立生钱庄和宁波广和钱庄之间的金融业务往来,颇为珍贵。前几年营口市史志办公室曾向本人征集从宁波市江北区浮石亭发寄的三件经民信局水路邮递的信函,都是从宁波远渡重洋传递至东北营口北洋舰队湄云号大兵船的影印件,信笺收件者为舰上在役官兵。当年湄云号舰上有不少宁波籍水师舰员,他们参加了悲壮的甲午中日海战。其中有一件癸巳(1893)小春月由宁波江北袁宅经宁波全泰盛轮船局发寄,中转盖上洋全泰盛轮船局戳,落地盖营口全泰盛轮船局戳。此封家书和与拙藏"东北营口立生钱庄经森昌盛轮船局海路邮宁波江厦广和钱庄封",反响甚大,鉴于相关史料记载极少,营口市史志办获悉后收录馆藏,来信深表感谢,并在主办的《营口春秋》2012 年第 2 期上特著文介绍。

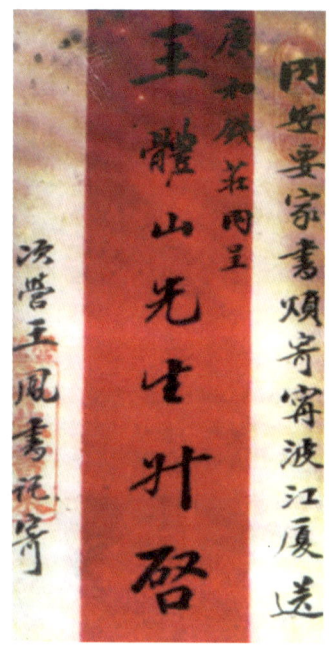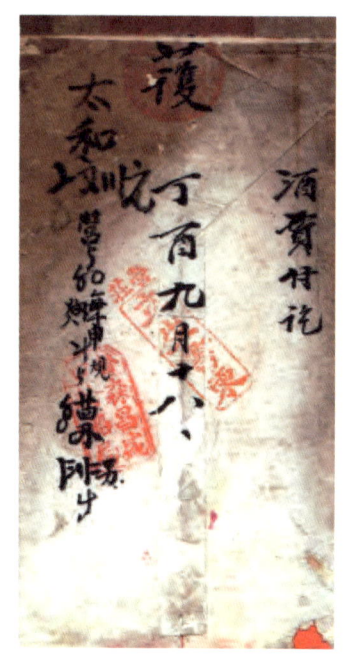

⊙图 6

第七件 文卿发寄,梅花图美术封。上书:"呈甬江厚益钱庄王体山先生亲披。"原件封背残,未见信局戳记。(图7)

第八件 中式红条封,上书:"内要安函仰局送甬双街广和宝庄内呈王体山先生升,慈西朱清莽手缄。"上方书"力讫",即资费已付,信局戳漏盖。(图8)

宁波人富有经济头脑,首倡先进的钱号银钱"划汇"(票据交换)制度,同时又经始民营信局,时间当在清嘉、道前后。据民国《鄞县通志·政教志·邮政》记载:"吾甬素以商业著称,郡人足迹遍于全国,间且及于海外,故交通事业也随商业而发展。邮电未有设施时,甬人首倡立信局,及沪甬通商以后,又有信客之专业。"五口通商后金融业的繁荣推动了交通邮递事业的发展,可见私邮——民信局、信客(水客、足夫)服务对社会经济发展和人民生活的提升做出了重要的贡献。

据考,中国民信局及信客业起源于钱庄,特别自从鸦片战争五口通商前后,各地票号纷纷兴起,东南沿海一带经商者日众,推动金融业迅猛发展,仅宁波一地大小钱庄就达数百家之多。各地钱庄商行之间的汇通,钱庄与客户之间银票与划汇传递,钱庄与商号之间清单互换,市场即时银钱兑换,行情、商情通报等等都需迅速

⊙图 7、图 8

传递,民信局与信客业随之兴盛起来。上面几件同钱庄相关的信局实寄封,看起来并不十分起眼,但是它们佐证了钱庄业同民信局、信客间的密切关系,非常生动地呈现和记载了这一段令人难忘的历史!

第十章 钱庄与信局关联信笺辑存

早期信局同钱庄和运输行关系密切,有的则兼营。本文选择一批与钱庄相关联的民信局和信客实寄封、信笺,解析清代至民国时期各地钱庄与信局信客之间的内在联系,以及民间私营邮递对经济发展的推动与贡献。信局经始与钱号的内在联系与相互作用,将新兴的资本主义经济向前推进一步。历经长期艰辛挖掘与寻觅旧时信笺、契约文书,用实物唤醒沉睡民间的交邮史。

本文从实物观瞻清朝的经济活动。信笺记载了清朝官商与坊间钱号的金融活动。一定的经济基础和上层建筑构成相应的社会形态,在信笺中得到印证。五口通商后我国金融市场上白银、洋银(各色银圆和角子)、历代大小制钱(孔方兄)、大清官银钱票、钱庄银钱票、汇票、彩票在全国广泛通行。银两与银圆(地方又称英洋、鹰洋、花边、洋元、龙洋)、银两与制钱之间的兑换比价多,银钱的成色差异大,相继出现各种规元、关平、库平、漕平、市平等计算砝码,各有差异。金融界巨商借机从多空博弈中获取暴利,投机取巧,操纵与扰乱金融市场。股票、彩票大批投放,《申报》上广告泛滥,但同时也促进了我国民族资本主义经济发展。信局和信客(水客、足夫)传递的钱号银信实寄封、信笺、文书实录了历史演变过程,朴实无华地呈现和记载了这一段令人难忘的历史。

第一件 清末张志清(浙江平湖城守署)长子张懿承从上海经甬申线信客周良翁邮宁波的信函,托办宁波资新钱庄划汇招商局六十五元(银圆)。红条封上书"内要信烦周良翁袖递至车桥弄口资新钱庄内呈陈有采先生升,寓申江张意诚托干"。(图1-1)背书"甲辰十壹月念叁日封"。(图1-2)附函书:"有采姊丈大人阁下雅照，昨日接得堂叔父递来尊书一封，内详一切……委写字画，王君前日赴轮驾至金陵，迄今未回，且看抵申，弟再去领取可也。……存尊号英洋八十元，前日来示取过五元，又堂妹父支过拾元，尚有六十五元，务望阁下合数划与招商局周君良堂兄处为要，切勿悟（误）期……阁下来示寄申英二马路兴申南里内第一弄第299号门牌内养正书馆内弟收可也，余不多言，后信再详。特此。太亲翁不另札，代为问候，近好。姻弟张懿承书。"（图1-3）这是一件非常标准的由甬申线信客传递的钱号间划汇银信。

第二件 张见棠从平湖寓经"平湖全盛信局"邮发宁波泰巽宝庄陈有彩老爷的绿色美术信封。（图2-1）封背盖"平湖全盛信局"框式戳，至上海中转盖"上洋全盛信局"红色戳。另盖封口等花章。（图2-2）绿色美术信笺，上书："有彩姊丈大人阁下久未通问……兹启者，刻下申厘见好，谅因秋庄发动，洋有走俏，近时甬地规元如在七块左右，奉托代做多洋叁千两。倘甬元已短，约价离远，烦我兄代为酌定，弟路遥似难悬议，拜托……台安，内小弟张见棠七月卅。"（图2-3）托办宁波泰巽钱庄甬规元叁千两做多头，看来清代浙省商界和官僚已具有资本主义金融理财头脑，官商结合，通过钱号兑换银两与洋元，从货币之间差价中获取高利润。张见棠是平湖城守署武官，后转业从商，张志清守备的次子。信笺很生动地记载了从多空博弈中获利的过程。

第三件 张见棠从平湖邮发宁波泰巽钱庄的信笺，内书："有彩姊丈大人阁下，昨荷……并蒙指示周详，感佩之至，准候秋庄发动，稍有走化，再行奉托。兹寄上纱线三机至望转交尊姬阿朱，前寄小洋……六月十四内小弟张见棠书。"（图3-1）银两规元差价多空炒作博弈，有巨头做庄家，名义上规元差价由各地方钱业公会合作议决。函中"准候秋庄发动，稍有走化，再行奉托"，下注做多，如同炒股。左下方附陈有彩先生留存上海《申报》所载当日金市和钱市"本埠商务市况"。（图3-2）

第四件 大清银行金黄色中式信笺，上方印"大清银行信笺"，左侧印"光绪　年　月　日"，四周印纸钞式花边和"杭州分行"四字。大清银行叶景柏从杭州邮宁波资新宝庄，咨询近期甬规元行情多空当以何面着手。函书："有彩仁兄大人阁下……近日甬元如何看法，多空当以何面着手，望足下于公余得空乞为详示

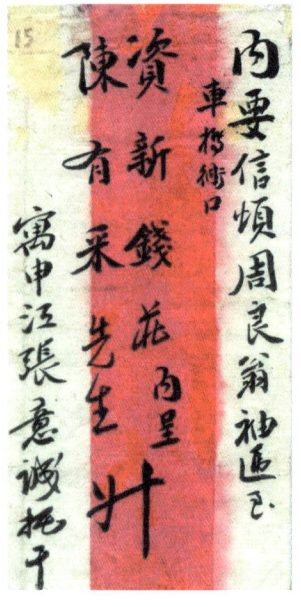

⊙图 1-1

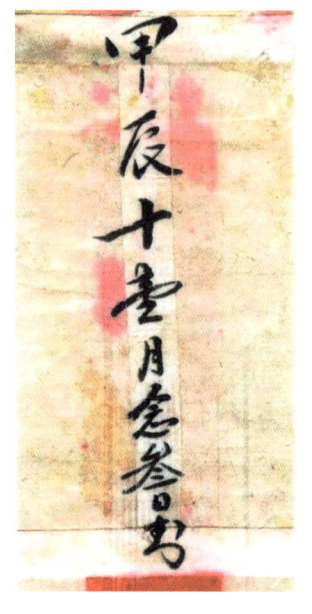

⊙图 1-2

为叩,即请台安。弟叶景柏二月初三日。"(图略)从陈有彩遗存的信笺中可知,大清银行开办之初有不少从业人员来自各地钱号,他们联手"做票"从各地规元差价多空博弈中牟取暴利,在大清银行从业的叶景柏还得请钱庄老板提供银钱兑换行情相关金融信息。

陈有彩的表弟邵镛从杭州邮汉口,使用大清银行金黄色中式信笺两页,形式同上。函书:"有彩表兄大人阁下,前接手函敬悉,台滋(兹)已安抵汉皋,一路平安,慰甚……舅氏大人以次均告令郎极为聪颖,切勿远怀。阁下位置曾否说定,外方口音能否听熟均在念中。文雄表兄生意未曾向泰生再四说项,假为该经理邱玉陞君人情太薄,一味……济生弟□偕弟今趋陈□翁处面商,然为时已晚恐难见效也。李家□□组织新当(当铺),本已具有端倪,可望告成,不意□状方佩绅突然失信,决计作罢云。鉴于如此势□恐累股东血本,现虽弟竭力挽回……未悉能否照做,□□甚焦虑……奉此台安,表弟邵镛二月十五日。"首页左上方记有股东投资银两商码记"吴一万二千一""陈

⊙图 1-3

第十章　钱庄与信局关联信笺辑存

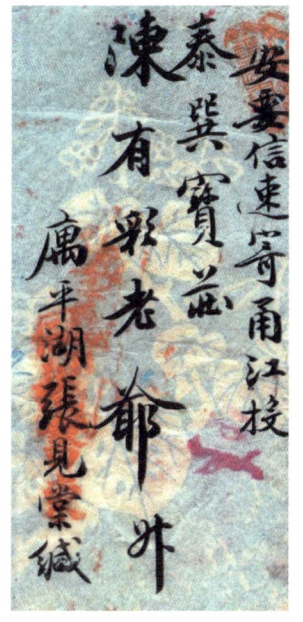  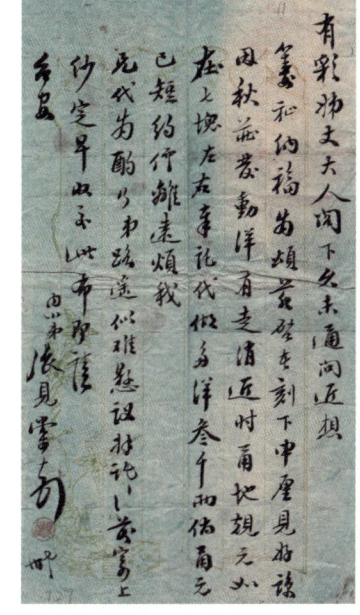

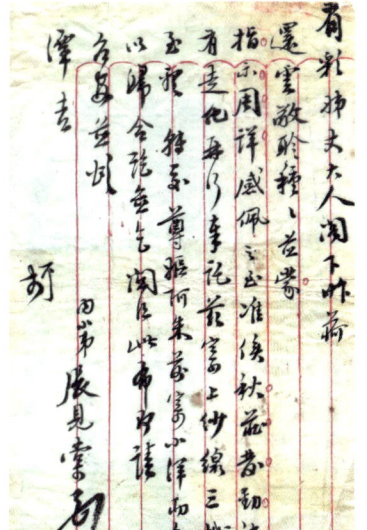

⊙ 图 2-1 ｜ ⊙ 图 2-2 ｜ ⊙ 图 2-3
⊙ 图 3-1 ｜ ⊙ 图 3-2

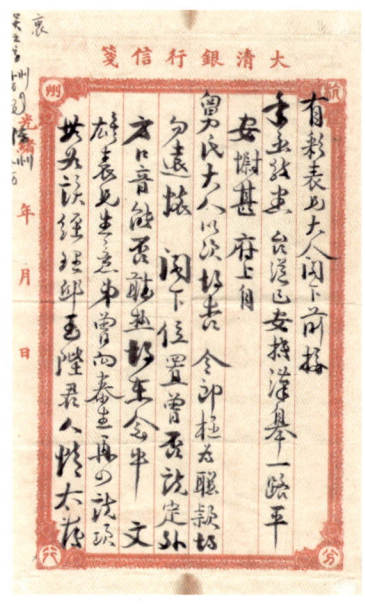
⊙ 图 4-1

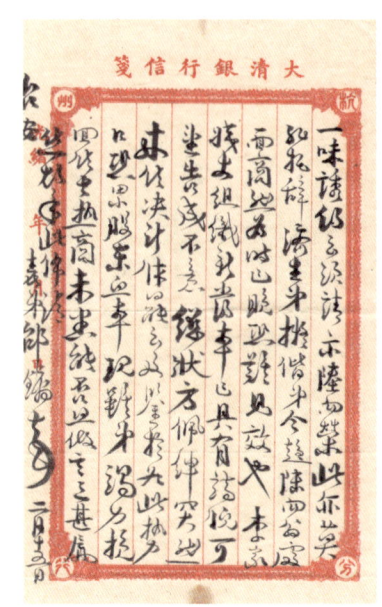
⊙ 图 4-2

二万二千二",款项甚大。(图 4-1、4-2)

第五件 杭州大清银行邮宁波,中式多层红条封,信客专递。上书:"请交贵友陈有彩君台启友松自大清杭行缄。八月十七。"(图 5-1)信笺使用高质特薄型宣纸制,红色直格大张纸,达 400 mm × 285 mm,右侧与中下方印有"大清银行总办事处信笺"红色字样。介绍大清银行创办之初人事状况。仅见一件,保存完整。

函书:"有彩仁兄大人阁下 …… 弟自入夏以后病魔缠身,请假二月余,中秋方始返杭 …… 弟寄踞杭垣 …… 虚延岁月而已,实无佳况可言。…… 银行局面虽大出息也,与钱庄相等,薪水虽略大,而缴用也随之,升且含有官性□,比钱庄难办。弟自问不□重谋钱庄事,苦一时无处可投,只能因循以守之,内中之苦况 …… 明春分号用人权衡操之杭行总办、经理、协理尚不能擅主 …… 弟岂可以进言,如分号用人权归分理若是,弟可以介绍之也,况总办事处命令我行各处旧有同事有裁无添,如缺出由银行毕业生提补,且明年一律须用洋式簿记,是非银行毕业生不可办 …… 到时再定进退,弟非不与足下为力,耳实无可以进言,兹告以大概,幸勿责 …… 贵执事与君以亲故,岂有不情,尚祈守之,此复即请时安。小弟柏。九月十四夕。"(图 5-2、

第十章　钱庄与信局关联信笺辑存　　177

⊙图 5-1

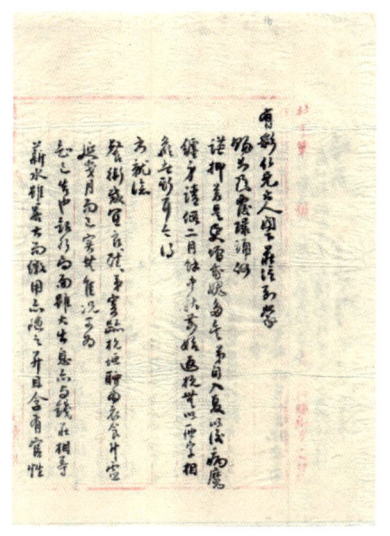
⊙图 5-2

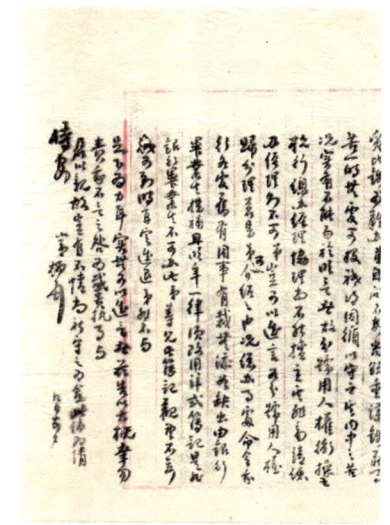
⊙图 5-3

5-3)此函叶景柏(友松)详情介绍了刚开办的大清银行内部组织人事情况以及新式簿记记账不同于钱庄老式商码的情况。最终陈有彩未能如愿进入大清银行而远去汉口。上下两件疑为同一人所寄发。

1905年清政府的中央银行——户部银行成立,1908年该行改组为大清银行,至1911年,大清银行成为全国规模最大的银行。1912年2月南京临时政府将大清银行改组为中国银行。近代中国影响最大的银行非中国银行莫属。此两件应是中国银行最早的信笺。实物佐证清代官方银行和官银钱局与信局、信客都有广泛的业务联系和合约。虽然大清官方邮政局已经建立,而清末民信局(信客)还是在各省城镇以至乡村十分活跃,为商民服务。诚如徐云芳老人所说,"信客是信用的客人",信客最讲诚信,服务周到,官商民间都乐于托付。

第六件　一件红条钱庄封,甬江泰恒庄缄寄,陈有彩舅父从上海邮宁波信笺。封正面书"祈送资新宝庄／陈有彩先生升",右下方盖"凭信关照"红色戳,甚为别致。(图6-1)陈有彩舅父规划去苏北清江购地数千亩种植烟、茶。函书:"有彩贤倩雅鉴,前托高升栈友寄上一缄祈先邀英览。所谓外埠之役,实龙上扬州,乃从京口换搭小火轮径(经)扬州境,尚有一天路程,在清江地方相近之处,先前招有公司数千亩地,遍植树木……树木枯槁,现据改种杂粮、烟、茶之类。陈封君受友人所托,故苙翁约□及蔡姓友偕往踏勘,但地跨山麓,曲折数十里,非细细查察不可。当此严寒,一途冰冻,且防下雪,恐需旬日半月能藏事,年内赶不到家……祈嘱预先筹划,不必等待。……迟迟不动身者,缘蔡姓友近日尚未见抵之故。愚今日赴嘉兴一走,大约五六天可返申,乃时蔡友亦可到,就可结伴前往矣。日佳,愚舅子卿字,十二月十七。"(图6-2)此件记载清末沪甬金融界资本家去苏北淮阴(清江)购置地产达数千亩之巨,方圆数十里地,计划种植杂粮烟茶之类,其中烟茶是高效益的农产品。

第七件 清末陈有彩去汉口从事金融和影院业后,其父曾通过甬汉线信客以及邮局陆续发出一批家信,其中涉及内容甚广,可见后文《月湖陈有彩先生遗信辑存》详情介绍。此件有关从汉口贩卖婢女的故事以及钱庄投资铁路股票之事。函书"字付,铁路股票掉一纸……吴性初未掉,计四元三角另(商码)",看来当年钱庄已从事股票投资。

信函曰:"……东山与王吉庆四明分手,现在沙河怀经理,镇海人,早在裕宁银行(任)经理……父四月廿四日到大清叶景柏兄去拜会面,后托先生……郑梧亭

⊙图6-1　　⊙图6-2

先生来甬,代为周全,意心托买娘子,十一、十二岁,到底有否? 如有,速即来信提明为要。如四五十元买来,写信七八十元,面色要好看。父同李深甫大约五月十七动身来汉,可倍(陪)娘子,盘川(缠)可以出数。菊英亲事,张文斋欢喜做之,如不对作罢……父株守家中,一无寸铁……寿材准定择七月廿八动工两具,带做七月半羹饭……芹生弟妻好否,影戏生意如何? ……所托娘子到底有否? 如有,来信知之。又及,芹生弟宝兄诸位,祈代为道候。父字五月初五夕。"(图7)据史载,清代商人可以从银钱比价中获利,就像有钱人家可以从买卖婢女的差价中获利一样。此函陈父计议去汉口买娘子事倒是一份非常生动而有意思的实证!

2009年9月笔者在古董市场购得江右泉昌兴钱号遗存的二十余件中式封笺,十分兴奋与惊讶。因为史上江右商帮的实力不逊于晋商和徽商,不过古纸文书存世远罕于徽商。那是一批清代江右商帮(赣商)水路信客为钱庄粮行水路船递的银信。信笺实录了当年钱号粮行经营状况和频繁的经济活动,上万两纹银"做票"交易多空博弈。研究和探索社会历史文化和交通邮递史,无论在何年代经济永远是基础,离开经济基础述说历史将是苍白的。历史来不得丝毫的虚假,实物则是最可靠且生动的证据,信笺记载和反映了清代中国金融资本市场的涌起,下选择三件供参考。

第八件 泉昌兴钱号股东宝六函,内大多报粮米进出口行情,其中提及"闻在渝做票贰万各号万两",简录于下:"□□货卅一石,幸未纳加膏捐……现下郡中生意十分清淡,今日杨门楼裕源昌在德泰福(钱号)买去大竹货三石,价四二五□期四十天。明日德泰福□□入川,闻在渝做票贰万,各号万两,若果,川地办……此帮或是好机会也……谦记之帮定与加(嘉)兴裕慎和同舟,我等帮资望……五月廿三日。"(图8)看来江右各帮钱粮传递全靠船家和信客水路运载,同湘、鄂、川、江、浙、皖都有联系,银票交易款项竟达数万两之巨。"做票"利用纹银洋元制钱兑换率上下波动或地方差价赚取获利,存在风险并有投机取巧操纵之嫌。近代白银与制钱在市场上的比价随两者供需变化而上下浮动。清道光山东的县丞丁履恒(1770—1832)在1818年前后已注意到,是商人决定着市场上的银钱比价。

第九件 水路原夫传送的银信,中式方形梵文图美术封。上书"送呈横市泉

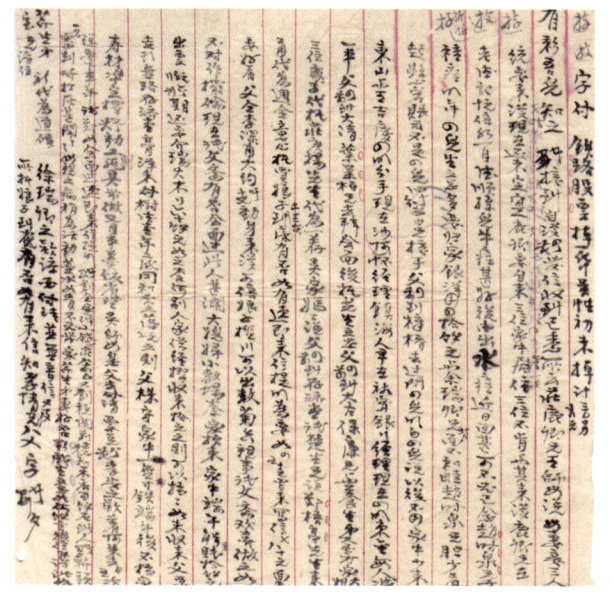

⊙图 7

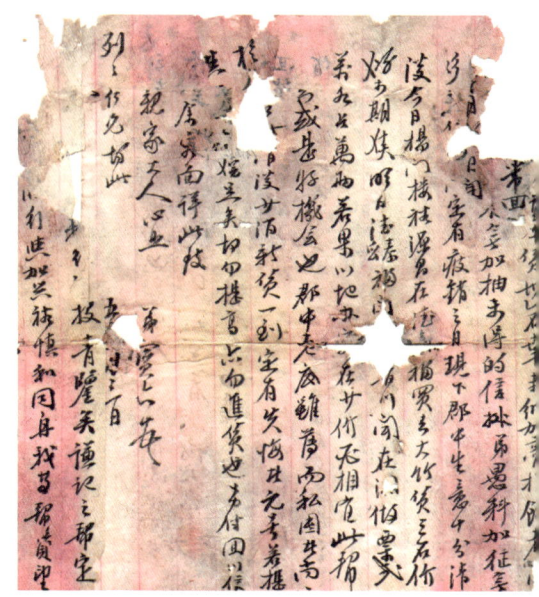

⊙图 8

昌兴宝号升。吉安谦记号书柬(章)",右上方"送呈"处盖长方形"谦记号"章。(图9-1)附信摘抄:"泉昌兴宝号 …… 昨具复函云之各节并川参叁石□□分销各号,交原夫领上 …… 在宜均经 …… 川办货银二万四,宜需纹银贰万,又川办货银贰万,宜需纹银万两,只此所需纹银之急究何完法,尚且不的缘由。于此,今日本行不再敢议,望盘,特此奉阅。今日边银七五(商码),前说川帮吉行之事,缓日策裁 …… 吉安谦记号书柬(章)。甲五月廿五上午十点钟。"(图9-2)吉安谦记是一家大商号(又兼营钱业),原函及川参三石应是由船夫(原夫船家)传递。该号同湖北宜昌、四川、重庆都有生意来往,高额交易达纹银数万两!可谓巨款。"川帮吉行"记录了吉安、永新、赣州、樟树等地江右帮同川帮往返频繁、交易兴旺、关系密切的情况。从两项交易货银仅川办货银分别达两万及两万四千两,宜昌需纹银两万两又万两,合计巨款达七万四千两纹银!是笔者多年来收集的信笺文书中交易货银金额最大的实证。此函中称信客为"原夫"。该批江右商家书信落款非常认真,不仅有年月日,还书上下午以至几点钟,可惜年份只见天干不见地支或年号!一个天干相距十年,当年能读懂,可是百年后就难以界定了。

第十件 吉安谦记号吉单,泉昌兴宝号升核。单"计付五月初四期'七叁'(商码汉字混写),本边贰千玖佰九拾元零七毛正……算至五月初四止",大张纸上按日期用商码记账,古代商号按三节(清明、端午、中秋)及年终结账,吉单办于端午节前一日。左下方盖"吉安谦记号"章,"五月初四"上盖"戊申"猴年群猴图花章,年份用生肖图刻制非常别致少见。在银两数码处盖"如数两讫"等戳五枚,都系红色。(图10)吉安谦记号仅此一户,与横市泉昌兴钱号在五月端午节前第四期往来账目已达洋银叁千元,全年可超上万元,如是几十个户头就可达到数十万两。

历史记载近代吉安城外赣江沿岸市面十分繁荣兴旺,并多富商巨贾。横市原称横江渡,临近赣江,水路便捷,交通四通八达,是旧时钱粮商品交易地最佳选择。随着江右帮的没落、城市化的进程和时代变迁,昔日繁荣场景成了过眼烟云,甚至在镇史上也已找不到过往痕迹。周边现以种植优质葡萄为主。

第十一件 民国初慈城锦泰号庄邮宁波志和钱庄业务往来信件,由信局送递。上书"宁波方井头交志和宝庄内呈俞子衡先生升","慈城锦泰号俞缄"。(图11-1)封背盖"慈城福润泰记信局"发寄局戳,上书"力讫",邮资已付。正面落地盖"浙宁福润泰记信局"到达戳。内附志和宝庄专用红色信笺,上印"兹陈甬市规元现洋、角子、日拆,此致宝号诸翁先生台鉴。志和庄启。 月 日"。格式化的专

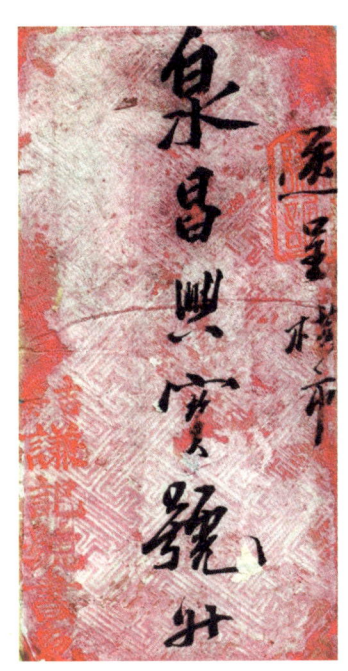

◎图9-1

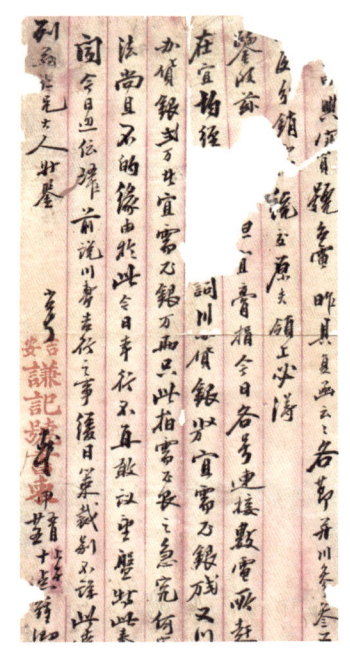

◎图9-2

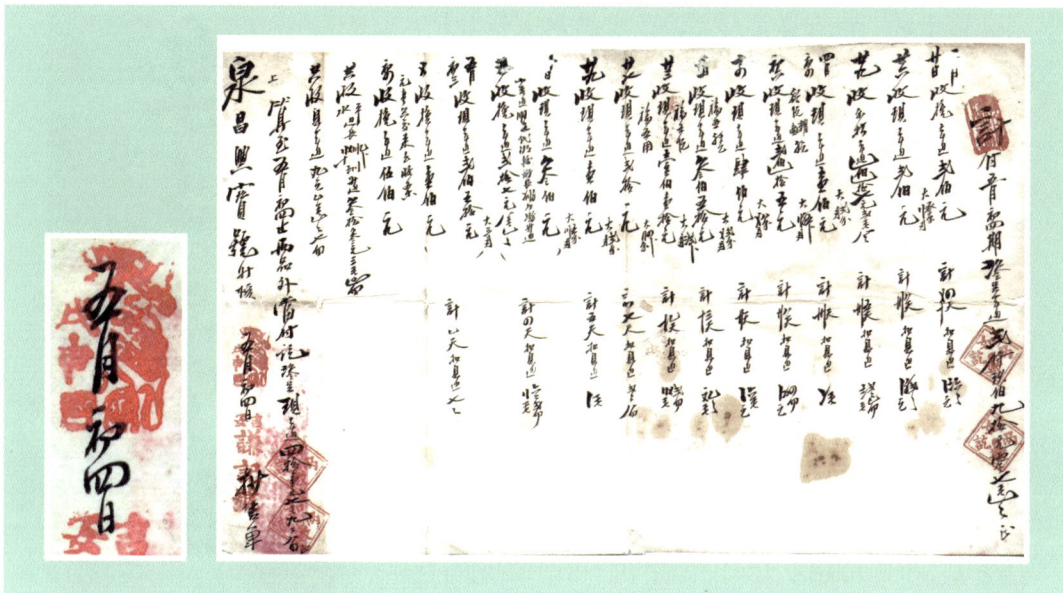

⊙图 10

用信笺注明每日规元、银圆、现洋、角子兑换即时行情,同各地钱庄商号互相交流,由信局(信客)即时派送。看来慈城锦泰号使用宁波志和钱庄专用信笺,两家联号似同一家,用的是两家业务往来信笺。(图11-2)

第十二件 甬申线信客会长董纪堂传递民国六年钱庄市情单一份,由上海传送宁波,对民国六年(1917)上海滩的政治经济形势作了深入浅出的分析,是一份珍贵的经济史资料。简录于下:"溯自民国开基,从未有天灾人祸相连并至有如六年之甚者也。春间督军兵谏,商业受一打击。夏初辫帅复辟(指张勋复辟),商业又受一打击。秋冬水灾泛滥于京津,兵连祸结于湘蜀。一岁之中,迄无宁日。如此而欲商业之发达,不其难也乎。姑就稍有可观者汇志于下,自欧战发生,迄今五载,不独和议无期,抑且更见蔓延。煤铁为军需要品,于是因运而起,竟执各业得利之牛耳。花纱两行……绸缎因同行嫉妒互相削价,因是均须减色。金业仙令上落无定,全仗业此者长袖善舞,间有一二赢余,盖以投机事业,究非正当,而歇业倒闭者几十九,因金子之阶厉也。吾业怵于世变之亟,人心之险,无不战战兢兢,妥慎将事,虽于进取不足,却于保守有余,是以获利一如往昔。今庚新添同行五家小庄,一

第十章　钱庄与信局关联信笺辑存

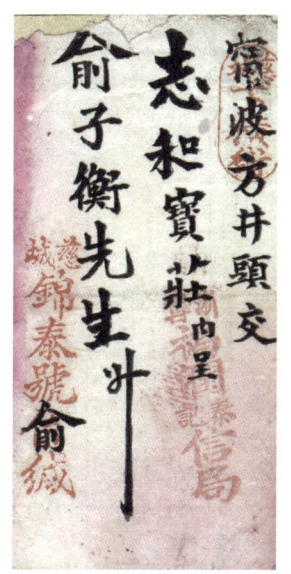

⊙ 图 11-1 ｜ ⊙ 图 11-2
⊙ 图 12-1 ｜ ⊙ 图 12-2

切均率(由)旧章。如蒙不弃,则上烦下委,仍希心印为荷。"(图12-1)《六年之申市观》像是篇新年献词,作为金融界业内的交流,从国内国外政治经济形势分析到各行各业以至本行钱庄业之现状,外加天灾人祸都有涉及,文笔简练。内亦批判银钱运作获取暴利,认为终非正业耳。

冯梅卿曾收到其叔闲甫对于市情单的评说信:"…… 读之不忍释手,盖由议论风生,独抒灼见,迥非凡手所能也 ……"(图12-2)闲甫在原单上方多处作了批语:"附上望细玩之,如市情单尚有留存,可否新寄一纸为盼?"(闲甫原信略)看来信客(信局)除了递送银信汇票之外,还为钱庄派送商情信息和传单,成为钱庄商行之间的桥梁。

第十三件 光绪辛卯年(1891)余姚丈亭元和钱庄邮宁波资新钱庄陈有彩先生,为钱庄间礼尚往来的互访。红条封正面书"内仪洋四角寄甬资新宝庄内尘陈有采先生台展,翁逢原寄",落款盖"丈亭元和庄缄"红色戳,背书"辛卯年九月初一封"。(图13-1)附信内称"…… 阁下吉席在近,弟本应趋贺 …… 兹奉上仪台□并贺 ……"由甬地周边信客即时投送。(图13-2)

第十四件 宁波镇海小港望族许氏李家遗存下来的十余件实寄封,大多从大清邮政局发寄,但是其中几件银信则通过信客传递。信客(足人)的存在早于信局,历史久远,大都为钱庄商行乡亲服务,十分周到可靠。实物证明清代官银钱局同信客之间有着密切合作关系。小港地处镇海口南岸,制高点金鸡山与北岸招宝山隔江相望,为雄关险要之处,筑有多门炮台以及戚家山营垒(古代戚继光营垒),历来是浙东抗倭之军事要地。

一件中式红条银票封,正面书"寄到宁波镇海县小港地方余丰宝行许晓辰君收拆。李缄,八月四日"。左下方盖"京口裕苏分局缄寄"红色章。(图14-1)封背中缝及两端用宣纸封口,仅见局部,上端贴纸盖"渠钦"红色名章以及"三"字;下端贴纸上盖红色章,只见"纯牛""又"字。(图14-2)应是江苏裕苏官银钱局汇票经信客专呈,由李渠钦寄发,"纯牛"是指银钱的规格还是当年金融界的行话,待考。小港李家最初创建的钱庄商行即是"余"字号,到19世纪末,李家在上海已拥有"余"字号钱庄近十家,从该批信封中可见收发件者都是"小港余丰号"及"小港余丰米

第十章 钱庄与信局关联信笺辑存

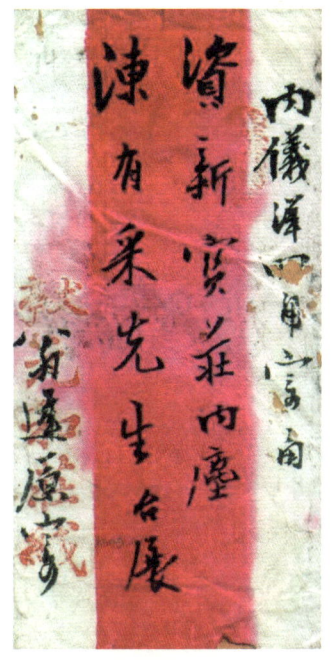
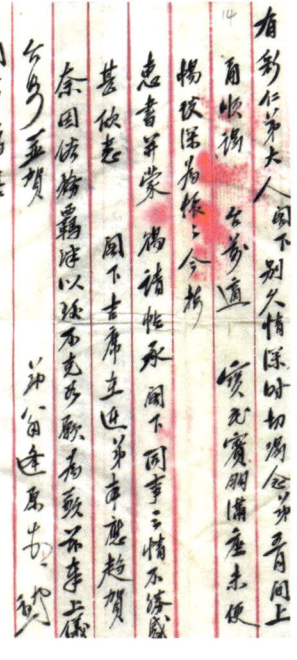
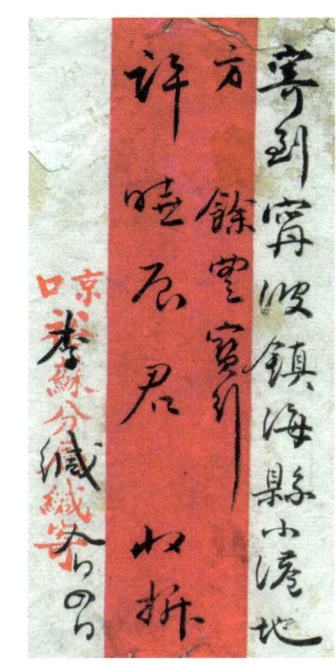

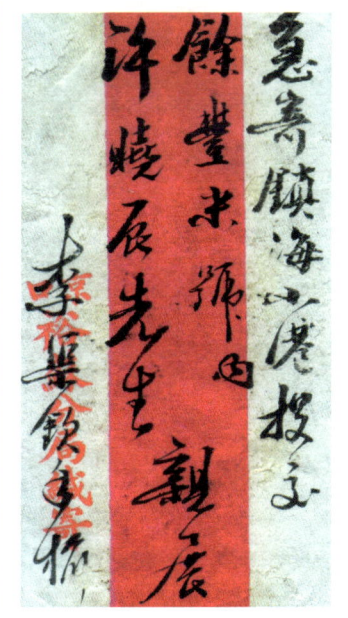
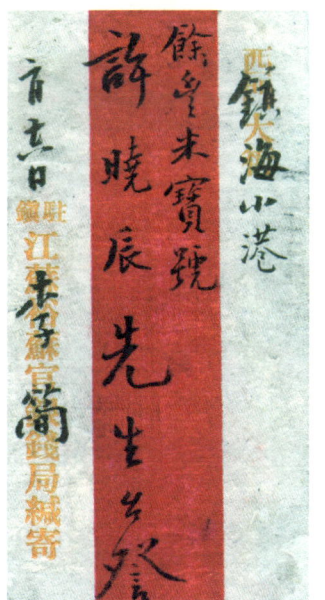

⊙ 图 13-1	⊙ 图 13-2	⊙ 图 14-1
⊙ 图 14-2	⊙ 图 15-1	⊙ 图 15-2

号",据各省埠史料及实物记载,钱号与米号很多似都联号。

第十五件 官银钱局公事封,正面书"急寄镇海小港投交余丰米号内许晓辰先生亲展。李渠钦手□",左下方印"京口裕苏分局缄寄"几个红字。(图15-1)另一件红条官封落款与右上方地址印金黄色"驻镇江苏裕苏官银钱局缄寄""西门大街",手书"镇海小港余丰米宝号许晓辰先生台察。二月十六日李简",(图15-2)疑似江苏裕苏官银钱局总办李薇庄亲笔。这批宁波小港李家实寄封是十分珍贵的历史文物。裕苏官银钱局总办是小港李家的李薇庄,民国二年(1913)去世,年仅41岁。裕苏官银钱局后划归江苏银行。孙中山因李薇庄在辛亥革命中有重大贡献,特为之题书"子孙永保"。

第十六件 清代信局递送的汇票,交宁波甬江资新宝庄。宁波月湖陈有彩先生遗存的一批信局封大都从平湖县城守署寄发,发件人为清光绪年间平湖城守署城防长官张志清老爷。古代平湖乍浦至宁波的钱塘江跨海邮路,依赖木舟帆船运载。现今则已建成钱塘江跨海大桥。原封书"内安要函并汇票洋玖拾元正(整),烦局交至宁波甬江投资新宝庄内交陈有彩先生台收,局力付讫,平湖城守署缄"。上下盖张志清红色印章,两侧盖大型楷体"票"字戳记两方。封背中缝书"桃月初拾日封"及"舟至即送,原班回条"字样。右侧盖"平湖全盛信局"直式无框形红色戳,中间又盖大型"票"字戳两方,前后共四枚,相当于现代邮政的双挂号"回执"封。(图16-1、16-2)

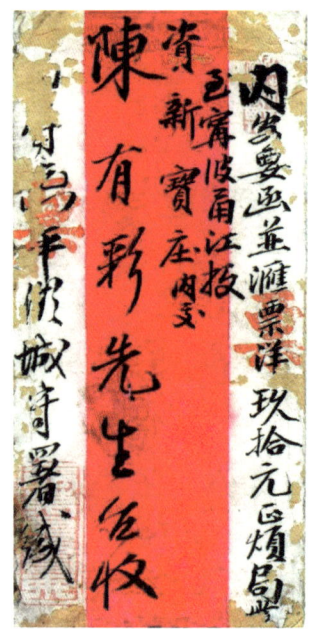

⊙ 图 16-1

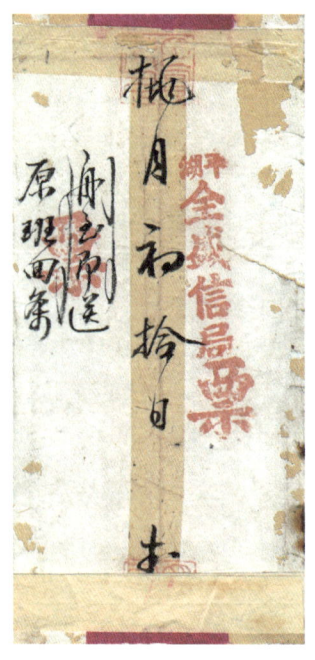

⊙ 图 16-2

第十章 钱庄与信局关联信笺辑存

第十七件 浙江平湖全盛信局邮递至宁波资新钱庄的银信与包裹。红条挂号回执封，上书"内安要函外附英洋拾肆元正（整），烦送宁波甬江投资新钱庄内交陈有彩先生台收。平湖城守署缄"。（图17-1）该信内书"原班回条""均登花账，又奉上英洋拾肆元"及所寄物品，此件除银信之外，另有多种杂物包裹，详见附信。（图17-2）

第十八件 多年来笔者曾陆续购得宁波市民国时期的手递封若干件，经细辨都是由信客传递。年代从清代到民国以至抗日战争前后。抗日战争时期因敌伪交通封锁，邮路阻塞，江南一带信客业重新活跃起来。此处介绍几件民国战前由宁波奉化信客递送的钱庄封。其中一件中式红框上印"萧王庙镇/奉邑同和庄缄寄"，手书"柏坑陈角记升。六月卅日"，右下方盖"附揭单"红色戳。（图18-1）另一件"柏坑交陈顺兴宝号升"，六月三十日发，封右下盖同式"附揭单"红色戳，（图18-2）应是本地钱庄与商行之间的账单交割。内附清单"陈顺记宝号……丙寅五月抄"，下盖"清单即对，有错当查"红色戳。（图18-3）这里的"丙寅"指民国十五年（1926）。

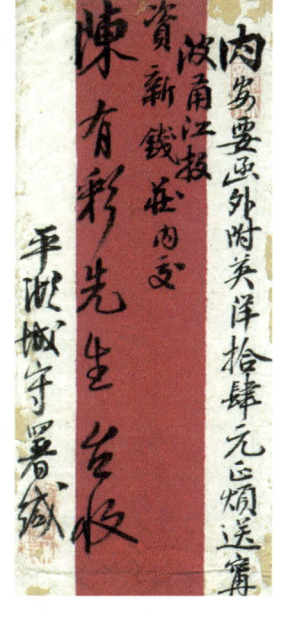

⊙图17-1　　　　⊙图17-2

同式两件，一件为红框钱庄封，上印"萧王庙镇奉邑同和庄缄寄"以及"萧王庙镇奉邑元泰庄缄寄"，正面书"柏坑陈顺兴宝号升。五月卅日"发。（图18-4）另一件书"柏坑交陈顺兴宝号升。五月卅日"，右中位置盖同式"附揭单"红色戳。（图18-5）内附清单，毛笔书"陈顺兴宝号，丙……荷月抄"，下盖"清单即对，有错当查"红色章。（图18-6）日期为1926年农历六月（荷月即六月）。都是奉化本地钱庄与商行之间的银钱清单互换，月末结算。

四件钱庄封账单，内盖"清单即对，有错当查"红色专用戳，记账格式完全同35年前清代留存的钱庄清单一样。说明钱庄与信客（信局）在清末民国初相当长的时期内互签合约，信局或当地信客每日即时往返派遣专差送递钱庄账单、汇票、现银并通报信息，成为钱庄与各字号间的通讯联络纽带，实物佐证双方紧密的合作关系。

第十九件 船递银信是我国最古老的邮递形式，船家邮递实物见于清代、民国直至新中国成立初期。旧时，私家船主多为商行货运服务，另兼营银信包裹传递。此处选择两件，一为兰溪赓和号银票（支票），上书"凭票付□洋贰千壹佰捌拾贰元正（整）。此据。民国念贰年十一月念壹日期光"，在当年（1933）应属巨款。付款处上下各盖一枚"镇记"图章。另一枚为花章，上刻"二十二年"字样，右下方盖"兰溪赓和镇记书柬"公司章。奇妙的是中间还有一枚长方形收藏章"凭穗茂珍藏"。（图19-1）另一件船递封，左下角盖"金华裕记号信缄"红色章，上书"国币五百拾萬〇乂千元。兰溪交赓和镇公司收"，左上方盖船家戳"王三奶/丁四妹/俞邵奶船"，三位江南女子一条船，非常有趣。方框内书一币字，"国币"两字合并为一体，此件书法简体令人惊讶。大写数码"零"写成"〇"，"四"写成商码"乂"。（图19-2）

这是钱庄体系下商家的"手书划款单"，类似于"支票"。即"兰溪赓和商号"开出的"支票"，凡"持票人"就可凭票取钱。"凭穗茂珍藏"，经考，"穗茂"是浙江兰溪一家老钱庄，抗日战争胜利后尚在。

第二十件 浙江东阳恒丰祥钱庄汇兰溪钧丰靛油号庄票单，印"东阳恒丰祥汇款通知书"，"念五年九月念柒日""金额国币壹百拾四元正（整）"，收款人为兰溪钧丰靛油号，中盖"恒丰祥发记庄托解"红色戳。由川船邮递，看来历史上私家船同各地钱庄交往密切。（图20）

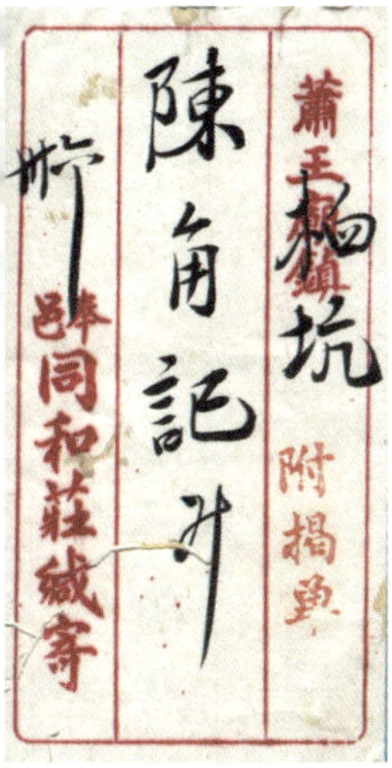

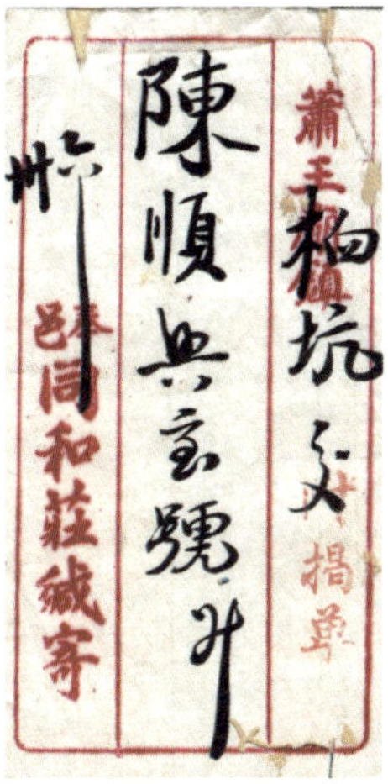

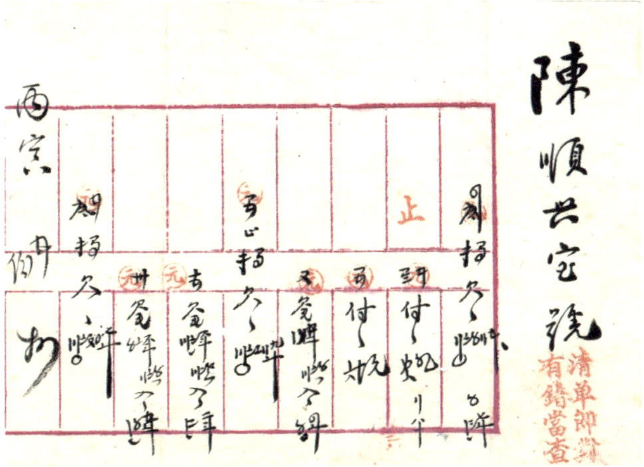

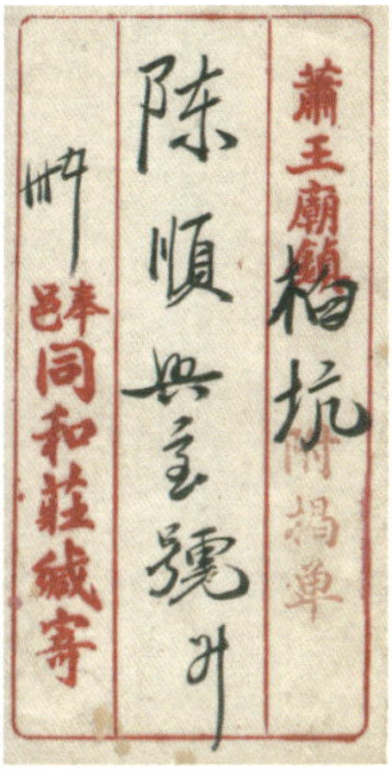

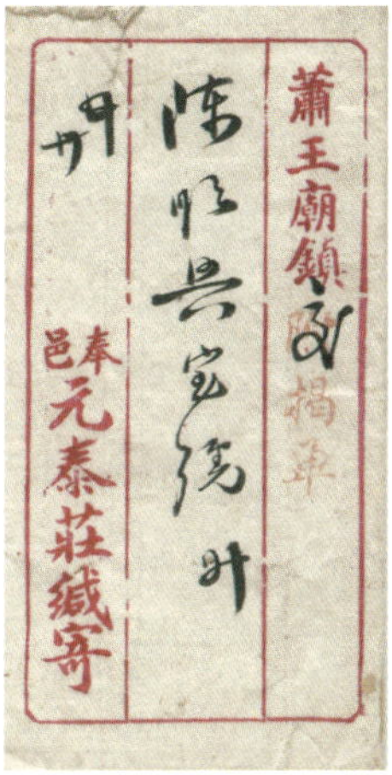

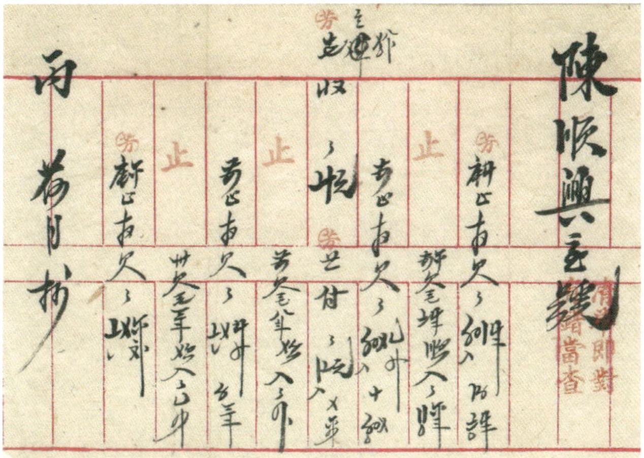

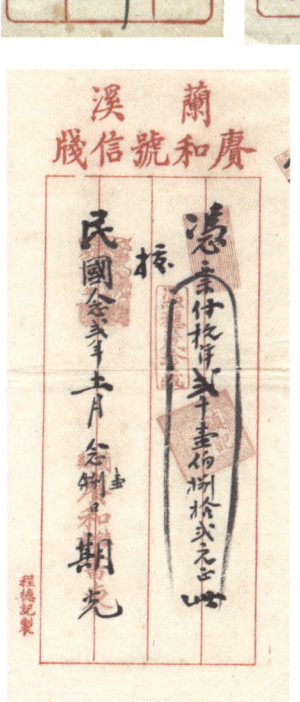

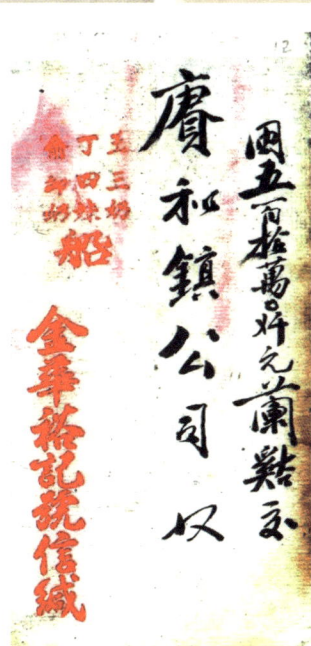

⊙图 18-1	⊙图 18-2	⊙图 18-3
⊙图 18-4	⊙图 18-5	⊙图 18-6
⊙图 19-1	⊙图 19-2	

第二十一件　宁波慈城张介人先生所提供的：慈城冯氏清道光、咸丰年间钱会、钱庄、信局、信客（带信人）相关重要文书资料，即民国初期慈溪冯梅卿的祖父辈遗物——寄信日记、甬江桩（庄）规。（图21-1、21-2、21-3）

寄信日记中除顺和信局之外，其他很多都应是当年甬申线带信人（信客）所递送的银信和物件，很有史料价值，是清朝钱会钱庄业和交通邮递业——民信局、信客业历史的可靠依据。材料中最有价值的是清道光年间的"甬江桩（庄）规"和咸丰年间的"寄信日记"。这两件是宁波钱庄业和宁波民信局较早期的历史资料，都属首次发现的罕见物。

张先生发来对冯梅卿家遗物的说明如下：

这批资料共近廿件（图为一部分），是慈城"冯梅卿"家族的遗物。十年前，民国初期冯梅卿写的信件在宁波旧货市场上也出现过，40多封都是民信局的手递封，现由宁波郑挥先生收藏。根据这两批资料推算，冯梅卿出生在清光绪年间，一度曾在秦润卿先生的上海豫源（福源）钱庄任经理。其父冯永甫是清代的官员，弟冯甘（干）卿、妹冯梅英。他们的后裔目前都在上海。

时居地在慈城金刚井弄的冯叔吉布政房的"后进三合院"，从北面进入的地址就是尚志路"双块桥板"。因此，他们的上代肯定是明代万历年间任湖广布政使的冯叔吉。至于写录"甬江桩（庄）规"的主人则是冯梅卿的祖上，以20年为一代计，应是冯梅卿的祖父或太公辈，也必定是从事钱庄业的人员。根据同批资料反映，当年冯氏家庭很富裕，咸丰年间从上海寄回慈城的银钱，其中一次就有50两的元宝50只，到民国十五年（1926）还有土地近百亩。

冯梅卿住宅离笔者家很近，对此住宅中居住人员早就熟知，加上收到这批实物后又特地走访，彻底了解了事情的来龙去脉。笔者的一批冯梅卿遗物是最后一批，估计是阁楼中扫来的，原物很脏。是收废品的外地人先到手，然后再到本地贩子手中，再送到笔者处，价格翻了两番。现在这房子被开发商收购，修理后变成很漂亮的明清风格建筑了。今特写了以上的文字说明……

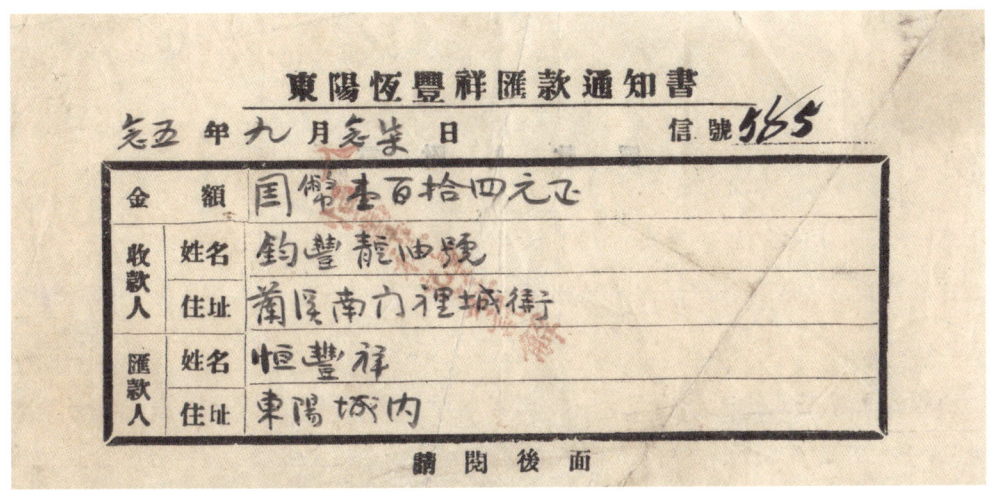

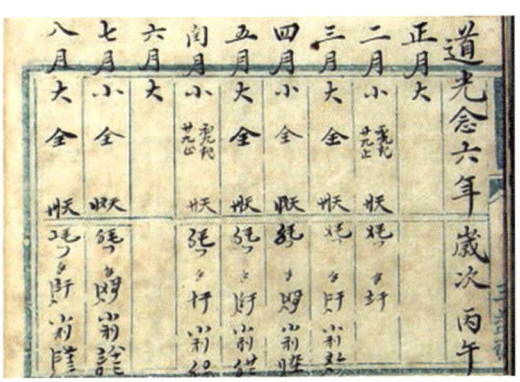 

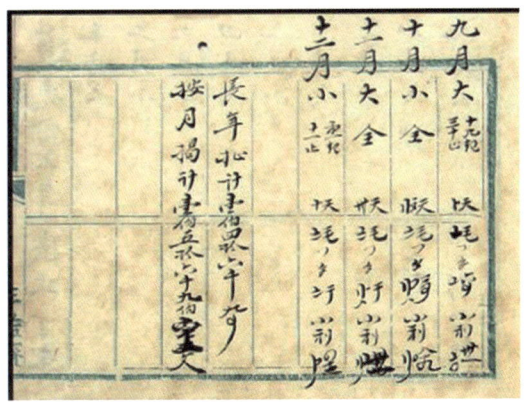

⊙ 图 20
⊙ 图 21-1　⊙ 图 21-2
⊙ 图 21-3

本人回复：

冯氏信笺第二批被古董商收购后外流，出现在本省有嘉兴、金华，外省达皖南歙县，都是其父冯永甫逝世后兄弟间的通信。歙县柯先生前年通过博客提供信息，计有廿四件，上贴帆船4分票从上海通裕、福源、隆泰、信康等钱庄以及中国银行、工商银行沪行、垦业银行发寄慈城。冯梅卿民国后期曾在上海多家钱庄和私家银行任经理。

从拙藏冯家几十封信笺可见，冯氏家庭确实很富裕，估计冯永甫在申另有产业，在上海钱庄商行内有股份。长子冯梅卿当初虽是钱庄学徒，却经常寄款银圆数十元、上百元，如见函书："十二又有纪堂递来初十所发家信并现洋五拾元，高布叁匹均收到，昨日尔叔又寄我一匹，四匹已齐；廿七所发函并现洋五拾元，包袱壹个，内计棉袄、棉裤、薄被各一件，又雪茄烟壹盒均收到。叔父附来壹函并花生两麻袋，又荷包二个，青糖二件，亦照收无讹"；"由纪堂寄归现洋五拾元，雪茄烟壹盒，补药乙蒲包，又木盒乙只，内洋奶罐、西洋参、龟背胶、阿胶各乙盒，均收"；"秦太师母古稀寿辰，闻得屏份之中人数已足，只好另送寿对一副，如是红缎金字，价在七八元之谱；为秦润卿之母古稀寿辰送礼，寿对系何诗孙书写，连裱好共需洋七元五角。何诗孙，清（末）民国（初）著名书画家。来函、金簪暂放我处。金戒指两只，耳环一双，大小不合可换，凤祥发票可以照开……秦宅准定廿四进屋，系辛木先生转告……余拟届时送六色礼一担，用肉、鱼、糕、粽、烛、炮或径送六色礼票。"函中曾多处提到上海"衍泽盈利之款"以及钱庄内划汇和提款，估量冯家在申庄及店铺有股份和存款，"上月接四信又惠侄孙函并雪茄烟壹合（一盒），芦花帚拾把，承记名下洋九十六元及该店报告账一纸。勤甫谈及天津大纶即申地大纶分设之支店，所买之货均由申地装去。该店生意极为兴旺，不过四月出货有六十余万多，其内分五部：绸缎、呢绒兼洋布、皮货、顾绣、化妆品……五月初二日，父字"。

冯干卿函："天公亢旱，久已不下雨，咸水业已进城，家中存储天水亦将吃完。乡民曾有来城求雨者……早稻租于今午开船，顺此告知。闻得收成不佳，未知西乡早稻如何……弟棠上言，七月初一。"

时年宁波大旱,咸水进城。函中得悉冯家不仅上洋有钱庄、商号股份,而且是地主,西乡尚有田租可收。诚如张先生提供的资料所介绍,到民国十五年冯家还有土地近百亩。

下附寄信日记:

试读前后两则:十月廿二托罗邦达兄寄交八哥收信并附本色洋布三匹;十一月初八托费汝丹兄寄交八哥收信,并附七哥高丽手巾十□。"寄信日记"内所录其实是经信客递送的银信、布匹和包裹。内另可见柳条洋布、被面布、大红洋布、棉袜、大红毛毯、细布……内记录数量与价格,由信客或信局递送。

张先生解读:咸丰六年的一张,最后几项识如下:(出付惺记账)又荷蓝色付绸乙匹,洋 2 元 8 角半;又棕色川叽乙匹,洋 2 元 3 角;又枕红兰海布贰丈,洋 1 元 2 角;当给"黄"寄申、申寄慈带力 740 文。又付汉珍兄高丽手巾十匹,3350 文;我给带力钱 250 文,共 3600 文。

本人试读:信客又称带信人,日记中两处提及带力,应是付信客的力资。

附录一:"规元"与银钱业公会

"规元"是银钱业公会每日例行的业务。参加会议的除了钱庄、当铺的金融同行之外,还有"钱桌子"(放小额高利贷的)、盐行、米行等与货币关系密切的商家代表。会上,大家先对当日的汇率提出各自的报价,评盘之后就开始交易,手心向上为买进、手心向下为卖出,彼此的巴掌翻过几番之后,各种货币的报价也就逐渐趋于统一,最后便能形成一个市场公认的结果。

附录二:中国最早的金融投资市场 —— 宁波钱庄的空盘交易

商业银行不能以贷款有无投向近代新式企业作为评判标准。按照现代金融学理论,19 世纪 50 年代在实施了过账制度以后的宁波钱庄已然是本土商业银行。近代宁波钱庄的空盘交易属于纯粹的虚拟经济范畴,与现代金融投资交易相当接近,如:有固定的交易对象、交易场所;现金结算,具备复杂的交易层次与网络,信用交易特征明显;有做空机制,交易规模显著扩大;具备平仓制度、经纪人制度、佣金制度和最后交易日制度。近代宁波钱庄的空盘市场属于一种货币远期,但尚未发展到期货阶段。基于19世纪中期传统金融向近代金融转型的时空背景,可以认定近代宁波金融市场的空盘交易是一个了不起的金融创新产品,它是中国最早的金融投资工具。

附录三:金润泉

金润泉,浙江萧山人,有"金融界的常青树"之誉,是中国银行的创办人之一。1909年12月出任大清银行浙江分行经理,敕封三品官衔。

金润泉原系钱庄老板,大清银行杭州分行成立之初为宁波钱庄界高级职员,曾被邀请加入大清银行杭州分行,该行有叶景柏、邵镛等先生。中国钱庄业曾经为社会经济发展起过"输血造血"的重要作用。

附图1为大清银行杭行信笺内叶景柏书:宁波资新宝庄信函"近日甬元如何看法,多空当以何面着手……"咨询相关规元信息。

附录四:栈票

信局封内见有一件清朝庚寅年"崧镇朱林泰建杉杂木竹栈票",按推算界定为光绪庚寅年(1890);如退后一个甲子(一轮60年)则是1830年,为清朝道光年间,也有可能。大明宝钞、户部银票、钱号庄票、银行支票、商行栈票不同于公司店铺广泛使用的发票。栈票原图解读:

淡黄色宣纸90mm×230mm,手书"毛竹八支(下记商码,何意不明)/俞生记计英洋壹元壹角五分贰";另行盖"外加栈力每元三分"章,记洋贰分三;又另行盖大号"庚寅"年份戳,手书"桃月初六日"。左下方盖"崧镇朱林泰建杉杂木竹栈票"长方形印鉴,四周刻花边。栈票右侧上、中、下刻"此票据",左侧刻"不支钱物"四个字,十分规整讲究,甚清晰。

栈票右上方见盖一枚框式提示戳"庚寅正月重整行规洋期,该找准三对,月清

账";左上方盖无框式公议遵行戳"接票无退,余照公议遵行",字略大。票盖戳五枚,都系红色。(附图2)

栈票资料稀罕,所见几件都是民国时期印制货币式的栈票票据。

"崧镇朱林泰建杉杂木竹栈票"提供了生动的清朝号商栈票实物证据,很有历史研究价值,并富有浙东地区经贸特色。

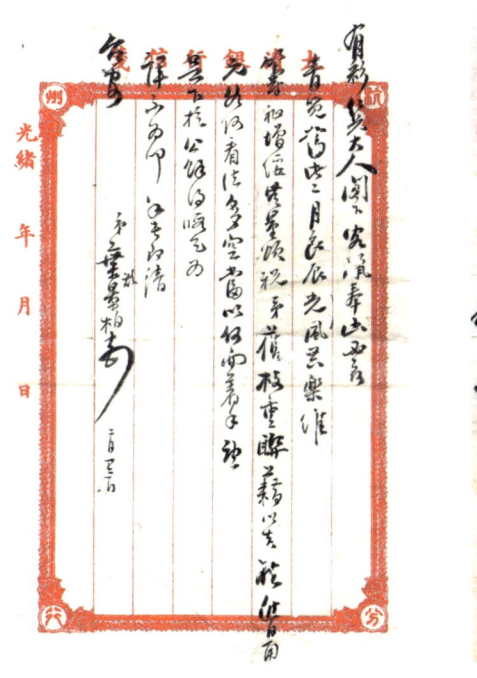

⊙附图1

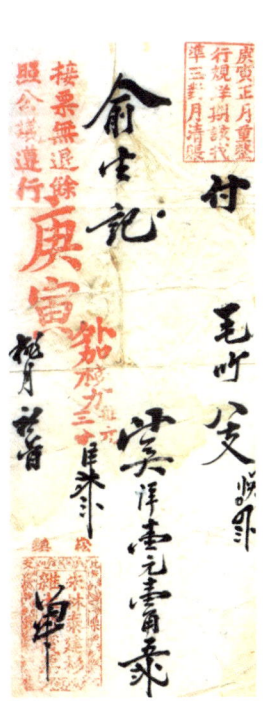

⊙附图2

第十一章　宁波月湖陈有彩先生遗信辑存

20世纪90年代末在宁波市区镇明路大规模修复和重建月湖景点而拆迁旧屋时,发现曾从事钱庄金融业的陈有彩的一批遗物。除书籍字画,另存有清代民信局自嘉兴平湖邮宁波、宁波邮武汉等地经信客班传递的信笺几十件。1902年前后经大清官局寄递的实寄封片和信笺二十余件,记载了清代民信局、信客与官局新旧交替时期的一段邮史。可是这批清代信笺实际内涵远远超越邮史的范畴,将它封闭在孤独的集邮圈子里,显然是不行的。信笺逼真、生动和艺术地展示了清末官场现状、宁波商帮历史、早期钱号商行金融资本活动以及民情风俗宗教活动。努力解读好这批信笺,使其升华到一个文化层面,是笔者在整理《竺师爷的信笺》之后又一艰辛的课题。

一、清光绪辛卯、乙未年间月湖陈氏遗存之信笺、贺柬与名刺

陈氏祖居位于宁波镇明岭(即现今镇明路),西邻风景优美、历史文化底蕴深厚的月湖,陈家祖辈仕官,又从业金融钱庄,遗存的信笺大都邮至宁波资新、泰恒、泰巽钱庄,收件人为陈有彩。

第一件　一件中式红条封,甬申线轮船信客专递。封上书"内候函并贺柬烦转递陈金官先生台展,上洋经廷联托寄",右上方盖"信义通商"红色花章,落款盖"上洋廷记号书柬"章。(图1-1)函附大红纸印制楷体字新年贺柬两张,上书"咏□老伯大人尊前,晚经梓明顿首。恭贺新禧""金官仁兄大人阁下,弟经梓明顿首。恭贺新禧",此处陈金官应是陈有彩的学名,老伯为其父。(图1-2、1-3)

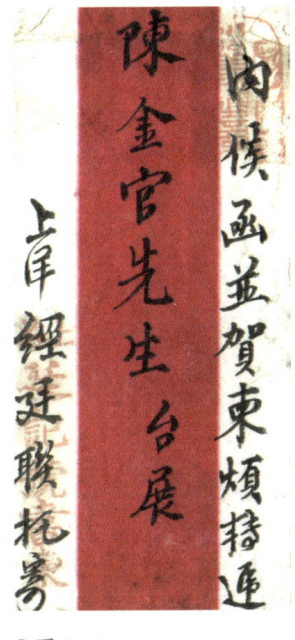 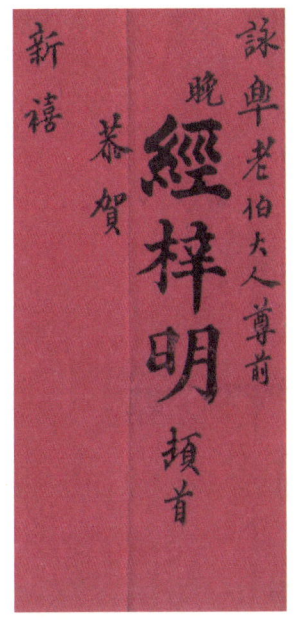 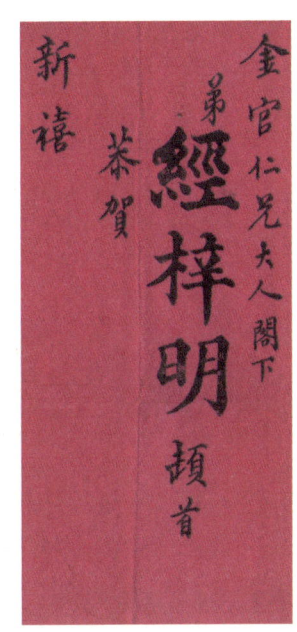

⊙图 1-1　　　　　　⊙图 1-2　　　　　　⊙图 1-3

红色信笺上书"咏□老伯大人尊前，久未修函奉候，殊深抱歉……望勿责……愚侄经廷联。元月初十"。（图 1-4）封背中缝书"乙未新正月初十"（1895 年 2 月 4 日）骑缝盖"上海廷记号书束"红色章以及护封章。（图 1-5）一封四款合一，是非常完美的清光绪乙未羊年拜年贺笺。

经廷联在上洋从商，开办廷记商号。宁波帮商界立足向以"信义"为重，固在清代信笺、票据上常可见盖有"信义通商"花章，按现今的说法是商业文化宣传戳，特此附图供赏。（图 1-6）

第二件　陈有彩留存的两张清代官吏红帖（名刺）。一张红帖上写有"谢傅义锷领敬使"，此件应是收礼金或礼物后的回帖，"敬使"指付送信人的资费，下书商码"乂十"即制钱四十文。（图 2-1）傅义锷是什么官，办何喜事，不得而知，特印制收礼金后大红回帖，看来送礼的人众多。另一件为官吏辞行帖，上印楷体字"赵延泰即辞行"。（图 2-2）

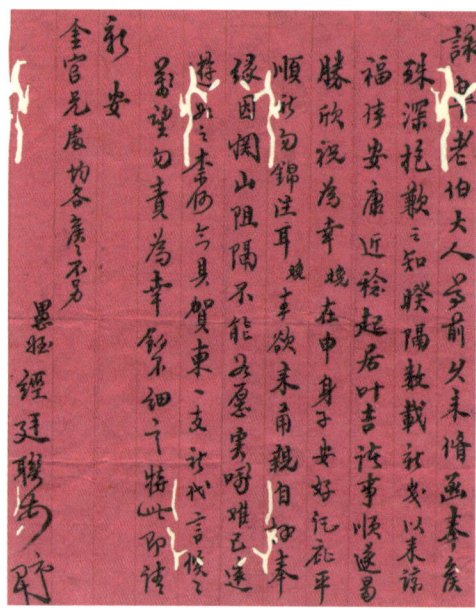

⊙ 图 1-4

⊙ 图 1-5

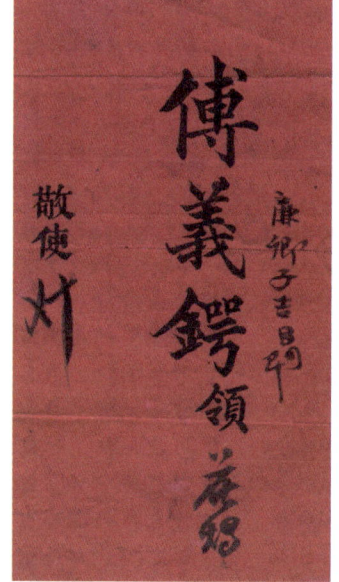

⊙ 图 1-6　　⊙ 图 2-1　　⊙ 图 2-2

二、张老爷平湖城关上任记

张志清，武官，宁波人，清代光绪年间从平湖城守署任上发寄宁波的一批信笺，真实生动地记载了几经周折的接印过程，披露了清代官场敲诈勒索卖官索贿的现状。收件人陈有彩是张志清女婿。这批银信包裹由"平湖全盛信局""平湖林永和仁记信局"从东海经水路用木帆船跨过钱塘江进甬港抵宁波。

平湖县（现为平湖市）的乍浦镇，是杭州湾北岸重要商埠和海防重镇。该镇倚山面海，元时置乍浦务和市舶司，开港对外贸易。第一次鸦片战争时乍浦之战即发生于此。海滨有南湾炮台古迹，向为军事要冲，有"江浙门户""海口重镇"之称，历经战争，乍浦古城数次被毁。第一次鸦片战争乍浦之战共击毙英军60多人，击伤近200人。平湖乍浦军民的抗英斗争，是我国人民抗击英国侵略者的重要组成部分，英国侵略军军官柏纳德在日记中说："凡亲眼看到中国的士兵，以那种顽强的斗志和决心来保卫他们阵地的人，没有一个能对中国的勇敢拒绝给予充分尊重的，乍浦战役中国派来抵抗我们的军队，以这次最为精锐。"英海军上尉军官宾汉也在日记中承认："我们这次损失超乎寻常，伤亡不少，虽然后来攻下了天妃宫炮台，但付出的代价是巨大的。"乍浦军民不畏强暴、勇敢反抗的大无畏精神，充分显示了中华民族的英雄气概。平湖乍浦之战是鸦片战争史上打得最出色的战斗之一。

光绪年间张志清受命从宁波赴平湖城接任守署，其子张学瑾（张见棠）同行任武官。按清代整饬兵备道，设宁绍道，有水师，省有浙江巡抚，平湖似共管。

第三件 张志清上任之初的两封书信，记载了赴任平湖城守署的状况。"有彩贤婿如晤，兹愚于廿八日黎明抵平，一切安稳，务望关切亲友，均祈勿念，而接印日子尚未定妥，俟定后再行通达。再者项青藩大老进京引见，望转知内人不必送路□，愚到宁他并不送礼与愚，故而他引见亦毋庸送礼也。赐敝妾之物其嘱□谢谢……愚丈张志清便顿。附上陈达才先生一函，望为送去"。张志清老爷刚去平湖上任时发了此函，尚未遇地方势力的要挟欺诈。函内称的"妾"应是张的小老婆。另附上陈达才一函是夹带的，信局或信客托寄银信不计重，夹带同乡及亲友信件以节约费用，到达后由收信人分别投送。（图3-1）

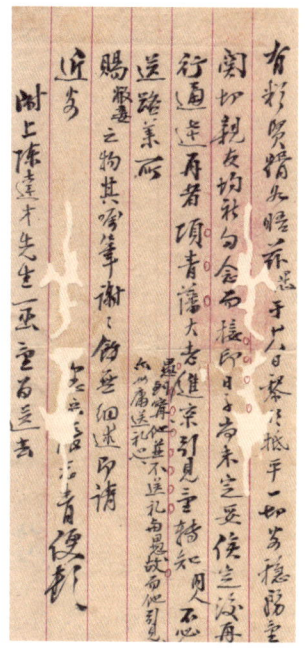

◉ 图 3-1

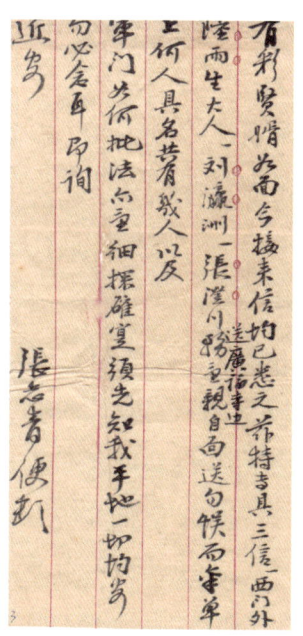

◉ 图 3-2

另一件函书："有彩贤婿如面，今接来信均已悉之。兹特专具三信：西门外陆雨生大人，刘瀛洲、张澄川送广福寺边，务望亲自面送，勿误。而采单上何人具名、共有几人，以及军门如何批法亦望细探确实，须先知我。平地一切均安，勿必念耳，即询近安，张志清便顿。"看来张家同道内关系密切。陆雨生、刘瀛洲、张澄川都是朝中官员。（图 3-2）

清代宁波设宁绍道台与水师，守护东海以及钱塘江炮台要塞，同浙省巡抚都有管辖派遣权限。托女婿陈有彩面送信函，从中打探宁波军门（水师道台）有关人事调遣方面的信息，张志清书三函目的为了打通道内关节，看来岳父女婿同宁绍道台和水师官员有着密切关系，非同一般。

第四件 平湖邮宁波，中式红条封。正面书"内要函烦局速递宁波甬江投资新宝庄内交陈有彩先生台收。局力付讫，平湖城守署缄"，右上左下盖红色印章。封背中缝书"午月初二日封""舟至即投，不可耽搁"，右侧盖"平湖全盛信局"红色戳。附函内称"标内有一候补人员张馥卿，歹恶异常，是平湖人，故此番军政定要送甬考验，查得考协台前想法又吃不进药，甚为□恶矣。今纠合三人均考军政，一位亦是嘉标千总，姓杨，另有两位都是水师，一位姓朱，一位姓王，查悉四人大约五月初十外赴宁，候定妥起程日子再当通信耳。愚丈张志青五月初二"。从函中析张志清赴平湖接任城守署、守备或千总，武官衔当在正五品、六品之间。（图 4-1、4-2、4-3）

张志清遇到地头蛇，一筹莫展，上下打点，四处活

第十一章　宁波月湖陈有彩先生遗信辑存

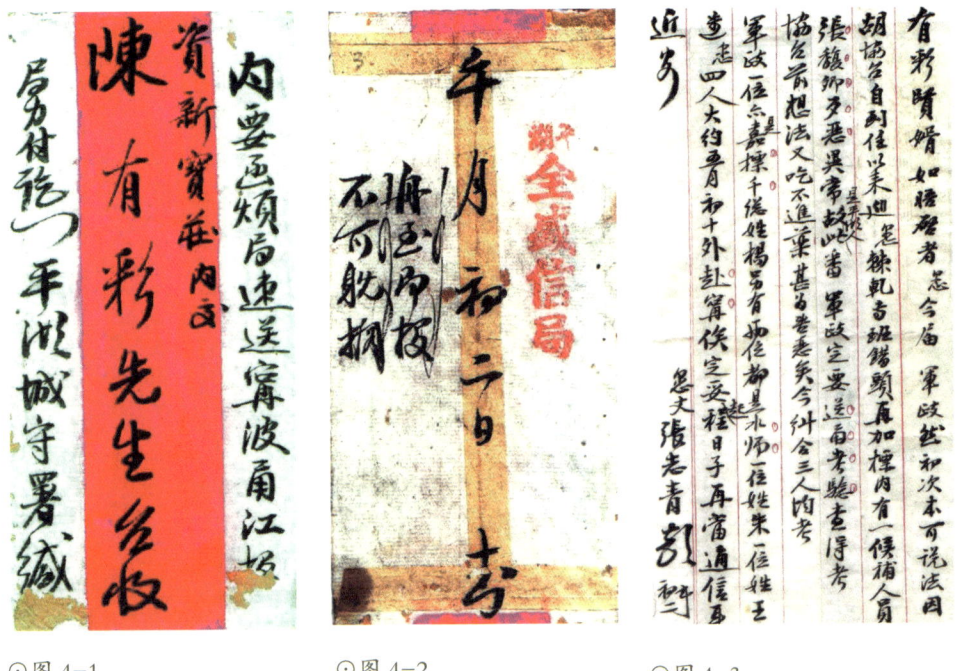

⊙图 4-1　　　　⊙图 4-2　　　　⊙图 4-3

动,打探军门调遣信息。

第五件　中式红条封,上书"内安要函烦局速递宁波甬江投资新宝庄内交陈有彩先生收。局力付讫。平湖城守署缄",封背书"桃月念捌日封""舟至即投,不可耽搁"。中盖"平湖全盛信局"红色戳。(图5-1)清代银信包裹从平湖横跨钱塘江抵宁波需经木帆船,十分艰难,如今天堑变通途,经由连通嘉兴和宁波的杭州湾跨海大桥,往返只需两小时。(图5-2、5-3)张志清经信局发寄宁波陈有彩(女婿)的信笺。张老爷上任之初障碍重重,书信内书"协宪派一巡防来讯,其人老迈昏迷,专卖谣言,又派出四名兵丁与其……"记载了官场内部欺诈的黑幕。

第六件　张见棠(张学瑾)书信,内容为:"有彩仁兄姻大人雅鉴久违……莅公交卸经年,正及接任瓜期,故于十二日晋省……伊之信当即付局寄杭寓确投。据大概云,省中有人,何患事不成?大约月底初就可挂牌,一有确耗,即当驰报,乞先将此情转告家妹乃荷……弟张学瑾。"看来平湖城守署张志清,除了宁波军门有人外,省城巡抚衙内也有其靠山,可以通融。从函中可知杭城以及上海都有张老爷

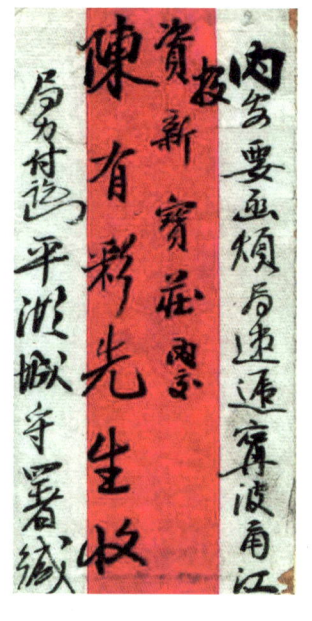  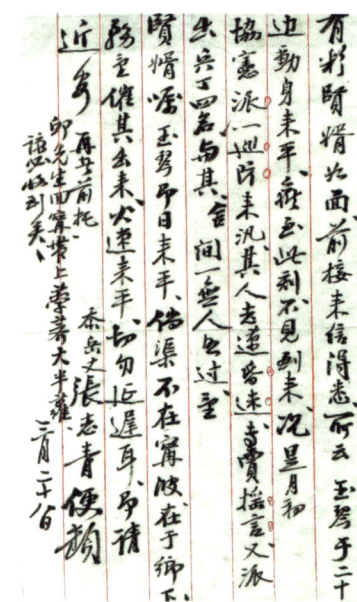

⊙图 5-1　　　　　　　⊙图 5-2　　　　　　　⊙图 5-3

的寓所。（图6）

第七件　张志清家信，内容为："有彩贤婿如面，先后接到三函，并法华莲经、月饼、笋干、海燕（蜓），今鞋花均照数一切收到，愚恙已愈，一切安好……亲事愚意可配缘，愚出门在外不能细探，务要转言内人须要详细探听明白是要，然后允许是也。附上邱先生条子一纸，望即投去矣……愚丈志□。"此函提到妙法莲华经，说明张志清、陈有彩都信佛。（图7）

第八件　平湖邮宁波，红色美术信封。封正面书"内函寄宁波府投资深（新）庄陈有彩先生代收转交张大老爷志青次印升启。平湖阴阳弄张公馆赵缄"（"次印"当为张志清的字）。左上方书"力资讫"，为邮资已付。封背骑缝盖"赵"字圆形封口章，上书"五月廿五日"，中盖"平湖全盛信局"直式无框红色戳。存有精制的美术信笺，内书："志青（清）老哥……见棠世兄之函知……执事业经考竣守候……尚有他事耽延，务请和函示悉是要，贵公馆诸事平安……敬请升安，弟赵世骃□五月廿五日灯下。"此函由赵管家发自平湖阴阳弄张志清公馆，系报平安，时张老爷探亲，在宁波小住。（图8-1、8-2、8-3）

第十一章 宁波月湖陈有彩先生遗信辑存

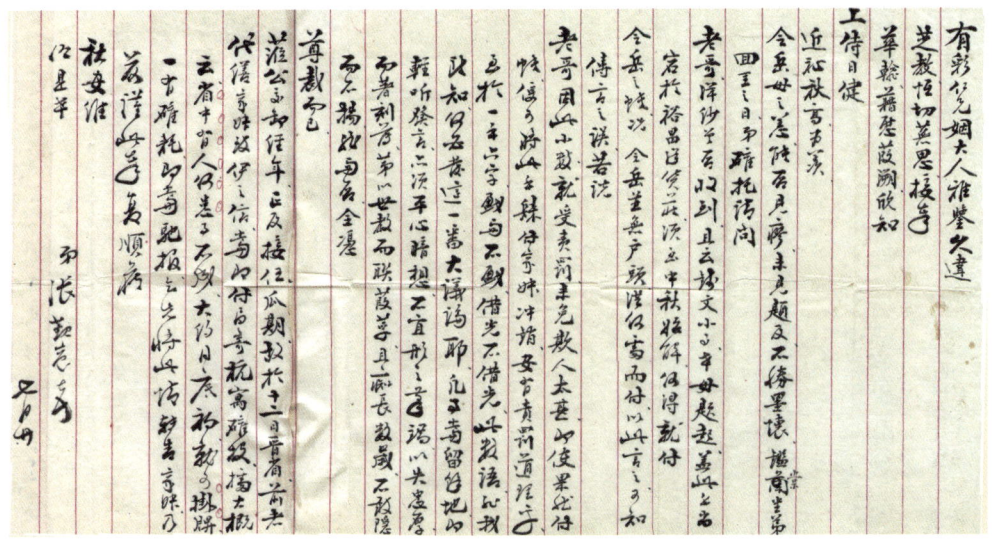

○图6

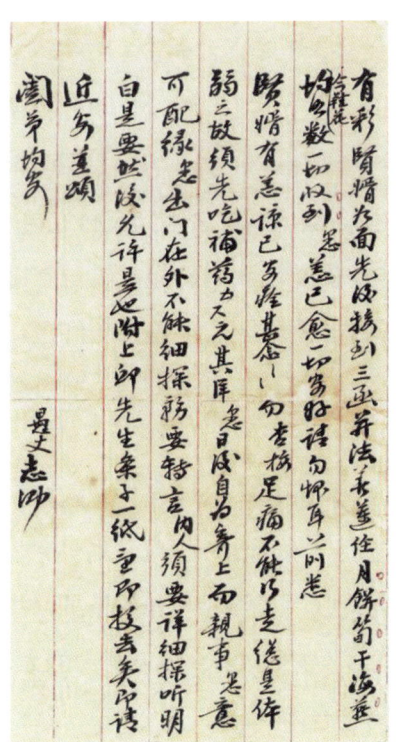

○图7

明朝天启七年（1627）编纂的《平湖县志》地图上已经有阴阳弄了。民间传说，该弄东面有阴司城隍庙，西面有阳间县衙门，阴阳两界由一弄分隔，因此而得名阴阳弄。张公馆在县衙前无疑。

第九件 张志清发寄宁波陈有彩先生，红条封，上书"内安要函外附英洋拾肆元正（整），烦送宁波甬江投资新钱庄内交陈有彩先生台收，平湖城守署缄"，左上右下盖红色印章。函书："今寄上小木箱乙只，内装女鞋子陆双，又洋铁箱乙只，内装零碎绸料，均登花账；又奉上英洋拾肆元，望均转送内人收用是也；又寄上鞋样三个，教杏梅描花……今协宪调李大人回任，大约月之初六日接印……赐月饼，领谢，以及经照收。"此处又提及佛经照收。

 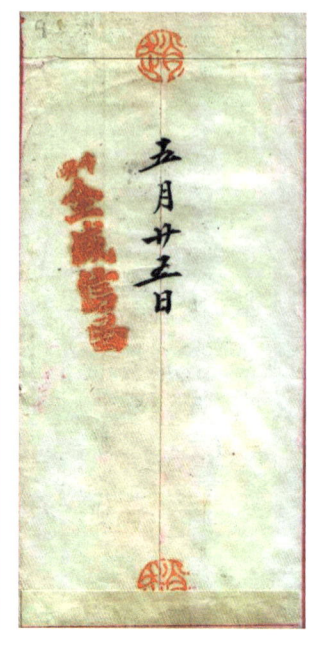 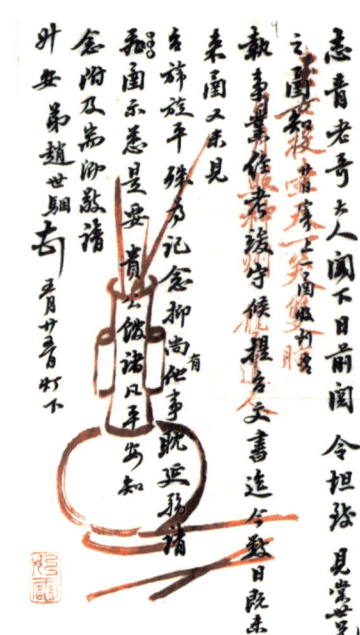

⊙图 8-1　　　　　　　⊙图 8-2　　　　　　　⊙图 8-3

"此信收到,望原班回条"。张家经平湖全盛信局邮寄的银信包裹都注有"舟至即投""原班回条"字样,双向服务。(图 9-1、9-2)

从张志清多封信中透露,清代嘉兴平湖乍浦协任命似均属宁波水师道台调遣。

第十件　平湖邮宁波,中式红条封,正面书:"内安要函烦局速递宁波甬江确投资新钱庄内交陈有彩先生台收,局力付讫,平湖城守署寄",右上左下盖红色印章。(图 10-1)封背上下盖红色骑缝章,外书"陆月拾伍日""舟至即投,不可耽搁"。中盖"平湖全盛信局"直式无框形戳。(图 10-2)

附函内称:"有彩贤婿如面 …… 接印公事蒙协宪办得甚快 …… 愚先定六月初五接印,当派头目去请印,此代理之张馥卿抗印不交,定要索诈洋元,愚立刻协宪委派巡捕来平,再三解劝调交洋念元后交印,来讯于初六日卯刻接印 …… 愚虽已接印,心实闷气,欠安之至,愚丈张志清。"记载了清代官场腐败现状,地方势力强大,外派官员累遭凌辱和欺诈,张志清所发十余封信件中都有涉及。

第十一件　张志清之子平湖城守署武官张见棠寄宁波的书信,上书:"有彩姊丈大人阁下 …… 承询桐乡县乡民聚众一节,起初势甚勇猛,乃去衙门上房打完,教

第十一章　宁波月湖陈有彩先生遗信辑存

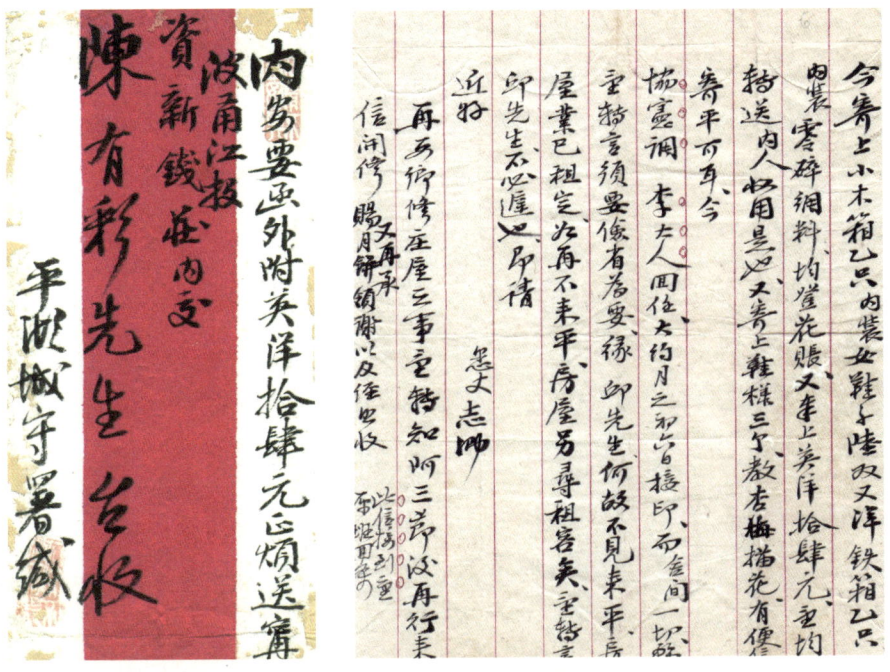

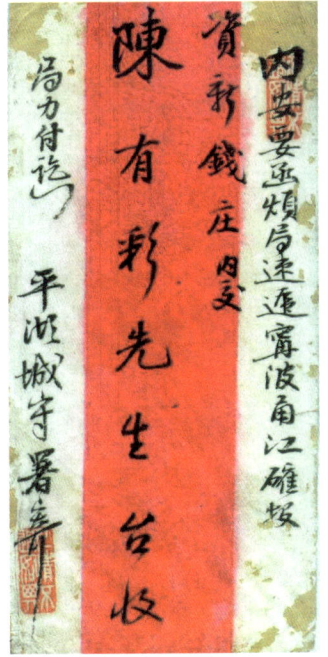
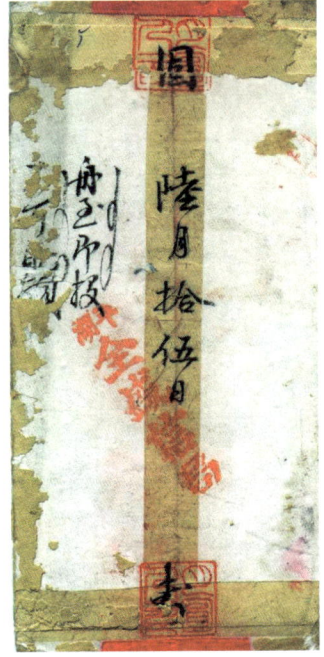

⊙ 图 9-1 ｜ ⊙ 图 9-2
⊙ 图 10-1 ｜ ⊙ 图 10-2

堂学堂均被焚完,次日至硖石打击绅富及庄行号……后至海宁,幸该州先闭城门,城上开枪,乡人看势不象(像),统行散去。现在省中大兵已到,大局无碍也,平地日前为东乡匪扰亦吃紧……"记载了浙江桐乡、海宁、硖石等地农村和城镇百姓入城拆毁县署、反教会、捣毁教堂等活动。清末乡村民变蜂起,成为当时突出的社会问题,也动摇了清政府的统治基础,加快了清廷的覆亡。(图11)

第十二件 平湖城防官张志清寄宁波陈有彩的书信,上书:"……引(矧)平民糯(懦)弱,堪以平妥耳。今寄上洋捌元,是还药和送礼之款,又寄上柳条杜布叁匹、外国手巾两条、鞋两双,务望查收……即请近安,并颂阖府均安……此信接到,原班回条,愚岳丈张志清。""引(矧)平民糯(懦)弱,堪以平妥耳",此处指浙江百姓抗清反教会活动。

函中可见平湖全盛信局上门服务收寄银信包裹,乘舟横跨钱塘江抵达宁波,分发到户,并收取回条,返平湖时再递交客户,服务十分周到。(图12)

第十三件 平湖城守署张志清邮宁波银信,红条封,上书"内函外附英洋拾贰元烦送宁波甬江交资新宝庄内陈有彩先生查收,平湖城守署缄",上下盖名章。(图13-1)背书"十二月十八日封,原班回条",未盖信局戳。(图13-2)

函书:"有彩贤婿如晤,今接府上递来年糕,如数收到,而包皮布明春再行寄还耳……故今寄上洋拾元……又寄上洋两元……前嘱见岁买鱼胶、黑洋酥今未见寄……张志清便顿,十二月十八日发。原班回条。"(图13-3)

第十四件 张志清发自浙江平湖县城守署银信,外加包裹,集信笺、银钞、包裹一揽子由木帆船横跨钱塘江海运抵甬。信笺在木舟航行途中曾受水浸泡,水渍斑斑。在旧时平湖乍浦—宁波钱塘江跨海水线无定期航班。其时中式信封正面书"内信并小洋七角送宁波甬江投资新宝庄内交陈有彩先生台收。局力付讫,平湖城守署缄",右上左下盖红色名章。(图14-1)背书"舟至即送,不可有误""十一月三十日封",盖"平湖林永和仁记信局"红色戳以及护封章,如同现时的双挂号回执信函,时间在光绪辛卯年(1891)前后。(图14-2)附信内书:"今奉上二蓝湖绉、元色湖绉及竹布里子,小女以作膝裤,另有洋领五根、水烟管套乙只……另碎绸缎亦是小女用,又有红漆胡□三个、喜果贰串,送于……又有桂花糖乙盒,望均查纳矣;又奉小

第十一章　宁波月湖陈有彩先生遗信辑存

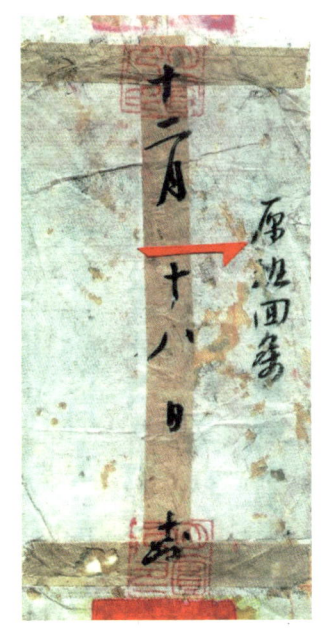

⊙图 11　⊙图 12
⊙图 13-1　⊙图 13-2　⊙图 13-3

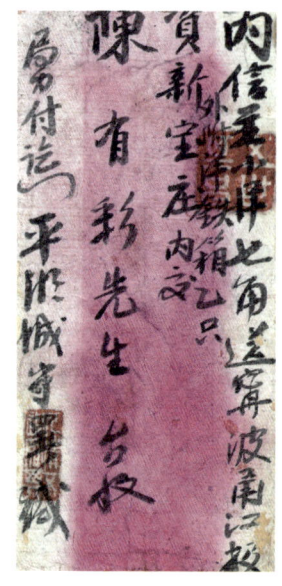  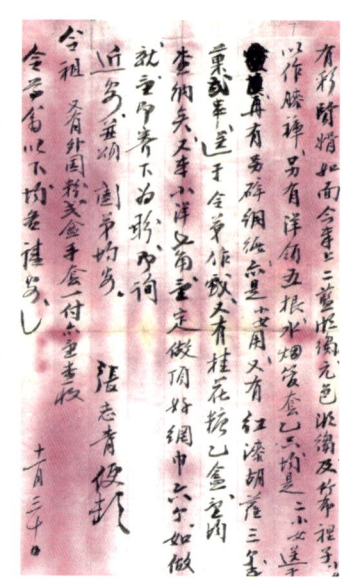

⊙图 14-1　　　　　⊙图 14-2　　　　　⊙图 14-3

洋七角,望定做顶好网巾六个……"银信之外附带包裹物件十余种。正如一位南方作家所书:其实信局和信客讲究的是一个"信"字,沿途历尽辛劳,为远行者效力,自己却是最困苦的远行者。(图 14-3)

第十五件　1903 年 9 月 26 日上海陈有彩岳母陈氏邮寄宁波家书一件,正面书"安福吉送宁波药行街资新宝庄内呈陈有彩先生手启,缄于春申江上寓"。左上方贴蟠龙邮票 1 分 1 枚,为当年平信邮资,销"上海/SHANGHAI 26 SEP 03"汉(英)单线戳。(图 15-1)背书"八月初六日上海□",下方盖"上海二章五"碑形线式收件信柜戳(红色),上方盖"宁波/NINGPO 27 SEP 03"汉(英)单线到达戳,次日到达。(图 15-2)信内书:"有彩贤倩先生 …… 来鸿展悉之余,备知 …… 嘉兴交卸已毕,不日内岳翁偕陈公均可来沪小作勾留,永康之署去否未定。岳翁前患湿气,愚身发风痧,目下一律全(痊)愈矣。兹有托者,费氏先姊本月八日乃百日之期,祈致意见兰送□□一付(副),以尽亲谊,切切不可失误 …… 近祈敬颂。亲翁母泪诸位下均吉祥,愚陈氏 ……""洋铁箱子后班寄上是也"。此处"后班"系指甬申线轮船信局(信客)班期。陈氏为张志清妻,寓已从甬迁沪,函中提及"岳翁偕陈公均可来沪小作勾留"。此处陈公指陈氏父辈或兄弟,都系清代官宦,职位高于张家。张见棠前

第十一章　宁波月湖陈有彩先生遗信辑存

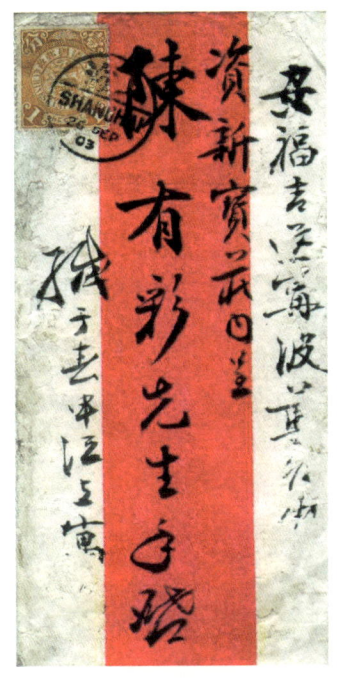

⊙ 图 15-1

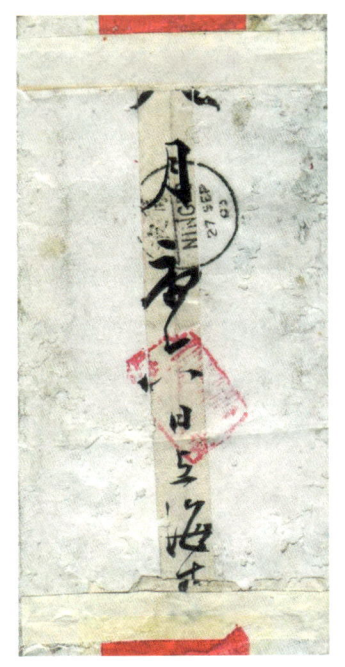

⊙ 图 15-2

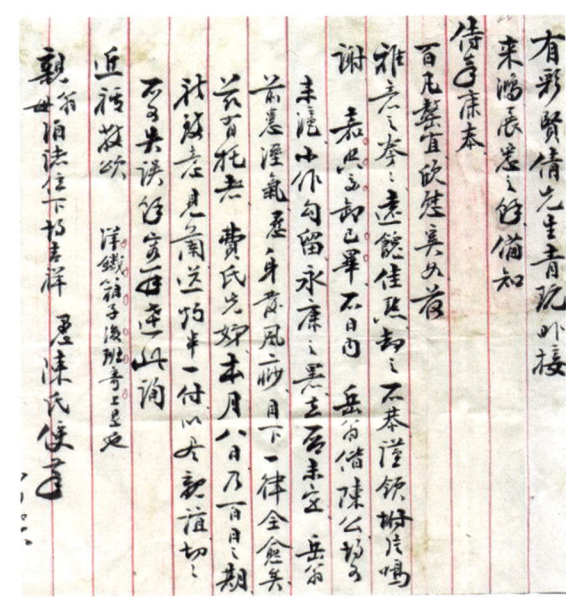

⊙ 图 15-3

函曾直白"省中有人，何患事不成"，只是没有点破利用了裙带关系。从清代至民国初期，商民汇银捎物带包裹大都通过民信局或信客传递，1分邮资实寄封留存较为少见。（图 15-3）

第十六件　张志清从平湖大清官局邮寄宁波的实寄封，是张志清唯一经官局邮寄的信件，也是张志清所写遗信中最晚的一件。中式红条封，正面书"内安要函烦邮政局带送宁波甬江资新钱庄内交陈有彩先生台收，平湖城守署缄"，右下方盖一枚方形四格"嘉兴 / 平湖县 / 城守分局 / 东□□"邮政局戳，黑色，中间文字不清，也可能是"邮政分局"。左上方贴票丢失，但可见嘉兴单线戳"K17"字样。（图 16-1）封背书"桂月十三日书"，即1902年9月14日，应是写信日期，左上方盖"上海 / SHANGHAI 02 SEP 19"汉

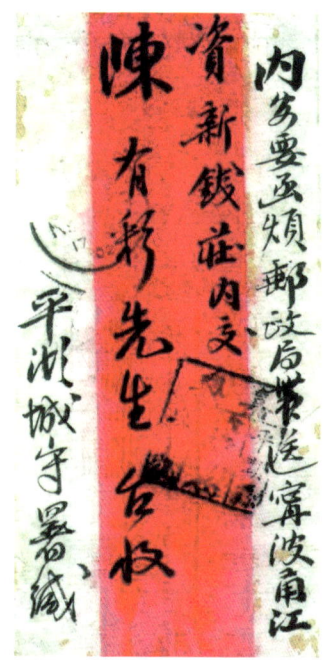

⊙ 图 16-1

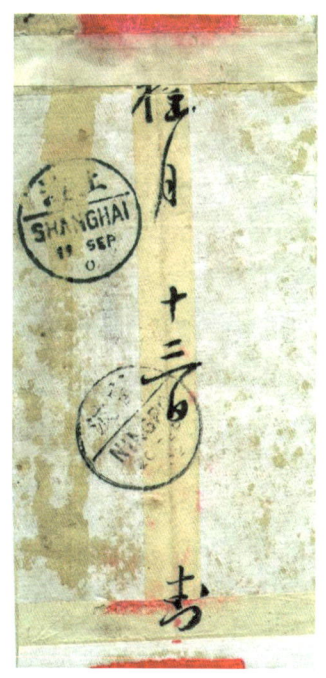

⊙ 图 16-2

（英）单线中转戳，中下方盖"宁波 / NINGPO 02 SEP 20"汉（英）单线到达戳。实寄封证明大清邮政局建立之初平湖县到宁波的邮件曾从嘉兴府和上海中转，平湖绕路反转嘉兴后再抵上海到宁波少见。据嘉兴邮电志资料记载，光绪廿七年（1901）2月28日，嘉兴设立邮政分局，隶属杭州邮政总局，平湖县邮政支局的建立则应在其后，平湖经嘉兴再去上海邮路明显是倒转，即使民信局也不会如此笨拙，其后不再有此种现象，而是由平湖直接从上海转发宁波了。（图16-2）

第十七件　张志清子张学瑾（张见棠）清光绪丙午（1906）年从上海经邮局发寄宁波的实寄封。西式封，直书"邮寄宁波甬水境确交泰恒宝庄内陈有彩先生台升"。（图17-1）封背票销"江苏上海丙午腊月六日"三格干支小圆戳。中间盖"浙江宁波 / 丙午腊月初七"腰框式干支到达日戳（注：干支日戳中常见镶冬月、腊月，即十一月、十二月）。上方盖"上海二章（五）"信柜方形三格线式红色收件戳。（图17-2）附函上书"……雇民船赴云台山大约初五六可到……所需灯罩等件且俟回沪之日一一转告，决不致误……姻表弟张学瑾"。从信函中可知张学瑾也已离平湖迁居沪上公馆。右上方为张学瑾印刷体红色名片，背盖名章。（图17-3）

另一件"平湖守署张志清邮宁波银信——汇票"前文已详述，此处不再赘述。

张老爷平湖城关上任期间的家信真实反映了清代官场现状。清代有关官员贪污的传记故事甚

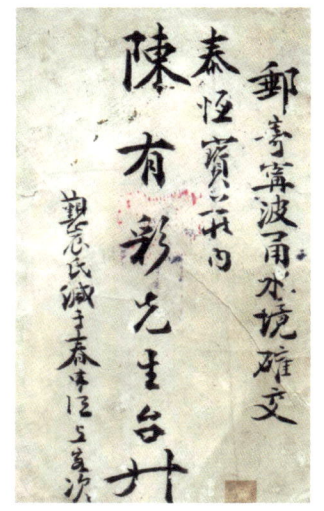

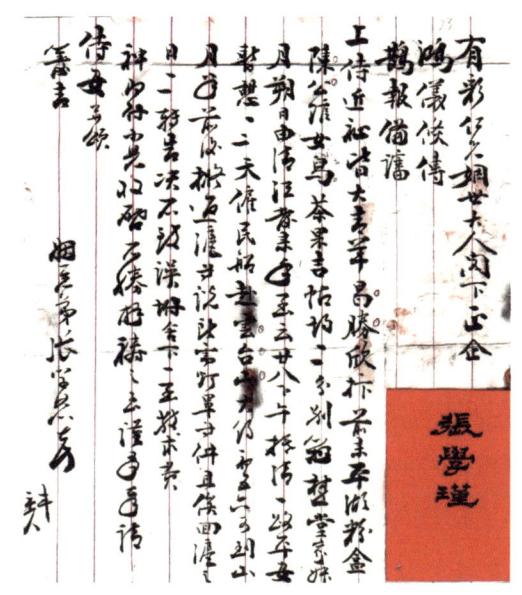

⊙ 图 17-1 ⊙ 图 17-3
⊙ 图 17-2

多，晚清民间讽刺小说中，揭露官场黑幕是一大热点。《官场现形记》所写的不是个别的贪官污吏，而是整个政治体制的腐朽。晚清官场浑浑噩噩，黑幕重重，书信记载了真实的历史。原本写家书的人并不为发表，也不是为了给外人看，家书无谎言。旧时的信笺现今已是"踏破铁鞋无觅处"，侥幸遗存下来的理当十分珍视，这也是本人整理此文的初衷。

张志清偕其子张见棠于清光绪十七年（1891）前后从宁波去平湖城守署接任，其官位约在五品至六品之间（守备、千总）。平湖乍浦是江浙门户，海口重镇。其子张见棠，武官，至平湖后不久转行金融业，同宁波从事钱业的姐夫陈有彩关系密切。张家 1902 年前后迁至上海，在平湖及杭州都设有公馆，官虽不大，气派不小。张见棠较晚也去沪发展。

三、张学瑾(见棠)邮宁波陈有彩的信笺

遗信中有几件经上海中转的信局实寄封。

第十八件 内一件红条封,正面书"内贺函送宁波交泰巽宝庄陈有彩先生升,寓平湖张见棠缄",背书"年初六封",上盖"平湖全盛信局"框式戳,右上方中转盖"上洋全盛泰记信局"戳,另书"力讫",上下封口盖花边护封章,经甬申线轮船发往宁波,全盛、全盛泰记信局应为同局交接。(图18-1)五口通商之后,地处长江口的上海迅猛崛起,很快成为五口之冠,其中海运事业发展尤为迅速,形成了以上海为中心的交通枢纽,特别是甬申线轮船运输,建立了非常稳定的航班线路,每日往返,十分便利。而平湖县在清光绪晚期开始建立开往上海的固定内河航班,每日往返,停靠上海大达码头。从此改变了平湖乍浦——宁波甬港无固定航班的历史。

附张见棠书信,上书:"有彩仁兄……来谕知大驾知于初三日到任,想车轻驾熟,不难拔帜而上也,贺之。弟携琴佩剑,异地飘零,风尘仆仆,劳状可知……未悉了于何日耳……元安并贺,名正肃,元月初六日。"此为大年初六的拜年信。使用上海朵云轩红色宣纸信笺,保存完好,张见棠遗存下来的信笺大多十分精致。(图18-2)

张见棠随父去平湖城守署从武,并不安于现状,如函中书"弟携琴佩剑,异地飘零,风尘仆仆,劳状可知",大概不久即转业到平湖从商,插足金融业。

第十九件 张学瑾自平湖发宁波的书信。使用改良信笺,大清双面龙旗图,花边四角镶蝴蝶。函书:"有彩姊丈大人阁下……平地医道,本弗考究,恐未能妥,手足性情,皆在知之,惟家姊固执……我兄婉为劝导,保养至要,现在既经西医诊治,能宽看几次,渐渐安愈最妙,此复。即请台安。内弟张学瑾,五月十九。"张学瑾因家姐患病致姐夫陈有彩的信,劝说其姐在甬西医诊治为妥,而平湖医道并不考究。(图19)

第二十件 张见棠经信局由平湖邮宁波的实寄封。正面书"宁波泰恒钱庄""陈有彩大国民剖""平湖张见棠发""外纸一卷"。(图20-1)信封背面书"带税照,大至要,阴历七月廿七日",中盖"平湖全盛信局"框式戳。(图20-2)此件的称呼"陈有彩大国民"甚为离奇,按书信时间正是在"百日维新"时期,估计同清光绪年间康梁变法有关。张见棠是一位有为的青年,接受新鲜事物快,并爱好书法

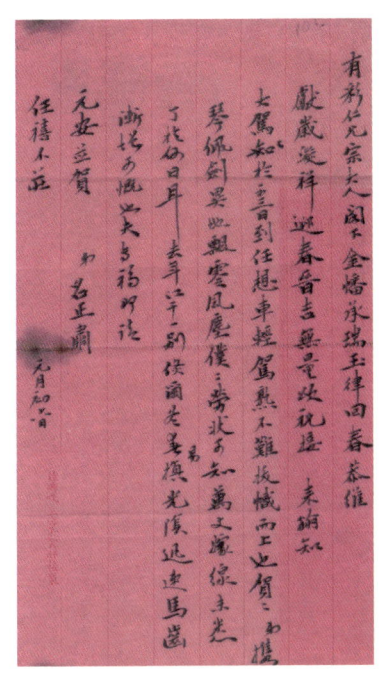

⊙图 18-1 | ⊙图 18-2
⊙图 19

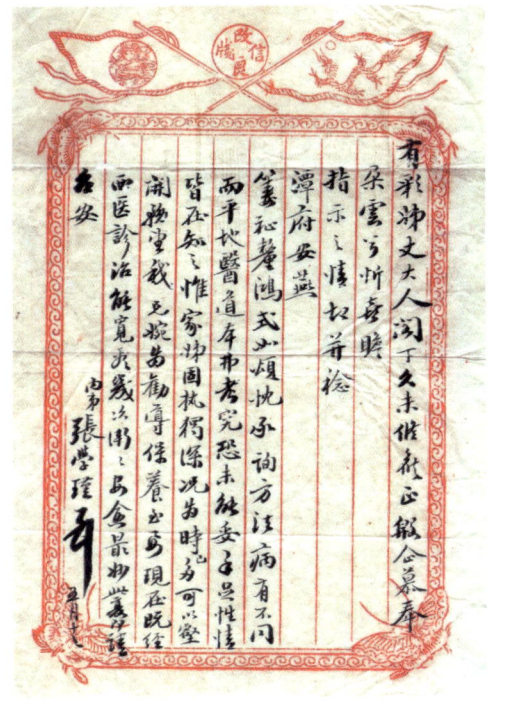

绘画，原件地名横书，人名直书，甚为别致。据史载，19世纪末康有为提出变君主专制为君主立宪的要求。他指出："东西国之强，皆以立宪法、开国会之故。国会者，君与国民共议一国之政法也。"1898年6月11日，光绪皇帝发布《明定国是诏》，宣布实行新政，"变法自强"。五天以后，光绪皇帝正式接见康有为，并赏赐六品衔，同时赋予他以专折奏事的权力。不久，梁启超、谭嗣同也都在朝廷中任了职。这样，康有为和他的同事们总算参与了变法维新的机要。在三个来月的时间里，他们根据皇帝的授意，发布了不少实行新政的诏

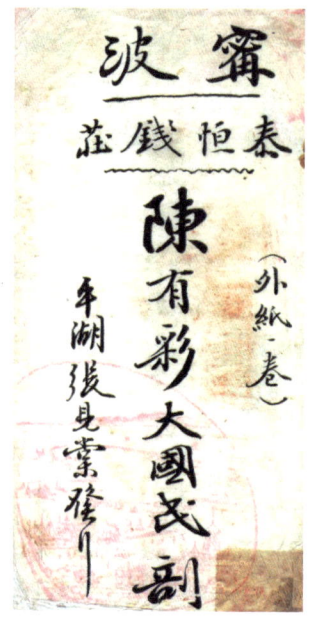 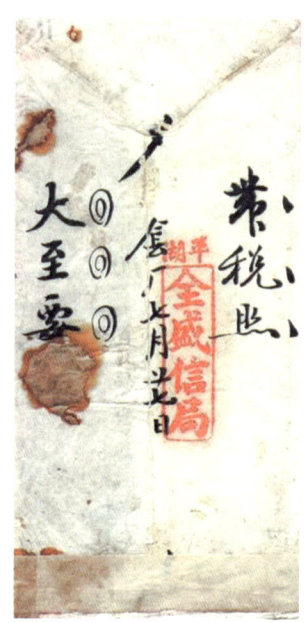 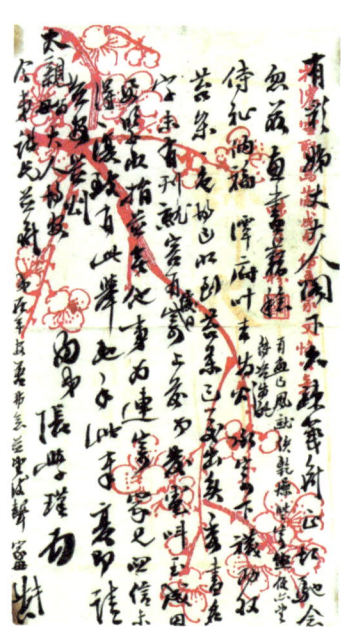

⊙图 20-1　　　　　⊙图 20-2　　　　　⊙图 20-3

书,如设立学堂、提倡一定的言论自由、奖励发明创造、保护和奖励农工商业、改革财政等。康有为等人以为,只要抓住了皇帝好像就能无事不成。其实,光绪皇帝只不过是个空架子,实权完全掌握在顽固派慈禧太后等人手里。正当康有为等踌躇满志的时候,顽固派一个反扑,发动"戊戌政变",就把改良派打了下去。光绪皇帝被囚禁,谭嗣同等人被杀,康有为、梁启超逃往国外。戊戌变法运动前后不过百天,历史上又称"百日维新",以失败告终,但是它在民众中的影响久久不散。

精致的中式梅花图信笺,上书:"有彩姊丈大人阁下……承寄下袜两双、苔条一包,均已收到……弟发函叫玉成有要紧收捐,并无他事,为连寄家兄四信未得一复,致有此举也……太亲母翁大人均安,弟在平,安□,弗念,并望致声家母。内弟张学瑾十一月廿六。"此信笺曾刊于香港《大公报》,记者南华撰文。(图 20-3)

第二十一件　张学瑾从平湖经信局托寄的书信与包裹,邮宁波陈有彩先生,遗存书信两封。一件内书:"有彩姊丈大人阁下,梓里聚首,倏已半月……日前又荷惠书忻悉。家严日渐安痊,深慰……兹寄上菊香甥女帽圈缘……请台收……又

奉布一包,烦交源长哥,此托。即请大安。内弟张学瑾。十二月初九。"(图 21-1)

另一件张学瑾从平湖邮宁波陈有彩先生的书信,中书:"有彩老哥 …… 君形历历在我目,近维脑力日强,精神日振 …… 兹寄上对联二副,虽不堪入君目,尔弟一点之热诚以留纪念,尚希笑而纳之 …… 今春承授我月份牌一纸,其花色之华丽,颇邀公众所竭力赞成 …… 赐我一二张,挂诸雪白壁间,以邀众赏 …… 强安并颂文明进步 …… 小弟张学瑾十月十六。""并颂文明进步"显然有戊戌百日维新时期的时代特色。(图 21-2)

第二十二件 张学瑾上海邮宁波信笺,函书:"有彩仁兄姻大人雅鉴 …… 委购汗衫、洋纱两事即向对门裕昌采办 …… 二三元不等,缘邻居均属西洋货,故价值较贵。若几角壹件汗衫,惟四马路东洋店有之,而货色甚单不经穿,出门又不能退换 …… 陈封翁嘱买生漆顶好二件,系漆寿器用,务请堂家妹出来随带,万弗致误 …… 姻小弟张学瑾书,五月十一。"此件比较晚,当时张家已迁居上海,陈封翁应是学瑾的外公,已告老返乡,在上海定居。生漆用于漆木舟或寿材(棺椁),上海不易买到,洋漆不适用。(图 22)

第二十三件 张学瑾上海邮汉口信笺,函书:"有彩仁兄姻世大人阁下,十三日接堂家妹来函,早经收悉,陈府使女亲事 …… 答容磋商再话,以故不能即告。今承示促又请 …… 准以四月为吉,如是尚有半载之隔,为日正长,不妨暂缓办理之。苾公回沪 …… 有确的日脚是当函告 …… 转言堂家妹知之 …… 弟张学瑾书。"(图 23)

第二十四件 清光绪二十四年(1898)张学瑾平湖邮宁波信笺。使用清军内双色纪功碑信笺,函书"有彩老哥注目 …… 前者说及邹君之书画,现已求得对联一副、屏幅一堂,特即寄上,至请察收 …… 即请秋安,并颂文明进步 …… 合府佳吉"。(图 24)

第二十五件 张学瑾上海邮宁波泰恒宝庄实寄封。私企洋行制作仿大清官式邮简,封正面印红色花边,用点线分四格,上贴蟠龙红 2 分票 1 枚,销"江苏/上海/丙午十月十五日"双线小干戳。上印:"宁波/函烦邮局送至甬水境交泰恒宝庄内投陈有彩先生收启,自沪勤□手缄寄。"左侧盖"浙江/宁波/丙午十月十七"腰框式干支到达戳。封背印书红色大号字"光绪叁拾二年十月十五日",以及广告语"东信纸、洋字薄、东信封、花卷纸,制造贩卖,上海法界郑家木桥菜市街顺德里振余洋

⊙ 图 21-1 ｜ ⊙ 图 21-2
⊙ 图 22   ｜ ⊙ 图 23

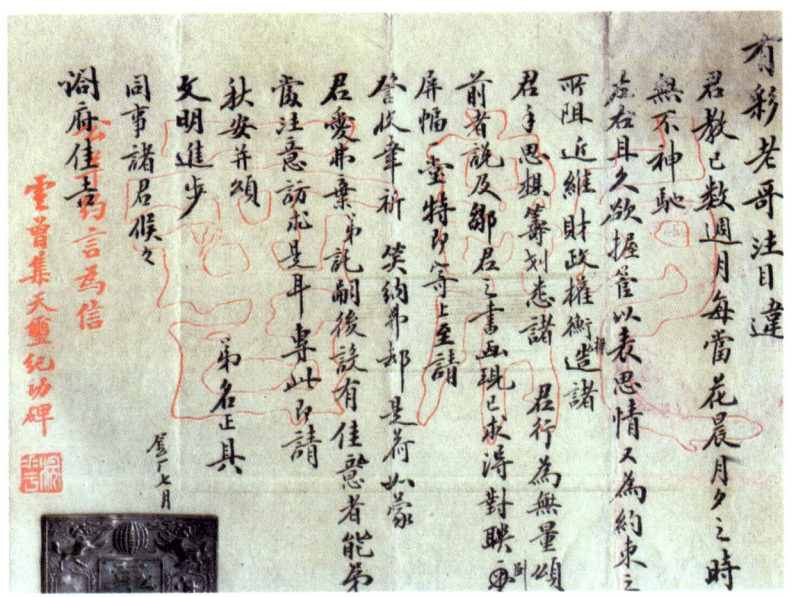

 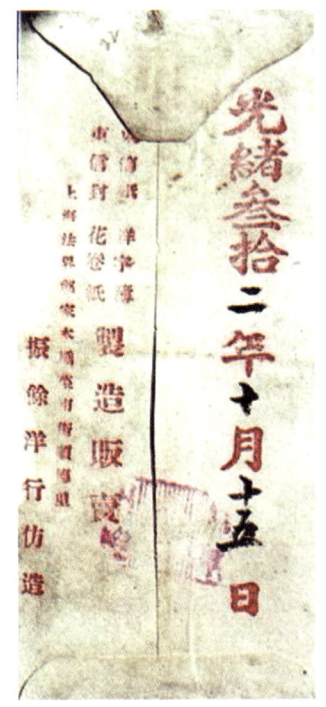

⊙图 24
⊙图 25-1 ⊙图 25-2

行仿造"。下盖"上海二章五"红色信柜收件戳。陈有彩遗存的光绪丙午年类似的实寄封共有四件。（图25-1、25-2）

第二十六件 张见棠平湖邮宁波中式美术信笺。函书："有彩姊丈大人阁下……前在梓里聚首同游，快甚。别后到平……尊款即日汇奉。内弟张见棠书"。（图26-1）另一件平湖邮汉口，内书"阁下泰巽分手后，今虿驾游如皋，进老德记洋行，知席面尚好……兰生哥有否晓见，以及我兄在汉情形便希赐示一二，弟今春因血症累身，各处就医，迄未见功，目前在店静养，不作回家之计……内弟学瑾书。二月廿一日。"（图26-2）

第二十七件 张志清长子张懿承从上海经甬申线信客周良翁邮宁波的信函。红条封上书"内要信烦周良翁袖递至车桥弄口资新钱庄内呈陈有彩先生升，寓申江张意诚托干。"（图27-1）背书"甲辰十壹月念叁日封"。（图27-2）附函书："有采妹丈大人阁下雅照，昨日接得堂叔父递来尊书一封，内详一切……委写字画，王君前日赴轮驾至金陵，迄今未回，且看抵申，弟再去领取可也。……尊号英洋八十元，前日来示取过五元，又堂妹父支过拾元，尚有六十五元，务望阁下合数划与招商局周君良堂兄处为要，切勿悟（误）期……阁下来示寄申英二马路兴申南里内第一弄第299号门牌内养正书馆内弟收可也，余不多言，后信再详。太亲翁亦不另札，代为问候，近好。姻弟张懿承书。"（图27-3）

第二十八件 清光绪三十二年（1906）日式"第三五九七号书翰笺"（信笺），由平湖城守署武官张见棠邮寄到宁波，是我国最早使用的邮简。四折邮简正面印蓝色花边和曲线及"轻便书翰笺"五字，上下端各打两排齿孔，内侧细齿三十余孔，外侧粗齿十余孔。毛笔书"宁波泰恒钱庄陈有彩君开，平湖张□□"，左上角贴蟠龙红2分票一枚，销"浙江／平湖／丙午正月十四日"蓝黑色小型干支戳一枚，甚清晰。（图28-1）简背书"邮资粘讫，缄权所有，阴历一月十三发"，盖"江苏／上海／丙午正月十五日"中转戳、"浙江／宁波／丙午正月十六日"到达戳，三枚都是全汉文小型干支戳，直径23 mm，唯上海为双线，送达时限三日。（图28-2）此件邮路与平湖全盛信局后期相同。全简展开后正面两页和后面四页印有蓝色直格，中上方框线之外印汉字"……特许第三五九七号"，十分清晰。简长310 mm，高157 mm。内

第十一章　宁波月湖陈有彩先生遗信辑存

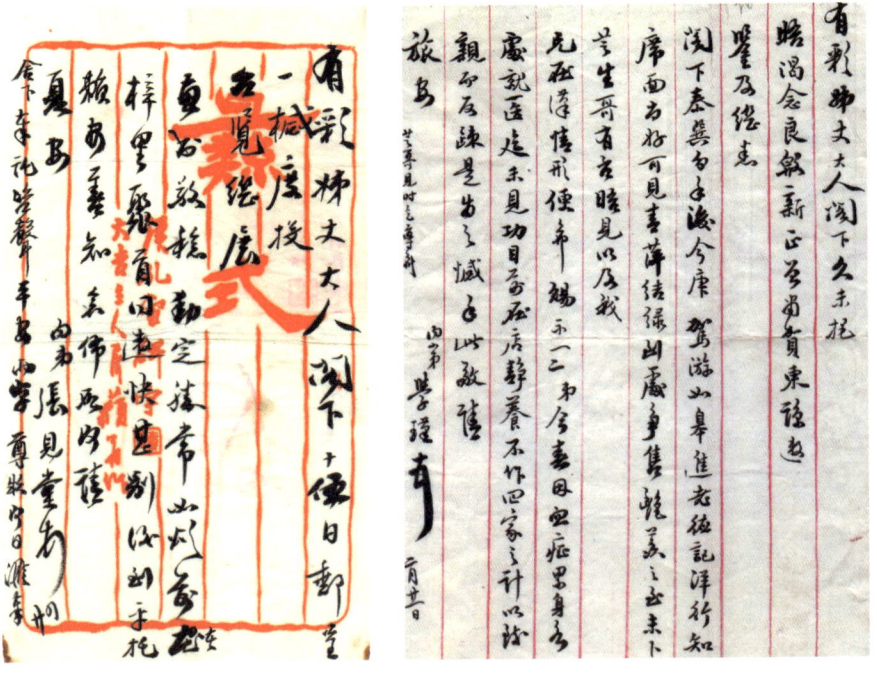

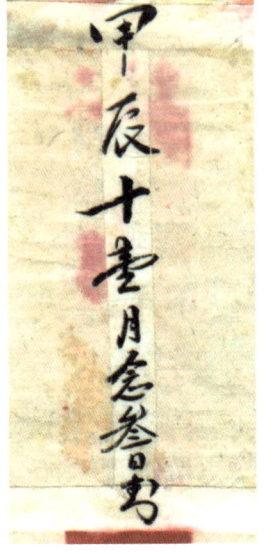

⊙图 26-1 | ⊙图 26-2
⊙图 27-1 | ⊙图 27-2 | ⊙图 27-3

书:"有彩姊丈大人阁下,前奉瑶章,蒙赐芳衔,并承吉语……托阁下代讨月份牌一张,如尊府已无,可否转求令弟先生代为设法一张,由局寄下,倘得见赐,则盛情不浅。弟定于四月初返宁,届时可与知己畅叙……月份牌务乞竭力设法。弟见棠书,一月十三。"(图28-3)

"专卖特许第三五九七号"邮简使用时,我国大清邮简尚未发行,此件曾引起邮界多方关注与研究,有论文多篇,最后定论可见《中国邮史》2010年第二期,《邮政用品研究》2009年总第五期拙作《我国清代使用的轻便书翰笺源于日本》,但是仍存在一些疑问待考。

以上十余件陈有彩先生内弟的普通书信,虽甚枯燥,但多少也反映出清末下级军官和商界的一些思想活动和经济生活状况。特别是"百日维新"时期,张见棠的书信语句中显现出一些文明进步思想,实证了"百日维新"运动对民众的影响。

四、陈有彩汉口从业记

五口通商之后,大批宁波商人涌入一水之隔的上海滩,后登天津商埠以及九省通衢汉口等地。清末陈有彩经表兄王芹生之邀,离甬去汉口发展,立足后继续从事金融钱庄业以及影戏业。留下的信笺中大多由甬汉线轮船信客班传送,部分从大清官局发寄。

第二十九件 王芹生1902年从汉口邮寄宁波府信件,中式红条封,正面书:"内函并贺柬祈寄宁波药行街交资新宝庄内陈有彩先生升启,由汉王芹生托。"右上左下盖红色地名章和洋行章,左下盖"汉口老德记缄寄"章。(图29-1)背书"护壬寅新正月拾九日书",中缝封口盖"汉口老德记缄寄"红色章,右下盖"汉口一"线式方形信柜收件戳。左上方贴蟠龙红2分直双连票,因信内附贺柬多件而超重,邮资加倍,销"汉口/HANKOW 26 FEB 02"(1902年2月26日)汉(英)单线戳,终点盖"宁波/NINGPO/ 02 MAR 02"(1902年3月2日)汉(英)单线到达戳。此件行程时限仍是四日,票虽有残,但三戳清晰。(图29-2)函附红笺,上书:"……元宵恭维有彩仁弟大人阁下,献岁以来……今附上家书一缄,□急乞递为托……倘有往来事务等屡□□诸多劳神……恭贺新禧,尊府阖第请安问候。弟王芹生。"(图

第十一章　宁波月湖陈有彩先生遗信辑存　　221

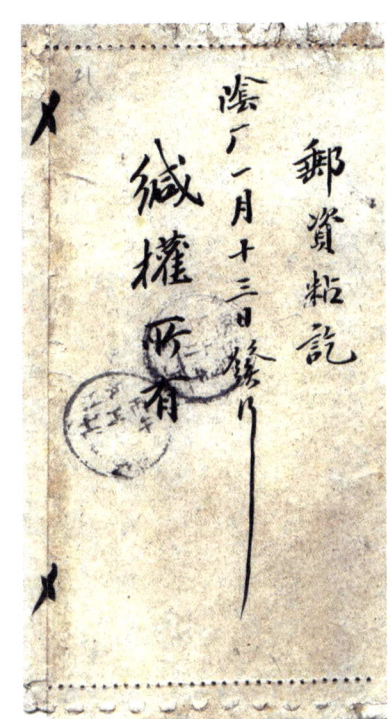
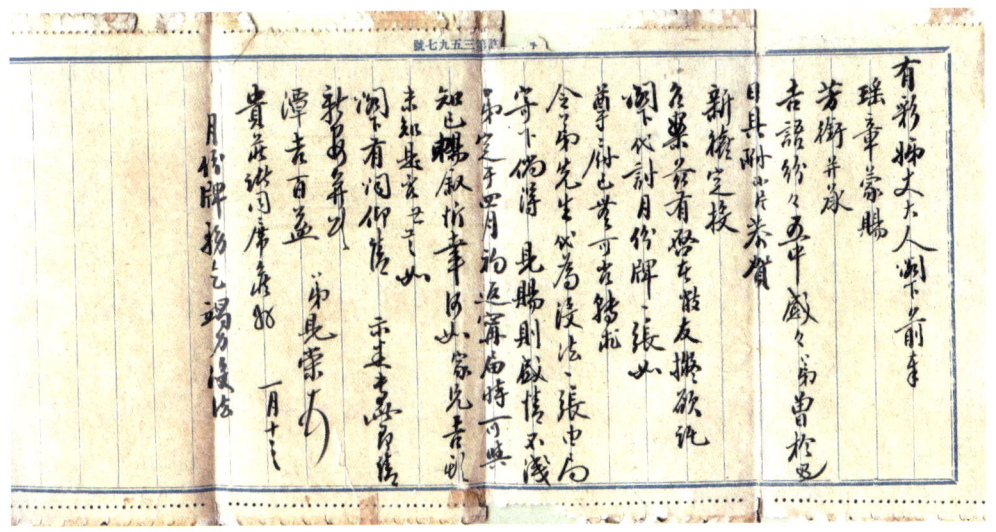

⊙图 28-1　⊙图 28-2
⊙图 28-3

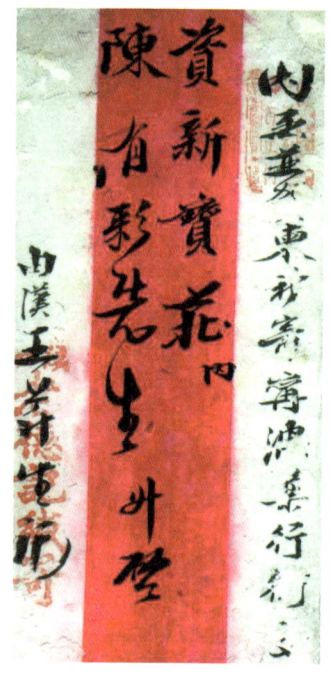

⊙图 29-1

⊙图 29-2

29-3）王芹生系宁波人，清光绪年间在汉口开办老德记洋行以及影戏院，同陈有彩是亲戚，关系密切。

第三十件 新春红笺，汉口王芹生发寄宁波资新钱庄陈有彩。函书："爆竹除旧，桃符更新。恭维有彩仁弟大人阁下，新岁以来足下诸事亨通为慰然。令尊令堂二位大人定然康健。但芹在汉仍就（旧）如此，托福粗安稍可……去腊接得华谕，内详知悉，我云委觅一业，今以（已）说妥……但俸□一节还可，一时不大，数目约四五元之谱，□祈望阁下定夺，如合意，见信即速当班动身至汉黄陂街宝隆玻璃店内问芹可也。千祈切勿延误……此致即请春安新禧。元月初九弟王芹生。拟来汉船票祈至申客栈去买房舱票，船资约贰元七八角。"（图30）可见，汉口老德记洋行老板王芹生为表兄陈有彩去汉口立足发展铺路。

第三十一件 陈有彩父经甬汉线轮船信客传递函。函书："有彩吾儿知之，启者自元月廿七汉发信，二月初一到甬，已悉所云，口因不懂，人地两疏，只得忍耐，数月可以回话，所来各信已经分送（按：由信客传送的银信包裹往往同时夹带在汉宁波同乡的信件，抵甬后分别送达各乡亲友好，以节约信资）。……近日甬规1353、角子9扣、铜元1270，查洋底□万、查银底170万（以上均为商码），规元看来还要索些……以下均各家中大小平安……家中择二月廿六扫墓，择三月廿二做清明羹饭。显达今年二十岁，三月廿二，大媳妇今年三十岁，二月廿二请素寿。……张见棠仍到平湖……□□□二股，

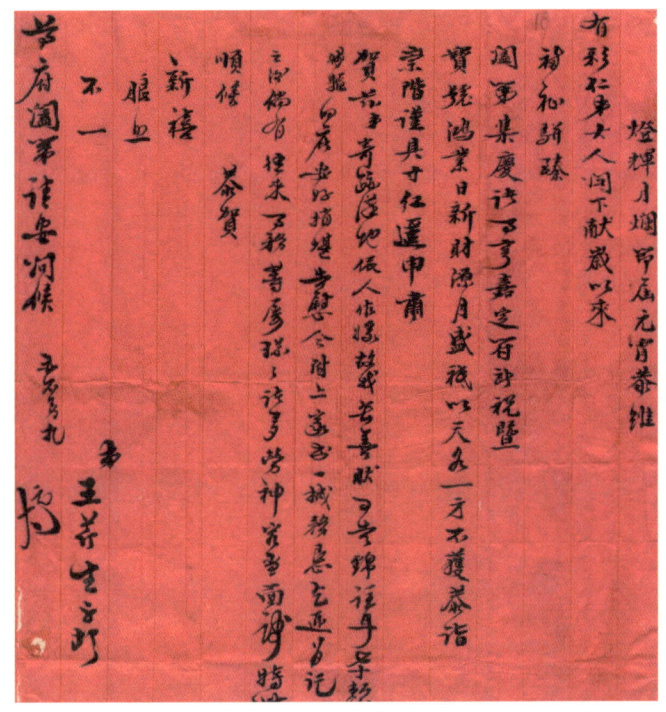

⊙图 29-3

□□□合一股，泰巽朋友吴先初来家说有股份单，说儿藏在何处，来信提明。……阿宝兄、芹生弟、诸同事，祈代为道候，父字。二月初六。"（图 31）

第三十二件 陈有彩父函："家中自初七日所发之信谅必收到，心为念念，初九接到二月初二、二月初四两信已悉 …… 今日规元 1348、角子 88 扣、铜元 1290……孝安之洋并利分文未拿 …… 江北岸公兴煤碳（炭）行、人寿保险公司、泰记之款可以去催 …… 宝成兄、芹生弟前祈代为问候，父字二月十二。"（图 32）两封信中都传递了甬规元行情。

第三十三件 陈有彩父函："有彩吾儿知之 …… 自汉廿、廿三所发之信并股票并各信收到，勿念 …… 仁生侄择三月初三进泰生庄 …… 徐瑞卿兄欠泰记之款还未交清 …… 铁路还未造成，泰巽与泰崇交易还未探明 …… 芹生弟、宝成兄前，祈代为道候，父字。三月初三。"（图 33）

第三十四件 陈有彩父函："有彩吾儿知之 …… 张文垒兄在汉口开大裕吕宋发财票行，此人甚阔，去拜候 …… 所云寿柜一节已买就 …… 择六月十二敬神，割

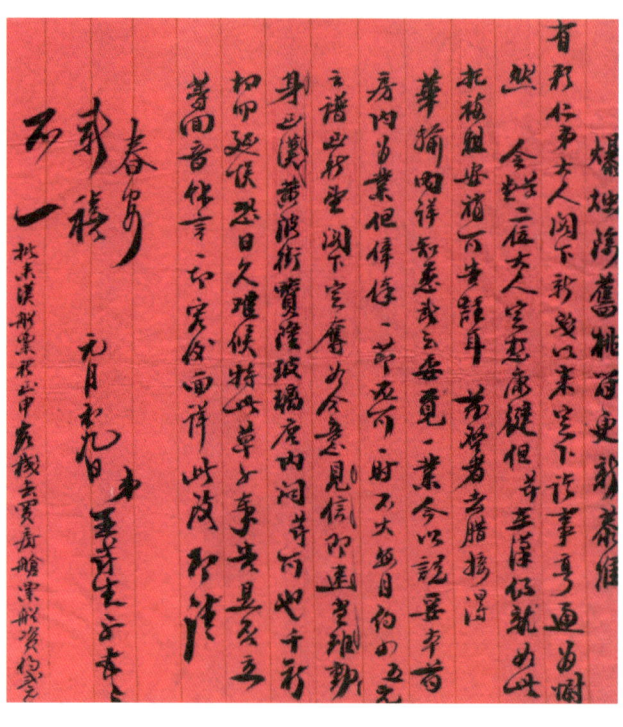

⊙ 图 30

⊙ 图 31

第十一章　宁波月湖陈有彩先生遗信辑存

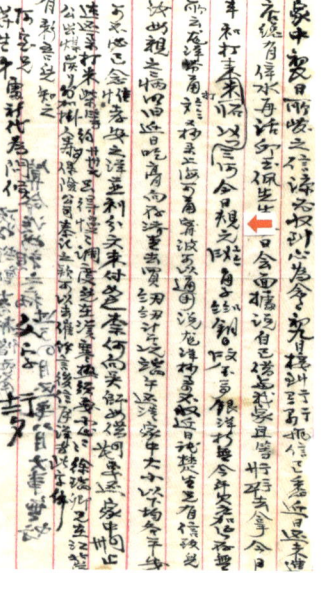
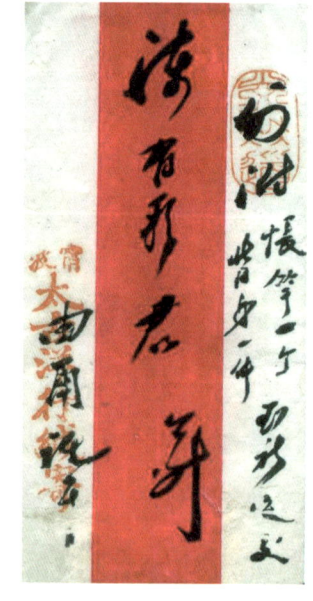

⊙ 图 35-3

⊙ 图 34　⊙ 图 35-1　⊙ 图 35-2

第十一章　宁波月湖陈有彩先生遗信辑存　　227

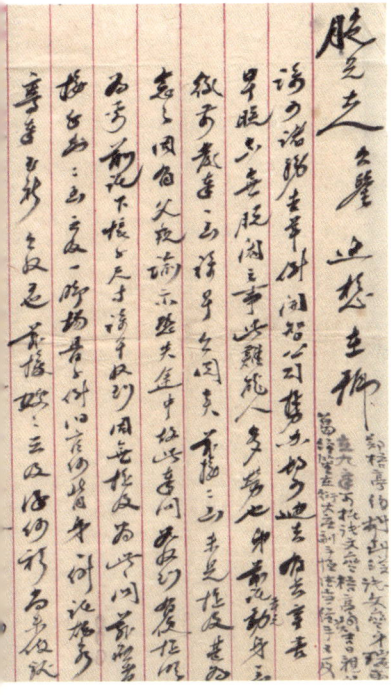

⊙ 图 36-1

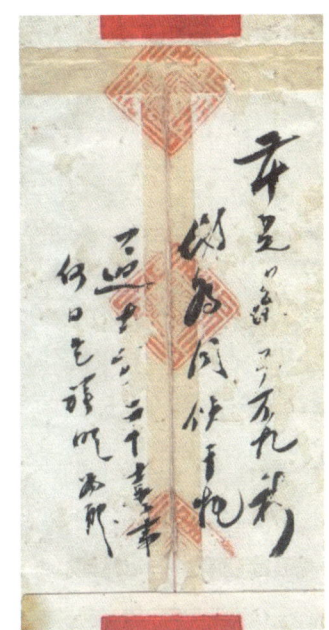

⊙ 图 36-2

好两口,抬之月湖□去藏。近日,方聚元、凤宝两家倒(到)15万(商码),三月卅底各同行轧新老方钱庄,大清银行与新老方交易丈单一概过出……孝安之洋并利分文未拿……陈瑞林侄阿生哥开太古晋发财票行……裕苏、裕宁钞票已倒(到)(大清官银钱局票),贺安官在河南大清银行为业……阿宝兄、芹生弟处祈代为问候,父字。三月廿三。"(图34)

第三十五件　宁波太古洋行陈炳章发,同式红条封,上书"分附帐干一个、背身(心)一件,玉祈递交陈有彩君台升,由甬托干",上下盖红色印章,左下方为"宁波太古洋行缄寄"。(图35-1)封背中盖红色护封章三枚,这三枚护封章十分特殊有趣,中间为篆体"封"字,两侧合成"护"字,非常清晰,陈炳章所发信件都可见此章。(图35-2)函内书"托炳客寄奉,玉祈台收可也。兹接嫂:□□□纱衫……炳生客于明日动身,故此匆匆……弟炳章四月十三",函内两处提到"炳客"和"炳生客",可知这位甬申线轮船信客全名为炳生。(图35-3)

第三十六件　陈有彩父亲和二弟由宁波太古洋行所发信函,红条中式封,格式同前,正面书"祈递陈有彩先生升,托寄",左下为"宁波太古洋行缄寄"章。(图36-1)封背盖护封章,外书文四行,鉴于陈炳章草体文很难辨认,此处从略。(图36-2)附函两件,父亲信中称四月初十发信并四月十三日托炳生客寄上的信并夏纱背心等谅已收到,甚为念念;二弟陈炳章信中提及"近日影戏生意好否?"在大批寄往汉口的信中曾多处问及汉口的影戏生意,时间当在清光绪后期,电影刚诞生不久,看来宁波钱庄老板王芹生、陈有彩还是中国早期电影业的开拓者,清末就在汉口开办影院。(图36-3)

第三十七件 二弟陈炳章三月十九日信函,中式红条封,盖"宁波太古洋行缄寄"章,格式同前。正面书"平安烦劳惠寄王芹生老哥袖顺乞递家兄有彩收启,由甬炳章托干"。(图37-1)封背书"福至平安／顺风传书／春月十九书",盖封口章同前。函内提及"未知贵地影戏开张,人手若何……王芹生兄明日动身"。此件是王芹生从宁波袖递至汉口,王陈两家是近亲,此件才是真正意义上的手递封。(图37-2)

第三十八件 宁波太古洋行陈炳章发,中式红条封,上书"面呈胞兄收拆,甬陈炳章书",上下盖红色印章,左下方为"宁波太古洋行缄寄"。(图38-1)封背中盖红色护封章三枚,章中间为篆体"封"字,两侧合成一个"护"字。(图38-2)右侧第四行可见"兹接得一月初三函内详领悉,前托炳客寄来之物早已收到……"另一封内书:"前附下九函当早分送……请勿念……前托炳客带奉衣服内有一盒装……有否收到念念……本札因船时即驶,只得容后再告。弟炳章二月十三。"(图38-3)从信函中可以明显看出此件仍由甬汉线轮船信客炳生传递。内提到曾收到由炳生客捎带至汉口的九封信函,分别送给在汉的宁波同乡,大量夹寄确是一种节约邮资的窍门,因民信局、信客不计重,可以看出宁波帮的团队精神,在遗信中差不多都提到附有多封书信并代为传达之事。

第三十九件 宁波太古洋行陈炳章寄发汉口的一件官局封,中式红条封,正面书:"要函烦邮局送汉镇黄陂街宝隆宝号内,专递王芹生先生收下,乞祈交陈有彩先生台升,甬托寄"。左下盖红色字号章"宁波太古洋行缄寄。"(图39-1)封背左上方盖"宁波柒号"碑形双格红色信箱戳,票销宁波汉(英)小圆戳,此件为丢票后补。中

第十一章　宁波月湖陈有彩先生遗信辑存

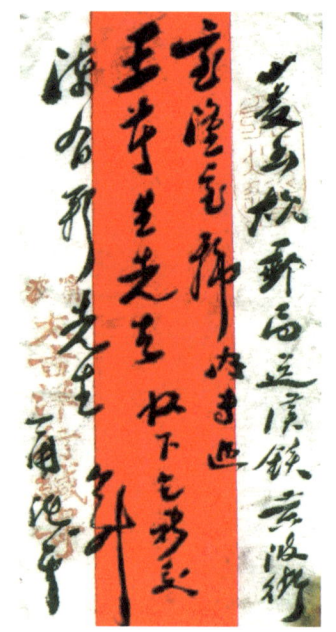

⊙ 图 38-1 | ⊙ 图 38-3
⊙ 图 38-2 | ⊙ 图 39-1 | ⊙ 图 39-2

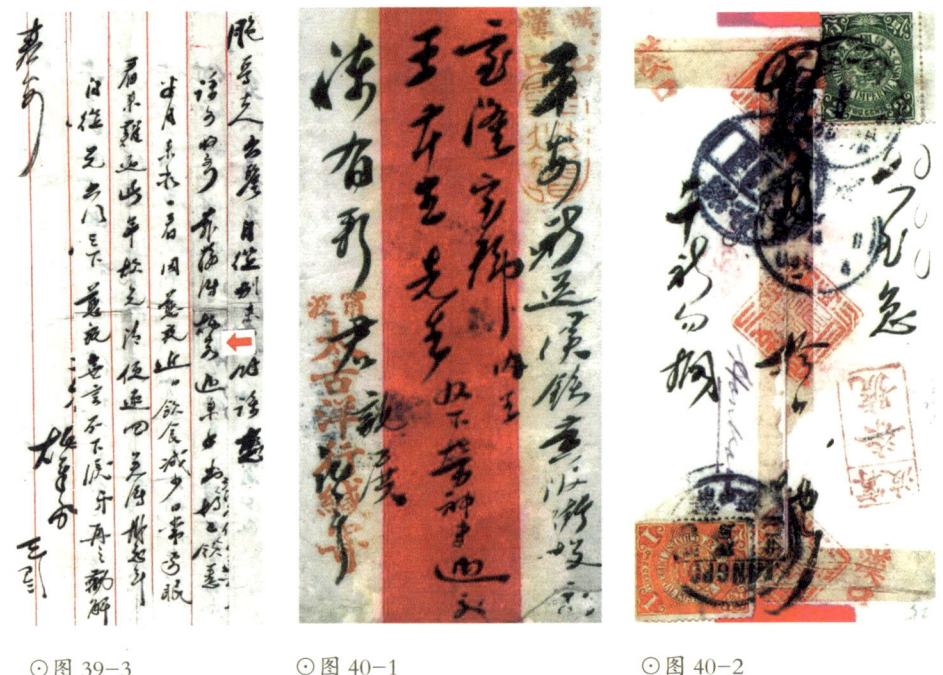

⊙图 39-3　　⊙图 40-1　　⊙图 40-2

盖汉口英（汉）干支三月初七到达戳，以及"18 十八"红色六角形汉口投递戳。另书"春月初三日吉发"和"大至急""HANKOW"字样。（图 39-2）

附信内草体字书："兹接到炳客递来手书均已领悉 …… 君因慈□亲，近日饮食减少 …… 看来难过此年，烦兄□□速回 ……"（图 39-3）鉴于甬汉线信客班出汉不可能每日往返，来往信函没有邮局来得快，为此当年家有急事的商民就通过邮局投寄信函。此件因陈有彩的母亲病重，其弟经邮局急函相告。但是清代甬汉线宁波帮商民汇银捎物则大多仍通过七邑轮船信客传递。信封上可见陈炳章用毛笔所书英文"HANKOW"（汉口）字样十分流畅，显示晚清宁波商埠学外文的热潮。这封信在开首即提到"接到炳客递来手书均已领悉"，说明甬汉线信客班往返为商民服务频繁，成了两地紧密联系的桥梁。

第四十件　宁波太古洋行陈炳章寄发汉口实寄封（官局封）两件。内一件中式红条封，正面书"平安祈送汉镇黄陂街投□宝隆宝号内呈王芹生先生收下，□□□递交陈有彩君台展"，左下盖红色字号章"宁波太古洋行缄寄"。（图 40-1）封背左上右下贴蟠龙 1 分和 2 分票各一枚，销"NINGPO/ 宁波甲 / 庚戌四月廿二"

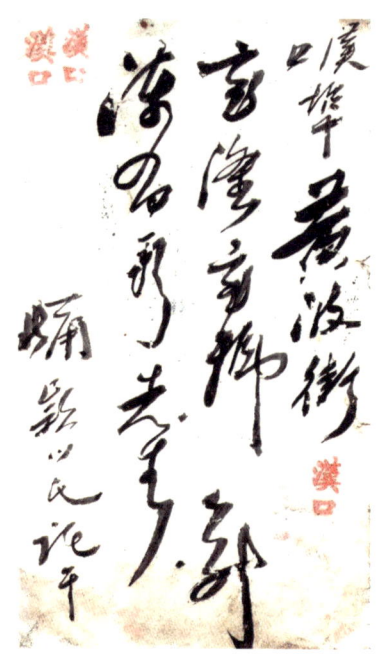

⊙图 41-1

⊙图 41-2

以及"湖北/汉口/庚戌四月廿九"腰框式英(汉)文干支戳,左上方盖"宁波柒号"红色碑形双格信柜戳,落地盖汉口英(汉)文干支戳,另见书"春月初三日吉发"和"大至急""HANKOW"以及"18十八"六角形汉口红色投递戳。(图40-2)

第四十一件 辛亥年甬北邮汉口陈有彩实寄封一件,是经上海、厦门中转的古封,邮路和时限存在疑问,非常稀奇古怪。原件道林纸,西式封,正面书"汉口埠黄陂街宝隆宝号陈有彩先生台升,甬北颖川氏托干"。(图41-1)背书"大至急""三月廿四日""HANKOW",中间贴蓝色蟠龙3分票1枚。票销"SHANGHAI/上海丑/辛亥三月廿七G"宋体字腰框形干支戳,中转盖"AMOY/厦门/辛亥四月初三"宋体字腰框形干支戳,经海路走了八日到了厦门。到汉口盖"湖北/汉口甲/辛亥四月初十"宋体字腰框形干支到达戳,另盖"18十八"红色投递戳,三戳皆清。(图41-2)共走了十六日,比宁波—上海—汉口正常时限四日晚到十二日。

此件,上海到汉口不走长江水路,却经海道去了厦门后再返回去汉口,令人大惑不解,不清楚为何如此走?西式封,正、背面书有中英文汉口字样,另盖七枚"汉口"红色戳记封口,很难理解邮局在分拣时会出此差错。经反复思考,信函发自甬北(宁波江北岸),当年甬申线轮船码头即在宁波江北岸,此件投入轮船信箱后票销"SHANGHAI/上海丑/辛亥三月廿七G",镶G

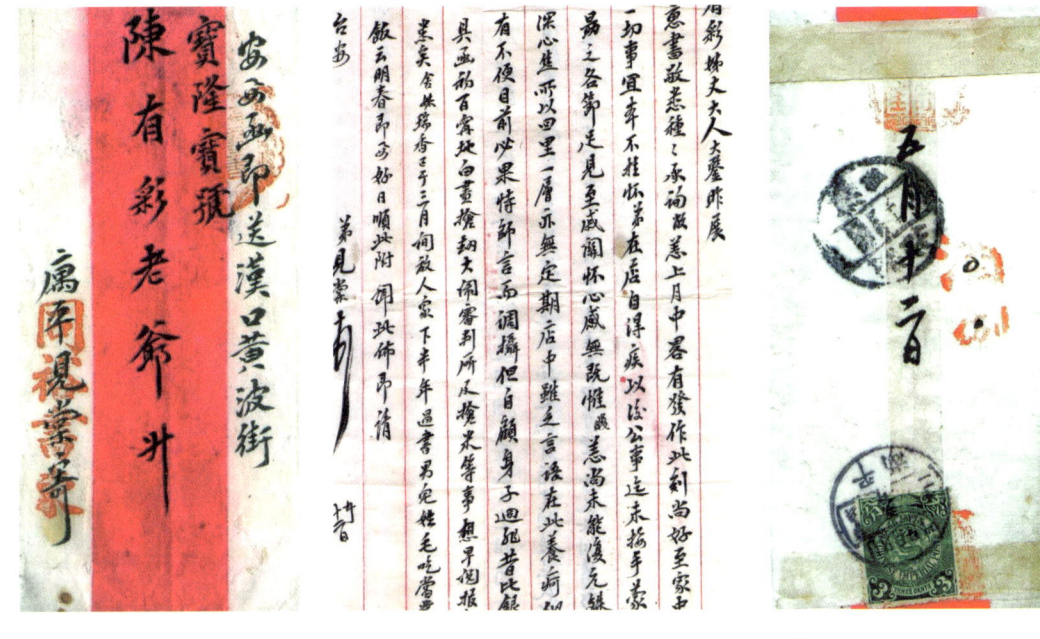

◉ 图 42-1　　　　◉ 图 42-3　　　　◉ 图 42-2

戳，而该班客轮航班却是宁波 — 厦门 — 上海，为此客轮先驰向厦门，在厦门邮局开箱取件时盖上了这枚中转日戳，然后客轮由厦门返航回上海，再转道长江水路抵达武汉，形成了一条特殊的海上邮路，如此解读，拙认为比较符合现实。特殊的邮路十分罕见而难得，因来自民间，封戳清晰，不存在伪制品的可能。

第四十二件　从平湖邮汉口，红条中式封，正面书"内函速寄汉口投老德记洋行内呈陈有彩先生升，寓平湖张见棠寄"，右上左下盖"同裕书束"章。封背书"杏月廿一日"，盖骑缝章，右上方贴蟠龙1分票3枚，销"PINGHU/ 平湖 / 辛亥二月廿一"英（汉）文干支戳两枚。到达汉口盖"湖北 / 汉口 / 辛亥二月廿五日"全汉文宋体字落地戳。另一件正面书"安要函即送汉口黄波街宝隆宝号陈有彩老爷升，寓平见棠寄"，右上左下盖同裕书束章。（图42-1）封背中上方贴3分蟠龙邮票，销"PINGHU/ 平湖 / 辛亥五月十二日"英（汉）文干支戳，落地盖"湖北 / 汉口 / 辛亥五月十六日"到达戳，行运时限两件，都为四日。未见上海中转戳，但邮路从上海经长江轮船上溯抵汉口无疑。封背另可见"酒例"红色印章，说明当时民信局尚盛行，信局、官局、信客互相绞和在一起，形成时代的特征。（图42-2）附函书："有彩姊丈大人……昨展惠书，敬悉种种……回里一层亦无定期……宁地白昼抢劫，大闹审判厅及抢米等事……舍妹瑞香已于三月间放人家，下半年过书，男儿姓毛，吃当业饭……弟见棠。五月十二。"（图42-3）

第四十三件　陈有彩二弟从宁波邮汉口的信笺。函书："兹接书函已分送……宁地天气大热四天，穿单布衫……母亲病上落不定。芹生兄处代问候，二弟炳章三月廿九。"（图43略）

第四十四件　陈有彩二弟从宁波邮汉口的信笺。函书："前所接九封信已分送各家……近日宁地万禅寺大闹，还未平静，刻已有驳船到埠，只好匆匆……"看来宁波甬港边有装载货物的驳船，随火轮或机帆船跨海入长江直达汉口，水路十分方便，民信局及甬汉线轮船信客充分利用了这条邮路。（图44略）

第四十五件　陈有彩夫人从宁波邮汉口的信笺。函书"夫君座右在外，谅必安好，时时在怀……婆婆之病仍就（旧）如……二弟使其内人出言骄慢，日受烦言，吾君在外，家事二弟承值，亦份（分）内之事，不必过于客气……前寄来两信均收到……时安，辛亥五月初二张氏字。"（图45略）

上述三封信笺都系甬汉线信客班传递，下附甬汉线轮船信客相关资料：

2005年秋曾接《宁波晚报》记者蔡铁锋来电称，有一位老人自称宁波解放前曾在宁波镇海从事甬申线轮船信客一职，他对2005年8月20日《宁波晚报》上刊出的《宁波信客与中国邮递业》一文中所显示"宁波七邑信客联合会会员证"铜制腰牌，提出了一些看法。老人的话一时听不清楚，蔡铁锋特请徐云芳老先生至寒舍探讨。笔者曾将这次交谈后的笔录——有关宁波七邑信客联合会甬申线、甬汉线（宁波—上海、宁波—汉口）轮船信客的资料整理成文，刊于报刊，此处从略。

据徐云芳老先生介绍，从前清至民国，宁波地区除了甬申线轮船信客之外，另有专跑汉口线的轮船信客，这是笔者首次闻悉。从清末到民国期间去汉口的宁波商人众多，除开办钱庄商行之外，还有开办影戏院（即电影院）的，诸如宁波月湖王芹生、陈有彩在汉开办的影戏院，应是汉口最早的影院。上述陈有彩遗留下来的实寄封以及大量信件可以佐证。

鉴于以前只知清代宁波至汉口有民信局存在，且往返甚频繁，对甬汉线存在轮船信客班则一无所知，为此长期以来对手头一批未盖信局戳记又无邮资记录的清代信封，一直认为是托友人袖递的手递封！现在看来显然错了，经细察都是信客传递的实寄封，是很宝贵的实物资料。反复细读后发现甬汉线轮船信客捎带的银钱包裹和各种物品信笺中都有详尽记录，包括送信人"炳客""炳生"的大名。

五、亲朋好友来往信笺

第四十六件 李丙叙宁波邮汉口的信笺。内文曰："有彩贤甥先生 …… 愚元月十九日造府，适甥曾已荣行，不及送别，甚惘 …… 甥业在汉地，定有知己之友或□成先生处代为谋缺，不句（拘）何业，以糊一家人口，一切全赖贤甥之力 …… 愚李丙叙三月初九。"（图46略）

第四十七件 卢康权宁波邮汉口信笺。内文曰："…… 大驾未曾贺候，以致阔别 …… 令尊大人询知由申晋汉 …… 附下徐瑞卿壹函嘱为转递，祈该之款遂向伊取。据说本月底可以归清，去伊家甚为难碰，但此款延宕年外，究属阁下情面。乃此人场面阔大，断不会连累，阁下如果遇着，但愿自己来庄理清 …… 旅安。小弟卢康权，二月初十。"（图47略）

第四十八件 三弟文卿宁波邮汉口陈有彩胞兄平安信。（图48略）

第四十九件 弟赵时泉宁波邮汉口信笺。内文曰："有彩襟兄大人台照，手书知已抵汉，慰之 …… 另示甬元一节，以弟之见，客下在甬业中近水楼台尚难得月，目今路隔千里恐有鞭长莫及之势，以弟谨慎而论，万不可兴此异念矣 …… 旅安。弟赵时泉，二月初九。"函中可悉陈有彩去汉口从业后，仍继续涉足金融，从甬规多空差价之间谋利，赵时泉函中未予支持。（图49略）

第五十件 弟赵时泉宁波邮汉口信笺。内文曰："有彩襟兄大人，手书已悉，知二月初十边奉复未荷收阅，弟查系交邮政转宝隆转奉，决不致失，或今已台阅耶。…… 吾兄之写算精，能人纳厚，诚必不至长落人后，请弗过虑 …… 刻安，弟赵时泉三月初四。"（图50略）

第五十一件 陈有彩留存邵粹甫因上当受骗事书信邮告文光函。（图51略）

第五十二件 清光绪戊戌（1898）张学瑾使用清军内双色纪功碑信笺从平湖

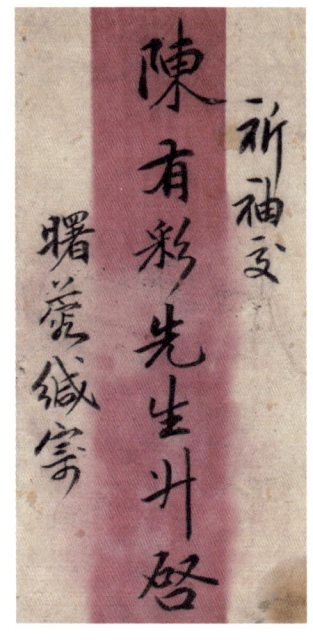 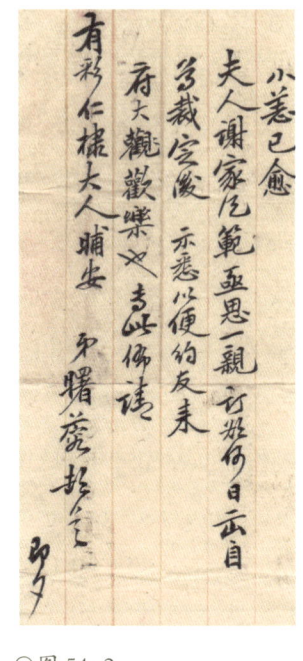 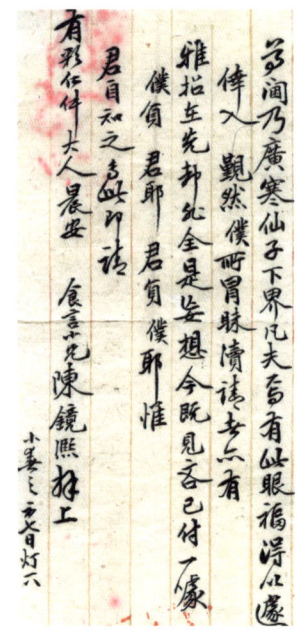

⊙图 54-1　　　　　⊙图 54-2　　　　　⊙图 54-3

邮宁波。函书:"梅开五福,竹报三多……有彩姊丈大人……弟佩蓬异地压线他方……此间市况,米土最佳,皮业□□获蝇头,绸布南货,苦乐不均,丝油等则处境各殊,市情难握……吾业为各业流通之机关,堪为首屈……旗鼓依旧,里中如何……新禧,合(阖)第均安。弟于五路日。"

五路日即正月初五财神生日,又称五路财神日。这是春节期间一个重要的日子。东路招财,西路进宝,南路利木,北路纳珍,中路玄坛。(图 52 略)

第五十三件　清光绪戊戌(1898)又一件张学瑾使用清军内双色纪功碑信笺从平湖邮宁波,函书:"有彩姊丈大人……去岁平湖商业辛赖禾稼之丰……而公推首可者以米行为最,我同业因受乍浦木行坏事,以致蝇头有限。其余各业肥瘦不均,我乡若何……恭贺新禧并颂春安……"(图 53 略)

六、宗教信符

第五十四件　红条封,曙蓉缄寄陈有彩先生袖递,(图 54-1)函曰:"尊裁定

⊙图 55-1　　　　　　　⊙图 55-2　　　　　　　⊙图 55-3

后示悉，以便约友来府大观欢乐也……有彩仁棣大人晡安。弟曙蓉顿呈。"（图54-2）另一件陈镜熙书笺，上书："尊阃乃广寒仙子下界，凡夫焉有此眼福……君自知之……食言小兄陈镜熙拜上，小春月初七日灯下。"（图54-3）

第五十五件　陈有彩留存清代张天师避火灵符，102 mm×268 mm 大黄纸，中央自上至下天师以鲜血画符，功力深厚。灵符原装在封套内，上书"即呈有彩兄展，内要件弟贲卿托送"，右上左下盖红色印章。（图55-1）封背书"仰高先生台升，切勿可失，贲卿"。（图55-2）此件天师避火灵符应是张天师在作法时现场以手指用血画成。（图55-3）此件能完整保存下来十分难得。

第五十六件　民国二十八年（1939）镇海灵峰禅寺葛仙翁封牒，尺寸126 mm×350 mm。灵峰牒正面印"葛仙翁（上端大字）敕赐最吉祥山灵峰禅寺沙门封"，以及双龙抢珠图，下盖大方红印。背印"一千两（上端大字）预修功德给付信女门顾氏秀菊收执"，四周印十二幅图符，上方盖千两元宝式大红印。（图56-1、56-2）

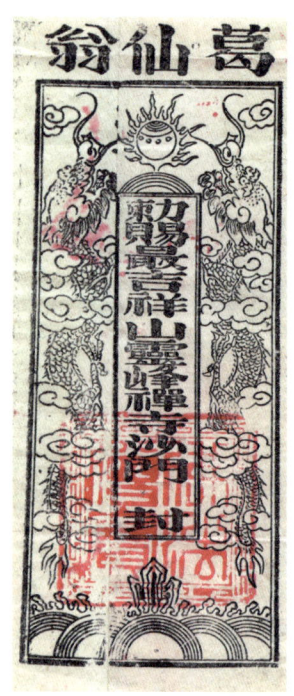

⊙图 56-1

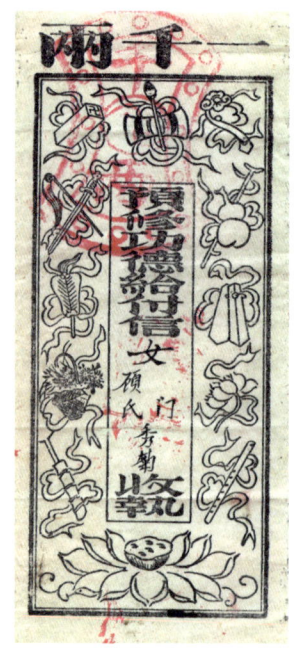

⊙图 56-2

⊙图 57

第五十七件 阿弥陀佛葛仙翁牒。上印双龙抢珠图,中印仙翁图两帧,文曰:"秘密斋坛,中华民国浙江省镇海县最吉祥山,敕赐灵峰禅寺叩秉释迦如来遗教劝修功德沙门,据本省镇海县灵岩乡金泉里妙林庙界下预修功德信女门顾氏本命秀菊,宫流年十六岁……福国佑民,普利道场顶礼……中华民国廿八年正月初一日给。"下盖大红方章。(图 57)

宁波灵峰禅寺号称第一灵山,坐落于今宁波北仑区大碶街道的灵峰山麓燕窝岩下,西距宁波市区 20 千米,东与"海天佛国"普陀山隔海相望,南与阿育王寺山峦相连,林海相接,是闻名遐迩的浙东佛教圣地。灵峰寺在鼎盛时代(清康熙年间)拥有山门、天王殿、大雄宝殿、大佛殿、三圣殿、弘法殿、峰曙楼及客寮、僧房等百余间,建筑规模宏大。而该寺独具一格之处还在于寺后有一座"葛仙殿"。"葛仙殿"和灵峰山上许多遗踪胜迹以及众多传说，其源盖出于葛洪，可见历代黎民百姓对葛洪的敬仰和崇敬。

灵峰寺大小香期甚多，长年香客如云。尤其是大香期（农历四月初一至初十），香客弥山，争相求得"戒牒"（又称"葛牒""灵峰牒"，被善男信女视作灵验无比的"葛仙的神符"）。据志载，1822年、1925年及1954年，大香期上山香客竟达十万之众。

现今从小港进寺的路边尚有一条高石墈，壁上写有大字"灵峰到茅垟，谢银一千两"，不知其原意。此封牒上所印"一千两"，不知出于何典。

七、民国时期陈氏后裔的信笺

第五十八件 抗日战争时期天津陈伯奋邮宁波陈文光信笺。中式天津森记老稻香村红框封，正面书："宁波镇明路南第333号陈文光先生台启，天津森记老稻香村信缄／本号开设天津法租界梨栈大马路极星里口／新号分设法租界新新电影院东转角。"背书"陈明洼号伯奋二月八日发"。前后贴1分烈士票5枚，销"天津／TIENTSINB/8.2.38/9"（1938年2月8日）汉（英）三格点线日戳4枚。（图58-1）此件应是陈有彩之孙伯奋从天津邮宁波月湖其父陈文光的家信。

附函数页，内书："……各海轮停驶，均往龙华抛锚，如此……有无做媒迎娶，今年有无喜酒吃，祈望有信示知……"从陈伯奋几封长信中可知，他在天津从事航运业，但住宿在天津森记稻香村，似与股东老板关系密切。（图58-2）

天津森记稻香村应是较早成立的一家食品店。当时，有老号和新号之分。2009年公布的"首批津门老字号"中有森记稻香村的说明："天津市稻香村食品有限公司（稻香村森记），创始于1908年。"位于当年的福煦将军路（今滨江道）上的森记稻香村的南味食品货真价实，金华火腿、南京板鸭、广东腊肉，以及江南的面筋球、年糕等皆有销售，生意一直很红火。有些特色食品则由南方师傅现做现卖，叉烧肉、熏鱼头、糖醋银鱼、白斩鸡等，新鲜正宗。森记自制的小腊肠最为脍炙人口，它选料考究，用鸡肠的肠衣灌肠，制作精细，外观小巧，色泽枣红，备受欢迎。

第五十九件 由中国垦业银行天津分行利用北平办事处发寄的信条。汇条上盖"天津分行"红色印章，汇条印书：信汇NO.43，国币陆拾元，收款人为宁波镇明路南第三三三号门牌陈文光先生收，汇款人为森记稻香村陈伯奋。汇款人附言：

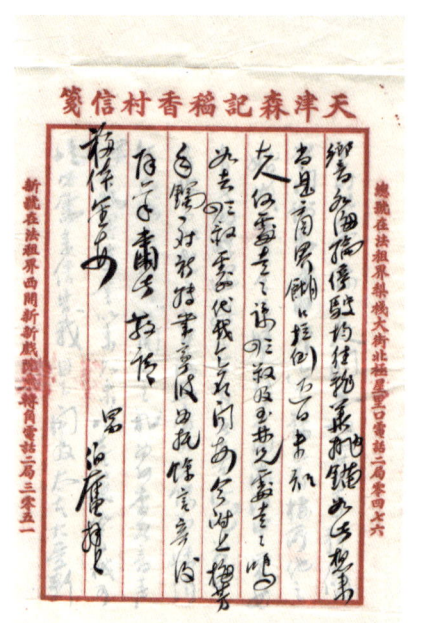
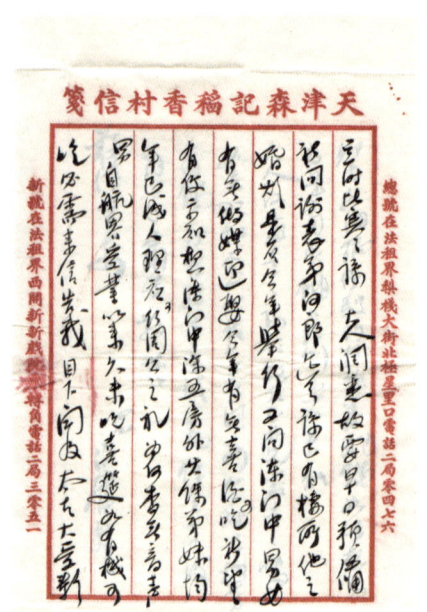

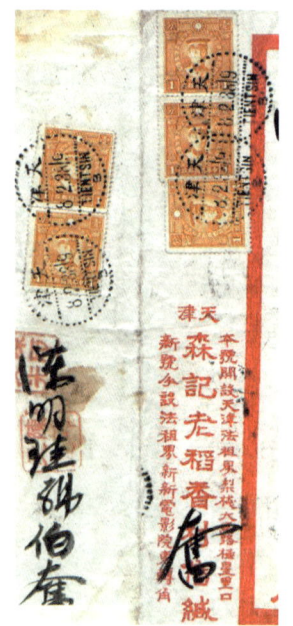

⊙ 图 58-2 ⊙ 图 58-3
⊙ 图 59-1

付水记洋念元。中华民国廿七年二月十五日。与上一件陈伯奋从天津森记稻香村信笺仅相隔一周。（图 59）

第六十件 天津陈伯奋邮宁波，使用天津森记稻香村的信笺。函曰："父亲大人……新丰轮张银生□亲身递到手书并内附二叔壹函，均一一展阅，藉悉上次带上之酒及信等均已收到，甚慰……水月媒事有否成功？千万切勿拖，属因年已双十，情窦早开，况水月又爱风流淫荡女子，恐有不测之……津地市面萧条已达极点，各号大减价……"此件由新丰轮天津—宁波信客船递。（图 60）

第六十一件 1938 年 10 月 10 日天津大新搪瓷厂王某寄宁波镇明路三百六十九号陈仲熊。中式广告封，背书"无法投递，请退原处"。上贴孙中山像 5 分票，销"天津 TIENTSINB/8 廿七年十月十号／十六"汉（英）三格点线日戳，落地盖"鄞县（宁波）NINGHSIEN（NINGPO）PC21.10.

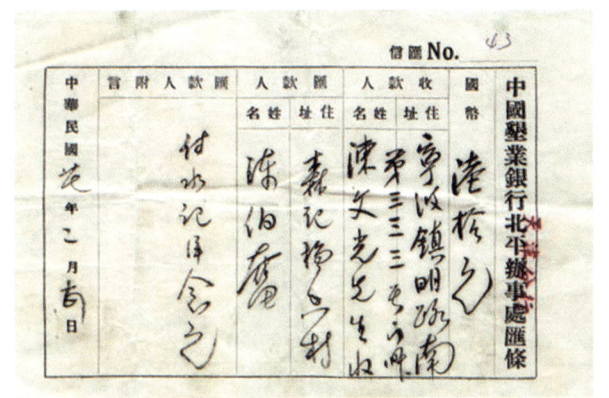

⊙图59

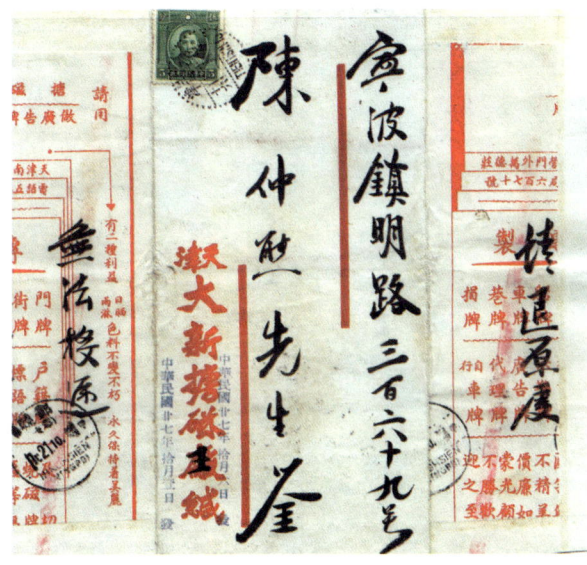

⊙图61

甲"汉(英)三格内点线双地名怪戳。(图61)

第六十二件 陈伯奋由天津邮宁波的书信,使用天津森记稻香村信笺,内书:"胞弟手足来函收到,所云棉鞋壹双业已取来……兹于初十日交垦业银行直汇家中陈燕南收洋叁拾元,至今定可收到……父亲大人福体□□康健,五弟要晨昏奉侍,切勿与大人争斗,为子理应尽孝才是……"(图62-1、62-2)

第六十三件 陈伯奋由天津邮宁波胞弟的信笺两件。一件为天津—宁波轮船信客传递,使用天津森记稻香村信笺。函书:"胞弟手足……顷接手书,展阅之下,藉悉□并附来两函业经转递,祈勿念。……我弟兄姊妹终要同心协力,勿被外

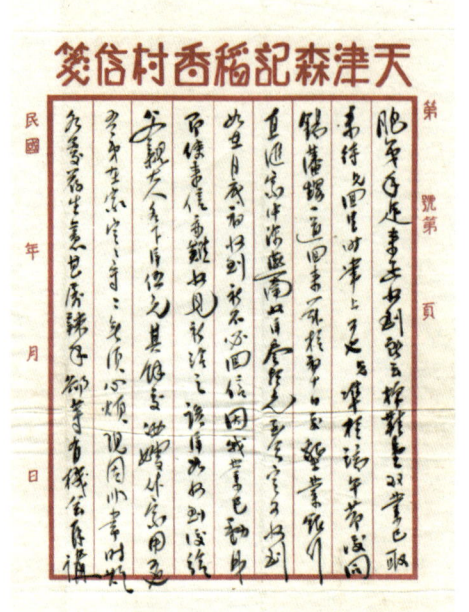
⊙ 图 62-1

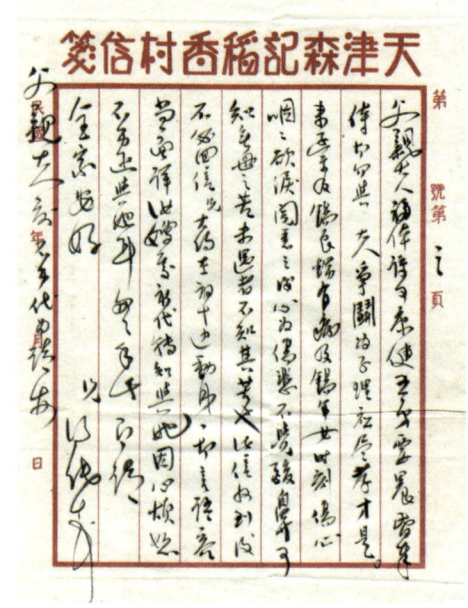
⊙ 图 62-2

人欺侮,家中族人为何如此狠心……求人不如求己,望弟牢记。……至于算命之事,兄心不以为然,我向来不赞成此种举动……请你仔细思量……我本想今日趁浙江船回南,无奈号中不许,务必过节才能脱身……浙江船前由上海至'马'港回来,定明晨仍开上海,正是好机会,无奈事不从人愿……父亲大人前问金安,兄伯奋,附上汝嫂一函……"原件四页。(图63-1略)从陈伯奋多封信中提及由某船某人转递,另附包裹及亲友的信件,应是甬津线轮船信客传递。

另一件陈伯奋由天津邮宁波胞弟的信笺,天津—宁波轮船信客专递,使用天津森记稻香村信笺。函书:"只因现以非常时期失业人太多,船业亦不易进入,祈弟忍耐候之,或者在甬能否有相当位子可谋,或者有何营业可做,兄代你筹些资本金亦可……不知五叔父之店资本金若干,现在生意可兴隆否,有便示我为盼。"(图63-2略)

第六十四件 水月嫂张氏邮德胜胞弟函,使用上海邵万生鼎记南货号信笺。另一件上海永耀电筒厂专递至宁波的中式红框封,上书:"烦四叔专递德胜吾弟

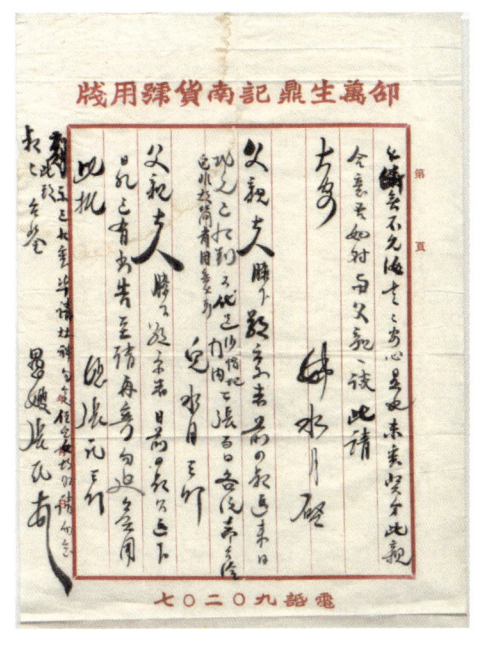

⊙图 64-1

⊙图 64-2

收,外跑鞋一双。七月十八。"此件书明专递,四叔应是甬申线轮船信客。陈家在民国时期有后人在天津、上海、汉口著名商行从业。(图 64-1、64-2)

上海邵万生南货店坐落在南京东路 414 号步行街商业闹市中心,创始于清朝咸丰二年(1852),至今已有一百六十多年历史,是一家久负盛名的百年老店,也是上海最早开业的南货店之一。邵万生出产的糟醉食品风味独特,深受海内外人士的欢迎,被誉为糟货大王。邵万生是宁波人邵六百最初开设在上海外白渡桥北堍的一家小店,除了经销南北货外,邵六百还制卖家乡风味的糟醉食品,风味独特的糟醉食品深受客居上海的宁波人的欢迎,所以生意越来越好,经过几年的经营,邵六百积累了一笔资金,在 1870 年将店铺迁到南京路,并改店名为"邵万生"。"邵万生"金字招牌现在已在上海市历史博物馆展览厅展览。(图 64-3)

第六十五件 又一件陈伯奋从天津邮宁波胞弟的信笺,天津 — 宁波轮船信客传递。函书:"……日前我去信道喜,二姐生下外甥,取名锡栋,因八字内缺木……今年夏月中津地雨水很多,未知甬沪有如此否,想起我家之屋……棉袍

⊙图 64-3

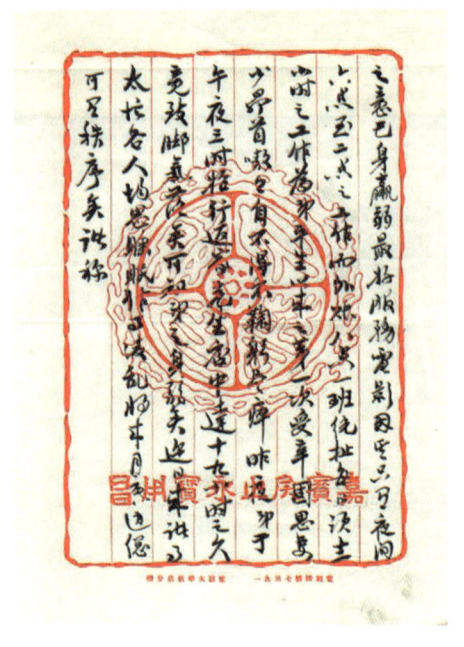

⊙图 66

子、皮袍子叫家中早日做就寄津,只因津地到秋末已将入冬 ……"(图 65 略)

第六十六件 汉口大华饭店信笺数页。陈有彩在清末曾去汉口发展,其后裔有人继续在汉口从业,但处境艰辛。函书:"身心交瘁,为之奈何,身劳犹可,心劳最剧也,安康自上月半拿到洋五元后迄今分文无进,全赖兄之接济,得以安心乐业,苟延残喘 ……";另一页书:"…… 电影因此只召夜间六点至二点之工作 …… 统扯须十二小时之工作,为弟平生以来之第一次受辛 …… 昨夜弟于午夜三时始行返家 …… 达十九小时之久 ……"(图 66)

陈有彩遗存的信笺到此介绍结束,它无疑记录了清末民初宁波商人在外创业谋生的诸多画面与历史场景。

第十二章　李薇庄与大清裕苏官银钱局

　　1997年阳春三月,宁波三市古老的集市上有几位来自小港的年轻人售卖古旧信,因保存欠佳,纸张风化。当市钱币学会俞先生向我打招呼时,旧信封已经到了古玩商的手中,这位仁兄认为去上海能卖个好价钿,不愿割爱。经过月余南下北上兜售未成,只好带回老家,结果加价数倍成全本人。有一天突接到小港古董商来电,说是那几位年轻人为继续兜售旧信封而询价,可在约定见面时间后失信。后来在三市再遇北仑来的青年,他带了一个古董商当顾问,漫天要价,经过几番讨价还价,我终究购下了那几件清代镇江等地邮小港的旧信封。几经周折,来之不易,可谓好事多磨。

　　经整理,镇海小港许氏李家遗存的旧信封,时间在清光绪年间,较完整的共有十三件,发寄地大都为大清四品官著名宁波帮大佬李薇庄任总办的江苏裕苏官银钱局、京口裕苏分局、美孚洋行、济宁李源记煤油公司以及小港余丰宝号、小港余丰米号(实为余字号钱庄)的许氏李家互寄之银信汇票。十三件中有四件由官银局信客专递,其中一件为本地方船递;九件经邮局寄递,一件作欠资处理。经初步分析,有三件书法精良,为当年李薇庄任裕苏官银局总办时所发寄,内一件用罗纹透明纸制作,书法、印章十分精美。实寄封记载了镇江、宁波、镇海、小港沿江河海的邮路以及所使用的邮政日戳。同时实录了清末民初享誉沪甬的"小港李家"在辛亥革命前夕的经济活动状况。小港李家应为最早前往上海创业谋生的宁波人。早在上海开埠前的1820年,15岁的李也亭就从小港来到上海淘金。他先在南市曹德大糟行做学徒,后到沙船上打工。凭着宁波人的精明与勤奋,从小学徒起步的李也亭,抓住了近代上海开埠的历史机遇。经过二十余年的拼搏与苦心经营,李氏建立起包括航运业、钱庄业在内的庞大家业。李也亭的成功奠定了小港李家在上海的基础。随后,李氏家人纷纷迁居上海,大展宏图。到 19 世纪末,李家在上海已拥有"余"字号钱庄近 10 家,"天、地、元、黄"四家房地产公司,以及其他为数众多的工商企业,经营范围涉及航运、金融、地产、仓储、码头及百货等行业。当时李家在上海还大量收购地产,自辟马路,名之"地丰路"(今乌鲁木齐北路)、"李诵清堂路"(今陕西北路),成为申江房地产巨子。19 世纪末 20 世纪初,小港李家在上海的事业如日中天。李家第三代更是人才辈出,其中又以曾任上海总商会会长的李云书、旅沪宁波同乡会会长李征五及李薇庄三兄弟最具风采。他们除经营祖传家业外,还广泛投资新兴事业,如垦殖、轮船、银行、保险、丝织等。这批遗存的信封同小港李家发展史有着密切的关联,特别是实录了以李薇庄为总办的大清裕苏官银局的一段重要历史,见证了它为支持孙中山先生的辛亥革命筹措 10 万银圆的过程。

第一件 中式红条封,正面书"要函烦寄山东济宁面交李源记煤油公司内许晓辰(宸)先生升",盖"小港余丰号缄寄"红色发件章(余丰钱号又是米行),左上盖"镇海小港大桥东首"红色地名章。(图 1-1)封背书"甲六月初三日小港封",即为光绪甲辰年(1904)寄出,中缝盖方形护封章三枚。(图 1-2)小港李家产业众多,范围广大,在山东也创设"源字号"煤油公司,这位小港许氏涉足广泛,有小港余丰号钱庄、米行、济宁煤油公司……应是李家近亲,原件为私邮,信客专递。

第二件 中式红条封,正面书"镇江西门大街裕苏官银局胡大老爷锡藩升,自镇小港许缄"。(图 2-1)封背仅书"二月十七日谨封"。(图 2-2)该函是钱庄商行官银间信客专递封,时间同上述官局封相近,为许佐尧与胡锡藩之间经官局与私局互寄的信件。

第三件 中式红条封,正面书"甬寄镇江西门外大街裕苏官银局许佐尧先生安启。胡托",下盖"小港余丰缄寄"红色章。右上方字号花章不清。(图 3-1)封背中缝书"叁月拾六日镇邑小港书",左上方贴票脱落,但可见全汉文楷体字方形双格手填式小港邮政局日戳,下格可见"宣统元年邮政局月十七"字样。中央盖"CHINHAI（镇海）/己酉三月十七"（1909）腰框式英（汉）文干支中转戳,下方宁波中转盖"浙江宁波乙"腰框式全汉文干支戳,抵镇江落地盖全汉文三格江苏镇江己酉干支小圆戳,不清。中缝盖红色护封方章三枚。（图3-2）

从往返信件可见,小港许佐尧、胡锡藩老爷都是双重身份,既是小港余丰钱号（米号）老板,又身任镇江裕苏官银局职位。

第四件 镇海小港在清代即建有邮政局,实寄封中出现两种邮政日戳,一种为腰框式全汉文宋体字干支戳,另一种为全汉文楷体字方形双格手填式日戳,尚属首次发现,未见使用英（汉）文邮戳。

中式红条封,小港邮镇江。正面书"要函邮局即寄镇江西门外交裕苏官银局许佐尧先生台升。托寄",左下盖"小港余丰号缄寄"红色发函章。右上方盖"庆记"红色花章。（图4-1）封背中缝书"己（酉）（1909）三月初七镇小港书",右侧又书"初八发",上方书"速寄出为托"。左上方贴绿色蟠龙2分邮票1枚,票销全汉文楷体字方形双格手填式邮政局日戳,上格地名"小港",下格"邮政局宣统元年三月初八",两侧日期毛笔手填,可谓手填式宣统元年戳。左右盖"CHINHAI（镇海）/己酉三月初八"（右读）两枚腰框式英（汉）文干支中转戳。宁波中转戳不清,但可见日期"三月初八"（左读）,同日经两次中转,大清邮局邮件转换可谓神速。中缝盖红色护封方章三枚。（图4-2）以上三件都是从小港发寄镇江裕苏官银局,

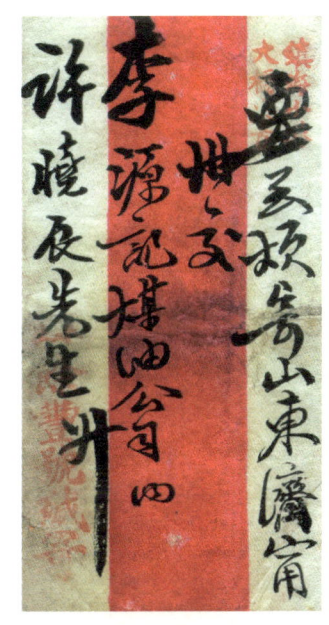

⊙ 图 1-1

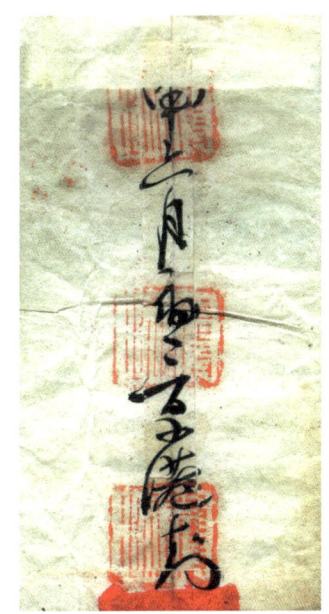

⊙ 图 1-2

 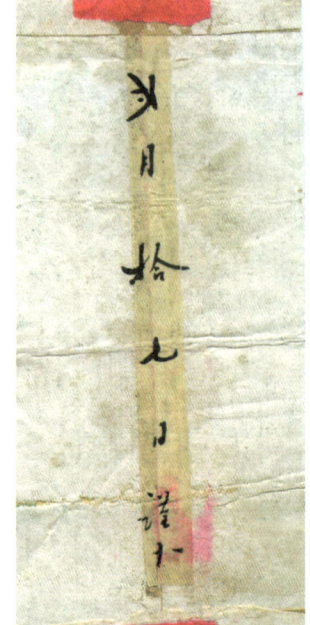 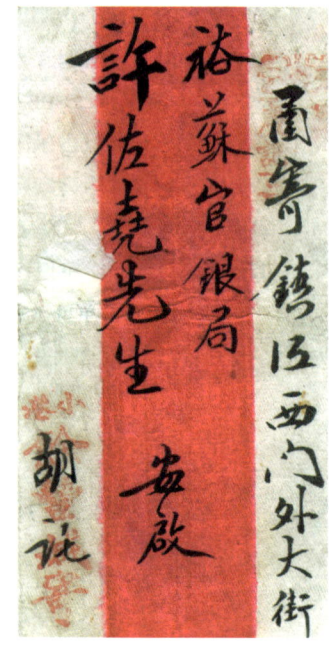
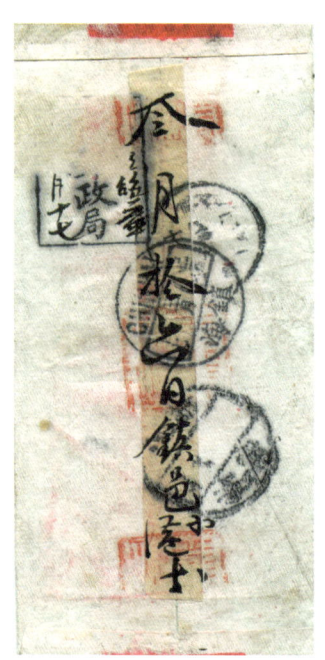 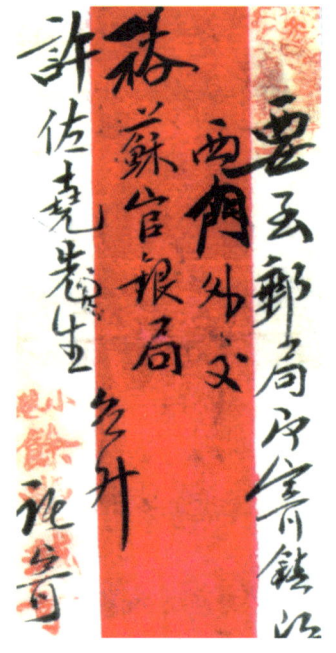 

⊙ 图 2-1　⊙ 图 2-2　⊙ 图 3-1
⊙ 图 3-2　⊙ 图 4-1　⊙ 图 4-2

应同银局总办李薇庄相关联。

第五件 中式官银局公事封，正面书"急寄镇海小港投交余丰米号内许晓辰（宸）先生亲展，李渠钦手□"，左下方盖"京口裕苏分局缄寄"红色印。（图5-1）经查相关资料，裕苏官银局还有一个鲜为人知的故事。因这批信封大都同裕苏官银钱局相关联，内容虽有点跑题，但是对以后进一步考证会有用处，因为邮史与近代史是不能分割的。

李梅堂的四子李厚祁（1873—1913），字薇庄，清代举人。援例捐官，以知府衔分发江苏，历任警察局提调、糖捐丝捐局督办、裕苏官钱局总办、浦江缉私统领等职。曾是预备立宪公会的会员。1908年前后加入同盟会。辛亥革命时，为革命军筹集军饷10万金，任闸北民政总局自治公所总长。次年，因积劳成疾而辞职。不久病故，年仅41岁。

五子李厚禧（1875—1933），字征五，早年负责李氏坤房投资的上海绢丝公司。李征五曾与孙中山、黄兴、陈其美相过从，辛亥革命前即参加同盟会，是陈其美在上海的主要助手之一。1909年他为联络华侨集款支持革命军，赴南洋筹办华商银行。辛亥上海起义中，江南制造局久攻不下，李征五募兵5000人，亲任光复军统领，与各路起义军汇集龙华，再次进攻，终于成功。后与"镇海方家"的方樵苓发起的军事募捐团合并，组成"中华民军协济会"，上海光复后，他曾任市政厅厅长。《旧上海的帮会》一书中记载袁寒云曾说过："辛亥年上海起义时，我们青、洪两帮都有贡献，青帮是李征五，洪帮是徐朗西"，因此后世有人称李征五为"上海滩最早的大亨"。李征五还曾在宁波旅沪同乡会中任职，于1923—1927年担任同乡会理事长。1923年还接办《上海商报》，任总经理。

封背上方贴蟠龙绿色2分邮票1枚，票销"江苏镇江/己酉九月 X"三格全汉文干支小圆戳，宁波中转盖"NINGPO 宁波/己酉九月初九 A"腰框式英（汉）文日戳，A字何意不明，现发现的宁波腰框式干支戳地名中间镶甲、乙、丙、丁、己，以及一、二等邮局内部编号，此戳日子中间镶"A"字少见，是否同邮政运作过程相关联，待考证。镇海盖同式同日中转戳"CHINHAI 镇海/己酉九月初九"，落地盖"浙江小港/己酉九月初九"腰框式全汉文干支戳，三戳同日，可见大清宁波邮政局邮件转换比当今邮局特快专递并不逊色。中缝处另见盖黑色楷体"卯"字戳,是否投递戳不明,从清末至民国初期宁波邮件中曾见到不少此类戳记,只是使用的文字不同。(图5-2)

第六件 中式红条封,正面书"内信仰邮局速寄镇江西门外大街交裕苏官银局内投许晓宸先生升",左下方盖"小港余丰缄寄"红色发件章,右上方盖"庆记"红色花章。(图6-1)封背中缝书"护十二月十四日小港寄"。中贴蟠龙绿色2分邮票1枚,销戳不清。镇海中转盖"CHINHAI(镇海)/己酉腊月十四"腰框式英(汉)文干支戳,宁波中转盖同式"NINGPO(宁波)/己酉腊月十四"干支戳。中缝盖红色护封方章三枚。(图6-2)

第七件 中式红条封,正面书"宁波镇海小港余丰米宝号许晓宸老爷升启,童谷臣手缄。三月初七",上盖"美孚洋行书缄"红色印章,右上方盖"在镇江大关侧"红色地名章。左上方贴绿色蟠龙2分邮票1枚,销"镇江CHINKIANG/16APR/10"汉(英)双格日戳(1910年4月16日)。(图7-1)封背中转盖"NINGPO 宁波乙/庚戌三月初十A"腰框式英(汉)文干支戳,"十"字内镶"A"字略小。上方中转盖"CHINHAI 镇海庚戌三月初十"腰框式英(汉)文干支戳,落地盖"浙江小港/庚戌三月初十"腰框式全汉文到达戳,宁波三地盖的仍是当天日戳。(图7-2)此件又出现了美孚洋行童谷臣。

两件两地收件人都为许晓宸先生,看来许氏与李家是近亲,关系非同一般。镇江美孚洋行邮宁波镇海小港余丰宝号许晓宸老爷升启。镇江美孚洋行是否由小港李家投资开办,童谷臣是否镇海小港人士,以及同李家的关系,待考。

第八件 中式红条封,由镇江寄小港。封正面书:"宁波镇海小港余丰米号许晓辰(宸)大爷收下,即交成有庚先生收照,鹄缄寄。三月十六。"(图8-1)封背中上方贴绿色蟠龙2分邮票1枚,票销"镇江(CHINKIANG)/16APR/10"汉(英)双格日戳(1910年4月16日)。到宁波中转盖"NINGPO 宁波庚戌三月十八"腰框式英(汉)文干支戳,镇海再转盖"CHINHAI 镇海庚戌三月十八"腰框式英(汉)文干支戳,落地盖"浙江小港/庚戌三月十八"腰框式全汉文到达戳,宁波三地盖的仍是当天日戳。(图8-2)此件又出现小港成有庚以及裕苏官银局内"李鹄"等先辈。此件应是"李鹄"发自镇江长江裕苏官银局。

第十二章　李薇庄与大清裕苏官银钱局　　251

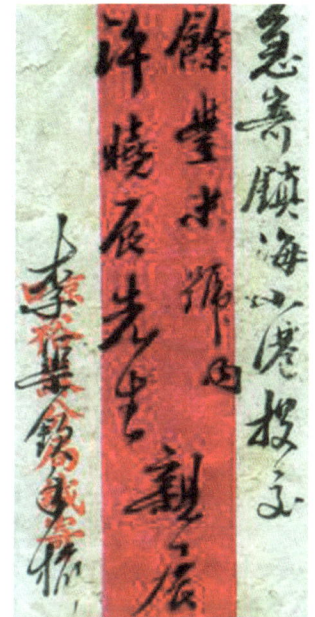  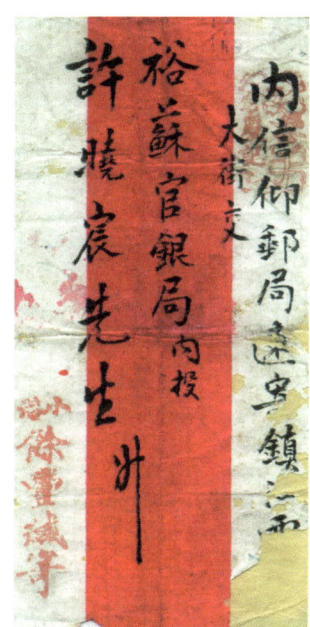

 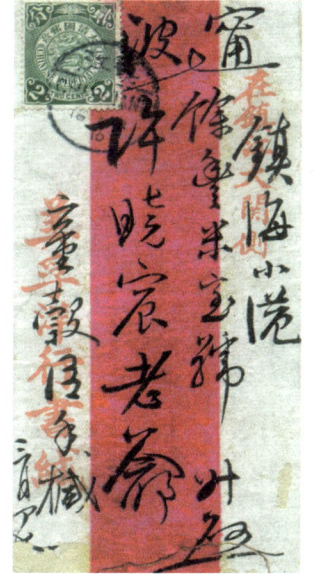 

| ⊙ 图 5-1 | ⊙ 图 5-2 | ⊙ 图 6-1 |
| ⊙ 图 6-2 | ⊙ 图 7-1 | ⊙ 图 7-2 |

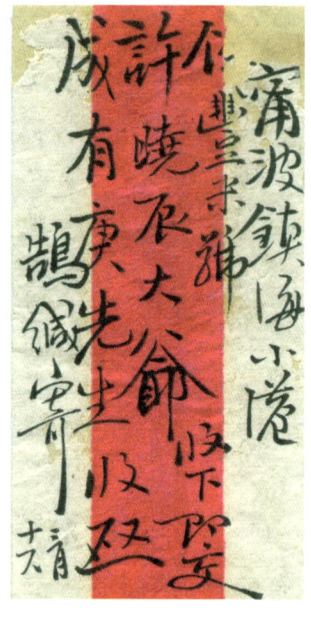  

⊙ 图 8-1	⊙ 图 8-2	⊙ 图 9-1
⊙ 图 9-2	⊙ 图 10-1	⊙ 图 10-2

第九件 中式红条封,由镇江寄小港烈缄。封正面书"镇海小港镇余丰米号内呈许晓宸先生升,烈缄",上盖"美孚洋行书缄"红色发件章,右上方盖红色地名章"在镇江大关侧"。左上方盖"CHINKIANG/镇江/五月廿八"腰框式英(汉)文干支无年戳,日戳镶字特怪,既未镶干支年份,月日又成左读,全戳清,少见。右下方盖"CHINHAI/镇海/庚戌六月初一"腰框式英(汉)文干支中转戳。(图 9-1)封背左上方邮票脱落销戳可见镇江英文地名,中央盖转口戳"NINGPO/宁波丁/庚戌六月初一"腰框式英(汉)文干支戳,落地盖"浙江小港/庚戌六月初一"腰框式全汉文到达戳上下两枚。又一件涉及小港李家所联营的美孚洋行。"烈"为何人,待考。(图 9-2)

第十件 以下三件经考证应是李薇庄为总办所发寄。印制精良的双色官银局中式红条公事封,由镇江邮镇海小港。右上、左下印地名"西门大街""驻镇江苏裕苏官银钱局缄寄"金黄色印。封正面书"镇海小港余丰米宝号许晓辰(宸)先生台察,三月十六日李简"。(图 10-1)封背上贴绿色蟠龙 2 分邮票 1 枚,票销"镇江 CHINKIANG/25APR/10"(1910 年 4 月 25 日)汉(英)文双格戳,到宁波中转盖"NINGPO/宁波乙/庚戌三月十八"腰框式英(汉)文干支戳,镇海再转盖"CHINHAI/镇海/庚戌三月十八"腰框式英(汉)文干支戳,落地盖"浙江/小港/庚戌三月十八"腰框式全汉文到达戳。同上述图八封同一天到达。(图 10-2)

第十一件 由镇江裕苏官银钱局邮小港余丰宝号,白底透明条纹纸制,中式封,正面书"宁波镇海小港投交余丰米宝号许佐尧先生升启",左下方落款共书七字,可见"明延白铁瓮机□",应是李薇庄别署,中盖一枚精巧的红色小圆章。右上方盖红色"章"字一枚,如同一幅书法条幅,非常精美。左上、右下各盖一枚"镇江/CHINKIANG/26APR/10"(1910 年 4 月 26 日)汉(英)双格日戳;右侧紧靠日戳下方盖"欠资"戳记。经细察,上下两枚汉(英)日戳"10""H"等文字存在明显差异,说明是两个不同的邮政日戳。右下方日戳是在发现此邮件未纳资(或邮票脱落),作为欠资处理时所盖。(图 11-1)从此可以看到当年大清邮政局工作人员办事认真负责的精神。在大清邮政开办的初期,镇江地位显赫,曾设邮界(即邮政总局,HEAD OFFICE)。经查阅相关书目,未能找到镇江使用过的此类型"欠资"戳记。

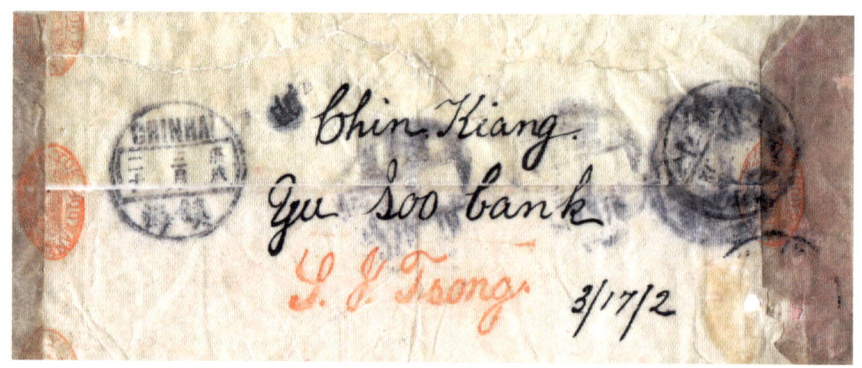

◉ 图 11-2

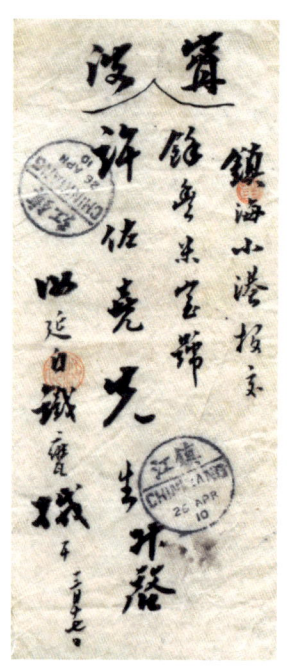

◉ 图 11-1

封背中央，宁波中转盖两枚腰框式英（汉）文干支戳，不清。下方再转盖"CHINHAI/镇海庚戌三月二十"腰框式英（汉）文干支戳，上方封口处盖"浙江/小港/庚戌三月二十"腰框式全汉文到达戳，右上方可见掉票残迹。上下封舌处盖"YU LOO BANK"红色英（汉）文裕苏银行椭圆形章五枚，十分精巧。盖有裕苏官银（钱）局英文章的只见此件，另见钢笔横书英文"CHINKIANG/YU LOO/BANK"（黑色，镇江裕苏银行），下方发信人用红色墨水签书英文名"L.g.Jsong"，与黑色发信日"3/17/2"，经推敲此处"2"应是宣统二年三月十七日，即1910年4月26日。封背左下方又见一枚黑色楷体字"卯"字戳，同图7-2，此戳由何处何地邮政信班销盖待考。（图11-2）真可谓中西合璧，精美之至。史传李薇庄嗜书画，收藏甚丰，自己的书画造诣也极高，此件为其亲笔无疑。

经对比，此件笔迹同图10-1相同，裕苏官银（钱）局总办李薇庄及其子女李祖韩、李秋君自幼都酷爱丹青，皆为沪上著名书画家，同张大千关系亲密，其妹李秋君是张大千的至交。李祖韩曾任美商中国营业公司买办多年，又在他的表兄弟方液仙所创办的中国化学工业社担任董事长之职。李秋君（1899—1973），名祖云，别署欧湘馆主、欧湘馆女。1948年李、张（大千）同届五秩，请人镌刻集二人之名的"百岁千秋"印一方，传为艺坛佳话。李秋君于1933年在上海创设书画会，何香凝、经普椿等人均为该会画友。抗战时期曾发起组织灾童教养所。新中国成立后，曾任中国美术家协会上海分会理事、上海中国画院画师、上海文史馆馆员、上海市妇联执委及中国民主同盟上海市委委员等职。

第十二件 中式红条封，小港本地船递，此件王瑞记发于二月初二（即己酉宣统元年闰二月），小港余丰宝号收启。（图12-1）封背上书船递之货物"有否虚报，即查之"，左侧书"照查无讹"。（图12-2）

这批旧信封内的两件曾著文介绍在《宁波邮史集》上，其余大多被压箱底近十年，本次整理成专稿。它们记载了镇海小港地方邮政小史与清代大户许氏李家的百年家族风采。李家有位人士不得不提，李祖恩（1890—1937），李梅堂三子厚祺（如山）的长子，毕业于英国伦敦大学政治经济学系，归国后任邮传部主事，以后曾历任财政部库藏司司长、印制局局长、币制局参事等。

⊙ 图 12-1

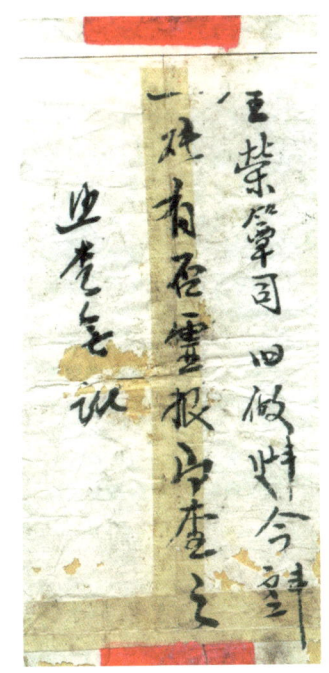

⊙ 图 12-2

第十三章　董纪棠信客传递慈城冯氏信笺集

19世纪40年代宁波成为近代国内最早开放的通商口岸之一,而一湾之隔的上海更是迅猛崛起,成为全国的经济文化中心——东方明珠。宁波人借天时地利之便,数十万移民纷纷涌向宝地上海滩,甬申线海上交通运输十分繁忙。为了牟取输送之便利,于是信局之外又有信客业组织兴起,以前一直未能觅得实物为证。功夫不负有心人,1998年夏天的一个星期天,笔者在三市古玩市场同慈城阿海闲扯时,摊主竟顺手拿出老式红条信封数十件,有的已遭蛀蚀,几乎全部含信笺。内甬申线轮船信客董纪棠邮递的银信、包裹占绝大多数。兹将冯氏幸存下来的几十件信笺作详细介绍,从中可以折射出民国初期沪甬一带政治经济状况、社会生活、民情风俗、文化活动,以及冯家在上海衍泽官利、怀安会、洋会、钱庄商号股份红利与乡下田租等情况。

董纪棠,慈城人,曾任宁波七邑信客联合会会长。慈城原为慈溪县治,历史悠久,建城早于宁波府,现属宁波市江北区。遗信主人系清末民国初在上海钱庄从业的冯梅卿,所有信件都是其父冯永甫(清代官员)、弟冯干卿、叔冯闲甫等从慈城寄申豫源钱庄、福源庄冯梅卿的信笺,后由冯氏带回家乡。实寄封格式大致相同,发信日期天干地支齐全,并盖"董纪棠准定××动身"红色信客专用戳,内含出班期。实寄封跨丙辰、丁巳、戊午三年(1916—1918),丙辰正月至二月为袁世凯行洪宪帝制时期,存有一件洪宪元年封。上海金融巨子秦润卿系慈城人,十五岁(1891)进上海豫源钱庄做学徒,在上海银钱界从业达五十余年,曾任上海钱业公会理事长、上海总商会副会长、中央银行监事、交通银行上海分行经理、四明银行常务董事等职。冯永甫则通过与秦润卿的亲族关系荐举其子进入豫源钱庄供职。

第十三章 董纪棠信客传递慈城冯氏信笺集

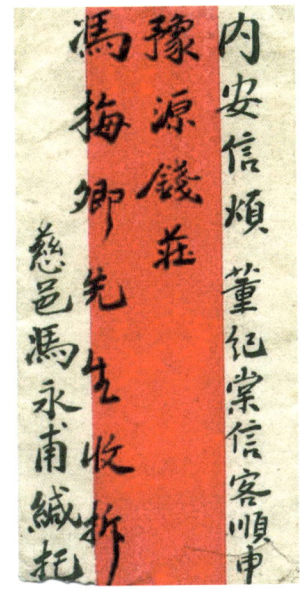
⊙图 1-1

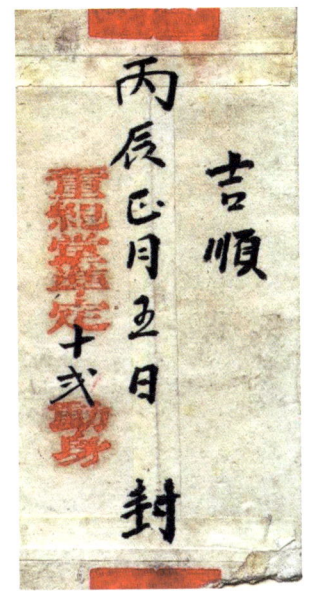
⊙图 1-2

⊙图 1-3

董纪棠信客戳十分地道,在收到银信包裹以后随即盖戳并填上出申班期,以备查考,此戳多种用途。根据冯氏丙辰至戊午 30 件信客实寄封统计,班期间隔列下:5 天 3 件,6 天 1 件,7 天 6 件,8 天 13 件,9 天 2 件,10 天 3 件,12 天、14 天各 1 件。平均往返班期为 8 天,7 至 8 天有 19 件,占 63.3%,可知甬申线信客每月往返三至四个班次,来回双向服务。信客为客户传递信函、银钱汇票、包裹衣物、时鲜食品甚至活鱼家禽,之外还可代购与办理两地各项事宜,业务范围极大,有比较固定的服务对象。间歇期则分户投送,同时处理客户托办事项和筹划返程业务。下附图文。

第一件 中式红条封,由浙江慈溪县慈城丙辰(1916)正月初五发寄。正面书"内安信烦董纪棠信客顺申豫源钱庄冯梅卿先生收拆,慈邑冯永甫缄托"。(图 1-1)封背书"吉顺丙辰正月五日封",上盖"董纪棠准定十贰动身"戳,原封保存良好。(图 1-2)

信笺丙辰正月十四慈城冯永甫书"初十,接董纪棠带归安禀已悉……回家一节余意以为可省……今出申方满两月,忽又言归,未免太近……无非省亲及拜尔母百日二事。乃余衰病多年,一时难健,只要气喘不作……新正遗兴……看戏而

呼卢(噜)喝么(幺),为兹不可染之恶习也……正月十四日父字"。函中可知其母已故,教子甚严。(图1-3)

第二件 丙辰正月二十日由慈邑(慈溪县城)发寄,中式红条封,(图2-1)封背书"丙辰正月二十封",盖"董纪堂(棠)准定廿八动身"戳。(图2-2)因封内装有多张信笺和要件,骑缝处特用火漆横向封口,可见残迹。以上三件系袁世凯行洪宪帝制时期。附信内书:"望日,接十一申发禀函,并月份牌二张,均照收悉。余自入正以来,虽未一日起床,而自觉较去腊稍好……身觉乏力而每日支撑,究属有损,不如早日告假旋里,便于调治……月内先带钞洋陆拾元,现洋四拾元,如纪堂返慈,月前此款可托阿惠交顺来带归……回家时再随身带现洋壹百元……正月二十日,父字。"合计洋达200元,估量冯家在上海洋行钱庄拥有股份,年获红利甚丰,当时职员月薪不过数元。函见另一信客顺来。(图2-3)

第三件 冯梅卿留存的信笺中,甬申线轮船信客董纪棠实寄封占绝大多数。其中,民国初期贴帆船票实寄封十余件,幸运的竟然还有一件洪宪元年封。

原件中式红条封,由慈邑经宁波中转邮上海。封正面书:"上海后马路兴仁里口豫源钱庄冯梅卿先生收,慈城冯永甫缄托。"(图3-1)封背书"二月初一日封"(1916年3月4日正值袁世凯称帝时期),为了避嫌未书写年份。右上角贴3分帆船票一枚,销"TZEKI/慈溪县/元年三月四日/十五"清廷用腰框式日戳,即洪宪元年,甚清晰。宁波盖中转戳,上海盖元年三月五日落地戳,不甚清晰,隔日到达。(图3-2)

第四件 中式红条封,正面书"内信外,附衣包壹个,篮一只,顺纪棠信客顺申递交冯梅卿先生收启,慈蔡家弄冯缄"。(图4-1)封背书"三月念贰日封",盖"董纪堂准定初二动身"戳。(图4-2)附函"十七日接邮局壹信已悉,所详汝之身体无恙,嘱我放心……今交纪棠寄申被包乙个,内计旧薄棉被乙条,又丝袜四双、绒鞋乙双,并有篮乙只,内装鸡蛋五十枚,至望收食……"篮内装鸡蛋都能带,可见信客的服务种类是相当广泛的。(图4-3)

第五件 中式红条封,正面书"上海后马路北市后马路豫源庄内交冯梅卿先生收拆,慈蔡家弄冯缄"。左上角贴帆船3分票,销"TZEKI/慈溪县五年四月十七

第十三章　董纪棠信客传递慈城冯氏信笺集

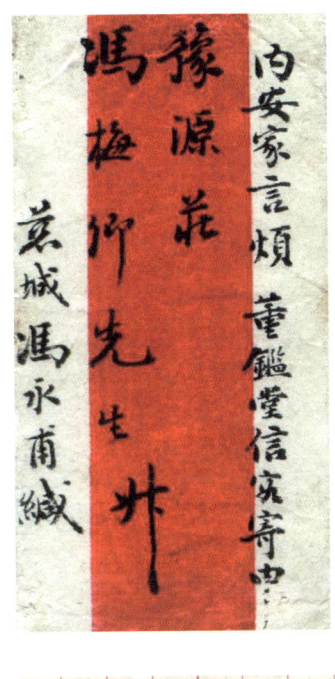
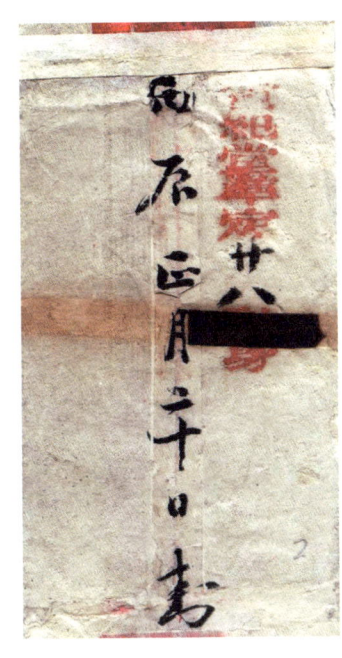

⊙图 2-1 ⊙图 2-2
⊙图 2-3

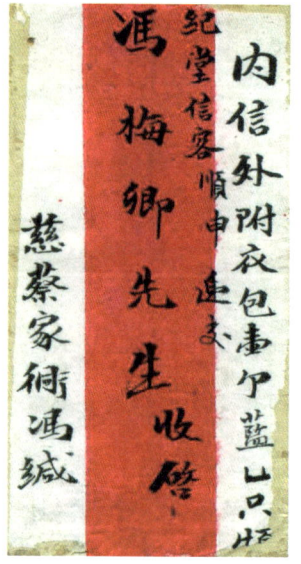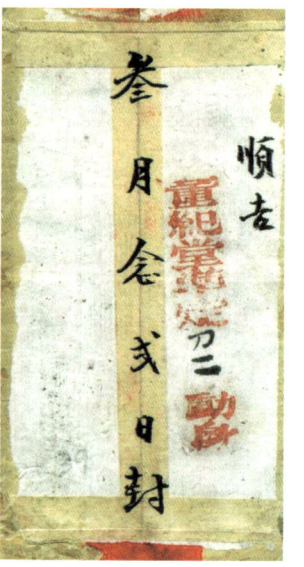

⊙图 3-1	⊙图 3-2	
⊙图 4-1	⊙图 4-2	⊙图 4-3

/十"英(汉)腰框式日戳。袁世凯废除帝制,日戳年"元年"已改正。红条右下方盖繁体"发"字,系邮件分拣或投递戳记,不明,在清末民国初,邮局利用大号铅字,盖于信封上,文字各异,曾见多种。(图5-1)封背书"邮三月十五日封"(阴历),落地盖"SHNGHAI/上海/一□四月十八/廿"腰框式英(汉)日戳,"元年"改成"一"与反置方块,含义不明。(图5-2)民国时期甬申线轮船信局和信客非常活跃,商民的银信包裹仍依赖和信任信客,遇要事则利用邮局发寄信函或明信片,隔天即达,信客班则需七至八天。从清代到民国官办邮局、民信局、信客、船递邮件外加客邮同时并存。服务范围信客班则远比国家邮政广泛,从银洋银票到包裹杂件、生活鱼虾海鲜、家禽鸡蛋以至扶老携幼、运送灵柩棺木等等,北方还有赶送牛群骡马,无所不及。

函书:"十二日接到邮局一信,已知汝平安抵申,昨接纪堂寄来一信并雪茄烟一盒、杏仁一包收到,勿念。又接邮局寄来一信亦收到。近数日来我与汝母身体渐渐复原,汝在外可不必记念矣……来信所要鸡蛋,纪堂十八日动身,嘱彼寄汝可也……三月十五日父示。阿表工钱已讲明,每月计洋一元贰角……"从此信中可知当年劳工每月工资低廉,而冯梅卿刚起步入行,却经常寄款数十元上百元,说明冯家在申另有产业。(图5-3)

第六件　冯永甫缄,民国五年五月红条封。正面书"内安信寄上海北市后马路豫源庄冯梅卿先生收拆,慈水冯永甫缄托",红条中盖繁体"洁"字(大号铅字)。(图6-1)封背贴1分帆船邮票三枚,销"TZEKI/慈溪县/五年五月十五日"英(汉)腰框式日戳,上海盖十六日到达戳,重叠盖于右下方,隔日到达。封背另盖"慈溪四"线式收件信柜戳,特小。中缝书"丙辰四月十四日封"。(图6-2)

第七件　丙辰四月廿五日发寄,中式红条封,盖"董纪堂准定五月初二动身"信客戳。正面书"内安信外,洋铁箱壹只,被包壹个,烦董纪堂顺申豫源庄冯梅卿先生升,慈城冯永甫托干"。(图7-1)附信内称,陈翰章入象山当店司账,经手人是新屋冯葵仙,"闻说翰章奉(俸)金约在毛诗之数。交纪堂寄出包裹壹个,内计真瓯绸面秋被壹条,花洋布夏被壹条,拷香云纱夏裤壹条。另又洋铁箱壹只,内装鸡蛋五十枚,至望栓收。前次寄汝旧薄被并包裹、蛋篮,如不要用,望交纪堂带回"。信客服务确实周到,连空篮砻糠都可以带回。从大量信函中可以看到信客各种服务

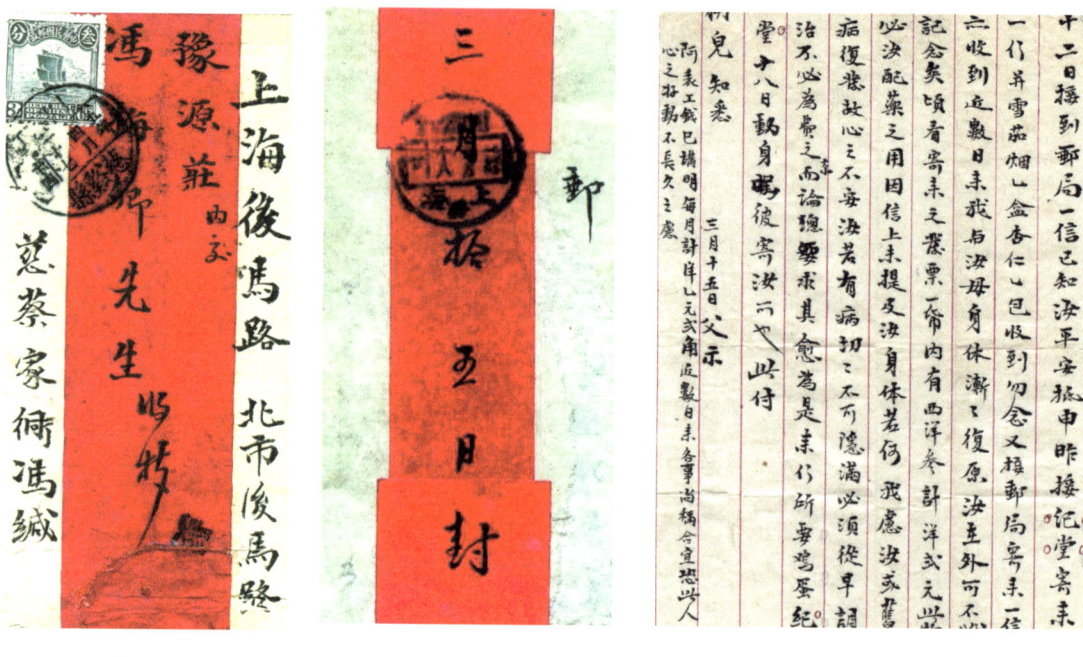

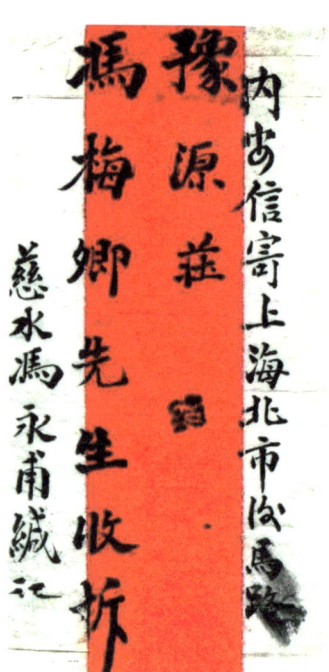

⊙图5-1	⊙图5-2	⊙图5-3
⊙图6-1	⊙图6-2	⊙图7-1

⊙ 图 7-2　　　　　　　　⊙ 图 7-3

应有尽有。"毛诗"指的是《诗经》，共 305 篇，"毛诗之数"即指月俸 300 元左右。（图 7-2、7-3）

第八件　中式红条封，正面书"内信外包袱壹个、纸包壹个，烦董纪棠兄顺申豫源庄冯梅卿先生收拆，慈城冯永甫托干"。（图 8-1）封背书"吉顺丙辰五月初七日封"，盖"董纪堂（棠）准定十贰动身"戳。（图 8-2）附函大张信笺，内书："初三接月朔所发禀函，已悉一切，并来现洋五拾元、雪茄烟壹盒、薄被壹条、包袱贰张、洋铁箱壹只，内装鸡子念壹枚，又空篮壹只，均照收无讹…… 兹交纪堂（棠）寄出包袱壹个，内枕头壹只，并龙须草（即本地席草）枕衣壹张，又鱼松壹管，至望收入……端午后二日，父字。门口如有买艾绳，代我买就五六十条，又及"。老爷抽得起雪茄烟，看来冯家经济收入良好。（图 8-3、8-4）

第九件　慈邑丙辰五月十八日发，红条封，（图 9-1）盖"董纪堂（棠）准定廿六动身"戳，（图 9-2）封笺保存极佳。附函书："大哥大人…… 前接十一、十三所发来函已悉，并寄归包袱壹个，枕头贰只，均照收到。兄归期一节，倘暑假时店中有人代手，归亦甚好，因届时叔父惠生同弟均在假期之中，便于早晚之间可得而聚首

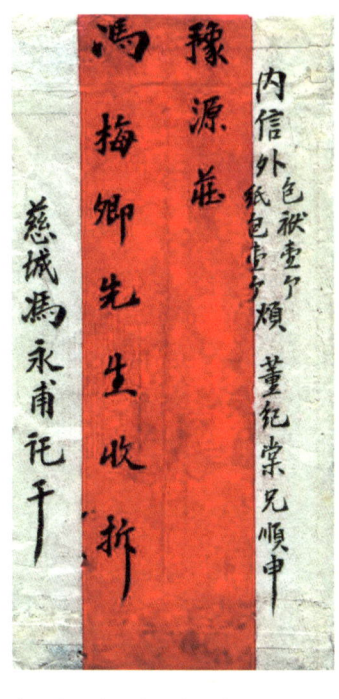
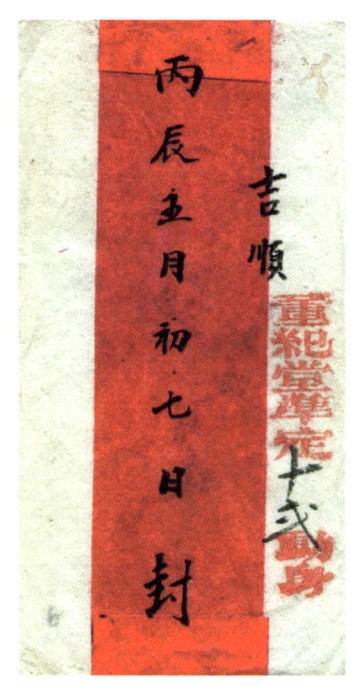

⊙ 图 8-1　⊙ 图 8-2
⊙ 图 8-3　⊙ 图 8-4

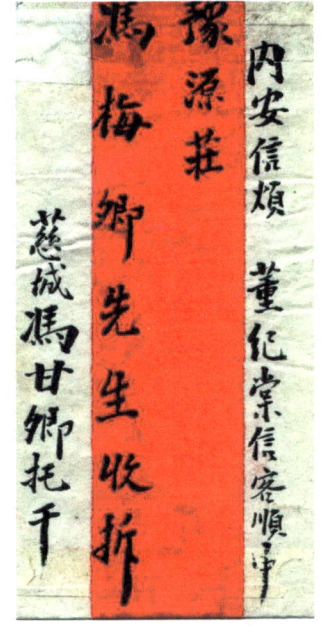
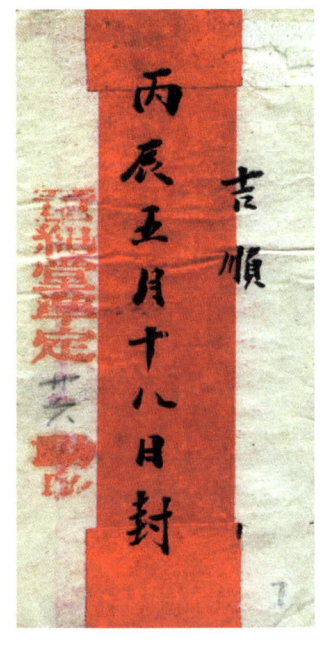

⊙图 9-1　　　　　　　⊙图 9-2　　　　　　　⊙图 9-3

也……父亲前昨偶患伤风,身有潮热,故命弟代书。"(图 9-3)

第十件　红条封书"内安信烦董纪棠兄顺申豫源(钱)庄冯梅卿先生收拆,慈城冯永甫托干"。(图 10-1)封背书"吉顺丙辰八月十八封"。附函"初十接由邮局来信,知尔自初八下午由家动身,至车站得遇丁君同伴到甬,三时你登轮,次晨五时抵埠,途次平顺良慰。十二又由纪棠递来初十所发家信并现洋五拾元,高布叁匹,均收到……昨日尔叔父又寄我乙匹,四匹已齐。每匹二元,计洋八元,该洋望由尔处交尔叔父收回,余已进尔账……阿容及惠生夫妇十二下午由家出申……八月十四日,父字"。(图 10-2)

第十一件　红条封,书"内安信烦董纪棠信客顺申豫源(钱)庄冯梅卿先生收拆,慈城冯永甫托干"。(图 11-1)封背书"吉顺丙辰八月廿四日封",右下盖"董纪堂(棠)准定初一动身"戳。(图 11-2)附八月廿四日父函:"尔自到店后于初九初十连发两函,并寄归现洋五拾元,高布三匹早经收到。知尔夜间仍在读书,甚好……"民国初,大洋五十元是大数,一般职员月薪不过两三元。梅卿业余攻读英语,非常上

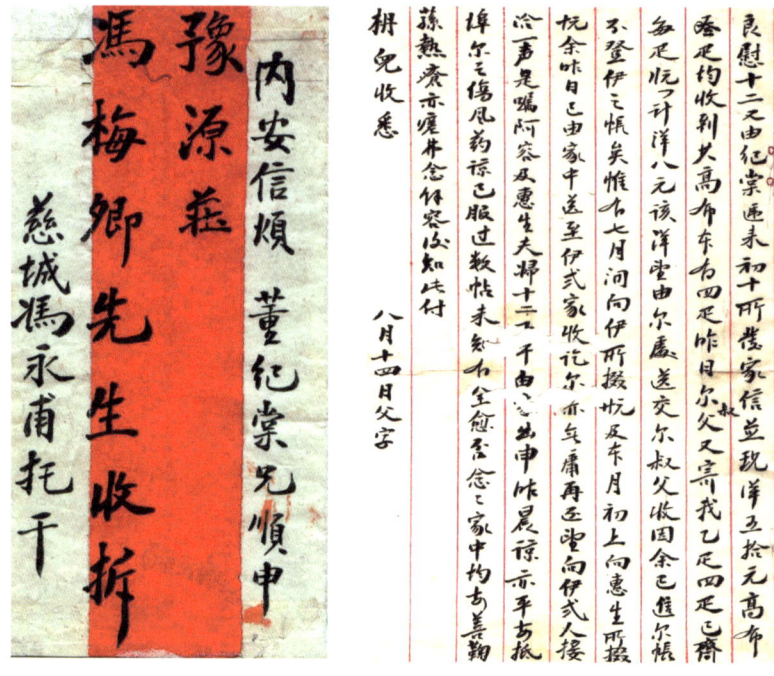

⊙ 图 10-1　　　　⊙ 图 10-2

进。(图 11-3)

第十二件　红条封,上书:"内安信外,纸包壹个,又洋铁罐壹只,烦纪堂(棠)兄顺申豫源庄冯梅卿先生收拆,慈城冯永甫缄。"(图 12-1)封背书"吉顺丙辰菊月十五日封",盖"董纪堂(棠)准定廿二动身"红色戳,左右两枚。(图 12-2)函书:"汝母遗像乃由纪棠代为取归……林瑞庭君前借珠皮袍子乙件、缎靴乙双,业已用过还来……闻上月初上汝为子奇至沪代调署栈房职司……秦师(注:应是秦润卿)仍嘱汝不必交卸,每日随同习练管事颇好,余甚代尔欢喜……学习英语而又逐日往返益能运动身体,获益良多……英文夜课莫要间断……纪堂(棠)前埭是初五出申……"(图 12-3)"汝母遗像乃由纪棠代为取归",董纪堂(棠)替冯家从上海绘画店取回其母亲遗像抵家乡,又一信客竭诚为顾客往返代办事务之实例。据上海冯思真(冯干卿、林琢之孙)介绍:林韶斋(秦润卿之表叔)介绍秦润卿到上海钱庄工作,秦润卿为感谢林家,故相当关照林家后辈,其祖母林琢之就在垦业银行工作至新中国成立后。林韶斋之子林少斋有三子女:林瑞庭、林祖庭、林琢之。

第十三章　董纪棠信客传递慈城冯氏信笺集

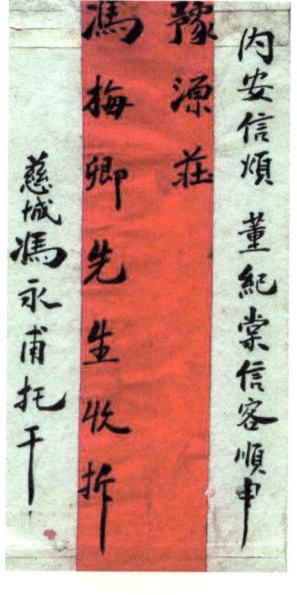

⊙ 图 11-1 ｜ 图 11-2 ｜ 图 11-3
⊙ 图 12-1 ｜ 图 12-2 ｜ 图 12-3

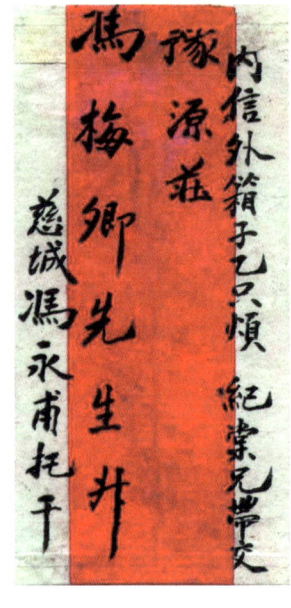 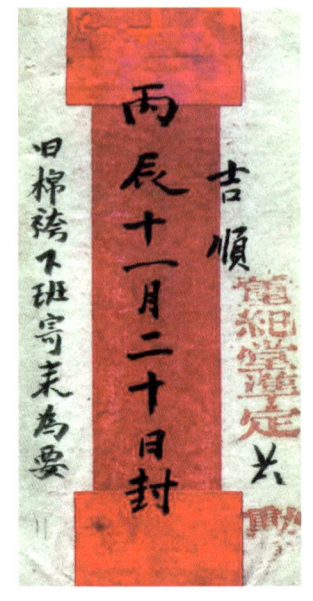

⊙ 图 13-1　　　　⊙ 图 13-2　　　　⊙ 图 13-3

第十三件　中式红条封，正面书："内信外，箱子乙只，烦纪棠兄带交豫源（钱）庄冯梅卿先生升，慈城冯永甫托干"，（图 13-1）封背中缝书"吉顺丙辰十一月二十日封"，左侧书"旧棉裤下班寄来为要"。右下方盖"董纪堂（棠）准定廿八动身"红色戳。（图 13-2）函曰："刻接明信片，知尔叔侄两人于十九晨五时半安抵上海……雪茄烟将要吃完，望再买壹盒，下班寄归，勿忘却……今交纪棠寄出箱子乙只，箱内除尔整好衣服外，加入旧爱国布袖套壹双、本色鞋子三双，至望一并检收。"原件品相特佳，保存完好，从函中开首"刻接明信片知尔叔侄两人"可知，有关重要事项和信息通过邮局寄发比较快速，隔日即可到达。（图 13-3）

第十四件　红条封，正面书"内安信烦董纪棠信客顺申豫源（钱）庄冯梅卿先生升，慈城冯永甫托干"，（图 14-1）封背中缝书"吉顺丙辰十二月初九日封"，左侧铅笔手书大字"纪堂（棠）十七动身"，为唯一留存的董纪堂（棠）亲笔签字封。（图 14-2）附函内书："廿七所发禀函并现洋五拾元，包袱壹个，内计棉裤、薄被各一件，又雪茄烟壹盒，均照收到。汝叔父嘱汝附来壹函并花生两麻袋，又蒲包贰个，青糖二件，亦照收无讹。前借汝叔洋五拾元业已由汝交还……余自本月朔日已迁移至

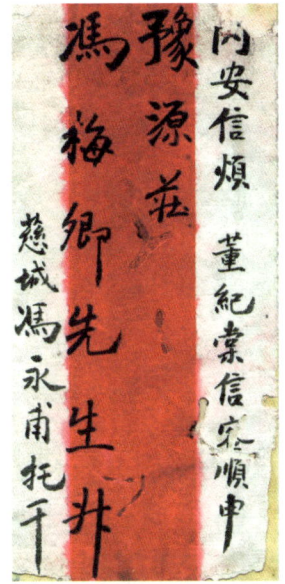

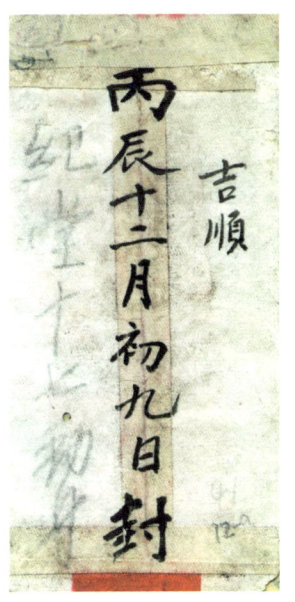

⊙ 图 14-1 ｜ ⊙ 图 14-3
⊙ 图 14-2

柳山庙前居住，唯家用什物尚未安顿舒齐……"清末民国初甬申线轮船信客包年收费，银洋数元或几十元不等，每逢节日，特别是逢春节，往返汇银捎物特别繁忙，从函中可见花生、青糖用麻袋运送，又蒲包两个，可见数量之多，时已接近春节，宁波年糕带至上海甚至用大箩筐装。（图14-3）

第十五件　红条封正面书"内安信烦董纪棠信客顺申豫源（钱）庄冯梅卿先生升，慈城冯永甫托干"，封背中缝书"吉顺丁巳新正初四日封"，左侧盖"董纪堂（棠）准定初九动身"红色信客戳，（图15-1）附家书。（图15-2）

第十六件　红条封正面书"内安信烦董纪棠信客顺申豫源庄冯梅卿先生升，慈城冯永甫托干"，（图16-1）封背中缝书"吉顺丁巳贰月初四日封"，左侧盖"董纪堂（棠）准定十二动身"红色信客戳，（图16-2）附家书。（图16-3）

第十七件　邮局寄发中式红条封，正面书："函烦邮

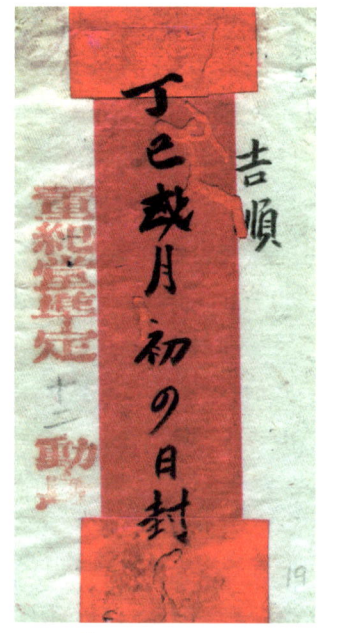

○ 图 15-1　○ 图 15-2
○ 图 16-1　○ 图 16-2　○ 图 16-3

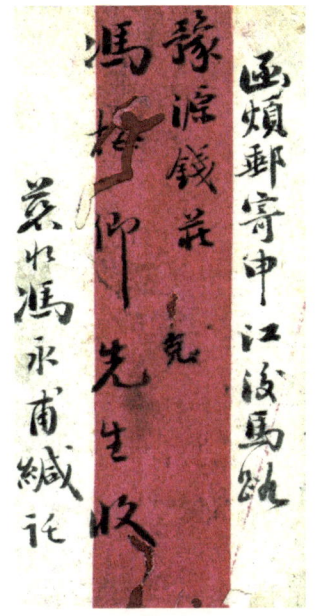

寄申江后马路豫源钱庄冯梅卿先生收，慈水冯永甫缄托"，红条封中央盖一个楷体"克"字，前两封邮局寄递的可见红条上的"母"字与"发"字。（图17-1）封背右上角贴帆船票1分直三连，销"TZEKI 慈溪县／六年二月二十／八"英（汉）三格腰框日戳两枚。（图17-2）附函内书："胞兄手足，上月十九、廿四所发贰信，一交邮局，一交纪棠，寄归并现洋五拾元，台湾席乙领，包袱三张，早经收悉……勤甫哥是廿六动身，于初一晚刻安抵津门……三舅母之怀安会洋八元早经送去……雪茄烟约吃至廿三四，下班须再买壹盒交纪棠带来……弟毓棠上叩，八月初八日。"一交邮局，一交纪棠，可谓邮局信客同时并发，各尽其用。（图17-3）

第十八件 中式红条封，正面书"内安信烦董纪堂信客顺申豫源庄冯梅卿先生升，慈城冯永甫托干"，封背书"吉顺丁巳二月二十二日封"，左侧盖"董纪堂（棠）准定初一动身"红色信客戳。（图18-1）附家书"……

⊙图17-1 ⊙图17-3
⊙图17-2

由纪棠寄归，十二所发禀函已悉，并有现洋五拾元，雪茄烟壹盒，补药乙蒲包，又木盒乙只，内计洋奶罐、西洋参、龟背胶、阿胶各乙小盒，均照收无讹……二月二十二日，父字。"（图18-2）钱庄、商行老板收入颇丰，补药用蒲包装，生活优渥。

第十九件 冯永甫信笺，上书："上月廿九日由纪棠寄到禀函，并钞票现洋及各物等统照收悉。内有肥皂卅块，知系惠家托带之物，当经递去……禀内尚有附带邮花（邮票）一言，拆视不有，想是失去（丢失）……尔妹三月出嫁，余又病卧……尔为胞兄，焉可不归……今嘱买席、法布壹丈乙尺半，又壹丈六尺，计两块，颜色不可雷同……铜边摆镜乙面、华美香水壹瓶，望买就下班……"信局、信客偶尔也遗失银信包裹，重要的则照价赔偿。（图19）

第二十件 中式红条封，正面书"内安信烦董纪棠信客顺申豫源（钱）庄冯梅卿先生升，慈城冯永甫托干"，封背书"吉顺丁巳闰月初十日"，左侧盖"董纪堂（棠）准定廿四动身"红色信客戳。（图20-1）

另附冯梅卿叔父函："梅卿胞侄览，光阴如驶，不觉又是一年矣……侄在外记忆未免劳心，实为不安……侄妇近来宁静，作事竭力……自今而后望吾侄不咎其既往可矣……愚叔闲甫字。正月二十日。"（图20-2）

第二十一件 中式红条封，正面书"内安信烦董纪棠信客顺申豫源庄冯梅卿先生升，慈城冯永甫托干"，封背中缝书"吉顺闰二月二十七日封"，根据丁巳年闰二月判断为1917年，左侧盖"董纪堂（棠）准定初五动身"红色信客戳。（图21-1）附函详述了病情，其父书于闰二月廿七日。（图21-2）

第二十二件 中式红条封，正面书"内信外，包袱壹个，烦纪棠顺申豫源（钱）庄冯梅卿先生升，慈城冯永甫托干"，（图22-1）封背书"吉顺丁巳五月初六日封"，左侧盖"董纪堂（棠）准定十六动身"红色信客戳。（图22-2）附函内书："秦太师母古稀寿辰，闻得屏份之中人数已足，汝顶好与庄卿相商，能否于寿屏上列入一名，如其不能加入，只好另送寿对一副，如用红缎金字，价在七八元之谱……此事均望与汝叔父商量……纪棠带出包袱壹个，内包小被壹条……五月初六日，父字。"函内商议为秦润卿之母古稀寿辰送礼事。（图22-3、22-4）

第二十三件 中式红条封，正面书"外衣包壹个，烦纪棠兄顺申豫源（钱）庄冯

第十三章 董纪棠信客传递慈城冯氏信笺集

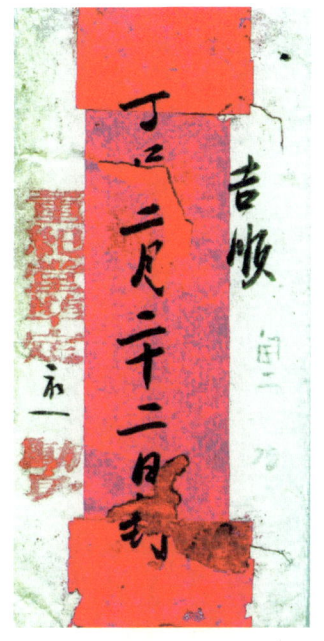

⊙ 图 18-1 ｜ ⊙ 图 19
⊙ 图 18-2

⊙ 图 20-1 | ⊙ 图 20-2
⊙ 图 21-1 | ⊙ 图 21-2

梅卿先生收拆，慈城冯永甫托干"。（图 23-1）封背书"吉顺丁巳五月二十八日封"，左侧盖"董纪堂准定初五动身"红色信客戳。（图 23-2）函书："寿对系托何诗孙书写，连裱好共需洋七元五角，已接洽，但寄归时切嘱纪棠在路上不可将纸盒压坏并有受潮……午月二十八日父字。"何诗孙为近代著名书画家，看来冯家甚阔气。陈三立曾为何诗孙书祝贺诗："当代老画师，故家奇男子。吐胸万丘壑，费尽沟娄纸。向骋儒侠场，物望笼都市。不污后车尘，青霄一鹤起。徜徉履劫余，孤尚缄骨髓。昏旦促能事，高价掩众史。自哂救饥耳，道贯养生旨。酒坐映方瞳，谈舌溢诙诡。取证髯苏咏，神完中有恃。会看百岁翁，泼墨添海水。"（图 23-3、23-4）

第二十四件 中式红条封，丁巳八月初三董纪棠轮船信客传递。正面书："内信外，包裹壹个，烦纪棠兄顺申豫源（钱）庄冯梅卿先生收拆，慈城冯永甫托干。"（图 24-1）背盖"董纪堂（棠）准定十一动身"戳，左侧书"包袱内加洋纱背心壹件，又批"。（图 24-2）似乎有点像闽粤水客批信的味道。附函曰："上月廿八、廿九连发来两禀均照收到，藉悉汝于廿八晨刻平安抵店……纪棠寄出包袱壹个，内计旧席法布衫贰件，裤壹条……又旧鞋一双，至望收入……八月初三日，父字。"（图 24-3）

第二十五件 中式红条封，正面书"内信外，包袱乙个，烦纪棠兄顺申豫源（钱）庄冯梅卿先生收拆，慈城冯永甫托干"，（图 25-1）封背书"吉顺丁巳八月二十日封"，右侧盖"董纪堂（棠）准定廿五动身"红色信客戳。（图 25-2）函书曰："十二接初十所发来禀并致秦家壹函，又纸盒壹只，内金锦六件，均照收无讹。又初五日托阿德带归包袱壹个，内秋被壹条、花洋布九尺，早收到。该被当即拆洗，面子亦经换就，遂于十一日仍托阿德（阿德是另一位甬申线轮船信客）带至……来函内金簪壹只……该簪暂放我处……金戒指贰只，又小乙只及耳环乙双……如花式大小不合，尽可掉（调）换……凤祥发票可以照开……致周君之信知已由勤甫带去面呈，其稿子我已阅悉。勤甫已有两信致我，知其初五晨由上海动身，初六晨到济南，在慎甫兄处耽搁二天，至初八晨刻北上，不料火车至沧州地界独柳镇地方（离津仅百余里），洪水为患，一片汪洋，灾民无数，车不能通，只得原车开回，更不料回至德州地界，亦发大水，乡民鸣锣阻住火车通行……幸而人虽吃苦，身体无恙……今交纪棠寄申包袱壹个，内系正卿棉袄、棉背心、夹袍、夹裤各一件，至望递

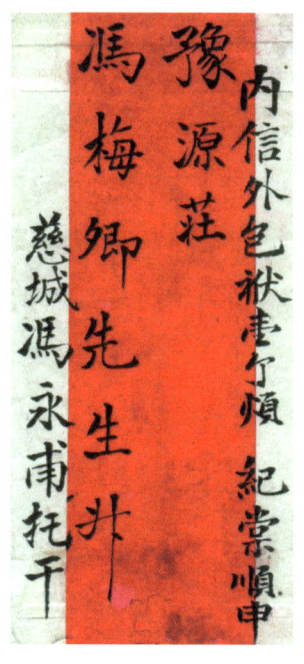
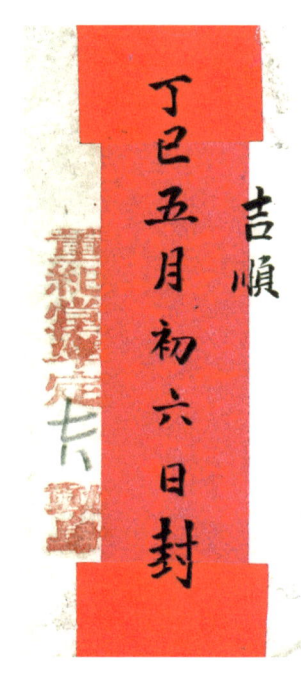

⊙ 图 22-1 | ⊙ 图 22-2
⊙ 图 22-3 | ⊙ 图 22-4

第十三章　董纪棠信客传递慈城冯氏信笺集　　277

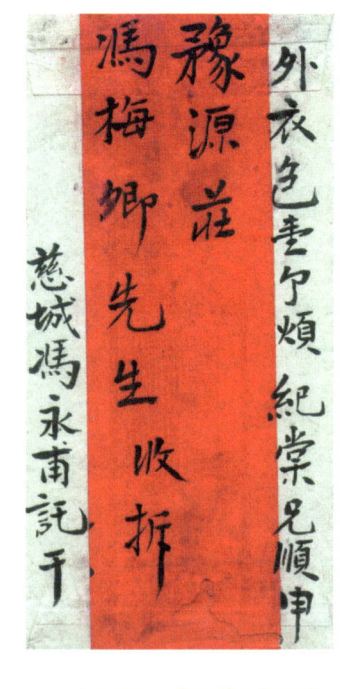
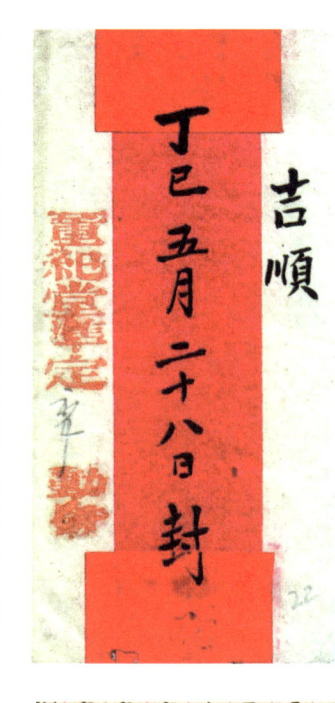

⊙ 图 23-1　⊙ 图 23-2
⊙ 图 23-3　⊙ 图 23-4

交鸿胜付与正卿……纪堂（棠）回来时托其买虾米，计洋贰角，余曾有小洋贰角付彼。"（图25-3）函记冯家在上海钱庄商行与山东、津京地区都有联行，时年北方大水。有意思的是信客连两毛钱的虾米也可为客户从上海代购后送甬慈城。

第二十六件　中式红条封，正面书"内信外包袱壹个，烦纪棠顺申豫源（钱）庄冯梅卿先生收拆，慈溪冯永甫缄"，（图26-1）封背书"吉顺丁巳九月初一日封"，左侧盖"董纪堂（棠）准定初九动身"红色信客戳。（图26-2）附函曰："前月廿七接由申所发来禀并雪茄烟壹盒，包袱壹个，内计棉被壹条，均照收到无讹。尔叔于上月廿一日已平安抵家，其疾少瘥，仍在服药。天津发水……今年莱阳梨若有相熟人去挖打，每斤约三分算，不妨买数角……棉被近已洗，就仍交纪堂（棠）寄出。又尔叔寄还小棉袄壹件……九月初一日父字。"（图26-3）

第二十七件　丁巳九月十八日冯永甫信笺，上曰："十一接初八由申所发来禀，知悉一切，并来现洋叁拾元，莱阳梨廿六只，均照收到无误，惜乎其中十八只已坏，无疤者只有八只……十四日本已起床，不料下午咯红数口，次日又来数口，幸而身体尚能支持……生梨下次不可再买……九月十八日，父字。"（图27）

第二十八件　中式红条封，正面书："内信烦董纪棠信客顺申豫源（钱）庄内交冯梅卿先生收拆，慈水冯永甫缄。"（图28-1）封背书"顺风/菊月二十日封"，左侧盖"董纪堂（棠）准定廿八动身"红色信客戳。（图28-2）附函书："禀悉，郑宅应送粉仪一元，业已照送。初八仍由邮局递到一禀，知汝为店中人手稀少，难以抽身归来……纪棠带归一禀，并包袱内棉被一条、毛绒半磅及毛绒手套一双，丝绒领片两条，均照收……十七日，又由报纸内附来一条，亦收悉。日前本邑尚称安靖，无庸纪念……秦宅准定廿四进屋，系辛木先生转知……余拟届时送六色礼一担，用肉、鱼、糕、粽、烛、炮或径送六色礼票，此刻尚未定……另递之《亚洲日报》，既所费不多，寄阅□□，可为我病榻之消遣品也……十月二十日父字。"（图28-3）冯永甫书笺大都使用大张纸，叙事烦琐，只能简摘。书信中记载了清末民国初亲朋好友间的世俗礼仪，如秦家寿辰、迁居新屋等贺喜礼品。

第二十九件　中式红条封，正面书"内安信烦董纪唐（棠）信客顺申豫源庄冯梅卿先生升，慈城冯永甫托干"，（图29-1）封背书"丁巳十月二十日封"，右侧盖"董

第十三章 董纪棠信客传递慈城冯氏信笺集

上月廿八廿九连发来二禀均照收到籍悉汝于廿八晨刻平安抵店为慰惟廿七下午五时至十时陆地上有小风未知洋面有浪否汝有晕船否不必以家事耿耿于心误不致有意外事也今交纪棠出包袱壹个内计旧扇法布衫式件㭎壹条破裹已补好可作夜睡之用又旧鞋一双至些收入余容再详此付

桤儿知悉

一顺尔叔父代书致用君溪函有记得否又及

八月初三日父字

丁巳八月初三日封

吉顺

包袱内加洋纱背心壹件又批

内信外包袱壹个烦　纪棠兄顺中

豫源庄
冯梅卿先生收拆
慈城冯永甫托干

收无沈又初五日托阿溇卑绎包袱壹个内秋袄壹件袄波本条羔洋布九尺六早收到误装当即托沈面手示任换就送托十日托阿溇车玄鸿胜未及备作哈池叔父武溇头早收用吴再搪未及回音验壹大计壹壹孔日余笔未当作其知立晨由上海动身初某刘济南在溇有兄家䭾㭎二天玉初八晨刻北上不情谊不许多池絣的而行竟兰盖㭎澖主数边便伊豪费朱未当王可暑用足之作知心田為有笙之西里其鸨子我已阅是寓商已有而作欺我知龙栗另闹关打工饥竟而䧺偽情媚上飒有空再照阅关革顒池主徙上䗇㭎纪棠便知详信㭎身是非未凤详农栗可一啼问关重观池之纪㭎伊家六未付刊此顷工鼓日后送记棠探询𣐨䯮百未提起连鹏兀纪棠一事伊说己收下不用兴纯餙涨沁叔父试浪巳早取用矣再搪未可作池壹大伊说之意适是伊间㭎读而叱再氏大小是不合沁丌阗之纪棠便知详佃白是再未凤详农㭎还舌非言甘好武式不不佟可捺摆是以摆㭎不曾余而伊家将次可以着的䒞人特画等笛知已秦师母卷元之空待节沁千可捺摆之以摆票也入窒用兴䇲徒涂丽账余入桁诺斓任当石国待节沁可丌余内摇决详佃自是再来凤详农㭎

内作小包袱乙个烦　纪棠兄顺中

豫源庄
冯梅卿先生收拆
慈城冯永甫托干

丁巳八月二十日封

吉顺

⊙图24-1　⊙图24-2　⊙图24-3
⊙图25-1　⊙图25-2　⊙图25-3

280　民信局与信客史料考略

⊙ 图 26-1　⊙ 图 26-2　⊙ 图 26-3
⊙ 图 27　　⊙ 图 28-1　⊙ 图 28-2

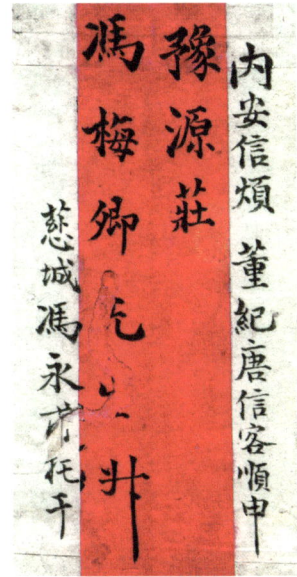

纪堂(棠)准定卅动身"红色信客戳。(图29-2)另附大张纸十二月初一、十二月十五冯永甫函,简录如下:"刻由邮局递到六日函,知此次纪棠出申信包被途中遗失,幸我信中无甚要言。今嘱棠儿将前次之信重行抄录……十二月十五日,父字。""上月廿九接廿六所发函,分附现洋九元六角,报纸壹包,又汝叔附寄壹函并酱鸭乙只,桂花年糕八块,均照收到无误。三舅母之怀安会洋当即递去……方宅之款……托信局寄申。照余之意,不如将衍泽官利名下划过,免得路上往返冒险……兹交纪棠寄申烤麂肉乙小瓶,付汝食之,又黑芝麻□糕壹洋铁管(罐),夜间略可充饥……汝何物喜吃不妨写信来要,饼干管(罐)如已用空,望下班寄来……十二月初十日,父字。"(图29-3、29-4)函中

⊙图28-3 ⊙图29-1
⊙图29-2

⊙ 图 29-3   ⊙ 图 29-4

可知冯家除钱庄之外另参与钱会以及官利收入。而旧时从事私邮——信局或信客业往返传递都存在着风险。

第三十件 中式红条封，正面书"内信外，衣包壹个，烦纪棠兄顺申豫源庄内交冯梅卿先生升，慈水冯永甫缄"，(图 30-1) 封背书"吉顺／丁巳十一月初三日书"，左侧盖"董纪堂(棠)准定初八动身"红色信客戳。(图 30-2) 另附菊月十五日冯永甫函："初七接初六所发安信壹函并现洋五拾元，德成红十字肥皂壹箱，包袱壹个，麻油壹满瓶，生梨壹筼蒲……均照账点全无讹……内有托买之物当即分送方宅与柳山庙前二处……切莫苦思力索，有伤脑筋……莱阳梨太不划算……今交纪棠寄出新小说二本……又付汝北乡黑麻酥糖……"（图 30-3、30-4）

第三十一件 中式红条封，正面书"内安函烦董纪棠兄顺申豫源庄冯梅卿先生启，慈城冯永甫缄"，(图 31-1) 封背书"吉顺／戊午正月廿二日封"。附函书："十一接初九所发第一号家书，得悉种种。店中看一下报纸如能嘱学徒每日早晨收聚，不妨寄我一节，借以消遣……汝弟年已十六，为望觅业，实为当今之急（即冯干卿），深望牢记心头……雪茄烟约吃至下月初上，望再买壹盒，又要祥茂皂贰条并新牌肥皂，计洋半元，均交纪棠带来……叔父大约在廿五六开馆，天津宝成执事病故，勤甫保人，另欲换过，彼嘱我出信致周朴斋……今年英文夜课有未读否，子奇君有出申否……元月廿二日父字。"（图31-2）

第三十二件 中式红条封，正面书"寄上海北市后马路兴仁里口豫源（钱）庄冯梅卿先生台启，慈水冯永甫缄"。红条右下方盖有一枚框式"母"字戳，相当于大号楷体字，系信班代号或是投递戳。（图32-1）背书"吉顺/阴历十二月十五日封"，左下角贴帆船邮票3分一枚，销"TZEKI/慈溪县/七年一月廿八/十四"腰框式日戳，阴历十二月十五尚是丁巳年。上海落地盖"SHANGHAI/上海癸/七年一月□□"宽腰框戳。（图32-2）附元月廿八日冯永甫函曰："二十七日由纪堂带来禀函并附西洋参四两，月份牌三张均收到……所有三舅母名下怀安会之款伊来问过，望速向取归寄交，雪茄烟下班托纪堂带归可也。"（图32-3）

第三十三件 冯永甫发戊午（1918）二月初五信笺曰："是月初一接上月廿八所发来禀，一切之事，均已知悉，寄归雪茄烟壹盒，肥皂五条，月份牌三张亦收到无误，衍泽余利倘诚昌叔送来，望照数收落，但须问该店去年除缴用外净盈若干，倘彼未送来，不必去催，余面托惠生。子奇君未曾来过，想近日天晴正在扫墓，余因患病在床……我家坟墓约待下星期去上香……惠生定十一出申，汝叔于廿八上馆，勤甫保人余迄今未应允……"（图33）冯永甫函中多处提到上海衍泽盈利之款以及钱庄内划汇和提

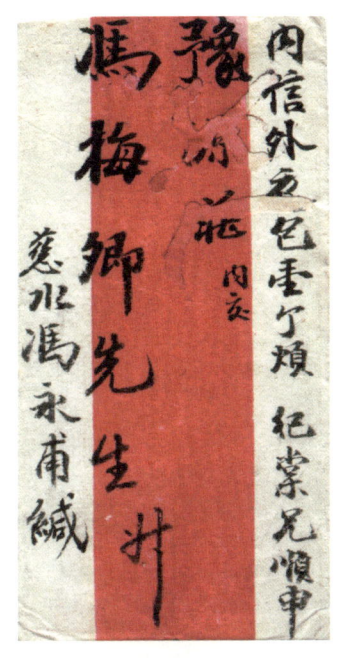

⊙图30-1

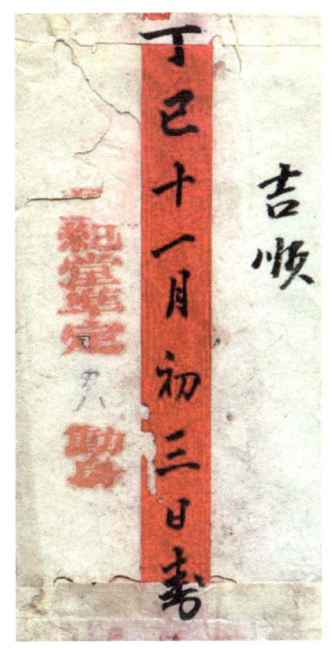

⊙图30-2

⊙ 图 30-3　⊙ 图 30-4
⊙ 图 31-1　⊙ 图 31-2

第十三章　董纪棠信客传递慈城冯氏信笺集

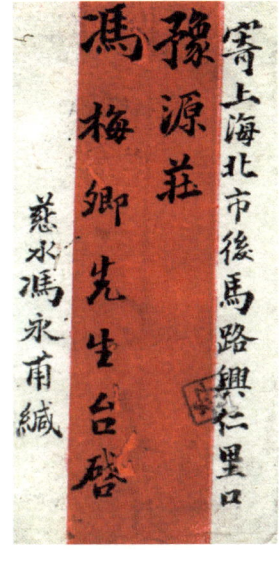
⊙ 图 32-1　　　　⊙ 图 32-2　　　　⊙ 图 32-3

款,估计是冯家在申庄及店铺中的股份花红存款。此处"惠生"应是慈城甬申线轮船又一信客。

第三十四件　中式红条封,正面书"内信外,席子壹条,烦董纪棠烦交豫源庄冯梅卿先生安启,慈溪冯甘卿缄",(图34-1)封背书"顺风/戊午端午前三日封",左下方盖"董纪堂(棠)准定初九动身"红色信客戳。(图34-2)附函曰:"上月迭接初六、十五、十八、廿六所发四信……又惠侄孙廿一所发一函并雪茄烟壹盒,芦花帚拾把,承记名下洋九拾六元□□及该店报告账壹纸,亦照收无误。望转咨惠生一声(多处有关账目转存都提及惠生或阿惠,另提及收蚕等事项)……方家太亲母前日偶患风寒……勤甫处于廿三日得快信即日趁火车动身安抵……勤甫与我谈及天津大纶即申地大纶分设之支店,所买之货均由申地装北去。该店于去年九月与宝成同日开市,生意极为发旺,至年终不过四月,出伙(货)有六十余万多,今年生意亦甚发达,其内容分五部:绸缎、呢绒、洋布、皮伙(货)、顾绣、化装(妆)品……今交纪棠席子一条,分(粉)色大包袱一张,至望收用……五月初二日父字。"(图34-3、34-4)

第三十五件　中式红条封,正面书"内信外,包袱壹个,烦董纪棠顺申豫源庄冯

⊙ 图 33　⊙ 图 34-1　⊙ 图 34-2
⊙ 图 34-3　⊙ 图 34-4

梅卿先生安启，慈城冯干卿托干"，（图35-1）封背书"吉顺/戊午五月十五日封"，左下方盖"董纪堂（棠）准定廿五动身"红色信客戳。（图35-2）附函曰："十一接初八所发来信并艾绳六十条，均照收悉，甥于十三出申，未识有碰面否。棠儿学业之事，照汝所论颇与我意见相同，舍意确非大纶不好……唯余心稍有不安者，实为将来学出之后做个普通伙计，所得薪水能否顾家为第一要事……汝意欲向润师方面进言，但须与翰章甥斟酌而行，可言则言，难言则止。六、七贰月家中用度颇大，钱粮、租费、洋会等均在此时，约须用洋一百五十元，顶好本月底先寄我五拾元，至六月底可否再带壹百元……勤甫改定廿一日动身，到上海耽搁一夜，再趁火车赴津，汝之归期定于何时……今交纪棠寄申衣包壹个，内包夏布长衫壹件，又小衫贰件、裤三条、洋纱小衫贰件，又裤乙条，又背心乙件、汗衫四件、汗裤乙条、包脚布壹双，共计十六件……五月十五日父字。"（图35-3）

"家中用度颇大，钱粮、租费、洋会等均在此时"，此处"洋会"不明何意，或许是指洋行办利率较高的银行定期有奖存款。

第三十六件 中式红条封，上书："内安函烦董纪堂（棠）信客顺申豫源庄冯梅卿先生收启，慈溪冯干卿手简。"（图36-1）封背书"顺风/戊午七月初十日封"，左下方盖"董纪堂（棠）准定廿二动身"红色信客戳。（图36-2）附弟棠函曰："胞兄手足本月初三接上月卅所发交纪棠带来壹函……内小囡披帽壹顶，又川连壹包，均收到无误……天公亢旱，久已不雨，咸水业已进城，家中存贮天水亦将吃完。乡民曾有来城求雨者……早稻租于今午开船，顺此告知，闻得收成不佳，未知西乡早稻如何……弟棠上言，七月初十日。"（图36-3）时年宁波大旱，咸水进城。由函中得悉冯家不仅上洋有钱庄、商号股份，而且是地主，西乡每年尚有田租可收。

第三十七件 书笺两件。二弟正卿函曰："闻纪棠于今日抵申，吾哥处有家信到否？因前月廿八日阿德回慈，弟托其寄归家禀一，包袱一，初四日阿德来申未接复信，甚念……本拟到尊庄一行，因日来面部患疮……二兄知父亲近状，乞以电话知弟，或以函复为感，此致……拾月初七日。"（图37-1）冯永甫书笺半页曰："着人向乐山处取归，或托纪棠代取亦可……像价共计几何……纪棠下埭定十月初出申，初十边返慈。汝届时能抽身回家，顶好与伊约妥，路上有伴，我心稍

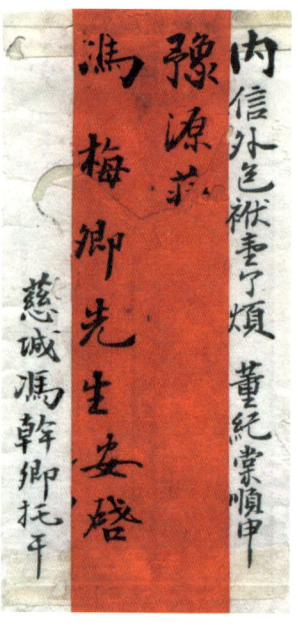
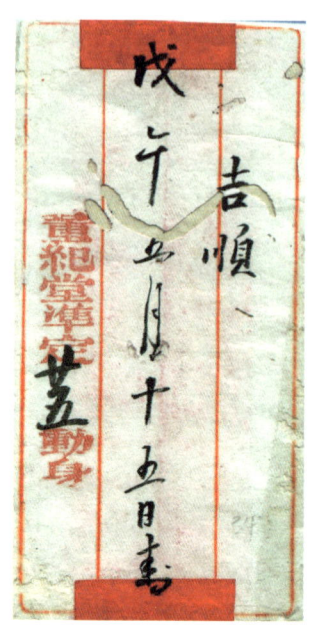

朝廷八惠

五月十五日文字

十三生甲未識有碩面居家兄學業之事賤姓此心論願與我意
相同令意確非大倫不好學業誤庇有此足足有此佐子儀什
辟業惟余心稍有不安者賓為時末學出之沐做個昏通
勤計之謂勤水紙若顧家為第一要事五路途興色阶頀則受住弟
二層此入意欲問師方面進言但須與翰季錫與颐家則两行而言
言離往上六武月家甲用度頗大錢糧稅曾洋會等均在此時的
須用洋銀損好本月辰先寄我五十元五六月萬再寄軏九可年
再趙大本赴津必之歸期定拈付或夏季或冬季差生知我一声
能余當易行沒法生本作傷時或夏季或冬季差生知我一声
免我至念今欽家寄甲衣色書了內色夏布長衫去件又小衫
貳條色記布類共計十六件偁色祓父謪壬条咸背心乙件汗衫二件附汗褲一
条色記布祓共計十六件偁色祓父張壬時檢收餘實溪洋此計

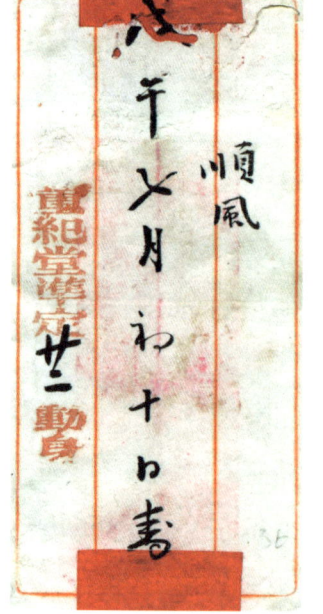

旅步

弟棠上言七月二十日

胞久未足本月初三接上月二十日町澳英化棠葉未色玉世帽昰
個內小围披帽壼頂人川連書色的收到头誤藉知去公文在
外身体进步茴荒疌並蒙大哥諄諄教言當遵之而行以剔
望玉商人注重寫箕家紹不知蠃公寶實是哇慮
足之歸期定在下月初上偕广店中人手稀少不体脱身稲居
旬日夫安可切于此事而連歸期巳天公完早又乙雨贐水甚
已进城家中我早吃完卿民曾有來械來两者湖適曾
花已主吓駿之時惟願公早沛浦以心稍可安定有早稻租於全
開脱順紫大聞涛收效不佳知西鄉早稻以何家中留多善亦念此情

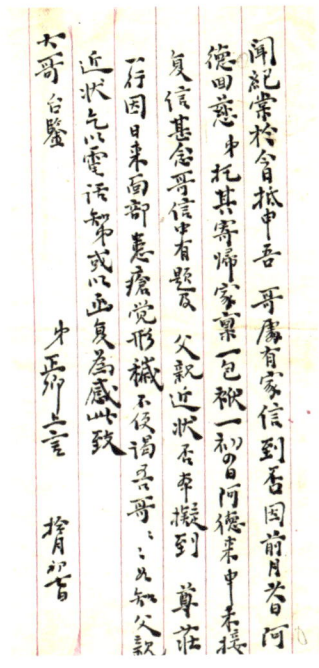

⊙ 图 37-1 ⊙ 图 37-2 ⊙ 图 38-1

慰……九月廿一日,父字。"(图37-2)

  第三十八件 中式红条封,正面书"函外,包裹贰张,烦董纪堂(棠)信客顺申豫源庄冯梅卿先生升,慈城冯干卿托干",(图38-1)背书"吉顺/戊午八月初八日封"。左盖"董纪堂准定十六动身"红色戳记,由其二弟冯干卿发寄。(图38-2)

  第三十九件 中式红条封,正面书"内安函烦董纪棠信客顺申豫源庄冯梅卿先生启,慈溪冯干卿托干",(图39-1)封背书"吉顺/戊午六月廿三日封",左下方盖"董纪堂准定初一动身"红色信客戳。(图39-2)棠弟函曰:"……十七纪棠来,接读十四所发手书,备悉一切,现洋、雪茄烟及明信片亦照收无讹……弟自十二散校,已领得毕业证书……弟棠上言,六月廿四日。"(图39-3)

  第四十件 嘉兴邮友提供的董纪棠信客递送件,此两件时间已较晚,二弟冯干卿已从业。中式红条封,上书:"外附缎帽壹顶,速寄慈溪县城中老太湖石倒拖桥板内冯甘卿先生收启,火速分送候用,申江董纪棠托寄。"(图40-1)另一封封书:"烦纪棠兄顺申带交福源庄冯梅卿先生升,慈城冯甘卿托干,四月廿二。"(图

⊙图 38-2

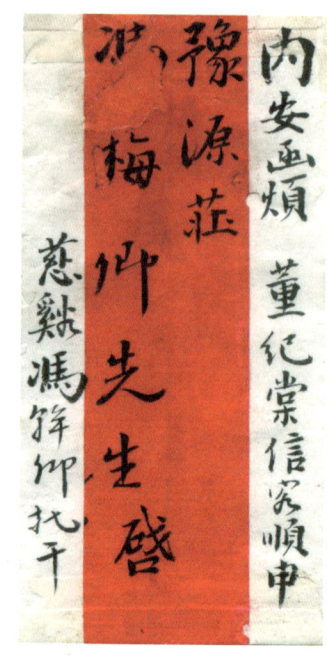
⊙图 39-1

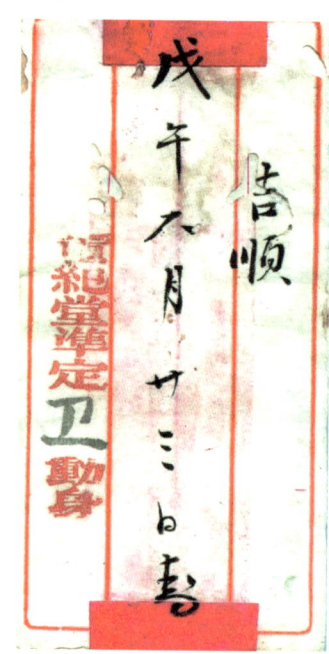
⊙图 39-2

40-2）冯干卿应为冯甘卿。

  这批封笺的时间，从第一号丙辰（1916）正月初五至第三十八号戊午（1918）八月初八日，历时三年，其间政局动荡，经历了袁世凯称帝及张勋复辟。2002 年前后嘉兴富子炎先生函告在邮市又发现若干件董纪棠信客封，并附影印件，说明慈城冯家又将遗存的信笺出售，但时间已是壬戌（1922）之后了，未再见有更早的信笺流出。

  第二批冯氏信笺被古董商收购后外流，出现在本省的嘉兴、金华，外省达皖南歙县，都是其父冯永甫逝世后兄弟间的通信。歙县柯先生前年通过博客提供信息，计有 24 件上贴帆船 4 分票从上海通裕、福源、隆泰、信康等钱庄以及中国银行等行发寄慈城冯干卿的信函，时间已是民国十九年（1930）前后。2011 年笔者从华邮网有幸购得金华俞炳森遗物中冯氏经信局发寄的一件银信，此外慈城友人提供了冯家前辈遗存下来的部分历史资料，以及冯干卿之孙冯思真通过博客同笔者联系所获信息，汇总如下。

  第四十一件 慈城冯闲甫发寄，见于《中国邮史浙江分会》2010 年会刊（总第

第十三章　董纪棠信客传递慈城冯氏信笺集　　291

⊙ 图 39-3　　　　　　　　　⊙ 图 40-1　　　　　　　　⊙ 图 40-2

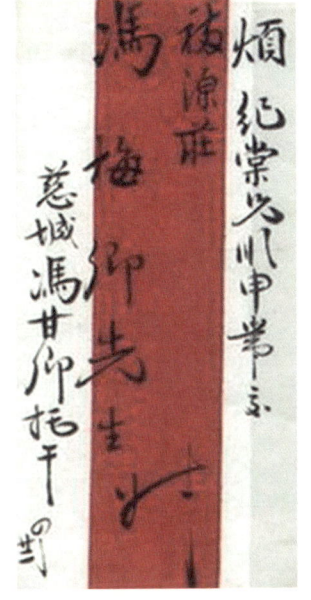
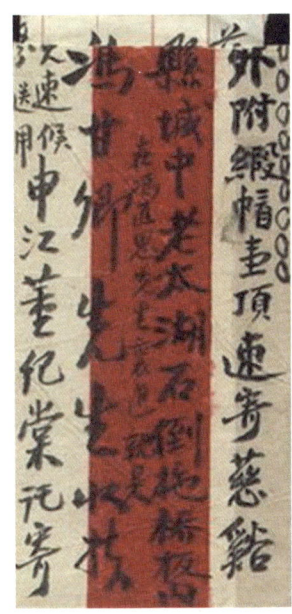

二期），范利清先生《民国浙江省信柜戳赏析》文内图示，影印件为中式红框封，上书"上海后马路兴仁里口福源庄冯梅卿先生启，冯闲甫缄"，左下盖"甬江丰 X 庄信缄"章。（图 41-1）背贴 1 分帆船票三枚，销戳不清，另宁波七号信箱戳，上海到达戳 1922 年 2 月 24 日，中缝手书"壬戌正月廿七日封"。线式信箱戳应是清晚期沿用，另一件封书"函烦董纪棠兄寄申江兴仁里口福源庄冯梅卿先生收，慈冯闲甫缄"。背书"壬戌十月廿三日封"，右盖"董纪堂准定初一动身"红色信客戳。（图 41-2）两件一经邮局，另一件仍经董纪棠信客传递，发寄人闲甫是冯梅卿的叔父。

第四十二件　2011 年 8 月笔者从华邮网俞炳森遗存的信局封中购得五件，内两件为慈城冯氏家族发寄，一件上海福源钱庄冯梅卿发给其弟的银信，中式红框封，正面书"外钞洋六拾贰元，小洋捌角□□（商码）烦寄慈溪城中顾家池头朝东大门冯干卿先生升"。左上方盖一个红色"大"字，寓意不明。（图 42-1）封背手书"带力申讫"，中盖"慈溪全盛德记信局"戳，骑缝盖"福源庄"护封章，不清。（图 42-2）所含信件涉及家事，外交代福源钱庄经全盛德记信局之钞洋款项。此件收信人同

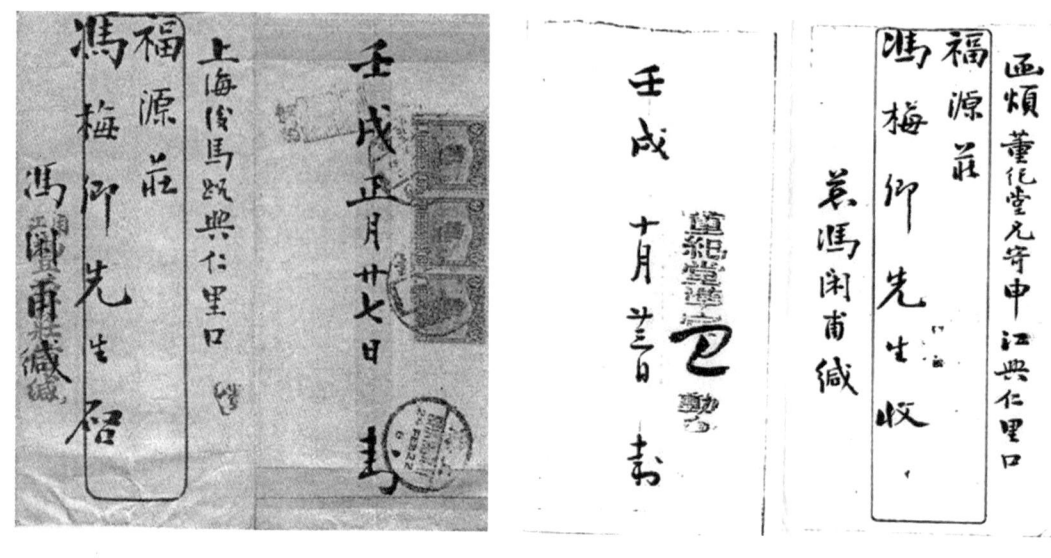

⊙图 41-1　　　　　　　　　　⊙图 41-2

20世纪90年代所收集到的几十件慈城冯永甫、冯闲甫、冯梅卿、冯干卿经董纪棠信客传递的银信包裹为同一家，只是经信局发寄。另一件由余姚李先生购得，中式红框封，上书"慈城老太湖石冯干卿先生升，冯"，左下盖"甬江资新庄信缄"戳。左上方书"力讫"，邮资已付。封背盖"慈城福润泰记信局"戳。叔父闲甫从宁波资新钱庄邮慈城小侄冯干卿的信函。时间已是民国十年（1921）之后了。宁波月湖陈有彩先生书信笺中有资新钱庄的历史记录。

"慈溪全盛德记信局"，拙藏中较早的一件是同治年间宁波寄慈城金沙岙曹氏古封，上盖"宁波全盛德记信局"戳，至慈城后转递金沙岙。

前述一批慈城冯氏经董纪棠信客传递的书信，大都从慈城发寄上海豫源钱庄冯梅卿，而其本人信笺很少见，此件冯梅卿亲笔书信十分清晰完整。从上海发寄的银信盖的却是"慈溪全盛德记信局"戳，而且"带力申讫"。冯梅卿民国初曾在上海豫源钱庄学业，后任该庄改组而来的福源钱庄襄理。

第四十三件　因柯先生使用数码相机数件合拍无序，此处只能选择几件作参考。有意思的是冯梅卿曾在上海通裕钱庄任经理，上海通裕钱庄另有信局。宁波几年前曾发现前清道光奉宪勒石告示碑，记载通裕信寓史实，后来本人又有幸购得

第十三章　董纪棠信客传递慈城冯氏信笺集　293

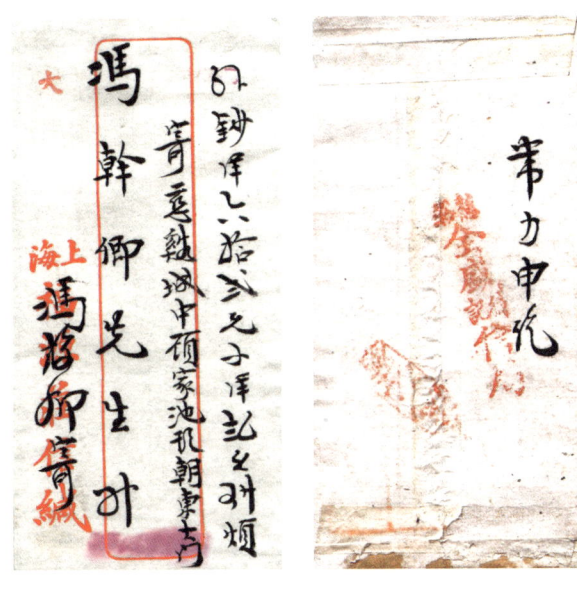

⊙图 42-1　　　⊙图 42-2

一件宁波通裕钱庄实寄封，四个通裕前后串联起来是否存在渊源，还仅仅只是巧合，待考。附图上海通裕（钱）庄信笺、上海福康（钱）庄、上海福源（钱）庄、上海寅泰（钱）庄、上海信康（钱）庄、上海隆泰（钱）庄、中国银行、垦业银行林家林瑞庭等寄发。（图 43）

第四十四件　甬申线轮船信客胡四鳌专用格式化信封。上印"寓申南市老太平弄信客联合会内镇北贵驷桥胡四鳌信客缄寄。无法送递，请退原处"。此件是笔者 2008 年在宁波范宅古董市场偶然见到。此类空白信封本来不过几元钱，当对方得知本人在搜集民信局和信客方面的相关资料，竟开出百元高价。因属初次发现，还是咬牙买了下来。只是没能找到实寄封。信封佐证民国时期宁波七邑信客联合会会址在上海南市老太平弄，离上海甬申线轮船停泊处和十六铺轮船码头甚近。（图 44）

冯干卿的孙子冯思真给笔者来信，说他的母亲也是慈城人，即上述信函中提及的林瑞庭之妹林琢之，林家在慈城也是大家。据他所知，林韶斋（秦润卿之表叔）介绍秦润卿到上海钱庄工作，秦润卿为感谢林家，很是关照林家后辈，冯思真之祖母林琢之就在垦业银行工作至新中国成立。林韶斋之子为林少斋，林少斋有三子

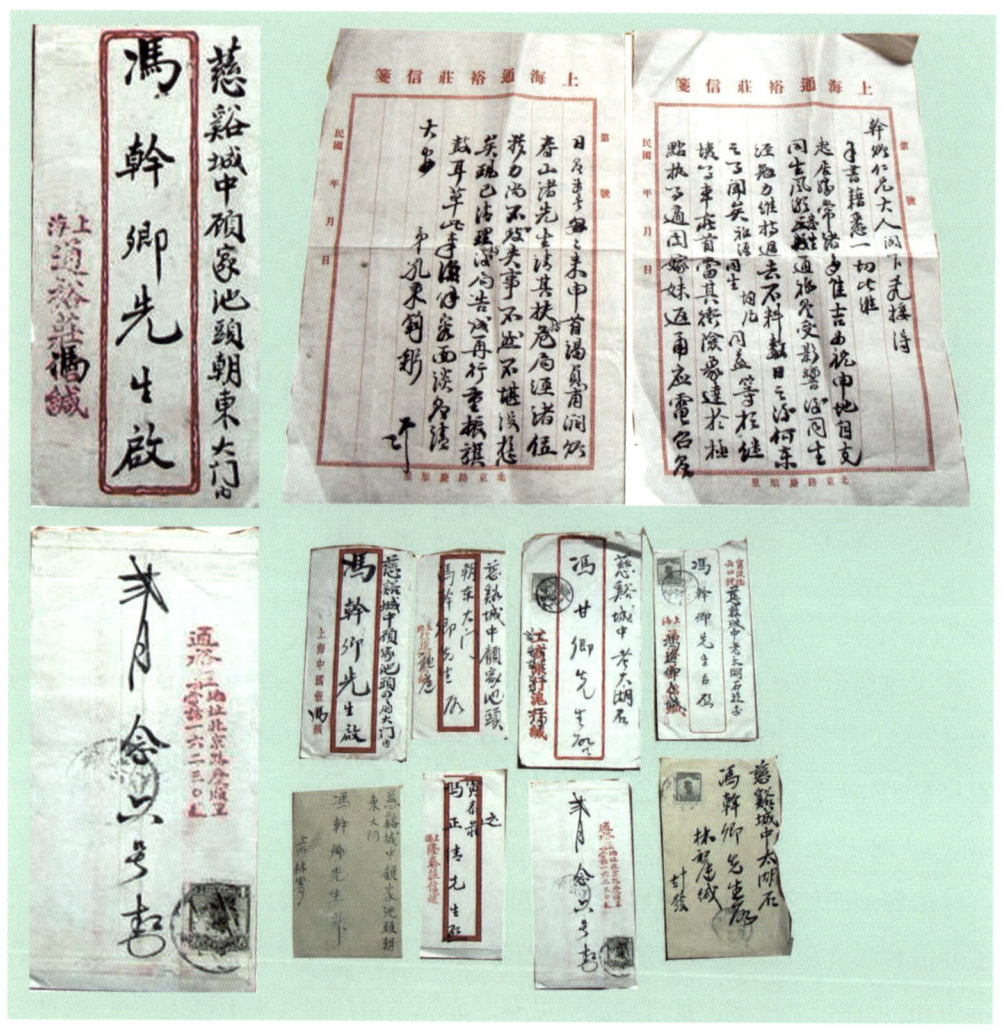

⊙图 43

女：林瑞庭，林祖庭，林琢之。以上关系的理顺是林心传（林瑞庭长子，画家）告诉他的。

冯干卿、林琢之夫妇于1921年前后都能顺理成章地进入上海钱庄（银行业）供职，显然同上海滩金融巨子秦润卿居中介绍是分不开的。按照林家后人的说法，秦润卿年轻时最初进入上海豫源钱庄，是由林家前辈、秦润卿表叔林韶斋引荐。这段历史之前不是很清楚，看来互有因果，冯林两家结亲后在沪上金融界的创业，记录了一段几乎被遗忘的历史！

附图为林琢之遗存，为其父亲林少斋之书信，红条封上书"内要信即寄上海五马路怡泰祥后弄交慎余祥号内林少斋先生安启，林又斋缄托"。左上角盖"慈城福润泰记信局"戳。封背书"力讫，护十一月二十"，右盖"慈城福润泰记信局"戳。两片残纸是否为同一件不明，时间应在民国初期（图45）。

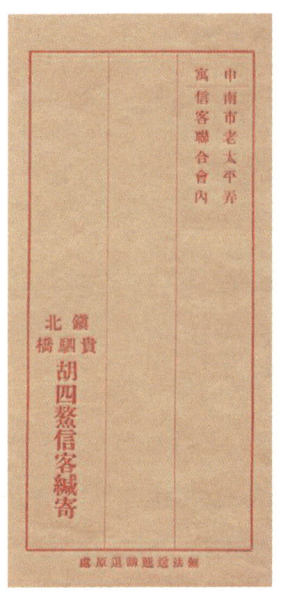

⊙ 图 44

⊙ 图 45

第十四章　抗战时期宁波邮政与信客活动

据《宁波市邮电志》记载,1937年,抗战爆发,交通阻塞,遂有人利用跑单帮捎带物品和书信往来于新碶至舟山一带,后又往返甬沪之间。1941年,鄞县东乡有宁波旅沪同乡信客筹备组。抗战胜利后,信客活动仍相当活跃。1953年,以镇海大碶为中心的沪甬信客服务组成立,有信客72人,设有正副大组长、会计、保管,下辖13组,分布于鄞县、镇海、慈溪、余姚、奉化……至1963年9月,仍发现有信客活动。

张莘良是解放后宁波市第一届书法爱好者协会主席,新中国成立前曾在日新街文化书局任职,其留存的信笺中可见"明星书局"实物。据载,书局创设于五四运动之后,早年销售过新潮书刊《向导》《新青年》《中国青年》等。又,宁波解放前,陈布雷、蒋经国夫人蒋方良等人来甬时都曾惠顾该书局。张莘良也曾在文明书局和新学会社任职,并以书法见长,是民国时期宁波文化界颇为活跃的人物。

张莘良留存的信笺有数十件,时间从1936年至1944年抗日战争时期(宁波在1941年4月20日沦陷),时日寇封港,交邮瘫痪,通信十分艰难,民间银信都由信客传递,为此信封上无票无戳。后期邮政恢复正常,重新按规定黏贴邮票,从邮局寄发(本文从略)。其间,宁波地区各县市信客活动依然非常活跃。遗存的信笺记载了历史轨迹。张莘良的墨宝犹如一帧帧艺术品,颇为珍贵。同时,笔者选录了多年来所搜集到的宁波及周边地区抗日战争时期的部分信笺,以飨同好。

一、书法家张莘良经信客传送的信笺

第一件 中式红框封,上书"面递明星书局张性(莘)良先生收启,左靖缄,即日",信封左下角印"宁波医师公会,地址:公园路鼓楼上"(图1),此件书法十分流畅,左靖系何方人士,待考。

第二件 由宁波邮镇海霞浦,张莘良先生亲笔家信,附寄包裹由信客递送,中式封,上书"请交(外长夹衫一件)震生门内张忠礼房,良寄,即日",紫色毛笔书。(图2)

第三件 抗战前夕书法家张莘良先生亲笔家信,"宁波明星书局缄/地址日新街"中式信封,上书"交蕙卿收,莘良",信客传递。(图3)日新街位于现在宁波"二百"后面靠西的地方,是一条丁字形老街。直街从北首东大街(现中山东路)起往南到横街只有百余米长;横街从东面崔衙街到西面车轿街,也不足百米。可是就在这百余米长的直街,宁波解放前却集中了三四十家商铺,而且大多以从事文化艺术行业为主,是当时甬城最繁华的商贸地段之一,也是文人墨客们经常光顾的一个去处。当时在东大街入口与东后街相交的西首转角第一间三层楼面,就是甬城名店"状元楼",它以经营宁波特色菜肴闻名遐迩。它的斜对面是朝西而开的"同仁馆",则以素食闻名。甬上或外地的文人雅士、达官贵人经常在这些饭馆、酒家聚餐,吃宵夜,使日新街日夜热热闹闹。

第四件 张莘良遗存"明州晚报社"信笺,中式封上印绿色字:"明州晚报社,地址:江北岸卢家衖头华

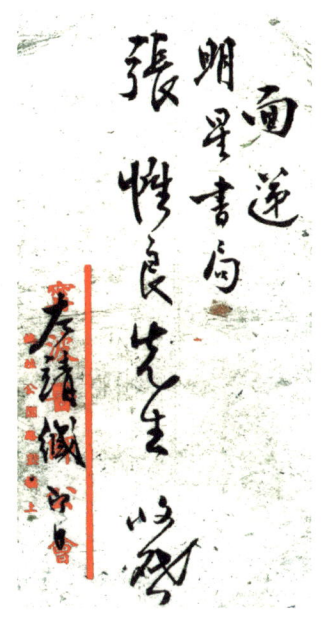

⊙图1

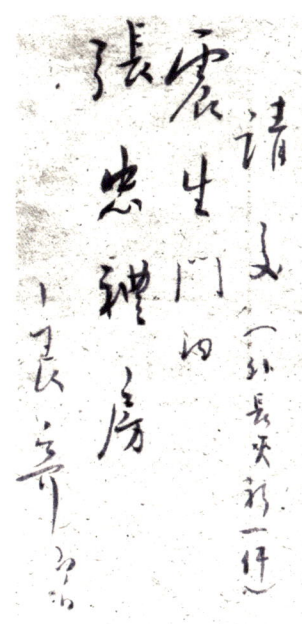

⊙图2

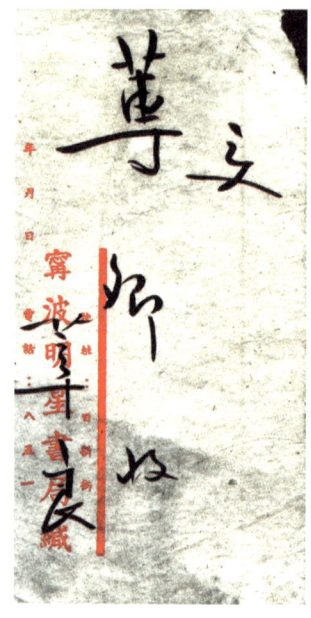 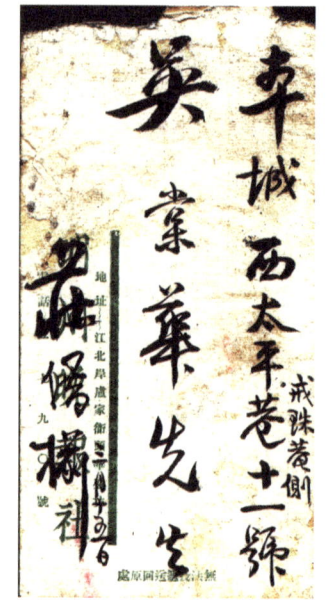

⊙图3　　⊙图4

盛坊,电话 X5790 号。"封书"本城西太平巷戒珠庵侧十一号吴棠华先生,庄侨前,三月十五日",发寄本市,原件由信客传递。(图4)

抗日战争前宁波是否曾经发行过《明州晚报》,经反复搜索,各方征询,未能找到相关史实。

近经考证,在《周恩来选集》上卷有这样一段注释:"1927 年 3 月 20 日,蒋介石反动派在宁波捣毁了市总工会和店员工会;4月9日捣毁了'左派'领导的国民党市党部和《民国日报》社,逮捕了市党部常委杨眉山(共产党员)、市总工会委员长王鲲(共产党员)和《民国日报》社长庄禹梅。"

庄禹梅(1885—1970),原名庄继良,笔名病骸、丙亥、酉生、醒公、平青、尺蠖、夙方等。出生于宁波镇海庄市镇一户没落的书香门第。尽管庄禹梅少年时代已视功名如粪土,但迫于科举仕进的家训,仍于16岁赴县考,却空手而归。18岁再考,结果中秀才第一名,为清朝末科秀才。次年进入理科专科学校,学习数理化知识。不久,由于家庭发生变故,庄禹梅不得不回乡教育蒙童,挑起养家糊口的重担。后又赴沪,先后加入光复会、中国同盟会。1929 年 5 月加入中国共产党。因从事地下工作和进步文化活动而四度被捕入狱。庄禹梅长期在宁波从事新闻工作,从1913年起先后在《四明日报》《时事公报》《宁波民国日报》《中南日报》《镇铎日报》《宁波大报》《商情日报》《宁波商报》《宁波人报》《宁波时报》等十余家报社做过编辑、主编和社长等,是宁波地区首屈一指的报界元老。此封发信人即是庄禹梅,"庄侨前"只是他的化名。

第五件 抗日战争时期张莘良亲笔家书，中式封，从宁波邮镇海柴桥，上书"柴桥后郑里家桥郑柏房郑莼卿先生，宁波张寄"，信客传送。（图5）

第六件 抗日战争时期张莘良亲笔家书，中式封，从宁波邮镇海霞浦，上书蓝色字："霞浦张震生门内张忠礼房，宁波张寄。"信客传递。（图6）

第七件 中式红框封，左上方书"速递候复"字样，此件应是专递，往返双向服务性质。（图7）

第八件 抗战前张莘良家书，中式封，霞浦舅父邮宁波明星书局，"烦交日新街明星书局张星亮先生收，霞浦忠礼房寄"。附函内书："……代买竹热水瓶壹只（五磅），即交来人带下为托，此致近安。愚舅梦丹字。蛋卷贰盒，孟大茂去买……"信客递送银信包裹往返服务十分周到。（图8）

第九件 抗战前张莘良家书，中式封，伯琴邮张莘良，"带交张莘良先生，夏"，附函书"莘良吾弟，明辰请把你的行李放在船里后来舍间同行为要，伯琴即日"，信客递送。（图9）

另见有一件中式封，左上角铅笔手书"力讫"，格式如同信局封，因色淡，图略。

二、"奉邑品禄南货号"信笺

抗日战争时期鉴于日寇封港，甬申线轮船停航，邮路阻塞，邮电通信瘫痪，敌占区与国统区之间的邮递业务几乎处于停顿状态，从上海到宁波一封平信时限不过一至两天，海上仅半天的路程，竟走了两个多月才收到。为此甬地信客业重又活跃起来，他们冒着风险利

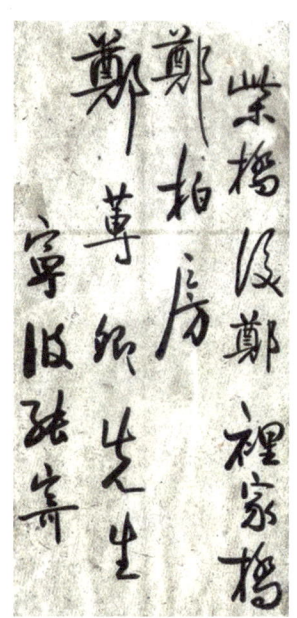

⊙图5

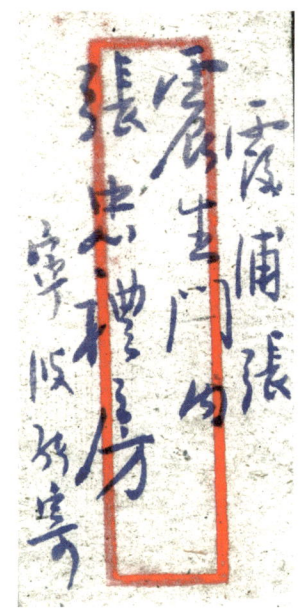

⊙图6

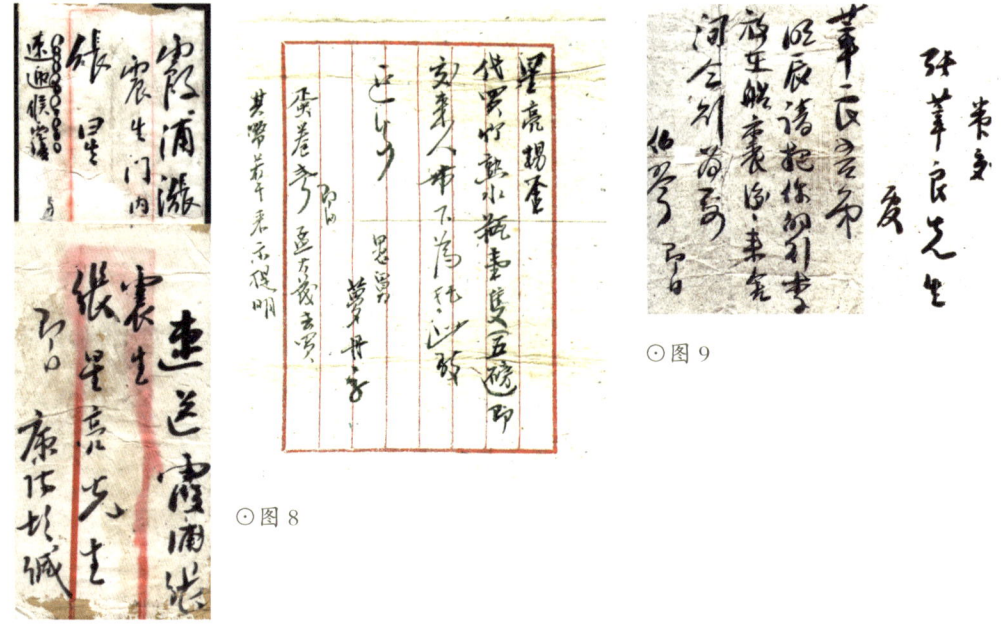

⊙图7 ⊙图8 ⊙图9

用帆船横跨杭州湾,往返于甬申之间。老信客徐云芳介绍其父亲等信客在抗日战争时期因镇海口封锁,只好从慈溪庵东以难民身份乘帆船往返于甬申之间,历尽艰险。下面介绍几件宁波奉化县"奉邑品禄南货号"在抗战时期通过信客传送的实寄封,真实记录了这一段令人难忘的历史。

第十件 信客专递的商号封,上书"上海南京路第七百七十七号华东皮鞋商店内呈交郑康兴先生启",左下角印"奉邑品禄南货号缄,地址江口镇下街"。(图10-1)另一件封书"汪家村松茂宝号专交汪兴尧家中收",左下角印"奉邑品禄南货号缄,地址:江口镇下街",(图10-2)为本地互寄封。发上海的信函内书"你旧历九月初五日寄我之信于十一月十二日收到……路上要耽搁二月零七日……各处封锁……镇海封锁",可见抗战时期通邮之艰难。(图10-3)

第十一件 商号专用信笺,正面书"上海浦东庆宁寺扬子公司采办处内呈交汪兴尧先生启",左下角印"奉邑品禄南货号缄,地址:江口镇下街"。商号专用封为本地方互寄。另一件上书"宁波东门街大康祥广货宝号交汪闻宏先生启",左下

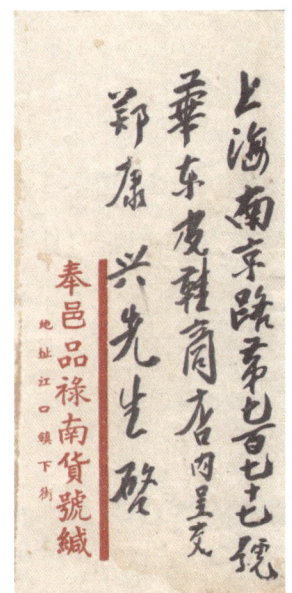

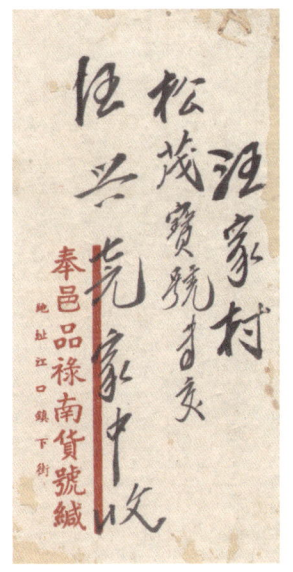

○图 10-1 ○图 10-3
○图 10-2

角印"奉邑品禄南货号缄,地址:江口镇下街"。在邮上海的附函,内书:"外面时势紧张,利(厉)害得很,镇海敌机投弹好几次,已有敌人登陆……人心恐慌,上海也然……"时在 1941 年 4 月间,宁波城区陷落。(图 11)

第十二件 抗日战争初期宁波尚未沦陷,镇海口遭日寇封锁,为此,交通严重受阻,从邮局投寄信件海运一天路程需走两个多月,老百姓叫苦不迭,时有单帮客兼营信客业务。附信中汪兴尧先生手书:"现在航运不通……壹封单挂号信尚须二月余天,□包裹岂不是更加讨厌,且很不放心……"于是找信客传递。(图 12-1、12-2)

21 世纪初笔者曾收集到一批奉化商民在抗日战争时期经信客传递的信笺,有走宁波附近以及甬申线往返的,上无票无戳无邮资记录,但是真实可信,此处从略。

三、抗日战争时期经邮局寄递的信笺

第十三件 中式红框封,正面书"宁波江东大河路四十九号戴阆仙先生升,单挂号,上海法租界杜神父路天祥里 24 戴科彪缄",封背四边贴票,计烈士像票 3 分一枚,伦敦一版孙中山像 4 分一枚,港大东版孙中山像 1 角一枚、2 分两枚,合计邮资计 1 角 9 分。票销"上海二十五/SHANGHAI/27.12.40/15"(1940 年 12 月 27 日)汉(英)三格全点线日戳,中缝书"国历十二月二十七日封",收件者记录"二月十九即正月廿四到甬"。封正面盖"鄞县(宁波)/NINGHSIEN(NINGPO)/乙/卅年二月十九/九"(1941 年 2 月 19 日)到达戳(右读),圆戳直径 30 mm,时子分三格右侧编码为"乙"。另见盖投递员"陈才耕"戳。信函走了近两个月。此信发自宁波沦陷前夕日寇封港时,甬申线黄金通道客轮停航,信件只能经陆路绕道,加上日寇占领区同国统区之间邮件交接迟缓,一封隔日可达的挂号信竟走了将近两个月!

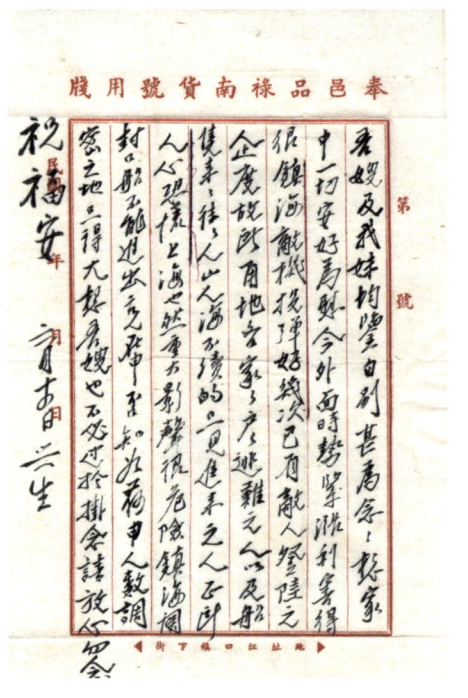

⊙图 11　　　　⊙图 12-1

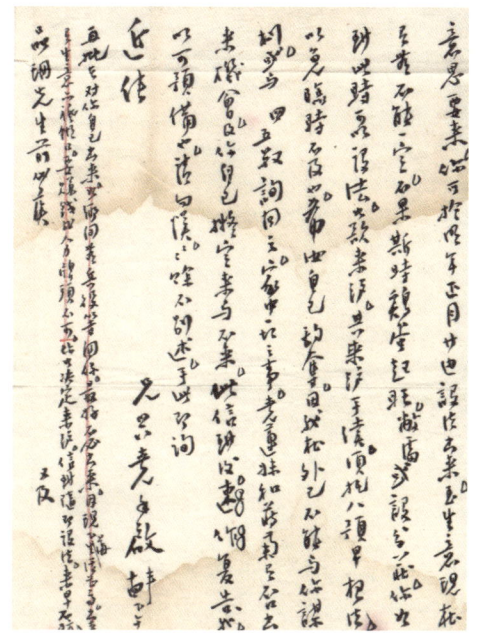

1941年4月19日日寇在镇海登陆,20日宁波沦陷。(图13)

第十四件 1940年5月11日上海法租界邮宁波单挂号信函,时在上海孤岛时期。中式红框封,上贴烈士像票13分1枚,符合当年平信邮资为5分,挂号8分,合计13分的情况。票销"上海二十五/SHANGHAI/11.5.40/18"(1940年5月11日)三格点线英(汉)文日戳,封正面盖"鄞县(宁波)/NINGHSIEN(NINGPO)/廿九年五月十四/十九"(1940年5月14日)双地名到达戳,另盖"桂"字投递戳。封背收件人书"五月十四日午后到甬,其时大雨如注"。此件反映人们在战争年代艰难困苦的岁月里压抑的心情。此件发自宁波沦陷前一年,其时太平洋战争尚未爆发,上海处于孤岛时期,通邮情况有时还比较正常。(图14)

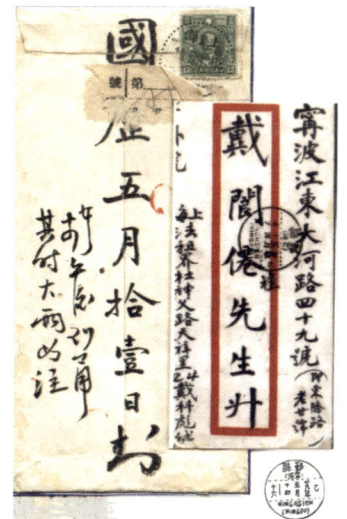

⊙图12-2 ⊙图13
⊙图14

第十五章　信客徐云芳口述札记

2005年9月7日接《宁波晚报》记者蔡铁锋来电称,有一位老人自称新中国成立前曾在宁波镇海从事甬申线轮船信客一职。他对2005年8月20日《宁波晚报》上刊出的《宁波信客与中国邮递业》一文所附"宁波七邑信客联合会会员证"铜制腰牌图提出一些看法,并称家中藏有其父亲留存下来的一块类似腰牌。蔡先生一时听不清楚老人的话,特请徐云芳老先生至寒舍交谈。兹将谈话笔录并所藏有关甬申线(宁波——上海)和甬汉线(宁波——汉口)轮船信客传递的信笺等实物资料介绍于后,以飨同好。

一、一门三代信客

2005年9月8日一早,78岁高龄的徐云芳老人专程从江北赶来,原来他的祖父徐东明在清代就是镇北甬申线轮船信客,往返于宁波镇海——上海之间。在民国初由其父亲徐文星接替。至1947年徐云芳开始接班,从事信客业6年,1953年后转务农耕。曾与镇海县周边从事信客业的不少同行都有往来。经查,民国十二年(1923)宁波邮局档案《民国七邑信客联合会会员名址折142位信客》上有"徐文星——镇北徐港岸"登记在案,徐老指出"徐港岸"应为"徐江岸"。宁波七邑信客据徐老知道应有300位,可能有的未登记。他取出一件用铅笔涂抹的铜牌影模件,虽不甚清晰,但可以看出刻制的文字上方为"宁波七邑信客联合会",两侧文字为"镇申"(右读),下方为"徐文星会员证",中间一个篆体"信"字,与由本人珍藏的"虞雨亭会员证"相同。徐老称其父亲的白铜腰牌保存在家中,只是一时找不出来。由于未见实物和影印件,难以定论。

根据徐云芳老人的介绍,其家一门三代信客的年表如下:

约在清咸丰末年,祖父徐东明出生于宁波府镇北徐江岸,起先学做铜匠,后转行信客业,应是清代同治光绪时期的甬申线轮船信客。父亲徐文星属蛇,生于清光绪十九年(1893)。民国初年接替祖父的甬申线轮船信客班,并参加宁波七邑信客联合会,曾在宁波邮政总局登记备案,直至抗日战争胜利之后。徐云芳属龙,生于民国十七年(1928),民国三十六年(1947)始接替父亲甬申线轮船信客班,从业6年。

二、"信客 —— 守信之客"

"信客 —— 守信之客",徐云芳老先生一进门就如此解说。"信客立业关键在于一个'信'字,只有取得顾客信任,才能开展邮递业务。甬申线信客的服务项目众多,几乎什么都带,包括汇票银洋、衣服包裹、生鲜食品,代办代购代买以至护送老人、携带小孩等等。事事做到诚信,取得客户高度信任,业务就会长期源源不断,财源滚滚。反之,办事不认真负责,品德不良,手脚不净,甚至于偷盗,非垮台不可。我们那里同父亲一起做信客的有五个人,到头来只剩下父亲一个,其余的都做不出,原因是信用不佳,做事不牢靠。信客遗失顾客的物件必须赔偿,旧社会盗贼众多,难免遭劫,一般都是通过双方互相协商解决。诸如有一次父亲出申(去上海)在栈房饮酒,客房内邮包遭窃,由于客户申报赔偿价格偏高,一时赔偿金额难以确定,所幸窃贼将失物当票寄归,父亲用现金从当铺赎回归还失主,损失达数百元。另有一次丢失黄糖五斤,照例按价赔偿,结果对方纠缠不清,声称糖内另有他物,非常珍贵,要求偿还巨额钱钞。后经父亲了解,对方原来是个鸦片鬼,黄糖内藏有毒品,客户是违法的,结果还是以糖价照赔。"

三、信客服务对象与资费

信客有大中小之分,他们服务的对象和业务各不相同,诸如七邑信客联合会会长董纪堂(棠)专包甬申钱庄业,为在沪从事金融业的宁波帮资本家服务,业务收入非常可观。三北石永兴专为烟草行业内的宁波同乡服务,也是大户头。"我父亲大多为在上海开办医药食品行业的宁波同乡服务,所知有著名的上海童涵春药号、蔡同德药号、胡庆余堂药号、南京路三阳南货行等。在抗日战争时期镇海口封港,甬申线轮船停航,信客只好经慈溪庵东以难民身份乘帆船往返于甬申之间,历尽艰险。"

信客的收费方式和戳章长期来被困扰,尽管笔者手头收藏有一批从前清至1957年的甬申线信客实物资料,不过从实寄封和几百件信函中还是看不出信客的收费标准和相关戳章,很容易同亲友或商界的手递封、袖递封混淆不清。除了慈城董纪棠信客在封上盖有特殊戳记之外,其他信封上很少见有信客留下的戳章,包括清代甬申线轮船信客封、宁波本地钱庄经信客传递的业务联系函和账单交接封,以及宁波奉化所遗存自民国十五年(1926)到抗日战争时期信客传递的实寄封,均没有留下信客任何的记载或戳章。经徐云芳老人的指点,终于揭开了它的面纱,原来宁波七邑轮船信客(包括甬汉线信客和本埠信客)各有他们固定的服务对象——顾主,按年承包,一般收取对方半个月工资。其父亲手里收取较多的是上海三阳南货店唐老板,年收邮资银洋十二元,店内伙计以及学徒(都是同乡人)收取少一些,一年内样样都要往返捎带,逢年过节更繁忙。由于平时不收费用,因此在信件、物单、账单上都没有任何资费收取方式的记录,这是同民信局实寄封最大的区别。前述宁波慈城几十件董纪棠信客实寄封,时间在民国丙辰、丁巳、戊午三年(1916—1918),留存的信封和信函内没有一件记录带费和邮资。这批信件都是宁波慈城(慈溪县城)冯永甫寄上海豫源钱庄冯梅卿,由董纪棠信客往返投送。大量信件证实,信客什么都带,包括银洋现钞、鲜果、鸡蛋、活禽、衣服、字画、报刊书籍、遗像、雪茄烟,甚至所用竹箩糠皮都能带回,每月往返非常频繁。清代豫源钱庄经理原是著名的钱业巨子秦润卿,秦后来担任上海钱业公会会长、全国钱业公会联合会主席。从信中可以看到慈城冯家同秦家有亲戚关系。徐云芳老人介绍说,董纪棠是七邑甬申线信客联合会会长,其服务对象是上海的金融业,包括钱庄银行中的宁波同乡,从经理到从业人员和学徒,收入是十分可观的。

徐云芳老人又说1947年他从事甬申线信客时,捎带物品每斤收取资费约1角或由双方协商估价。信函在他父亲从事信客后期已经不能私自传递,邮局有专利,违规私带查出要处罚,同清末民国初时已大不一样了。徐老曾见他的父亲将信件藏在瓮里带往上海,或经邮局过磅付费,一般不带信件,估计此事已是民信局被取缔之后了。所以徐老所介绍的信客业情况从清代到民国初以至抗日战争胜利之后,变化很多,并不一成不变。

四、甬申线轮船信客邮递过程

徐老前面已经介绍了信客业的灵魂在于一个"信"字,所以客户托寄的银洋物品,包括宁波特产、时鲜食品,都在轮船开班前由托寄人送至船码头信客班,信客班利用"排落船"（驳船）运转到轮船后舱,"排落船"是内河最大的一种船只,十吨左右,过年时一个信客的货物达两船之多。"船到上海后用独轮车、老虎车驳到栈房或店家亲戚处暂存后陆续投送,用自行车送递。旧时的独轮车有几百斤货色可装,老虎车装得更多。"我问他托寄的顾客同信客之间应办什么手续,如同邮局需经登记和填写详情包裹单,信件上盖业务戳记等,他的回答使我十分失望却又惊奇,什么都没有,全凭信用,对方只要递上一份清单和收件人的地址姓名就可以了,其实,承包对象双方的姓名地址信客早就一清两楚,有的原本就是亲戚。董纪棠式的戳记"董纪堂（棠）准定于××动身",徐云芳老人似无所闻,看来在甬申线信客中很少备有类似的邮递戳记,存世实物也说明了这个事实。

五、关于"宁波七邑信客联合会"

对此,徐老先生回忆说:"宁波七邑甬申线信客联合会在上海曾有会所,地址就在上海十六铺码头南市太平弄,距码头非常近,信客上下方便,而且提供住宿。抗日战争爆发后毁于日寇的炮火,从此甬申线信客就失去了自己的家。民国三十六年（1947）我接任甬申线轮船信客后已没有会馆了！"

近年,笔者偶然在古董市场购得两件甬申线轮船信客格式化信封胡四鳌专用封。中式牛皮纸制上印:"寓申南市老太平弄信客联合会内镇北贵驷桥胡四鳌信客缄。无法送递,请退原处。"信封印证民国时期宁波七邑信客联合会上海会址在南市老太平弄,与徐老的记忆相吻合。

徐老继续介绍:那块"宁波七邑信客联合会镇申徐文星会员证"铜制腰牌是父亲留传下来,除证明身份之外,听母亲传说信客在逝世后凭证可以向宁波七邑信客联合会领取"棺材费",其实是丧葬费,只是父亲逝世时联合会已经不再存在了。

宁绍轮船公司经济薄弱,一度十分困难,经同信客联合会协商,全体信客必须投资才能享受免费利用轮船后舱,投资共分三等,一等为1800元,二等1400元,三等1000元,结果是不了了之。当初轮船码头十分混乱,不像现在如此正规,上船根本没有人检票,开船后中途才有人挨个查票,穷人不买票的甚多,有经验的就躲藏到厕所。太古轮船公司的船只比较严厉,不买票的到达目的地后要下跪取保。

六、甬汉线轮船信客

据徐云芳老先生介绍,从清代至民国,宁波地区除了甬申线轮船信客之外,另有专跑汉口线的轮船信客,这是笔者首次听到。从清末到民国,去汉口的宁波帮商人众多,包括开办钱庄商行的,还有开办影戏院的。从甬汉线信客遗留下来的实寄封以及大量信件可以佐证有信客活动。在陈有彩父亲所书多封信函中看到,有几处问及汉口影院的经营状况。

笔者在徐云芳老先生介绍之前,只知宁波至汉口有民信局存在,往返频繁。而对甬汉线存在轮船信客班则一无所知,为此手头的一批未盖信局戳记又无邮资记录的封子,一直认为是托友人袖递的手递封,属于"邮垃圾"而打算丢弃掉,现在看来显然错了,它们都是宝贵的历史实物,其中大多是信客传递的封笺,从信中可见信客的大名以及捎带的银钱和各种物品。

1. 信客以"信"为本。诚信是信客立足之本,信客即"守信之客",不守信就不是信客,也不可能长期立足。信客经营私人的邮递业务,古时俗称脚人、足人、健足、走信人、带信人、足夫、信客、信足等。旧时从事信客业的大都服务于当地乡亲、近亲、族人以及叔伯兄弟,为之很多时候敬称带信人的大名或××伯父、××叔、××兄等。

2. 收费。清末民国初,甬申线和甬汉线轮船信客的服务对象大都是钱庄商号在外从商和就业人员,分地区分行业,按年结算,类似现今的承包制度,城乡之间往返邮路比较固定。大户头每年收费达银洋十余元,一般在申职工按半月工资计,常年往返捎带信函和各种物件。同民信局最大的区别是,信客无固定的寓所和商铺,以及遍布各地的分支与网络。

收费形式与标准比较复杂,各地方和各个时期都有不同,一般由托办方付资,有的按年或按季付资。

3. 信客竭诚为客服务。信客上门服务范围广泛,送信汇银之外,包裹衣物和各种食品等都能捎带,扶老携幼,棺椁返乡,为客代办各项事务。遗失照赔。不准捎带违禁品,诸如鸦片和军用品等。

早期的信客捎带信件与物件银洋并重,民国以后国家邮政逐渐健全,对民信局实行限制政策以至取缔,信客必须登记,并不准许私带信件,信客的服务逐渐以捎带物品为主。

4. 信客班期甬申之间每月达三次左右,甬汉线不详,估计每月都有往返。从皖南山区信客名片中了解到,山区信客每年仅两至三次往返,远没有甬申线与甬汉线如此频繁。显然,这与大批宁波商人在两地营商有关。

5. 在南方经水路船递为其最大特征。水客与船家有着密切联系,有的船家或船夫兼营信客业务。

第十六章　杂件一组

一、《宁波市邮电志》"宁波七邑信客联合会"相关资料

1. 甬申线轮船信使腰牌。白铜板制，圆形，直径 55 mm，厚约 1 mm，上方凸出部位有带空的纽，便于佩挂腰间。牌上文字和花纹由雕刻师凿刻而成，刀锋犀利。上为"宁波七邑信客联合会"，中央一个篆体"信"字，两侧刻"慈申"两字，下为"虞雨亭会员证"，内圈有七枚花朵，象征四明七邑。徐云芳老人也曾经提及其父有一块相同的"宁波七邑信客联合会镇申徐文星会员证"铜制腰牌。（图1）

据《宁波市邮电志》记载，"宁波七邑信客联合会"组织建立于清光绪年间，七邑指宁波及其周边之鄞县、慈溪、余姚、奉化、象山、镇海、定海，各县推选有代表。市邮电局档案存有 1923 年 1 月 17 日一等邮局长米德维（法国人）致杭州邮务长的公函："现寄奉来往于上海 — 宁波间的'新宁绍''甬兴'两轮上的宁波七邑信客联合会全体会员名址折一本。其中已包括符合邮政法规第五条之规定新入会已给予登记的十二名成员在内。"原件英文。另附有民国十二年（1923）一月十六日宁波七邑信客联合会会长董纪棠等人所呈请求准赐挂号注册的报告和142名甬申线轮船信客名址折。（图2）信客联合会报告开

⊙ 图 1

附: 原件(1)

宁波一等邮局长关于宁波七邑信客联合会要求发给证书事项，致杭州邮务长的公函。1923年1月17日。

现寄奉来往于上海——宁波间的"新宁绍"、"甬兴"两轮上的宁波七邑信客联合会全体会员名址折一本。其中已包括符合邮政法规第五条之规定新入会已给予登记的十二名成员在内。

一等邮局长　米德维

（原件系英文）。　　　　　　　　（签名）

附: 原件(2)

具呈宁波七邑信客联合会会长董纪堂、陈炳泉、洪佑堂等呈为联合团体遵守邮章，请求准赐挂号注册，以杜蒙冒而便营业事：兹为去年八月分，上海邮局蔽会同人等开具名单计130人，今有新挂号12人，共计142人，后无再加。同人等往来沪甬专趁宁绍、甬兴轮船。合特开具会员人数名折并信客代表图章式样，请求贵局核准挂号，按名注册。然同人等受寄之信，过磅纳费，免致扣留。朗后，倘有偷漏取巧，违背邮章等弊，即由贵局检察调查，照章科罚。其未经蔽会承认之第三者冒充信客，务请贵局认真查办，永远取缔，以杜蒙冒而安营业。为此，联合团体假宁波江北岸洋船俯三

号地方为会所合特声明谨禀
宁波邮政总局局长　均鉴

宁波七邑信客联合会谨具

　　　董纪堂　[印]

具禀人　陈炳泉　[印]

　　　洪佑堂　[印]

民国十二年一月十六日

计册呈：
宁绍轮船信客代表徐慎兴图章式样。
甬兴轮船信客代表励建成图章式样。

（原文无标点）

禀外附呈信客人数名折以便贵局备查

⊙ 图2

首即提及"上海邮局着蔽会同人开具名单……"说明该组织在上海邮局也曾经挂号注册。名册中第一号会员即是"慈溪东庙前董纪堂（棠）"，铜制腰牌上的"会员虞雨亭"名址册上为"慈北洞桥村虞雨亭"，登记在案无误。

2. 宁波七邑信客联合会会长董纪棠等请求准赐挂号注册事的报告。"兹为去年八月份，上海邮局着蔽会同人等开具名单计130人，今又新挂号12人，共计142人……"（图3）

有关甬申线轮船信客资料，本人收藏最迟的实物记录是1957年。一件中式封，上书"慈溪逍路头破山乡/红光农业生产社/戚根柜同志收，上海陈恒昌信缄"。左贴普八8分票一枚，销"上海1支/1957·6·16·20"日戳，附信书"……托俞福良

民国 12 年宁波七邑信客联合会会员名址摺(142人)

董纪堂	慈溪东庙前	沈阿来	鄞东邱街镇	余顺来	慈溪东镇桥
洪佑堂	镇北龙头场	杨良钜	鄞东莫枝堰	余树堂	慈溪东镇桥
周金才	慈南周家庄	傅贤生	鄞东五乡碶	张三顺	慈东马泾村
余德荣	慈溪东镇桥	李阿裕	鄞东宝藏村	孙传永	镇北贵驷桥
邵东木	慈东邵家汇	许积烈	鄞东道公山	王阿成	镇北东门外
马春木	奉化龙台等	应宝才	鄞东下应村	沈全生	镇海江南村
俞阿茂	镇北俞范村	裘增顺	慈北戎沿漕	何祥正	奉化萧王庙
叶谦恒	慈西祝渡村	陈炳泉	镇西河角头	丁成国	鄞南石碶镇
余源泉	慈东费家村	徐友三	慈东长石桥	朱金木	鄞西买面桥
郑士成	镇北十七房	邵林贵	慈东黄泥桥	陆阿来	鄞西西陆村
方金来	镇北清水湖	姚常顺	慈东樟桥镇	李瑞才	鄞东宝藏村
俞汝霖	鄞东新盐场	洪芝香	慈东洪塘镇	蒋玉生	鄞南甲村庄
张寅全	鄞东梅墟村	马裕堂	鄞西龙王庆	鲍根甫	鄞东白鹤山
邵森晶	慈东邵家村	叶教盛	慈西石埠村	余阿四	鄞东梅湖村
顾文蔚	慈西文亭镇	周恭传	慈南半浦村	陈阿发	鄞南陈家村
楼其盛	镇北沙阿头	王大凌	镇北赵王村	鲍杨麟	鄞东盐场村
冯阿荣	镇海汉塘市	陈益生	镇海火神庙	叶阿东	慈北狮子桥
张阿七	镇海石家塘	张甫生	鄞南石碶镇	林阿祥	慈东借邑江
施毛头	镇西后施镇	虞雨亭	慈北洞桥村	叶松寿	慈西二六市
张荣生	鄞县东南乡	裘东福	慈东裘家村	沈维忠	慈东上沈村
叶顺金	鄞南虎啸周	戎阿有	镇北海甸村	施兰亭	慈北励家村
周云棠	鄞西李家桥	宋宏贵	鄞东张斌桥	余维初	慈北油车桥
凌才甫	鄞南新河头	高宝康	鄞东高钱村	方荣生	慈西魏家桥
张秀榆	镇海石家桥	蔡祖年	镇海梅墟镇	张夏林	镇海江南浦
冯永康	慈东樟桥镇	刘阿珍	镇北贵驷桥	华华彪	镇北施公山
周善方	慈东后周桥	傅连春	镇北鹭林村	乐阿生	镇海小港镇
徐阿玉	慈东洋墅村	徐文星	镇北徐港岸	韩德发	镇海压赛堰
稽德利	慈东西经堂	杨高生	镇北徐家堰	翁春生	镇北骆驼桥
祝恒才	慈东长石桥	罗顺金	慈东芦江版	黄阿祥	镇北筋竹岙
沈茂生	镇北胡家汇	蔡显品	镇北东蔡村	黄兴章	镇北田央黄
戎阿江	镇北海甸村	高顺贵	镇北贵驷桥	范东生	镇北范市镇
朱绍意	镇北龙山所	陈五经	镇北和鹤楼	唐阿生	镇西范家桥
何金泉	镇海徐家堰	张才福	奉化前王山	戴象生	镇西翁家兜
华启池	镇北施公山	余炳浪	慈东河头市	徐孝伙	镇北徐家堰
武荣才	镇海黄梅堰	张阿甫	慈东陈浪桥	王汤佐	奉化三进桥
杨顺方	慈东杨王村	邱阿毛	镇北邱王镇	方其道	姚北小桥头
胡阿四	慈溪东庙前	虞阿荣	镇北龙山村	庄振扬	镇海庄庄市
汤福全	慈海观海卫	黄永法	镇北筋竹岙	庄阿祥	镇西蓝洋田
励齐彦	慈北励家村	黄生和	镇北田央黄	胡尧昌	镇海大碶头
林阿发	慈北观海卫	倪奕堂	镇海庄市镇	赵秀棠	镇西杜家桥
蒋英初	慈北会前村	钱盈周	镇北龙山所	袁松盛	镇海觉渡市
陈金裕	慈北樟溪桥	徐瑞华	慈东洋墅村	林友廷	镇北董家畈
韩顺怀	慈东樟桥镇	王阿黄	慈北观海卫	程银贵	奉化萧王庙
胡友华	镇北贵驷桥	叶长友	慈北鸣鹤场	胡阿如	奉化后邬村
汤全顺	镇海长营街	袁东明	慈北东埠头	陈冬生	定海大象地
邵意心	镇海江南乡	董荣枝	慈西三七市	何初扬	姚北小桥头
潘全来	镇海道头中	陈才秀	镇海梅墟镇		
唐阿文	镇西板田塘	朱财星	镇西朱家岸		

⊙图 3

○ 图 4-2

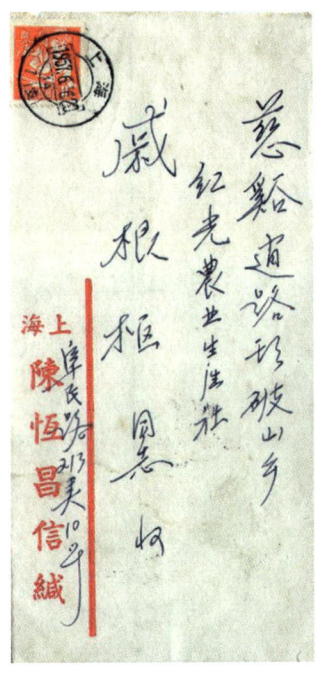

○ 图 4-1

信客带你生油壹箱,知已收到,很好,但空箱仍带出来,下次还可以派用场",说明20世纪50年代仍有信客活动,食用油都可捎带。(图 4-1、4-2)

二、徽婺信客名片两件

几年前皖南屯溪郑纪文先生曾向我提供一张早期徽婺信客名片,正面为姓名、地址,背面印有十一名介绍人对詹善达信客之推荐和赞誉。信客名片很少见,是一件研究清代民间信客邮递活动的实物资料,现介绍于下:

名片正面印:"徽婺信客,察关詹善达荧良,通迅处上海城隍庙对面华记戴春林内。"(图 5-1)

背面印:"径启者,海上为通商大埠,吾乡之经商此地者,人数甚多,只以路途悬隔,往返殊感不便,虽向有信客承带物件,非苦于迟滞,即出于疏忽之种种流弊,以是同乡之旅外者对于信客必取信实之趋向。今察关詹君善达,为人忠恳朴实,在沪有年,群相敬爱,顷有志承信客之责,每年往返三次,以期迅速。嗣

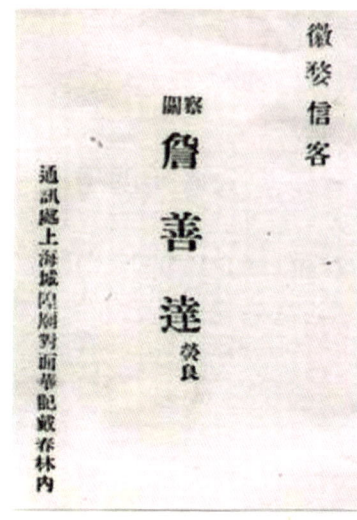
⊙ 图 5-1

⊙ 图 5-2

后,旅外诸公如有书信,不妨交顾由渠送转,詹君定能悉心任事,必不负诸公之委托也。特此介绍。介绍人俞鉴湖、金臣五、詹澄瀛、詹颂平、洪渭泉、江贵瞻、詹敏生、查蔚培、汪子文、查柏生、洪紫琦同启。"宋体铅字印刷。(图 5-2)

前年武汉陈波先生电传一件信客名片,上印:"徽婺信客,察关詹人肇云良,国章安徽婺源,通迅处上海城隍庙对面华记戴春林内。"名片除人名稍有差别之外,与上述名片格式相同,背面文字也基本相同,卡纸黄色,呈长方形,印制质地上佳。(图 6-1、6-2)

名片反映了地处交通崎岖的皖南山区旅沪商民和官员当年通信汇银邮寄包裹之艰难,信客每年往返仅三次。

三、信客故事

近年,笔者在对宁波慈城古代交通邮递史的走访中,从民间收集到一些信客故事,选录部分,以飨读者。

甬申线信客是宁波慈城与上海的纽带,家住上海中华路 190 号、年过九旬的陈老太回忆起信客时说:"我出嫁时,大哥在上海替我置办了一百多件嫁衣和嫁妆,全由信客带回到慈城,还有家中平时吃的粉丝等也由信客带来。"信客具有往返双程功能,他们常将慈城的土特产,如夏季的杨梅,秋季的寒居蕈(慈城方言),冬季的年糕、冬笋带到上海,让在沪的慈城人第一时间尝到家乡的特产。寒居蕈,慈城人也称铜青蕈,是一种长在松林下的菌类,味美,色似古鼎彝,无毒,其生长期极短,只有自寒露至霜降的短短十五天,又名寒贵蕈,乃有天寒则贵之说。在上海的慈城人十分喜食"肉爊寒居蕈",据说新鲜的寒居蕈比当时的野山人参都珍贵。

长住上海尚志路的秋生信客每星期从慈城到上海来往一次,在上海汉口路一家旅社有专房。他将信、物带到上海,有的人自己到汉口路去取,需专程送到家的则由他送货上门。旧时,慈城人常将山民们下午刚采摘的杨梅或寒居蕈,傍晚挑下山的透鲜山货,由信客坐夜航船捎带,翌日就到上海,这样,旅沪的慈城人即能尝鲜了。当时宁波至上海往返的轮船都是夜航,天不明即到目的地。

有一个叫姚顺来的信客,待人诚恳,信誉好,慈城人一有东西要寄托就会找他。在清代还有人改行当信客的,家住在东街的董纪棠觉得做地主还不如当信客好,他长期奔波于甬沪航道上,为慈城人带送物品,曾任会长。当然当信客也有风险,据了解,1948年底,江亚轮遇难,船上就有慈城的信客。家住下横街的在1954年还替人从上海带来一台缝纫机。笔者收藏的20世纪50年代邮品中有一件1957年6月15日从上海邮慈城逍路头的信函,函中提到"托俞福良信客带你生油壹箱,知已收到,很好",说明当年甬申线仍有信客往返。

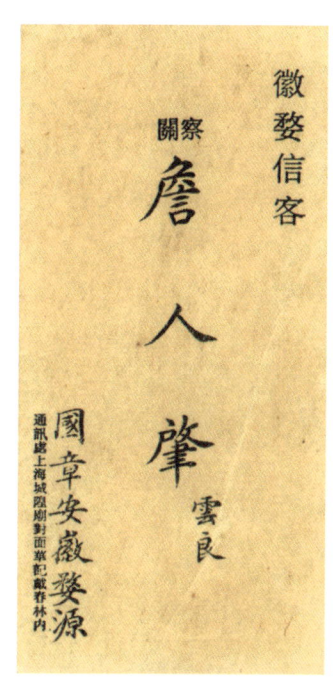

⊙ 图 6-1

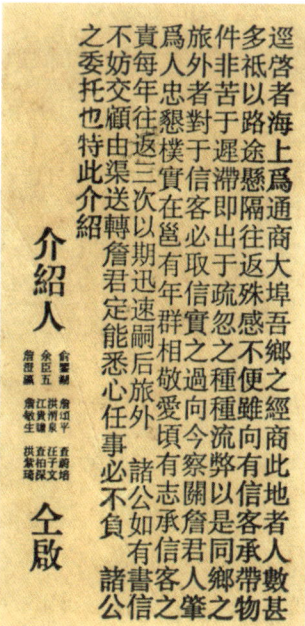

⊙ 图 6-2

图书在版编目（CIP）数据

民信局与信客史料考略 / 郑挥, 郑了编著 . — 宁波：宁波出版社, 2019.11
（近代宁波商帮文献史料整理研究丛书）
ISBN 978-7-5526-3599-7

Ⅰ.①民… Ⅱ.①郑…②郑… Ⅲ.①邮政 — 经济史 — 史料 — 研究 — 宁波 Ⅳ.① F632.755.3

中国版本图书馆 CIP 数据核字（2019）第 146723 号

民信局与信客史料考略

编　　著	郑　挥　郑　了
责任编辑	张爱妮
责任校对	虞姬颖
装帧设计	金字斋
出版发行	宁波出版社

（宁波市甬江大道1号宁波书城8号楼6楼　邮编　315040）

网　　址	http://www.nbcbs.com
印　　刷	宁波白云印刷有限公司
开　　本	710mm×1000mm　1/16
印　　张	20.5
字　　数	300千
版　　次	2019年11月第1版
印　　次	2019年11月第1次印刷
标准书号	ISBN 978-7-5526-3599-7
定　　价	198.00元

如发现缺页或倒装，影响阅读，请与出版社联系调换　电话：0574-87248279